国家社科基金项目"奈格里与拉克劳政治本体论比较研究"（12CZX004）

河南省高校科技创新人才（人文社科类）支持计划（2020-CX-016）

国家社科基金项目"当代西方左派的宗教转向与社会批判范式的内在转型研究"（18BZX031）

河南大学哲学社会科学创新团队培育计划（2019CXTD001）

国家社科基金丛书
GUOJIA SHEKE JIJIN CONGSHU

奈格里与拉克劳
政治本体论比较研究

Comparative Study on Political Ontology of
Negri and Laclau

宋晓杰 著

人民出版社

目 录

下　篇┃逻辑构架：后基础主义政治本体论和
后结构主义政治理论的两种轨道

导　言

五月风暴的革命乌托邦精神和文化启蒙以及新历史时代资本主义的结构转型一并为左翼思潮提供了构建全新社会批判理论和政治语法的逻辑起点和现实根基。早在阿尔都塞那里，想象秩序和自然秩序、意识形态和科学、知识对象和现实对象的划分就已经潜在地包含着当代激进政治理论的一个根本面向，即通过"秩序区分"来重新界划政治的边界。这恰好在一定程度上回应了斯宾诺莎哲学所强调的形而上学和政治学的内在一体。虽然他没有就政治和本体论的关系展开正面讨论，但在最后的研究中，他需将偶然性维度置入一个本体论框架，才能把仅仅作为认识论范畴的唯物主义真正推进为偶然相遇的唯物主义思想。显然，他非常清醒地认识到，"事件秩序、机遇和偶然的某物必须被本体论地铭刻和理解在最终导向革命政治本身的可理解性（Intelligibility）的构架中"①。从这个视角看，阿尔都塞政治哲学的重要价值正在于，它率先拉开了政治理论本体论转向的序幕。

自 20 世纪 70 年代以来，伴随着当代资本主义的后福特主义转型和新自由主义的兴起，以一系列后现代社会状况的产生和后现代主义同后结构主义思潮的汇合为主要背景，当代西方左派的政治理论谱系试图借助后现代主义对传统形而上学和现代性的批判以及对马克思主义的解构和重构式干预，普遍实现了从现代政治理论到后现代政治本体论的转变。这些后现代主义新左

---

① Gabriel Riera（ed.）,*Alain Badiou：Philosophy and Its Conditions*,Albany：State University of New York Press,2005,p.250.

派围绕对传统马克思主义的政治话语和解放叙事的批判和超越，"试图挑战、清除或至少去发展既有的并且通常广义地说是马克思主义的各种政治因果关系模式、介入模式以及关于是什么最终决定了事态、身份和对象的各种理论模式"①。同时，他们还寄希望于在现代性的废墟上创建一个能够适应当下资本主义社会基础的后现代主义政治理论，并通过全新的本体论筹划，将政治同形而上学问题结合起来，以进一步呈现各种替代性的政治模式、组织原则和革命纲领。由此出发，一方面，他们在拒绝经典马克思主义政治教条的前提下，对马克思主义进行绝对开放化的处理，将其视为一个指向不确定性和差异性的话语运作场所。在其共同的视域中，马克思主义"被重新书写为一种在多元主义框架内运作的理论，因为我们不一定把马克思主义的所有传统属性视为对马克思主义的约束，并且它的严格指示词仅仅是表示'马克思主义'是马克思主义者共同——和当前——所相信的一切。在此之后，行动的领域似乎是完全开放的：马克思主义能够成为马克思主义者认为他们想要或者需要成为的东西。……作为一个'漂浮的能指'，'马克思主义'仅仅表示一个人们'通过引用马克思'把自身合法化的场域（意味着几乎可以以任何一种方式来这样做）；作为一系列欺骗的后果，阶级斗争只能是对忠诚信仰者的诅咒。根本的偶然性没有为一种命运驱动型的政治规划留下任何空间。"②另一方面，他们强调宏观政治及其普遍性、同一性、总体化、等级性配置的坍塌以及当代社会之混杂化、多样化、离散化、流动性的根基，积极颂扬后基础主义和非本质主义的政治多元主义图景和激进民主构想。他们一起"呼吁一个自觉地按照这种原则建构的社会；这是一个由各种对立观点之间的紧张所结合起来的社会，而不是一个建立在努力结束那些观点之间对立的观念之上的社会。……只要

---

① ［英］保罗·鲍曼：《后马克思主义与文化研究》，黄晓武译，江苏人民出版社 2011 年版，第 5 页。

② ［英］斯图亚特·西姆：《后马克思主义思想史》，吕增奎、陈红译，江苏人民出版社 2011 年版，第 262—263 页。

不可通约性存在,只要它被认为是更重要的存在,我们就越不可能陷入西方社会自启蒙时期以来普遍存在的总体化冲动之中。不可通约性是'缝合'过程不再有效的证明。"①他们坚持认为,政治的实践绝不以普遍的自主主体以及不容置疑的道德和理性准则为根基,而应根植于"一个既创建又去稳定化其界限的对抗的和不可预见性的维度"。因此,这种后现代主义的政治话语不只是对现有政治体制和政治认同的颠覆,而是为了深入揭露其结构深层的裂缝、不确定性和异质性,以此进一步发掘它可能产生的新的政治意义。②

　　这些基本要求集中表现为德勒兹、奈格里、阿甘本、让-吕克·南希、拉克劳、巴迪欧、朗西埃、齐泽克等人在激进政治领域共同发起的后基础主义本体论转向。他们一致认为,当代激进政治—哲学—社会批判话语的理论和实践只有从单纯的社会学分析,转入以后结构主义的反本质主义和后基础主义立场为特征的"本体论领域",使它在更新了的本体论层面获得自身力量的实质性提升,才能充分认识全球化时代资本主义的社会转型、正统马克思主义的危机和经典政治话语的困境,并从根本上变革传统的政治逻辑和左派政治立场(特别是目前的自由主义民主制度)。③ 由此,政治与本体论之间这种相互依

---

　　① ［英］斯图亚特·西姆:《后马克思主义思想史》,吕增奎、陈红译,江苏人民出版社 2011 年版,第 259 页。

　　② Saul Newman, *Power and Politics in Poststructualist Thought: New Theories of the Political*, London and New York: Routledge, 2005, pp.6-7.

　　③ 例如,让-吕克·南希对第一哲学的重塑、对"与他人共在"(Being-with-One-Another)的本体论和本己复多的存在的思考及其试图超越海德格尔主义和马克思主义的"在共同中存在"(Being-in-Common)的本体论;德勒兹、奈格里和哈特建基于内在性—差异性—虚拟性—创构性—充足性的政治本体论;拉克劳以偶然性—不可判定性—不可能性—缺失性为基础的政治(The Political)本体论;巴迪欧的数学和集合理论的本体论;阿甘本以纯粹潜能为中心的非基础主义和非关系性的本体论;齐泽克基于拉康式的创构性缺失/空无和实在界观念的政治本体论等。参见 Micheal Hardt and Antonio Negri, *Empire*, Cambridge: Harvard University Press, 2000, p.354; Ernesto Laclau, "A Reply: Glimpsing the Future", in Simon Critchley and Oliver Marchart (eds.), *Laclau: A Critical Reader*, New York: Routledge, 2004, p.304; Giorgio Agamben, *Homo Sacer: Sovereign Power and Bare Life*, Stanford: Stanford University Press, 1998, p.44; Jean-Luc Nancy, *Being Singular Plural*, Stanford: Stanford University Press, 2000, p.53; Alain Badiou, *Being and Event*, London: Continuum, 2005; Slavoj Žižek, *The Ticklish Subject: The Absent Center of Political Ontology*, New York: Verso, 1999 等。

赖关系构成他们构想全新政治语法和谋求激进政治哲学未来发展的关键枢纽。其核心视域完全拒绝传统形而上学、辩证法和正统马克思主义建基于现象—本质、基础—上层建筑的二元论模式，清除了传统本体论在理论和实践、思想和行动上的分离，并将哲学概念体系的构造同对社会政治领域的介入融合在一起。它既不以实证主义和非矛盾性的术语来描述存在的本质，又不试图提供由纯粹思想引导而超出历史范围的绝对视角，而是致力于将社会—政治的现实空间作为探究历史之偶然性构造的工具。它彻底抛弃传统马克思主义关于文化政治和意识形态相对于经济领域的相对自主性观念，力求通过思想与实体的同一，来彰显它们在破除既有状况（包括经济结构）所具备的创造潜能。同时，它还诉诸一种总是携带着差异化和去固定化根基的不断流变的本体论模式，将其构想成一种去目的论—末世论"反思和贯穿于政治行动和历史事件的去本质主义化的话语构造"。于是，"本体论不只是单纯的历史创建；就其渗透在一个寻求变化的特定政治视角而言，它自身也是创建性的"。①

值得注意的是，上述语境与詹姆逊站在新马克思主义视角，以内在的不可避免性来重新理解马克思的本体论有着根本区别。在他看来，为了充分说明不同的集体性从一个特定结构中出现的可能，就必须在结构自身内部来构筑"事件性"（Eventfulness），从而将外在辩证地折回内在之中。马克思的本体论正遵循这个方式，"他认为，集体性形式已经潜伏在当下的资本主义中：它们不仅是值得拥有的（或伦理的），甚至也不仅是可能性的，而且最重要的是不可避免的，假如我们把这个不可避免性的出现理解成集体的人类任务和规划"。根据这个内在性信念，"已然之物，或者处在幻想或半成形的愿望或倾向层面的虚拟和潜在之物，也是社会结构自身的基石"。并且，詹姆逊意图将

---

① Carsten Strathausen, "A Critique of Neo-Left Ontology", *Postmodern Culture*, Vol. 16, No. 3, 2006. 参见 https://muse.jhu.edu/journals/pmc/v016/163.3strathausen.html, 2016 - 03 - 04, p. 22, pp. 16—17, p.21。

这个思想适应于正统马克思主义的科学化追求(强调新事物的产生在客观上是不可避免的)。本着这一思路,他势必会基于传统马克思主义的基本原则(如经济超出政治和上层建筑的首要性),以客观主义方式和历史必然性逻辑来处理事件和结构之间的关系:一个事件之所以不可避免,是因为它已真实发生,并由此改变了它得以从中产生的原初情境。① 同时,他还将文化带有的乌托邦欲望及其包含的时间悖论结构(现存之物的缺失/存在和尚未存在的未来/非存在的混合物)融入马克思的本体论之中。但对他来说,对未来的洞察总是导向对过去的注视,这不是为了单纯认识已发生之物,而是为了客观地决定据说必须要发生之物的必然结果。由此,他通过黑格尔式的辩证思维,既实现新旧事物的无缝对接,又使阐明可能性历史条件的"乌托邦形式"本身成为某种新的内容。②

　　无疑,当代左翼政治理论的本体论转向必然拥有极其深刻的社会根源和错综复杂的语境脉络。它既是对当今时代重大问题的思考和回答,又是尝试将政治与形而上学、马克思主义与后现代主义结合起来的激进批判话语。具体而言,它是"与后福特主义的经济结构、政治动态和文化辩证法紧密相连的"③政治哲学和社会批判理论,是对20世纪70年代以来资本主义后福特主义转型及其连锁效应的理论回应和对全新形势下当代西方左派内部危机的病理诊断,也是后现代主义和后结构主义实质性地介入马克思主义和激进政治领域的直接产物。因此,立足当代资本主义的新社会状况,对经典马克思主义、正统马克思主义和现代性政治话语的反思,对马克思主义合理性、合法性和有效性的审视,对后现代主义和马克思主义之间连续性关系的追问,以及对

---

①　Fredric Jameson, *Archaeologies of the Future:The Desire Called Utopia and Other Science Fictions*,London:Verso,2005,p.246,p.250,p.252,p.219.

②　Carsten Strathausen,"A Critique of Neo-Left Ontology", *Postmodern Culture*, Vol.16,No.3,2006.参见 https://muse.jhu.edu/journals/pmc/v016/163.3strathausen.html,2016-03-04,pp.20-21。

③　Geoff Boucher, *The Charmed Circle of Ideology:A Critique of Laclau and Mouffe,Butler and Zizek*,Melbourne:Re.Press,2008,p.55.

马克思主义、替代性的政治语法和未来的人类共同体将走向何处的回答,必然构成它们的中心议题。

从根本上看,奈格里和拉克劳的政治本体论在上述后现代新左派阵营中占据不可取代的地位,同时又代表着两个完全无法通约的版本。具体来说,其一,他们都集中审视了当代资本主义在生产方式、经济政策、政治体制、主权模式、文化形式、阶级结构、革命主体、劳动过程和压迫关系等方面的连锁性改变,重新对它在新历史时代的基本性质、发展趋势和历史命运进行了深入剖析和明确判定;其二,他们都以世界范围内不断涌现的新社会运动为基础,系统考察了它们不同于以往工人阶级运动的性质和特征及其在创建新政治话语中的重要意义;其三,他们都将后现代主义和后结构主义的一些基本原则全面拓展至政治领域的具体分析之中,力图通过政治理论的新本体论转向,彻底改造传统政治模式,使其适应当今社会的后现代状况。从这三个方面出发,他们致力于全面变革马克思主义、社会主义、传统左派和现代性视野下政治的边界和逻辑,反思其核心范式、信条、策略、规划和组织原则等方面的当代合法性问题,并对全新的政治语法和未来的社会—生命—共同体形式做出了极富创造力的设想。然而,在二者表面的相似性背后,却存在着本质的差别:它们既拥有不同侧重的社会根源、政治坐标和思想传统,又具备根本差异的问题意识和理论倾向;既分别归属于后结构主义差异哲学—政治学以内在主义和超越主义线索为中心的相反轨道,又代表着后现代主义新左派阵营处理后现代主义和马克思主义关系的两种进路,并以不同方式背离了马克思主义的基本立场;既立足相互抵触的本体论根基和逻辑原则,界划了政治的两种对立形象,又围绕革命主体性模式和激进民主规划,通过相悖的结构配置创建了迥异的政治图景。实际上,在少有的几次直接对话和思想交锋中,他们都把彼此当成彻底规避的批判对象,并围绕内在性和外在性、同一性和差异性、普遍性和特殊性、肯定性和否定性、平滑/块茎政治和霸权/话语政治、直接性政治和调解性政治、阶级和去阶级化、诸众和人民等关键问题展开了激烈论争。① 他们争辩的主要议题一方面涉及当代资本主义新变化、马克思主义危机和后现代主义兴起的实质,现代性和后现代性、马克思主义和后现代主义的连续性,马克思主义传统、后基础主义本体论和后现代主义政治的合法性,以及政治主体、革命策略和激进民主的真正形态等重大时代课题,另一方面又与其他马克思主义思想家和后现代主义新左派在许多核心理论环节发生了错综复杂的交叉关系。二者所牵涉的语境、线索和论题基本上涵盖了后现代主义政治理论的主导问题框架。因此,对上述视域的剖析,对于系统把握当代资本主义的社会转型和当代西方左派政治本体论的关系谱系,客观审视西方激进政治在理论和实践上遭遇的困境和局限,完善对国外马克思主义发展的全景认识,深化马克思主义在当今时代的真正价值,推进马克思主义的当代化和中国化进程,均有着极其重大的理论和现实意义。

整体而言,国内外学界虽然高度重视奈格里和拉克劳在后现代主义新左派中的核心地位,且研究著述丰硕,但并未深入挖掘政治理论的本体论转向对于他们思想发展的关键作用,更没有充分关注二者的直接对话对于界划当代左翼阵营的重要性。单就个案研究来看,研究奈格里的热潮主要始于《帝国》《诸众》《大通社会》三部曲的相继问世。其核心论题集中在以下几个方面:(1)奈格里对全球化资本主义时代历史转型的分析及其同其他视角之间的交叉关系;(2)奈格里与经典马克思主义、正统马克思主义、自主主义马克思主义、晚期马克思主义、政治的马克思主义、后现代主义的马克思主义和后马克思主义思潮等;(3)奈格里与现代性话语、后结构主义、意大利批判马克思主

---

① 主要参见 Ernesto Laclau, "Can Immanence Explain Social Struggle?", in P.A.Passavant and Jodi Dean (eds.), *Empire's New Clothes*: *Reading Hardt and Negri*, London: Routledge, 2004, pp. 21−30; Ernesto Laclau, *On Populist Reason*, London: Verso, 2005, pp.239−244; Michael Hardt and Antonio Negri, *Commonwealth*, Cambridge and Massachusetts: The Belknap Press of Harvard University Press, 2009, pp.164−169, p.176, p.331, p.340; Cesare Casarino and Antonio Negri, *In Praise of the Common*: *A Conversation on Philosophy and Politics*, Minneapolis: University of Minnesota Press, 2008, p.163; Toni Negri, "Negri on Hegemony: Gramsci, Togliatti", Laclau, http://www.versobooks.com/blogs/2179-negri-on-hegemony-gramsci-togliatti-laclau, 2017−01−03;等等。

义的新尼采主义、左派海德格尔主义、当代德勒兹式和拉康式左翼;(4)奈格里视域中的马克思、斯宾诺莎、马基雅维利、笛卡尔、卢梭、霍布斯、康德、黑格尔、阿尔都塞、尼采、福柯、德勒兹、海德格尔、德里达、施米特和阿伦特等;(5)奈格里的后结构主义本体论规划与马克思主义内部的本体论转向;(6)奈格里围绕阶级构成、内在性诸众、共产主义和绝对民主的政治理论及其所属的学术脉络、思想根基、核心概念、根本取向和主要局限;(7)奈格里的政治理论及其共产主义观念与自由主义民主政治、社会主义政治和其他后现代主义政治理论的关系及其理论效应。在充分肯定已取得巨大进展的同时,我们也应当看到既有研究的一些不足:(1)讨论域过于集中在后期围绕帝国和诸众展开的激进政治、革命主体和资本主义批判理论,没有通过政治本体论的总体演变过程和逻辑构架,将早期的主要思想(如阶级构成、自我价值稳定过程、拒绝工作和政治的阅读等)融入其中;(2)未能在马克思主义思想史内部深入揭示政治与本体论的连接问题及其在马克思主义批判理论中产生的重要影响,以此澄清其政治本体论的基本语境、线索、原则和取向,客观审视它在何种意义上背离了历史唯物主义。而研究拉克劳的热潮则主要导源于《霸权与社会主义的策略》《我们时代革命的新反思》《解放》等核心文本的出版。其核心论域表现在以下几个方面:(1)现代性批判和后马克思主义思想史视角下拉克劳的资本主义批判理论及其得失;(2)拉克劳与经典马克思主义、正统马克思主义、晚期马克思主义、后现代主义、后结构主义和后马克思主义思潮;(3)拉克劳与自由主义、社会主义、共产主义和民粹主义传统;(4)拉克劳视域中的黑格尔、马克思、葛兰西、阿尔都塞、德里达、拉康、海德格尔、维特根斯坦、福柯、哈贝马斯等;(5)拉克劳与左派海德格尔主义、当代拉康式和德勒兹式左翼;(6)拉克劳的后基础主义本体论转向及其主要影响和后果;(7)拉克劳围绕话语—霸权、超越性人民、新社会主义和激进民主的政治理论及其所属的学术脉络、思想根基、核心概念、根本取向和主要局限。以上成果具有重要的参考价值,但略有缺憾的是:(1)未能充分结合资本主义、激进社会运动和西方左派发展史以及现代政治思想史、后结构主义差异哲学、后现代新左派的政治理论阵营、当代政治和道德哲学等语境和脉络,深入分析其政治本体论的基本构成、原则和倾向;(2)没有立足拉克劳政治哲学的整体构架,系统揭示其政治本体论在其马克思主义观、后现代主义政治—社会观、社会主义观和革命观形成中的根本地位。

而对二者政治本体论的比较分析则主要依据他们在《论民粹主义理性》和《大通社会》等中展开的直接对话,研究成果仅散见于一些论著的部分章节段落中。① 其代表性观点主要包括:(1)分别建基于充足本体论和缺失本体论、水平化差异连接和等级性霸权接合的激进民主版本;(2)分别以诸众和人民为核心的革命主体性理论;(3)分别指向去代表性—平滑性和代表性—调解性的政治组织模式。针对上述讨论,我们不难发现以下两个问题:其一,核心文献占有不足,理论视野较为狭窄,大多流于浅层的零散描述。分析过于局

---

① 主要参见 Nick Dyer-Witheford, "Hegemony or Mulititude? Two Versions of Radical Democracy for the Net", in Lincoln Dahlberg and Eugenia Siapera (eds.), *Radical Democracy and the Internet*, New York: Palgrave Macmillan, 2007, pp.191-206; "Alexandros Kioupkiolis, Radicalizing Democracy", *Constellations*, Vol.17, No.1, 2010, pp.138-154; Paul Rekret, "Generalized Antagonism and Political Ontology in the Debate between Laclau and Negri", in Alexandros Kioupkiolis and Giorgos Katsambekis (eds.), *Radical Democracy and Collective Movements Today: The Biopolitics of the Multitude Versus the Hegemony of the People*, Farnham and Burlington: Ashgate, 2014, pp.133-148; Andy Knott, "Representation and Political Space in Laclau and Hardt and Negri", in Alexandros Kioupkiolis and Giorgos Katsambekis (eds.), *Radical Democracy and Collective Movements Today: The Biopolitics of the Multitude Versus the Hegemony of the People*, Farnham and Burlington: Ashgate, 2014, pp.191-212; Benjamin Arditi, "Post-Hegemony: Politics Outside the Usual Post-Marxist Paradigm", in Alexandros Kioupkiolis and Giorgos Katsambekis (eds.), *Radical Democracy and Collective Movements Today: The Biopolitics of the Multitude Versus the Hegemony of the People*, Farnham and Burlington: Ashgate, 2014, pp.17-44; Oliver Harrison, *Revolutionary Subjectivity in Post-Marxist Thought: Laclau, Negri, Badiou*, Farnham and Burlington: Ahagate, 2014, pp.80-83; Jon Simons, "The Radical Democratic Possibilities of Popular Culture", in Lars Tønder, Lasse Thomassen (eds.), *Radical Democracy: Politics between Abundance and Lack*, Manchester and New York: Manchester University Press, 2005, pp.149-166; Lars Tønder, "Inessential Commonality: Immanence, Transcendence, Abundance", in Lars Tønder, Lasse Thomassen (eds.), *Radical Democracy: Politics between Abundance and Lack*, Manchester and New York: Manchester University Press, 2005, pp.203-218; 等等。

限在新近著作,未将他们的早期理论充分考虑在内,也没有将立足点准确定位在当代资本主义的社会转型、后结构主义的差异哲学、后马克思主义思想史和后现代主义政治理论等关键论域,未能从逻辑前提、构成和取向等重要层面入手,全方位地展现二者的关系全貌。其二,未对一些核心概念(如内在性平面、平滑政治学、个殊性、事件、诸众、块茎、游牧、共通性、创构性的缺失、绝对的外在性、彻底的偶然性、不可能性、空位、人民、话语等)和基本线索(如超越性和内在性、同一性和差异性、普遍性和特殊性、否定性和肯定性、充足和缺失、调解性和直接性等)在各自的原初思想语境中进行深入追踪、阐述和评价,严重影响了对二者之间相关性和差异性的深度透视。

本书的主要思路在于,以奈格里与拉克劳政治本体论的整体发展过程和逻辑构架为基础,在凸显其根本地位的前提下,充分纳入马克思主义思想史、后现代主义/后结构主义政治哲学、当代新左派的思想谱系、资本主义发展史和激进政治运动史等论域和视角,以在原初语境中得到详细考察的核心概念和基本线索为主线,全面论述二者政治本体论的复杂关系,并以历史唯物主义和马克思主义政治经济学批判的科学方法论原则为基石,对它们进行准确定位。基于此,本书将主要分为上、中、下三篇和结语。上篇从社会根源方面阐发它们的关联和差异。中篇将分析它们各自归属的学术脉络及其复杂而隐蔽的对立关系。下篇力求在逻辑构架上揭示它们表面相似背后的实质分歧。结语则侧重在逻辑取向上展现二者的不可通约性和对马克思主义的共同背离。

上 篇

社会根源：新历史时代

病理诊断的不同取向

引　言

　　自 19 世纪 70 年代到第二次世界大战,伴随以能源电力、重化工业为核心的第二次科技革命与以铁路为中心的现代交通运输业的迅猛发展,资本主义实现了从古典形态到现代形态的转变。垄断组织和股份公司不断出现,世界市场逐步形成。相应地,资本主义社会在资本运作形式、生产组织方式、阶级结构、国家职能以及工人阶级的内部组成和生存境况等方面,产生了同自由竞争时代有着重大差别的一系列新现象。这在马克思主义内部引起围绕经典马克思主义合法性以及资本主义新形态的实质、矛盾和命运等问题的争论,集中表现为第二国际时代不同的马克思主义理解模式的争辩,希法亭、卢森堡、考茨基和布哈林等对现代资本主义的论断以及列宁经典帝国主义理论的形成。从“二战”之后到 20 世纪七八十年代的“冷战”时期,世界政治经济格局由美国和苏联共同主宰,资本主义和社会主义两极阵营在全球范围内对峙,第三世界则掀起了强劲的去殖民化运动和民族解放运动。在理论层面,上述情境明确反映在斯大林基于“一国建成社会主义”的需要对帝国主义时代“三大矛盾”的判定、资本主义总危机和国家垄断资本主义理论的提出以及对社会主义和资本主义两大阵营的划分。在现实层面,它又突出体现在苏联和东欧社会主义国家统一战线的形成、苏共二十大之后各国工人阶级政党内部围绕马克思主义科学形态和本真精神的论争以及新反抗运动在欧美发达资本主义国家的兴起,如新左派运动迅速发展、新社会运动在资本主义社会日趋日常化等。两极化的世界格局促进了资本主义世界的协同发展,但社会主义阵营的巨大压力又迫使它们不断推进产业升级,并在经济结构、意识形态领域和外交政策上做出相应调整。虽然发达资本主义国家在战后的重建中普遍取得了前所未有的经济增长,但六七十年代的全球滞胀危机、凯恩斯主义的破产、东方世界现代化进程的加速、第三世界的内部分化以及以远程传输和信息技术为核心的新积累模式的出现,又使资本主义世界表现为一个不断创造新不平等和新差异的弹性等级体系:"既是单一的(以美元作为国际货币的美国的主导;基本产品和大宗制造品的世界市场和世界价格),又是分化的(在五大洲的状况的极其多样化;各国和各地状况的极度分化;对劳动力非常不同的使用模式的共存,而这些模式本身又产生于非常不同的条件)。"①自东欧剧变和苏联解体的后冷战时期至 2008 的全球金融危机则标志着全球化资本主义时代的到来。在资本主义国家,新科技革命极大地推动了生产力的发展、生产关系的重组和生产方式的转型,阶级结构和阶级关系日趋复杂,不平等状况和贫富差距不断加剧,后现代主义文化思潮则泛滥于世。在世界范围内,"中心—外围"格局日益凸显,资本主义民主政治、新自由主义和新保守主义全面扩张,反社会主义浪潮、反霸权运动和反殖民运动日渐兴盛。与此相应,基于资本主义的全新状况,对正统马克思主义和现代性话语的批判,对马克思主义合理性和合法性的审视,对后现代主义和马克思主义之连续性的回答,对替代性革命政治和理想社会形式的构想,必然成为当代西方左翼知识界的核心问题意识。总之,全球化进程中资本主义的新变化同马克思主义经典资本主义批判理论在思想和现实上的"反差",引发了马克思主义存亡的激烈争辩和重新阐释马克思主义的不同尝试。

因此,在马克思主义和共产主义运动在西方世界腹背受敌的背景下,各种

---

① [法]米歇尔·波德:《资本主义的历史:从 1500 年至 2010 年》,郑方磊、任轶译,上海辞书出版社 2011 年版,第 287 页。

新马克思主义思潮的兴起只是"代表了立足错位的文化事件如苏联的解体和柏林墙的坍塌来复兴马克思主义的努力"，也是对试图开辟工人阶级运动新革命路线和政治前景的"虚假曙光"的综合回应。① 显然，五月风暴和苏联解体及其在政治和意识形态层面引发的连锁反应构成它们由以产生的现实土壤。前者通过宗教般迷恋式的自由信仰和文化启蒙，为反叛既有的政治秩序和政治话语，提供了重要的思想遗产。后者则在西方左翼知识界和国际工人运动内部，激起了对社会主义道路、共产主义政权、无产阶级专政和工人阶级政党等根本问题的反思。

里泽尔（George Ritzer）与舒伯特（J.Daniel Schubert）把后马克思主义转向的背景和动力归结为四个方面：内部的社会因素（多元激进思潮内部的发展、冲突和分裂），内部的知识分子因素（左翼知识界遭遇的困境、危机和转型），外部的知识学界发展（其他主流学科的相关思想和方法在马克思主义中的引入）与外部的社会因素（资本主义社会巨大变化的影响）。② 从这个视角看，在后马克思主义思想史中占据重要地位的奈格里和拉克劳，正是在新历史时代资本主义社会转型加剧、无产阶级主体地位衰落、世界社会主义运动陷入低潮和正统马克思主义遭遇危机等条件下，直面现代性批判思潮和新社会运动的兴起等重大问题，以此尝试通过在马克思主义内部引入后现代主义原则，创建能够适应新社会基础的政治语法。他们政治本体论的产生和形成既分享着相似的社会背景和问题意识，又拥有不同的参照坐标和逻辑取向。因此，全方位梳理他们在社会根源上的复杂相关性，自然构成揭示其政治本体论之内在关系的重要起点。

---

① Stuart Sim, *Post-Marxism: An Intellectual History*, London and New York: Routledge, 2000, p.4.

② George Ritzer and J.Daniel Schubert, "The Changing Nature of Neo-Marxist Theory: A Meta-theoretical Analysis", *Sociological Perspectives*, Vol.34, No.3, 1991, pp.363-369.

第一章　基于后福特主义的双重阶级政治图景：实质性重构和根本性拒绝

　　利比兹指出："危及外在的、物化的经济状况的灾难,只是社会关系在世界范围内的隐匿性内在危机的一个症候。新世界的组织化是一个政治事件,但它需要社会运动去创建自身。这些运动将必须粉碎与它相对立的国家形式……从摧毁的暴力中拯救现有世界。"①全球化进程中资本主义的最新变化,既表明了资本主义通过不断的结构性调整谋求霸权的努力,又预示着替代性社会形式之新条件的孕育。因此,针对资本主义发展过程及其内部矛盾和危机的论断绝不单是纯粹的学术研究,更应是革命政治问题。并且,当代资本主义世界形势的基本状况同新革命政治学构建的一体关系,几乎构成所有激进政治理论的一条关键线索。奈格里和拉克劳的政治本体论也是如此,二者都置身于当代资本主义社会的结构转型,但又分别提供了紧密相关却又完全不同的阶级政治图景。

---

　　① Alain Lipietz, *The Enchanted World: Inflation, Credit and the World Crisis*, London: Verso, 1985, p.138.

一、当代资本主义社会的后福特主义转型: 重塑激进政治理论的共同现实基础

自 19 世纪中后期以来,第二次工业革命的机械化原则彻底颠倒了资本主义社会工人同劳动资料间的关系。使用劳动工具的直接劳动日益丧失在生产过程的主导地位,工人在生产过程中的自主性越发降低,逐渐沦为机械体系的附属物。以此为基础,资本主义的生产方式实现了绝对剩余价值生产和相对剩余价值生产的融合,滋生了泰勒制产生的土壤。在"二战"之后和后苏联时代的全球资本主义时代,伴随新科技革命对生产力发展的强力推动,在凯恩斯主义、新自由主义和"超越左与右"的"第三条道路"等新治理框架、制度结构和政治秩序的共同作用下,资本主义的生产类型、组织方式、调节模式、剥削形式、阶级结构和文化样态等均发生了重大改变,集中表现为生产方式的福特制和后福特制转型及其引发的一系列政治和文化效应。因为"在阶级斗争作用下的社会关系的制度化是资本主义再生产的核心过程"[①],所以,从根本上看,这个进程实为经济积累体制和政治调节模式协同运行和全面变革的历史:资本主义为克服自身限制而不断在生产和再生产过程中优化和支配劳动,同时又借助各种政治手段持续加大对剩余价值抽取和对工人阶级剥削。

泰勒制始于 19 世纪末 20 世纪初,旨在通过劳动方法的标准化、工作定额的制定、工作时间的明确划分、差别化计件工资制度的实施、管理同执行的职能分工、对工人的严格挑选和培训以及对熟练劳动力的使用等,来全面提升生产效率。它以相对分散化、平面化的生产组织结构,借助"把工人设想为管理部门所操纵的通用机器"以及操作过程的概念化和规范化,有效地消除了资本积累对主观因素的过分依赖,使其变成"管理部分劳动过程的无生命的客

---

① Michel Aglietta, *A Theory of Capitalist Regulation*, London:NLB, 1979, p.29.

观因素"①。这不仅增加了资本家对生产过程的控制权,而且很大程度上改变了劳动过程各个部分的一体化仍然"基于不同工人类别之间的直接关系"这一状况,更好地避免和消除了工人的抵抗。② 然而,囿于单件生产的泰勒制又不可避免地存在高成本、低产出的弊端。它既难以适应在 20 世纪以来工业化加速进程中企业对规模经济和高效率的诉求,又在持续使雇佣工人臣服于机器体系和产品形式的过程中,增加了他们反抗既有劳动体制的可能和风险。

福特制起源于福特在 1914 年创建的自动化装配流水线,其典型形态集中出现在 1945—1974 年间。它仍然沿用了泰勒制倡导的机械化原则,主要借助标准化自动化的流水线作业,精细化深入化的劳动分工,垂直化等级化的组织结构和科学管理模式,非熟练劳动力的大量引入及其重复性的简单劳作,单一化、批量化和低成本的产品生产,以及大型企业高度计划性的生产规划,来实现高效生产率和规模化经济效益。与之相适应,布雷顿森林体系和关贸总协定确立的国际货币体系和贸易原则,促进了世界贸易和全球经济一体化的形成,而凯恩斯主义的需求调节模式、福利国家的社会保障政策和劳资双方制度化的集体谈判制度,则推动了大众消费文化的兴起,在一定程度上实现了大规模生产和大规模消费的良性循环。③ 显然,福特制是资本主义劳动过程、积累体制、调节模式和文化观念的综合体。它有效整合了"一系列劳动控制的实践、技术上的组合、消费习惯和政治—经济力量的结构"④:"大众消费、劳动力再生产的新体制、劳动控制和管理的新策略、新的美学和心理学",这是"一种

---

① [美]哈里·布雷弗曼:《劳动与垄断资本》,方生、朱基俊等译,商务印书馆 1979 年版,第 160、152 页。

② Michel Aglietta, *A Theory of Capitalist Regulation*, London:NLB,1979,pp.115-116.

③ 谢富胜、黄蕾:《福特主义、新福特主义和后福特主义——兼论当代发达资本主义国家生产方式的演变》,《教学与研究》2005 年第 8 期。

④ [美]戴维·哈维:《后现代的状况——对文化变迁之缘起的探究》,阎嘉译,商务印书馆2003 年版,第 164 页。

新的理性化的、现代主义的和平民主义的民主社会"。① 其霸权结构的核心要素主要包括新兴的规模化工业、中心化的工会组织和官僚化的福利国家。其基本特征则具体表现为"由拓展了的金融和财政国家的干预机构、共同的协商结构和国家的经济预测所支撑的对充分就业和增长的保证、福利国家的扩展和经济再生产过程的全球控制"②。

　　整体而言,福特制总是与"持续的商品化、官僚化"以及"社会的同质化和个体化"③的矛盾相连。首先,作为垄断性"资本主义调节"和"资本密集型积累体系"的新阶段,它"通过生产关系和商品关系的紧密结合",实现了对生产过程和雇佣关系的全面控制,使剥削关系更加普遍化、隐秘化和深入化。一方面,"生产过程和消费过程的结合"既"创建了大众生产模式,即雇佣劳动普遍化的具体内容",又极大地提升了绝对剩余价值和相对剩余价值的生产水平。④ 另一方面,它在一定程度上来自以劳资双方的集体和平协商为形式的阶级妥协,即以改良主义方式得以制度化的阶级冲突,有效地缓和了阶级矛盾,保证了需求和供给的相对均衡状态。其具体表现如下:在劳动过程中,从占据优越地位的手工艺人到非熟练工人的大量涌入;在消费领域,从资本家把雇佣劳动者视为单纯生产者,到通过社会保障制度和最低工资制确保其生产者—消费者的双重身份,以增加他们的消费能力来促进经济上的总体增长⑤。其次,它推动了资本主义世界新的"社会化"(Societalization)模式、国家职能和

　　① ［美］戴维·哈维:《后现代的状况——对文化变迁之缘起的探究》,阎嘉译,商务印书馆2003年版,第167页。

　　② Josef Esser and Joachim Hirsch, "The Crisis of Fordism and the Dimensions of a 'Post-Fordist' Regional and Urban Structure", in Ash Amin (ed.), *Post-Fordism: A Reader*, Oxford: Blackwell Publishers, 1994, p.76.

　　③ Bob Jessop and Ngai-Ling Sum, *Beyond the Regulation Approach: Putting Capitalist Economies in their Place*, Cheltenham UK and Northampton MA: Edward Elgar Publishing, 2006, p.65.

　　④ Michel Aglietta, *A Theory of Capitalist Regulation*, London: NLB, 1979, pp.116-117.

　　⑤ Alain Lipietz, *Towards a New Economic Order: Postfordism, Ecology and Democracy*, New York: Oxford University Press, 1992, pp.4-6.

经济空间格局的形成。社会关系逐渐转向"以工资为基础的社会"①或"工薪阶层社会",社会生活的基本特征凝结在绝大多数人口满足自身需求的个人或社会工资水平之上。工人的消费需求由小商品和基本生存条件的满足,转向基于核心家庭对标准化规模化商品的个体化消费。资本主义国家既要承担一般性的传统功能,如教育和职业培训、失业和退休保障以及公共健康体制创建和住房供给等,又需应对福特制的一系列附带影响所造成的潜在危机,如社会分裂的纵深化、农村人口的急速下降、传统生活境况(特别是传统工人阶级)的加速瓦解、家庭生活的私有化和中间阶级的涌现等新问题。同时,世界范围内以大都会区为中心形成了不同的核心工业带,它们被小型的工业城市群环绕。这种全新的"中心—外围"布局推动了发达资本主义国家城市郊区化和高密度城市更新进程的加速发展。② 正是在这个意义上,杰索普明确将福特制资本主义社会定义为"城市—工业的、'中间阶级的'和工薪报酬的社会"③。再者,资本主义发展新的经济空间结构、国家调节模式和工人阶级生存状况,共同导向一种全新的政治格局:一个以围绕"城市生活的消费主义代议制"(Consumerist Representation)的"空间政治",它"明确体现在核心家庭、城郊居民和私人汽车所有权的理念之上"。④ 其中,工会、商业贸易协会和各种形式的工人阶级政党在社会福利的经济调控和政治谈判方面发挥着关键作用,它们和计划性国家管理的契约性合作和协商,形成了一个中心化集权化的

---

① Andre Gorz, *Reclaiming Work: Beyond the Wage-Based Society*, Cambridge: Polity Press, 1999.

② Bob Jessop and Ngai-Ling Sum, *Beyond the Regulation Approach: Putting Capitalist Economies in their Place*, Cheltenham UK and Northampton MA: Edward Elgar Publishing, 2006, pp.63–65; Josef Esser and Joachim Hirsch, "The Crisis of Fordism and the Dimensions of a 'Post-Fordist' Regional and Urban Structure", in Ash Amin (ed.), *Post-Fordism: A Reader*, Oxford: Blackwell Publishers, 1994, pp. 78–79.

③ Bob Jessop, "Post-Fordism and the State", in Ash Amin (ed.), *Post-Fordism: A Reader*, Oxford: Blackwell Publishers, 1994, p.254.

④ Michael J.Storper and Allen J.Scott, "The Geographical Foundations and Social Regulation of Flexible Production Complexes", in J. Wolch and M. Dear (eds.), *The Power of Geography*, London: Allen & Unwin, p.30.

"社团主义"。这正是福特制调节模式运行的核心枢纽，"国家干预主义的各种形式（受官僚主义—技术理性的原则指引），以及赋予这种体制以连贯性的政治权力结构……依靠了通过各种特殊利益势力的平衡而结合在一起的大众经济民主的各种概念"①。最后，作为福特制观念形式现代主义在不同领域中兴起，其具体的理论类型和社会实践体现着此时资本主义运转的总体风格。福特制创造了偏好同一性、规范化、标准化、等级化、功能性、有效性和连续性的现代主义话语框架，"盛期的现代主义艺术、建筑、文学等等，成了社会中体制的艺术和实践"，其中，"企业资本家对于致力于进步和人类解放之发展的启蒙运动规划的看法"及其相应的社会发展模式，"作为一种政治—经济的主导而居于支配地位"。②

　　然而，伴随资本主义世界黄金时代的来临，特别是信息沟通技术的高速发展，福特制生产方式的危机逐渐凸显。其一，社会消费能力相对饱和，它与大规模生产能力之间的落差必然增大利润抽取的风险，导致资本积累体制内部困难重重。其二，提升生产能力的技术条件遭遇"瓶颈"状态，生产和创新过程相互分离，生产效率的整体步伐逐步放慢，而且在新的社会条件下，经济增长开始摆脱对规模经济的依赖，转向信息网络领域。其三，日益僵化和刚性的生产体制和组织结构，既无法应对等级制劳动分工所招致的激励问题，又难以适应多样化个性化的市场需求变化。其四，因资本主义国家严重的财政困难和经济压力，福利国家体系的正常运转难以为继。其五，以民族国家为基础的凯恩斯主义式的经济管理已经无法满足资本流动的全球化趋势。③ 最后，福

---

　　①　[美]戴维·哈维：《后现代的状况——对文化变迁之缘起的探究》，阎嘉译，商务印书馆2003年版，第179页。

　　②　[美]戴维·哈维：《后现代的状况——对文化变迁之缘起的探究》，阎嘉译，商务印书馆2003年版，第51页。

　　③　Klaus Nielsen, "Towards a Flexible Future: Theories and Politics", in Bob Jessop, Hans Kastendiek, Klaus Nielsen and Ove K. Pedersen (eds.), *The Politics of Flexibility: Restructuring State and Industry in Britain, Germany and Scandinavia*, Aldershot: Edward Elgar, 1991, p.24.

特制虽然强化了对劳动过程的控制,但又会带来工人反抗的新基础。劳动强度的增加直接造成雇佣劳动者的身心失序和错位问题,这有可能引起工人自我意识和对生活质量的再次自觉以及针对劳动条件的更加广泛的联合斗争。[1] 同时,连续的流水线既创造了工人之间形成机械连带的主体基础,又使生产过程可能因受制于单个或一小群工人的罢工而加剧自身的脆弱性。[2] 事实上,"福特主义的当前危机在本质上只是雇佣关系再生产的危机。……我们有理由把其视为资本主义的有机危机"[3]。

后福特制发端于 20 世纪 70 年代中期之后,以布雷顿森林体系的终结和柏林墙的倒塌为标志,以"精益生产""集群生产"与硅谷生产模式为典型形式。它借助以多样化和不确定性的需求为导向的弹性生产与极其灵活的信息反馈机制和雇佣模式,以范围经济为基础,重建生产和需求之间的相互协调关系。它通过网络化和扁平化的组织结构,旨在缓解福特制高度纵向一体化模式的僵化性,削弱建基于标准化工作条件的集体利益组织。它以专业化、自我管理化、相对自主化和高度社会化的劳动力资源,高速发展的知识—信息的沟通和共享水平以及全球化的资本流通和协作,实现生产和创新的紧密结合、产出和收益的理想状态与内外部环境的良性互动。这是一种与工业和金融资本的全球集中和重组过程密切相关的新资本积累模式和调节方式:基于新信息通信技术的后泰勒制生产组织形式;基于农业和第三产业的高度工业化来推进资本化进程的新动力;基于发达生产技术将分支结构和工业整合起来的新型关系;以信息部门中国家和工业部门的紧密结合为特征的新公司形式;社会保障体制不断缩减和制度化分裂所导致的雇佣工人的深度分化;大规模失业、

---

① Michel Aglietta, *A Theory of Capitalist Regulation*, London:NLB, 1979, pp.120－121; Alain Lipietz, *Towards a New Economic Order:Postfordism, Ecology and Democracy*, New York:Oxford University Press, 1992, pp.8－21.

② Giovanni Arrighi, "A Crisis in Hegenomy", in S.Amin, G.Arrighi, A.Frank and I.Wallerstein (eds.), *Dynamics of the Global Crisis*, New York:Monthly Review Press, 1982, pp.85－86.

③ Michel Aglietta, *A Theory of Capitalist Regulation*, London:NLB, 1979, p.165.

第三产业化和工作关系的差异化对工会势力的削弱;大众收入同生产率增长相分离;生活方式日趋多样化和个人化。[1]

总之,灵活性构成后福特制生产体制、积累模式和调节方式的核心特征,主要包括灵活的技术、灵活的劳动和劳动力市场、灵活的工作实践、核心企业和供应商之间的灵活关系、劳动过程的灵活组织、产量和雇佣的灵活性、结构重组和升级的灵活性等。其中,灵活生产构成其枢纽,它是一种结合动态灵活性和静态灵活性的生产形式,以"立即从一个过程和/或生产结构转向另一个与短期内能迅速调整产量的高低且在效率方面没有任何有害影响的高度发达的能力"[2]为特征。从根本上看,以"弹性专业化"(Flexible Specialization)[3]为标志的后福特制的"自动化"水平已经全面超出了福特制半自动化的生产控制体系,实为一种"超工业主义"(Hyperindustrialism)的工作组织或后工业主义和后斯密主义的积累模式[4]。它建基于新信息、电信和数据处理技术的高度社会化(微电子技术革命),旨在创造"人和机器更为灵活的联合以及雇佣劳动者和工作关系系统的个体化之间的新等级"[5]。这是一种基于信息技术变革的新组织形式:扁平化的结构、网络化的关系和灵活化的边界,很大程度上弱化了"命令—控制型"组织的等级格局。[6] 其工作原则表现为"一个彻底

① Josef Esser and Joachim Hirsch, "The Crisis of Fordism and the Dimensions of a 'Post-Fordist' Regional and Urban Structure", in Ash Amin (ed.), *Post-Fordism: A Reader*, Oxford: Blackwell Publishers, 1994, pp.77–78.

② M.Storper, *Industrialisation, Economic Development and the Regional Question in the Third World*, London: Pion, 1991, p.107.

③ M.Piore and C.Sabel, *The Second Industrial Divide: Possibilities for Prosperity*, New York: Basic Books, 1984; A.Sayer, "Post-Fordism in Question", *International Journal of Urban and Regional Research*, Vol.13, 1989, pp.666–695.

④ Carlo Vercellone, "From Formal Subsumption to General Intellect: Elements for a Marxist Reading of the Thesis of Coganitive Capitalism", *Historical Materialism*, Vol.15, No.1, 2007, pp.13–36.

⑤ Joachim Hirsch, "Fordism and Post-Fordism: The Present Social Crisis and its Consequences", in Werner Bonefeld and John Holloway (eds.), *Post-Fordism and Social Form: A Marxist Debate on the Post-Fordist State*, London: Macmillan Academic and Professional Ltd., 1991, p.25.

⑥ Peter F.Drucker, "The Coming of The New Organization", *Harvard Business Review*, January-February, 1988, pp.45–53.

整合的体系,在它之中,所谓的生产操作以及信息的处理和度量相互作用,它们在一个单一过程的总体中被预先设想和组织成它的因素"。① 这是一个能够容纳多样化生产任务的空洞的同一性—总体性结构,它进一步抽取工作的具体特性,将所有要素和环节融为一体,极大地提升了劳动的抽象化和社会化水平,并造成工作条件的充分异质化、城市中心边缘工作类型的广泛发展和传统工作分工界限的模糊化。它走出对地理位置优先性的偏执,更加注重高素质劳动力的使用、具体工业服务和研究能力的整合与凝聚等方面的决定性作用。② 它强调工人以制造物质产品为目的的生产性工作不再构成主导性的劳动形式,后者更多源于社会一般的智力基础:"非物质性的思想、咨询、信息交换与观察和认识的汇集的智能劳作"③。

德里克将全球化进程中资本主义的后福特制转型视为科技革命、经济积累、政治治理和文化形式的总体变革。他指出:"新技术赋予资本和生产以空前的流动性,因而生产的定位似乎处于一个永恒不断的流动状态,以为资本对抗劳动力寻求最大的利益,同时也摆脱对资本活动的社会和政治的干涉(因此叫'灵活的生产')。由于它与新的传媒实践结为一体,因此所产生的文化后果也是剧烈的;随着新的资本主义切断了政治的界限,因而也就切断了文化界限。随着资本从一个地方向另一个地方运动,伴随全球化而来的便是一种地方化。"④因此,后福特制在一定意义上标志了全球资本主义时代的到来,也意味着资本主义经济关系和社会关系的实质重组以及新政治格局和文化逻辑的重新确定。整体来说,它主要呈现出以下几个方面的特点:

---

① Michel Aglietta, *A Theory of Capitalist Regulation*, London: NLB, 1979, p.124.

② Josef Esser and Joachim Hirsch, "The Crisis of Fordism and the Dimensions of a 'Post-Fordist' Regional and Urban Structure", in Ash Amin (ed.), *Post-Fordism: A Reader*, Oxford: Blackwell Publishers, 1994, p.80.

③ Andre Gorz, *Reclaiming Work: Beyond the Wage-Based Society*, Cambridge: Polity Press, 1999, p.31, pp.41-42.

④ [美]阿里夫·德里克:《后革命氛围》,王宁等译,中国社会科学出版社1999年版,第15页。

第一，生产社会化和资本国际化的程度不断提升，生产过程日益智能化、信息化、网络化和虚拟化。世界范围内的生产、交换和消费的一体化程度不断增强，跨国公司成为生产国际化的主要组织形式，国际垄断资本和金融资本开始在世界市场中占据核心位置。一种新的国际劳动分工逐渐形成，不断拓展的大都会行政管理中心已经成为国际性生产、流通和贸易的中转站和集散点。资本主义社会的所有制形式和管理方式得以不断调整和升级，产业结构、就业结构和投资结构逐步转向信息产业部门，世界范围内的合作经济和股份制成为资本主义经济中最为根本的新元素。

第二，世界体系的"中心—外围"结构更加稳固，经济格局的全球化和区域一体化、中心化和去中心化并存，跨国机制的不断增长和地方政府区域性治理的复兴并行，民族国家在一定程度上式微。在后福特主义资本主义世界，"生产的不断加剧的中心化与操作单位地理空间上的去中心化相协调"[①]，一方面是发达资本主义国家特定区域内经济体的高密度集聚，另一方面则是全球范围内由跨国公司主导的生产、贸易和金融高度一体化进程。二者都建基于弹性专业化的生产机制和网络化的组织结构，从本质上代表着后福特制生产网络和治理结构的不同层级。"包括全球生产网络与区域集聚网络的后福特制生产网络，已经成为企业治理结构的一部分……全球范围的企业、本地企业由于合作而被联系在一个密集的协作与隶属的网络中。看似矛盾的世界经济现象，是企业治理结构从科层治理与市场治理向混合治理转变在地理上的表现。"[②]伴随全球化生产积累循环的形成，跨国阶级、跨国资本、跨国公司、跨国国家、跨国市民社会和跨国霸权[③]的重要地位不断凸显。这在一定程度上

---

① Michel Aglietta, *A Theory of Capitalist Regulation*, London: NLB, 1979, p.127.

② 刘刚：《后福特制：当代资本主义经济新的发展阶段》，中国财政经济出版社2010年版，第185页。

③ ［美］威廉·I. 罗宾逊：《全球资本主义论》，高明秀译，社会科学文献出版社2009年版。

造成"去国家化"(Denatioanalization)①的趋势,使民族国家逐渐呈现出"空心化"趋势:虽然它在维护民族主权等政治问题上仍然发挥重要作用,但它展现自身力量的能力被国际化的生产体制和全球环境问题的挑战持续削弱。同时,地方政府的职能特征也出现下降趋势,其治理的主要目的在于,促进本地区域经济的再升级,以提升其在新世界经济中的竞争力。②

第三,伴随积累体制和生产过程的全方位改变,整个资本主义世界的调节模式和经济政策逐步开始从福利国家(规划—国家、调节—国家)向熊彼特式的创新国家以及新自由主义、新公司主义和新国家主义战略③转变。它们借助一种更为强大的极权主义中央集权制和去中心化的社团主义,力图整合社会结构日益纵深化的分裂,实现资本主义全球范围内的总体控制。因此,相对于凯恩斯主义和福利国家,"熊彼特主义的工作福利制国家"通过对供给的干预以及对生产、组织和市场的持续创新来提升民族经济的竞争力。它采用紧缩政策,将社会再生产和重组的重点从再分配的福利政策,投放在适应灵活化的劳动市场和生产过程以及国际竞争力的提高上。崇尚私有化、自由化和市场化的新自由主义,既实现了政府干预力量的消减和市场定位的转向,又确保了国家在市场重组过程中的主导地位。回归自身利益诉求的新公司体制,致力于适应多元化的劳动和劳动力市场,以全面提升竞争力,满足结构化的创新需求。新国家主义则通过对市场机制外围的干预,倡导国家主导的经济重构。它借助高科技部门的弹性专业化战略和对产业核心竞争力的保持,推进经济实力的全方位提高。这个政治体制首先意味着"国家机器镇压和监控职能借

---

① [英]戴维·赫尔德等:《全球大变革》,杨雪冬等译,社会科学文献出版社 2001 年版,第2—4页。

② Bob Jessop,"Post-Fordism and the State",in Ash Amin (ed.),*Post-Fordism:A Reader*,Oxford:Blackwell Publishers,1994,p.264,p.272.

③ Bob Jessop,"Post-Fordism and the State",in Ash Amin (ed.),*Post-Fordism:A Reader*,Oxford:Blackwell Publishers,1994,pp.251-279;Bob Jessop,"Capitalism and its Future:Remarks on Regulation,Government and Governance",*Review of International Political Economy*,Vol.4,No.3,1997,pp.561-581.

助信息技术的进一步扩张和完善",也是在多元化网络化的社会力量关系中对福利国家的重组,"在较低的物质利益的一般情境中,确认其分化、整合和控制的潜能"①。与之相应,一方面,伴随大规模失业、水平化联合的加速、工人阶级的分化以及雇佣关系的第三产业化、弹性化和异质化过程,福特主义的政党模式(集中表现为社会民主党和人民党)逐渐丧失合法性的现实基础,工会力量也被大幅度削弱。前者失去了持续分化的群体(特别是工人阶级)在选举上的普遍支持,后者则沦为工人阶级内部作为公司半法人的特权阶层利益的代表。② 另一方面,更加完善的民主政治制度给资本主义披上了法制化、民主化与和平化的外衣,以民主政治和文化输出为核心的后殖民主义兴起。

　　第四,社会分化程度持续加深,工业和农业、城市和乡村以及体力劳动和脑力劳动的差别开始消失,新的劳动和工作形式不断出现。伴随日益多元的生活方式、雇佣劳动者内部更加差异的资历和收入、等级化和个性化的消费模式等新现象,单纯的雇佣劳动越来越无法保障社会再生产的物质条件,工作和生活的界限逐渐消失,工作方式更加灵活,"'非正规'部门中的'新的自给自足'和超越剥削、家庭中'独立工作'的增长,成为超工业化的自我服务和自我监督的社会之配饰"③。这意味着一种新社会运作模式的确立:"更大程度上的分裂和多样化、旧的集体联合和区块同一的衰弱以及与更大的工作弹性和通过个人消费实现的个体选择的最大化相关的新同一性的出现。"④

---

① Joachim Hirsch, "Fordism and Post-Fordism: The Present Social Crisis and its Consequences", in Werner Bonefeld and John Holloway (eds.), *Post-Fordism and Social Form: A Marxist Debate on the Post-Fordist State*, London: Macmillan Academic and Professional Ltd., 1991, pp.31-32.

② Joachim Hirsch, "From the Fordist to the Post-Fordist State", in Bob Jessop, Hans Kastendiek, Klaus Nielsen and Ove K. Pedersen (eds.), *The Politics of Flexibility: Restructuring State and Industry in Britain, Germany and Scandinavia*, Aldershot: Edward Elgar, 1991, p.75.

③ Joachim Hirsch, "Fordism and Post-Fordism: The Present Social Crisis and its Consequences", in Werner Bonefeld and John Holloway (eds.), *Post-Fordism and Social Form: A Marxist Debate on the Post-Fordist State*, London: Macmillan Academic and Professional Ltd., 1991, p.28.

④ Stuart Hall, "Brave New World", *Marxism Today*, October, 1988, p.24.

第五,阶级结构多层级分化,阶级斗争的局面更加复杂。随着新中间阶层和中产阶级的兴起,工人阶级继续分化。在核心工业、金融和服务部门,规模化的半熟练化工人逐渐被高度技术化的社会化工人取代。但在边缘生产和服务部门,新类型大众工人以及低技能、低收入、兼职、家庭性和临时性的工作在更高程度上得到发展。同时,随着资本主义产业结构的升级、组织结构的转型以及信息技术和知识经济的发展,在政府部门,代表资产阶级利益并参与社会管理的政治精英和知识分子精英发挥着重要作用。在企业内部,不同于以往资本家类型的"知本家"阶层以及不同于传统工人的高级管理人员、专业技术精英和自由职业者不断涌现。上述变化造成多元阶级意识的融合和交叉,并深层引起阶级对抗关系走向网络化的格局:它"不是起源于劳资之间直接的阶级关系,并朝着更加混乱得多的家族间冲突的范围、在家族中或在有等级秩序之社会关系的类似帮派的体制中争夺权力的方向发展"①。

最后,价值信仰和道德规范的同一性体系普遍衰落,后现代主义思潮泛滥于世。它以多样性—差异性拒绝一切形式的宏大叙事,将情景化的参与看成意义生成的基本原则,主张权力正是通过进入意义生成的环境和技术来实施,并以表演为形式强调完全平面化的社会关系和行为特征,解构所有深度化和确定性的因果模式。② 作为后福特制资本主义的文化逻辑,它反对所有的本质主义和基础主义,"赞美差异、短暂、表演、时尚和各种文化形式的商品化"的灵活性本质。作为在当代资本主义占据主导地位的工作的基本属性,它既"受到虚构、幻想、非物质性(尤其是货币)、虚拟资本、各种形象、短暂性、机遇、生产技巧的灵活性、劳动力市场和消费地位的支配",又"受到'存在'和场所、对卡里斯玛式的政治的爱好、对本体论的关注以及新保守主义所偏爱的稳

---

① [美]戴维·哈维:《后现代的状况——对文化变迁之缘起的探究》,阎嘉译,商务印书馆2003年版,第198页。

② David Howe, "Modernity, Postmodernity and Social Work", *British Journal of Social Work*, Vol.24, No.5, 1994, pp.513-532.

定机构的强有力的制约"。①

在一定意义上,当代西方左派普遍对全球化进程中当代资本主义的后福特制转型及其连锁反应进行了明确的回应,它们的政治理论基本上都是建基于资本主义生产方式后福特制转型的新革命政治学。整体来看,他们对后福特制的分析主要包括双重语境。其一,在现实层面,他们主张后福特主义转向使资本主义社会发生了全方位变化,甚至意味着资本主义社会的"时代转型"②和"新时代"的到来。其基本特征主要包括:"新'信息技术'的转换;更加灵活的、去中心化的劳动过程和工作组织形式;旧制造基础的衰落和基于计算机工业的崛起;职能和服务的分离或外包;对选择和产品的差异化,对营销、包装和设计,以及对通过生活方式、品味和文化而非社会阶级范畴来锚定消费者的更加强调;技术化的、男性的从事体力劳作的工人阶级的式微以及服务和白领阶层和劳动力'女性化'趋势的增长;被跨国公司控制的经济,以及它们的新国际劳动分工和摆脱民族国家控制的更大的自主权;和与交往革命相连的新金融市场的'全球化'。"③它们从根本上确立了以复杂性和多样性为特征的社会根基,并且弹性专业化和后现代主义文化逻辑已经融为一体。它彻底改变了当代社会日常生活领域的效能、存在和运行方式,使原本建基于简单化和同一性的社会基础整体崩溃。其二,在理论层面,他们又基于后福特主义在政治领域所引发的全方位改变,以不同立场、方法和路径,力图重建一种与传统政治模式保持足够距离的"后福特主义政治学"。"如果我们剖析'新时代'这一概念,我们会发现它只是在一个单个隐喻的界限内来把握社会变化不同方面的尝试。……它们包括'后工业主义'、'后福特主义'、'主体的革

---

① ［美］戴维·哈维:《后现代的状况——对文化变迁之缘起的探究》,阎嘉译,商务印书馆2003年版,第202、423页。

② Stuart Hall and Martin Jacques (eds.), *New Times: The Changing Face of Politics in the 1990s*, London: Lawrence and Wishart, 1989, p.12.

③ Stuart Hall, "Brave New World", *Marxism Today*, October, 1988, p.24.

命'和'后现代主义'……没有一个完全令人满意……然而,每一个又意味着关于这个'新时代'争论的重要方面。"①然而,他们中的绝大多数都把后福特主义视为资本积累模式的唯一理想选择,并基于后福特主义、后现代主义和新自由主义的三位一体来重建新的政治语法。这样做的最重要结果在于,其一,基于马克思主义的分析传统,凸显了新历史条件下特定的社会群体、边缘化的日常生活领域、局部性的微观抵抗与多元化的新社会运动在当代政治实践和革命规划中的重要性。其二,基于资本主义的当下发展,拯救马克思主义传统中切实可行的部分,尝试寻找能够取代传统政治模式的现实基础和解放叙事。在他们看来,后福特主义的资本主义不仅造成全球范围内同一性—普遍化—代表性政治的危机,而且还可能会导向一种全新的"'去官方化的'政治"模式和后霸权主义的批判传统。"集体性机构和利益组织重要性的丧失、社会冲突的'去官僚化'、'去法律化'和极权主义的—民粹主义的去政治化","并不意味着意识形态话语可以忽略物质利益,相反,在一个分裂的、'去官方化的'社会中,它们能够在政治—意识形态上形成、分裂、重新联合、彼此争斗和重组,以便使它们适应于新的霸权结构框架"。② 与之相应,无产阶级政党体系在政治实践中的重要功能逐渐衰落,变得越来越多元化,并"开始回应其强大的官僚化、中心化和极权化的社会基础之解体……以及它们从物质利益的整合转向导向多样性增进群体的选择性政治和基于大众媒介技术的更强大的象征性、弥散性战略的替代性政治……越来越少地以相互协调经济限制的压力下的管理决策和被这些措施影响的利益来发挥作用"③。同时,它还总是与民

---

① Stuart Hall and Martin Jacques (eds.), *New Times*: *The Changing Face of Politics in the 1990s*, London: Lawrence and Wishart, 1989, p.117.

② Joachim Hirsch, "Fordism and Post-Fordism: The Present Social Crisis and its Consequences", in Werner Bonefeld and John Holloway (eds.), *Post-Fordism and Social Form*: *A Marxist Debate on the Post-Fordist State*, London: Macmillan Academic and Professional Ltd., 1991, p.31.

③ Joachim Hirsch, "From the Fordist to the Post-Fordist State", in Bob Jessop, Hans Kastendiek, Klaus Nielsen and Ove K.Pedersen(eds.), *The Politics of Flexibility*: *Restructuring State and Industry in Britain*, *Germany and Scandinavia*, Aldershot: Edward Elgar, 1991, pp.75-76.

族国家的衰落以及资本积累和霸权建构模式的转变联系在一起。"弹性积累、消费文化和'新世界的信息秩序'被全球性地创造或分配……来占据民族的空间,但它们不再被任何与某个以'民族的—大众化的'结构来表现的国家之本质性连接所推动。……从民族舞台的视野来看,一个后霸权主义的情况开始出现。换言之,'妥协方案'那种由葛兰西提供的文化现在已经不再涉及民族层面,而是与区域的和跨民族领域相关。'消费主义的文化—意识形态'反而使全球资本主义自然化到每个角落。"①

二、后阶级化的工人政治和去阶级化的身份政治：对待阶级政治的不同态度

显然,奈格里和拉克劳的政治本体论都在现实层面根植于当代资本主义生产方式从泰勒制、福特制走向后福特制的发展过程,并将其视为通向新革命政治学和未来人类解放前景的新历史起点。二者都从马克思主义的相关传统和论域入手,围绕后福特主义,深入分析了这一进程中资本主义在生产关系、生产力、雇佣关系、劳动方式、国家形式、权力控制、文化思潮和社会运动等方面的根本变化。由此出发,他们基于不同的立场和路径,提出了两种根本区别于马克思主义传统的阶级政治模式。

奈格里通常借用马克思在《资本论》第一卷手稿《直接生产过程的结果》一文和《政治经济学批判大纲》"固定资本和社会生产力的发展"一节对从"劳动对资本的形式上的从属"("形式吸纳")转向"劳动对资本的实际上的从属"("实质吸纳")的分析,来界定当代资本主义生产方式的演变过程。对他来说,这个过渡从本质上代表着资本操控社会的升级和阶级对抗程度的激化。"形式吸纳"阶段或泰勒制—福特制资本主义对应着以下社会状况："不同的

---

① George Yudice, "Civil Society, Consumption, and Governmentality in an Age of Global Restructuring: An Introduction", *Social Text*, No.45, 1995, p.4.

生产方式都臣服于资本主义的生产关系。造成这种状况的原因不是源于这些生产方式中的劳动过程依据资本主义一方得以组织,而是因为资本主义生产关系在社会中施加了有效的霸权。过去的生产、财产和市场形式仍然可以以这种方式与资本主义霸权有序地共存。"①换言之,资本主义虽然确立了自身的统治,但它对不同社会因素的吸纳和同化还不够彻底。而在"实质吸纳"阶段或后福特主义资本主义时期,"生产、财产和流通的原有形式崩溃","资本主义生产方式的霸权和资本主义的劳动过程成为唯一的存在。整个社会已经变成一个巨大的工厂,更确切地说,工厂扩散至整个社会之中。在这种情况下,生产是社会的,所有的活动都是生产的。……这使自身已经社会化了的资本掩盖了对社会的霸权和剥削的利益,从而以普遍利益的外衣实现了自身的控制"②。于是,资本全面渗透和占有了日常生活的一切领域,在总体上征服了所有生产性的社会力量,"再生产就像生产,生活就像工作"③。

以马克思主义生产方式的分析框架为参照,奈格里认为,在这个转型中,首先,资本主义实现了从工场手工业/工业社会向机器大工业/后工业社会的转变。建基于劳动的技术分工和社会分工的工业资本主义模式濒临解体,体力劳动—脑力劳动、生活—工作的界限日趋模糊。以大型工厂为主要活动空间的物质生产劳动的霸权地位逐步让位于高度知识化、智能化和社会化(以一般智力为核心)的非物质劳动。工人阶级的内部构成也发生了从专业工人(前泰勒制时期)到大众工人(泰勒制和福特制时期)再到社会工人(后福特制

---

① Antonio Negri, *The Politics of Subversion : A Manifesto for the Twenty-First Century* , Cambridge : Polity Press, 1989, p.204.

② Antonio Negri, *The Politics of Subversion : A Manifesto for the Twenty-First Century* , Cambridge : Polity Press, 1989, p.204.

③ Antonio Negri, *Marx Beyond Marx : Lessons on the Grundrisse*, Massachusetts : Bergin & Garvey Publishers, 1984, p.xvi.

时期）的转变。① 其次，资本主义经济领域的深层转变引发了意识形态领域的相应改变：作为调节枢纽的国家形式和经济政策，从规划者国家转向危机国家，从福利国家转向生产者国家，②从自由主义走向新自由主义，从规训社会走向控制社会。与此相应，后现代主义和生命权力则分别构成全球资本霸权运作的文化形式和操控逻辑。从根本上看，规训社会的最高形式当是以罗斯福新政为起点的福利国家（国家形式）—泰勒制（工资制）—福特主义（生产形式）—凯恩斯主义（经济政策）—自由主义（意识形态）—现代主义（文化形式）的多位一体，其实质仍然以形式吸纳—工业社会—民族国家—帝国主义模式为基础。相反，控制社会则代表着以生产者国家—熊彼特主义—后福特主义—新自由主义—后现代主义—后工业社会为核心的当代资本主义模型。③

奈格里的分析并不止于此。其政治本体论的关键不在于客观描述当代资本主义的社会转型，而是为了勾画一个全新的革命政治学图景。换言之，他致力于揭示"存在于当今'涡轮式资本主义'中的矛盾本质，并力图在这个资本主义的动力体系中寻找革命的潜能"④。他专注于"人类的自主性，

① 参见 Antonio Negri,"Interpretation of the Class Situation Today：Methodological Aspects",in W.Bonefeld,R.Gunn and K.Psychopedis（eds.）,*Open Marxism*（*Volume II*）：*Theory and Practice*,London：Pluto Press,1992；Antonio Negri,"Twenty Theses on Marx：Interpretation of the Class Situation Today",in Saree Makdisi,Cesare Casarino and Rebecca E.Karl（eds.）,*Marxism Beyond Marxism*,New York and London：Routledge,1996。

② 参见 Antonio Negri,"Crisis of the Planner-State：Communism and Revolutionary Organisation",*Revolution Retrieved*：*Writings on Marx*,*Keynes*,*Capitalist Crisis and New Social Subject*（*1967−1983*）,London：Red Notes,1988,pp.91−148,pp.177−228；Antonio Negri,*The Politics of Subversion*：*A Manifesto for the Twenty-First Century*,Cambridge：Polity Press,1989,pp.75−199。

③ 参见 Micheal Hardt,Antonio Negri,*Empire*,London：Harvard University Press,2000；Antonio Negri,*The Porcelain Workshop*：*For a New Grammar of Politics*,Los Angeles：Semiotext（e）,2008；Micheal Hardt,Antonio Negri,*Commonwealth*,Cambridge and Massachusetts：The Belknap Press of Harvard University Press,2009 等。

④ ［斯洛文尼亚］齐泽克：《哈特和奈格里为 21 世纪重写了〈共产党宣言〉吗?》,见许纪霖主编：《帝国、都市与现代性》,江苏人民出版社 2006 年版,第 84 页。

而非机器",不把"生产力的目的论发展"或单纯的技术变革过程视为历史发展的中心,而是集中关注"创造者和占有者之间的冲突"。① 因此,基于当代资本主义生产方式的后福特制转型,寻找新解放潜能和革命主体的可能性和现实性,既是其贯穿始终的核心方法论线索,又是创建新政治语法的终极目的。

在他看来,历史唯物主义往往被局限在《共产党宣言》、《政治经济学批判大纲》的"序言"部分以及《资本论》中的经济主义、历史决定论和客观主义模式,太过强调纯粹客观层面的历史描述。它总是以生产力—生产关系、经济基础—上层建筑的客观必然性逻辑,将阶级斗争看作经济结构发展的副产品,最终却把无产阶级的斗争消解在资本的总体化进程之中。由此,革命的历史表现为:资本家内部日益加剧的竞争和资本主义经济危机引发的无产阶级运动,最后发展成以绝大多数贫穷无产阶级之名对国家权力的占有。这不但把资本主义生产方式的发展视为无产阶级贫穷的根源,而且还使无产阶级的主体性一直依赖于资本抽取剩余价值的价值增值过程,很大程度上忽略了其在资本主义发展中的决定性作用。马克思对资本有机构成和资本积累过程的分析,在本质上就是以资本为中心视角,将"劳动力看作资本的单纯因素",从而"导致在劳动力建构的体系内部,出现一个限制和扭曲"②。

实际上,历史绝不单一地表现为资本的发展史,资本的历史也不是无主体的客观过程,它始终弥漫着变革阶级关系的政治气息。工人阶级不再作为固定资本固有的自然资源或社会组成,反而已成为资本主义生产方式永远无法克服的实体幽灵和创伤内核,充分表达着自身独立的自由欲望和政治科学。"事实上,马克思主义的阵营已经获得了一个资本的内在历史观念,它包括分

---

① Nick Dyer-Witheford, *Autonomist Marxism*, Canberra: Treason Press, 2004, p.7.

② Raniero Panzieri, "Socialist Uses of Workers' Inquiry", http://www.generation-online.org/t/tpanzieri.htm, 2012-12-15。

析资本呈现在自身发展过程中的不同规定性，但未取得多大成功。这恰恰导致历史唯物主义及其陈腐的世界史的终结。但是把工人阶级的内在历史设定为工作的计划和研究中的方法论原则，仍然需要一条很长的路要走。"①生产过程的自动化、智能化和劳动形式的非物质化，共同造就了一个完全自足的革命主体性模式：工人阶级的自我价值稳定过程，由此，"劳动的集体力量"才真正成为"自主的生产力"②。它拥有完全独立于资本主义的自主性，是促使资本主义变革的根本力量，"既与这个转型的内在本质相关，又把自身颂扬为根本的革新"③。它包含了替代性社会产生的全新历史条件，"就在权力完成了大一统，并将社会生活的一切成分都包容在自身之内（因而失去其有效地调解不同社会力量的能力）的那一刻，涌现出一个新的语境，一个多元性和无法抑制的个殊化之最大化的新社会环境"④。这充分表明，"工人阶级完全不是资本主义规制的消极对象"，而是"生产的能动主体，是技术、革新和合作的来源"。⑤ 总之，资本主义生产方式的后福特制转型没有造成工人阶级从专业工人到社会工人的转变，反而工人阶级的构成（Composition）—解构（Decomposition）—重构（Recomposition）的斗争周期才从根本上决定了前者。资本主义只能通过生产方式和其他相应调节机制的调整，来被动地回应和缓解工人同资本家的尖锐对抗。"资本主义的创新总是一个产品、妥协或回应……是源自工人对抗的一个约束"⑥。换言之，资本主义的发展仅表现为"资产阶级试图

---

①　Steve Wright, *Storming Heaven：Class Composition and Struggle in Italian Autonomist Marxism*, London：Pluto Press, 2002. pp.3-4.

②　Finn Bowring, "From the Mass Worker to the Multitude：A Theoretical Contextualisation of Hardt and Negri's Empire", *Capital & Class*, Vol.28, No.2, 2004, p.115.

③　Antonio Negri, *The Politics of Subversion：A Manifesto for the Twenty-First Century*, Cambridge：Polity Press, 1989, p.72.

④　Micheal Hardt, Antonio Negri, *Empire*, London：Harvard University Press, 2000, p.25.

⑤　Nick Dyer-Witheford, *Autonomist Marxism*, Canberra：Treason Press, 2004, p.7.

⑥　Antonio Negri, "Twenty Theses on Marx：Interpretation of the Class Situation Today", in Saree Makdisi, Cesare Casarino and Rebecca E. Karl（eds.）, *Marxism Beyond Marxism*, New York and London：Routledge, 1996, p.158.

从工人阶级中解放自身"的回应的历史,①只能是适应工人阶级斗争的被动产物,即"阶级斗争的历史和阶级构成形象的历史",真正革命主体的形成也只能"通过阶级构成概念以唯物主义的方式得以理解"。② 因此,新的政治语法必须恢复阶级斗争在历史运行和经济生活中的中心地位,从马克思的资本有机构成走向立足工人阶级立场的阶级构成,以工人阶级(活劳动)的自主性为基础,重新理解资本主义的历史,重新建构一个与资本彻底决裂且完全建基于活劳动之本源性的"新的强力的阶级政治学"和"阶级对抗转型的分析"③:工人阶级的欲望政治学。显然,奈格里通过回归阶级斗争的革命主体性话语,试图走出正统马克思主义的客观主义范式和人道主义马克思主义基于抽象的人之主体性的历史分析框架,同样也反对结构主义马克思主义限制甚至消除主体的做法。对他而言,阶级斗争不再被视为"以纯粹结构存在的资本主义社会的冲突和矛盾……而是被当成主导和附属群体之间积极斗争的产物。资本的积累……由阶级斗争和驯服的欲望……驱使。……经济危机现在成为劳动者的不顺从和组织化抵抗以及资本重获对商业周期之工人指令的控制所需要的结果"④。

在奈格里勾画的新阶级图景中,首先,工厂斗争或主要工厂的生产线工人日益失去在社会运动中的主导地位,大型工厂开始重组,它们对新技术的引入和对工作日的新规划,使原有的反抗形式逐渐衰落。其次,工人阶级完全可以自行决定和组织自己多样化的斗争形式,其阶级构成的复杂性和多元化使传

① Mario Tronti, "The Stategy of the Refusal", in *Working Class Autonomy and the Crisis: Italian Marxist Texts of the Theory and Practice of a Class Movement: 1964-1979*, London: Red Notes & CSE Books, 1979, p.10.

② Matteo Mandarini, "Introduction: Organising Communism", in Felix Guattari and Antonio Negri, *New lines of Alliance, New Spaces of Liberty*, London and New York: Autonomedia, p.13.

③ Antonio Negri, "Marx on Cycle and Crisis", in *Revolution Retrieved: Writings on Marx, Keynes, Capitalist Crisis and New Social Subject (1967-1983)*, London: Red Notes, pp.43-44.

④ Finn Bowring, "From the Mass Worker to the Multitude: A Theoretical Contextualisation of Hardt and Negri's Empire", *Capital & Class*, Vol.28, No.2, 2004, p.104.

统意义上作为普遍阶级出现的工人阶级概念不再可能。再者,工厂委员会的代表职能及其内部的左右翼区分几乎完全消失,工人阶级的先锋政党只能更多地作为工人阶级自主性的功能承担者和战术附属物出现。基于此,奈格里坚持从马克思主义的宏观政治走向微观政治,拒绝传统工人运动中所有调解性的组织形式、自上而下的政治模式以及同资本主义有着某种连续关系的革命观念,如无产阶级先锋政党理论、暴力夺取政权全面占有资产阶级国家机器的革命目标、无产阶级专政的经典设想和所有国家管理的规划,甚至还包括传统的共产主义和社会主义战略等。

　　然而,和其他众多的后马克思主义思想家,如高兹、斯皮瓦克、利奥塔、拉克劳、哈瑞斯(David Harris)、辛德斯(Barry Hindess)、赫斯特(Paul Q.Hirst)、琼斯(Gareth Stedman Jones)等人的去阶级政治立场不同,他没有因当代资本主义在阶级结构上的巨变而武断地宣告马克思主义阶级理论的破灭。在他看来,虽然后福特主义已经使工业资本主义的分析模式以及基于抽象劳动时间的劳动价值理论和价值规律理论失效,但它并未消除阶级对抗,反而将日益加剧的阶级斗争渗透在日常生活领域,并成为历史发展的决定因素。同时,后福特主义的劳动形式和资本主义的后现代状况预示着"新无产阶级定义的可能性因素"[1],因而马克思主义的阶级政治需要走向以差异性和流动性为基础的全新形态。事实上,奈格里的革命主体设想(诸众或"后福特主义的无产阶级"[2])既从根本上区别于以同一性为根基的阶级本体论,又是对传统工人阶级概念的重构。它试图通过创建以逃离(Exodus)为核心的革命规划来拯救阶级斗争话语的内部危机,[3]以后现代主义中的某些合理话语来全面激活传统阶级理论的当代价值。艾伦·伍德指出,将阶级斗争当作历史发展的根本

---

　　[1]　Antonio Negri,"Constituent Republic", in Paolo Virno and Micheal Hardt (eds.), *Radical Thought in Italy:a Potential Politics*, Minneapolis:University of Minnesota Press, 1996, p.216.

　　[2]　Antonio Negri, *Empire and Beyond*, Cambridge:Polity Press, 2008, p.171.

　　[3]　Micheal Hardt, Antonio Negri, *Commonwealth*, Cambridge and Massachusetts:The Belknap Press of Harvard University Press, 2009, pp.150–164.

动力和把阶级的消灭视为革命的最终目标,共同构成马克思主义区别于其他理论传统的基石。① 在这个意义上,奈格里政治本体论的分析框架更接近于法国调节学派、美国积累的社会结构理论和"政治的马克思主义"②的视域。他们共同认为,在当今时代我们仍然"极其需要坚持用阶级观点审视历史,视历史为物质利益所驱动的一系列可证实的体系和作用,必须用阶级观点阐释从古到今的运动——特别是在当代人类于剥削和压迫呈全球化状态下联系日益紧密的社会里更要以阶级观点看问题"③。

拉克劳同样深入分析了当代资本主义的后福特制转型及其基本特征。在他看来,福特制和后福特制的主导地位所引发的当代资本主义新变化主要包括:"导致后工业国家中传统工人阶级衰落的资本主义结构转型;资本主义生产关系日益严重地渗透到社会生活领域,其错位结果(与那些来自福利国家

---

① Ellen Meiksins Wood, "Marxism Without Class Struggle", in Ralph Miliband and John Saville, *The Socialist Register*, London: Merlin Press, 1978.

② 在当代左派中,"政治的马克思主义"主要以罗伯特·布伦纳(Robert Brenner)、艾伦·伍德(Ellen Wood)、拉尔夫·米利班德(Ralph Miliband)、博诺·塔斯卡(Benno Teschke)和乔治·科米内尔(George C.Cominel)等人为代表。他们共同坚持马克思主义的阶级冲突和社会主体理论在揭示当代资本主义上的合理性和有效性,强调任何经济现象都需要借助历史发展过程中阶级关系的具体情况来说明,从而将阶级斗争视为历史运动的根本动力和历史运行的中心结构。例如,米利班德指出,尽管阶级分析有沦为经济主义还原论和简化论的风险,但这不是它自身固有的,如果给予其充分的维护和升级,它依然可以成为解释历史过程的宝贵方法,阶级仍然构成一切社会冲突的底线。参见 Robert Brenner, "Agrarian Class Structure and Economic Development in Pre-Industrial Europe, The Agrarian Roots of European Capitalism", in Aston, Trevor Henry and C.H.E.Philpin (eds.), *The Brenner Debate: Agarian Class Structure and Economic Development in Pre-Industrial Europe*, Cambridge: Cambridge University Press, 1985; Ellen Meiksins Wood, "Marxism and the Course of History", *New Left Review*, No.147, 1985; Ellen Meiksins Wood, *The Retreat From Class: A New "True" Socialism*, London: Verso, 1986; Ralph Miliband, *Divided Societies: Class Struggle in Contemporary Capitalism*, Oxford and New York: Oxford University Press, 1989; Benno Teschke, *The Myth of 1648: Class, Geopolitics and the Making of Modern Inernational Relations*, London: Verso, 2009; George C.Cominel, *Rethinking the French Revolution: Marxism and the Revisionist Challenge*, London: Verso, 1987.

③ [加拿大]布赖恩·D.帕尔默:《老主张与新需求:历史、阶级与马克思主义经典论述》,见[美]埃伦·梅克辛斯·伍德、约翰·贝拉米·福斯特主编:《保卫历史:马克思主义与后现代主义》,郝名玮译,社会科学文献出版社 2009 年版,第79—80 页。

特有的官僚主义形式相一致)已经产生了新的社会抗议形式;第三世界国家群众运动的出现并没有追随阶级斗争传统形式;社会模式的危机与不信任在所谓的'实际存在的社会主义'国家中开始生效,它包括以无产阶级专政建立起来的统治新形式的出现。"①具体而言,其一,当代资本主义的社会生活被彻底商品化了的社会关系所占据,资本主义生产关系和资本积累逻辑全面渗透其中,这直接招致新从属关系的不断涌现;其二,资本主义生产关系、权力统治和传统雇佣关系的变化使社会关系日趋复杂化和多元化,社会关系的错位又激发新抗争领域、抵抗运动和斗争形式的产生;其三,凯恩斯主义的福利国家得以建立,它通过集中化集权化的调节机制和经济政策,在劳动过程中引入科学管理,全面介入和干预生产和再生产领域,从而造成官僚主义理性化现象盛行,而社会关系的形式和内容因对规章制度的依赖日益呈现出政治特质,文化形式则因大众传播手段的扩张更趋大众化和统一化;其四,官僚化的干预方式和新的权力诉求既改变了公共和私人的原有界线,又重新定义了正义、公正、自由和平等等传统范畴,从而使自由主义意识形态发生重大转变。② 杰夫·鲍彻尔(Geoff Boucher)将拉克劳关于当代资本主义结构转型的分析归结为四个方面:在哲学思想领域,以本质主义为基础的"启蒙形而上学"或现代性的遗产在现代哲学和社会理论中全面衰落,这开启了从必然性到偶然性逻辑的后现代主义转变,使"基础主义的普遍性"—同一性原则日渐式微;在社会领域,社会基础的复杂多样性与无组织化的资本主义,共同造就了绝对离散化、差异化和错位的基本状况,"资本积累的结构统治"开始解体;在政治领域,多样性的新社会运动取代了传统阶级政治中"在本体论上优先的社会行为主体";在历史领域,社会主义传统深陷危机,共产主义政权崩塌,它们促使"国

① [英]拉克劳:《我们时代革命的新反思》,孔明安、刘振怡译,黑龙江人民出版社 2006 年版,第 117—118 页。

② 参见[英]拉克劳:《我们时代革命的新反思》,孔明安、刘振怡译,黑龙江人民出版社 2006 年版,第 64—74 页;[英]拉克劳、墨菲:《领导权与社会主义的策略——走向激进民主政治》,尹树广、鉴传今译,黑龙江人民出版社 2003 年版,第 179—191 页。

家社会主义"的出现。[①]

无疑,拉克劳和奈格里对该问题的分析具有很大的相似性。首先,二者始终保持与正统马克思主义的距离,都试图摆脱历史唯物主义基于生产力—生产关系、经济基础—上层建筑的客观主义框架,走出经济决定论、还原论和二元对立论的模式。其次,他们都没有简单停留在对当代资本主义社会转型的客观描述之上,而是将它开启的"新时代"当成创建后现代主义革命政治学的现实起点,旨在实现社会批判和文化批判理论从宏观到微观、从现代性到后现代主义、"从阶级斗争到愉悦政治学"[②]的转变。再者,他们均主张经典马克思主义与当代资本主义现实之间存在巨大反差,马克思主义的基本框架和概念已无法充分解释这些新现象:"在当代资本主义现实与马克思主义理论范畴能够合法包容的东西之间存在着日渐扩大的裂痕,这足以让人记住围绕着像'最后决定'和'相对自主'这样的概念发生的日渐让人绝望的扭曲。"[③]因此,必须"置换它们可能性的一些条件,发展那些超越具有范畴应用特征的任何事情的新可能性"[④]。最后,他们一致认为,只有后现代主义话语才能充分说明当代资本主义多元化的社会结构与"对象之存在的纯粹历史的和偶然的特征",并且二者的这种必然关系只能"根植在现代资本主义历史之中"。[⑤]

拉克劳的政治本体论立足于错位—对抗—激进的外在性,重新理解经济基础—上层建筑、生产力—生产关系的关系,彻底否定阶级斗争的现实有效

[①] Geoff Boucher, *The Charmed Circle of Ideology: A Critique of Laclau and Mouffe, Butler and Zizek*, Melbourne: Re.Press, 2008, p.25.

[②] David Harris, *From Class Struggle to the Politics of Pleasure: The Effects of Gramscianism on Cultural Studies*, London and New York: Routledge, 1996.

[③] [英]拉克劳、墨菲:《领导权与社会主义的策略——走向激进民主政治》,尹树广、鉴传今译,黑龙江人民出版社 2003 年版,"第二版序言"第 2 页。

[④] [英]拉克劳、墨菲:《领导权与社会主义的策略——走向激进民主政治》,尹树广、鉴传今译,黑龙江人民出版社 2003 年版,"第二版序言"第 3 页。

[⑤] Ernesto Laclau, Chantal Mouffe, "Post-Marxism Without Apologies", *New Left Review*, No.166, 1987, p.97.

性。这种批判传统可以在辛迪斯和赫斯特那里找到理论痕迹。他们试图扭转历史发展立足于"生产方式的结构性决定因素"的分析模式,拒绝"马克思主义的经济主义因果关系"及其"所有一般类型的相关性和它们依据某种因果秩序来对抗他者的特权"。① 在早期论著中,他们并未"否定阶级斗争的有效性及其得以发生的具体条件之特殊性"②,而是将它视为不同生产方式过渡中的自主力量,即脱离生产方式且高于它的原动力,而非其转型所导致的直接结果。然而,他们削弱生产方式的作用恰恰是为了放弃经济领域对政治领域的决定关系,否认阶级斗争产生的物质根源和在历史中的重要地位,"一旦自主性行动的任何程度依据于作为代议手段的政治力量和作为经济主体的阶级,那么出现在政治中的(和它们所代表的)力量和经济上的阶级之间就没有必然关系"③。这个目标在拉克劳的理论规划中得以实现。

在拉克劳看来,马克思在《〈政治经济学批判〉序言》中对唯物史观的经典表述和在《共产党宣言》中有关阶级斗争的论断,可以归结为三个核心命题:"经济运动规律的内生特征相应于生产力中心地位这一论题,社会代表在经济层面上的统一相应于工人阶级贫困的普遍化论题"以及"生产关系应该成为超越经济领域的历史利益所在地的条件,相应于工人阶级社会主义根本利益的论题"。④ 它们在本质上都体现出"经济领域结构化的本质主义观念",在当代资本主义的新历史条件下是无法适用的。在马克思主义的一般分析中,生产力和经济空间均表现为一个具有内在性规则的自我规范的独立社会机制,社会历史最终都被简单归结在它们之上。这必然会同经济决定论、还原

---

①　Antony Cutler,Barry Hindess,Paul Hirst and Athar Hussain, *Marx's Capital and Capitalism Today*,Vol.1,London,Henley and Boston:Routlege and Kegan Paul,1977-1978,p.128.

②　Barry Hindess and Paul Q.Hirst, *Pre-Capitalist Modes of Production*,London,Henley and Boston:Routledge and Kegan Paul,1975,p.279.

③　Paul Hirst,"Economic Classes and Politics",in Alan Hunt(ed.), *Class and Class Sructure*,London:Lawrenc and Wishart,1977,p.130.

④　[英]拉克劳、墨菲:《领导权与社会主义的策略——走向激进民主政治》,尹树广、鉴传今译,黑龙江人民出版社 2003 年版,第 85 页。

论、基础主义和本质主义倾向连接在一起。这种分析模式实际上根植于对立统一的矛盾辩证法及其二元论框架:"矛盾是结构的必然要素,因而,它内在于结构"。然而,真正的对抗性错位"不是在结构的自我转换过程中一个必然要素,而是成功建构的失败","它不仅产生了否定的结果,而且也产生了历史行动的新可能性"。① 拉克劳试图以一个彻底外在性的对抗来取代马克思内生性的基本矛盾和结构危机。"就资本主义总有一种外在构成而言,它所实施的统治从来不可能仅通过其内在逻辑而发展,而是通过外在于资本主义自身的某些东西的霸权化而发展。"② 从这个角度看,生产力和生产关系的矛盾只是"一个没有对抗的矛盾",而"作为它自身组成部分的阶级斗争"则构成"一个没有矛盾的对抗"。③ 这是因为,一方面,对抗并不来自资本主义生产关系内部,"不是资本主义与生俱来的,而是发生在那些关系和外在于他们的工人的身份之间",另一方面,在工人内部"不存在着本质上反资本主义"的自然需求,工人同资本家的关系完全依赖于工人的"身份如何被构造"。④ 前者所确立的经济主义的政治模式并不必然导致阶级斗争的发生,马克思之所以将后者归入前者纯粹是为了通过强调历史过程的内在辩证统一,否认其创构性的外在性因素,来协调二者之间无法调和的体系矛盾。并且,虽然剥削和对抗在今天仍然存在,但日益多元化的社会结构预示着社会总体化的不可能性,彻底改变了群体身份的普遍性—同一性基础和不同阶级之间的稳固联合,作为统一阶级的工人已不再拥有本体上的中心地位。因此,将历史运动归结于生

---

① [英]拉克劳:《我们时代革命的新反思》,孔明安、刘振怡译,黑龙江人民出版社 2006 年版,第 58、58、49 页。

② [英]拉克劳:《我们时代革命的新反思》,孔明安、刘振怡译,黑龙江人民出版社 2006 年版,第 70 页。

③ [英]拉克劳、墨菲:《领导权与社会主义的策略——走向激进民主政治》,尹树广、鉴传今译,黑龙江人民出版社 2003 年版,第 8 页。

④ [英]拉克劳:《结构、历史和政治》,见[美]朱迪斯·巴特勒、[英]欧内斯特·拉克劳、[斯洛文尼亚]斯拉沃热·齐泽克:《偶然性、霸权和普遍性——关于左派的当代对话》,胡大平、高信奇等译,江苏人民出版社 2004 年版,第 213 页。

产力和生产关系之矛盾运动的论断和与之适应的阶级分析模式对于揭示后工业主义时代没有任何意义。马克思主义提供的阶级理论决不是绝对真理，它"只能被看作致力于将阶级当成流行话语的对象以及将阶级过程的转型视为政治斗争对象的一种知识。阶级，作为创造、占有和分配剩余劳动的过程，只是多样化社会过程的一种，它从来没有成为其他批判社会分析传统的核心。马克思主义……并不试图以个殊性的阶级知识取代其他传统，而是将它创建为不同知识中的一个知识和作为一个强力政治力量的阶级政治。"①

　　显然，拉克劳试图将政治从阶级中、社会主义政治从工人阶级中摆脱出来的基本立场，与高兹、利奥塔、辛德斯、赫斯特、琼斯、格雷汉姆等人一脉相承。对他们来说，"阶级过程没有被固定在'生产方式'的结构概念……这个概念经常包含着彻底理论化资本主义或奴隶或古代或封建阶级过程之'本质'特征的企图，而不是将它们看成被持续地重塑和重新定义的过程"②。在当代资本主义生产方式的后福特制转型中，工人阶级丧失了原本在社会和政治领域的重要性，"后工业的新无产者"之社会构成使自身变成一个"非工人的非阶级"，③阶级充其量只是"一个无用的寓言"④。与奈格里坚持重构了的阶级斗争的革命主体性话语不同，他们提供的非本质主义的马克思主义社会理论及其多元决定论框架，不过将马克思主义的阶级政治当成适应于当今时代的一种可能性分析而已："阶级只是马克思主义分析社会总体的切入点……绝非包罗万象。因社会构造不断变化且无比复杂，其知识总是部分性的。……阶

① Julie Graham, "Fordism/Post-Fordism, Marxism/Post-Marxism: The Second Cultural Divide?", *Rethinking Marxism: A Journal of Economics, Culture & Society*, Vol.4, No.1, 1991, pp.45-46.

② Julie Graham, "Post-Fordism as Politics: The Politcal Consequences of Narratives on the Left", *Environment and Planning D: Society and Space*, Vol.10, 1992, p.402.

③ Andre Gorz, *Farewell to the Working Class: An Essay on Post-Industrial Socialism*, London: Plato Press, 1982, pp.66-69.

④ Barry Hindess, *Politics and Class Analysis*, Oxford: Blackwell, 1987, p.9.

级明显是离散的而非本体上的中心。"①延续上述思路,拉克劳实质性地改写了葛兰西、阿尔都塞和普兰查斯在阶级问题上的相关分析。他认为,任何特权阶级在塑造社会方面都不比其他社会过程或因素更加根本,一旦放弃了马克思主义阶级政治的"经济的还原主义"和阶级还原论立场,工人阶级利益便不再构成社会主义的必然特征,工人阶级斗争也不再拥有优先的形式。②

概言之,奈格里的政治本体论遵循从结构转向主体的路径,默认主体在塑造历史方面的绝对地位,力图在当代资本主义的社会转型中发掘新的革命主体。他依然将阶级斗争看成社会转型的根本动力,创建了一个与经典马克思主义阶级分析传统有着实质连续性的后现代主义政治主体理论。在此,虽然新主体和新人性的产生依赖资本主义社会结构的内部重组,但后者正是前者力量自我展开的结果,即不断激活前者创构行动和解放潜能的因素。拉克劳采取的则是以话语解释取代结构分析的策略。社会被他理解为差异嬉戏的话语空间,"由此出发才能使重新描述社会的总体性成为可能"③。因此,"接受社会的多元性和非决定性"④,从客观结构决定走向话语决定,从总体化的阶级政治走向多样化的身份政治构成其政治本体论的基本线索。他指出:"与'阶级'、三个层面(经济、政治、意识形态)或者作为被沉积下来的盲目崇拜对象的生产力与生产关系之间的矛盾关系这些方面无关,我们要复活使它们的话语运作得以可能的前提条件,并且自问那个关于它们在当代资本主义之中的偶然性和断裂的问题。结果是马克思的理论化领域更加不明确和多样化

---

① Julie Graham, "Fordism/Post-Fordism, Marxism/Post-Marxism: The Second Cultural Divide?", *Rethinking Marxism: A Journal of Economics, Culture & Society*, Vol.4, No.1, 1991, pp.45-46.

② Chantal Mouffe, "Working Class Hegemony and the Struggle for Socialims", *Studies in Political Economy*, Vol.12, 1983, p.21.

③ Ernesto Laclau, "Discourse", in Robert E.Goodin, Philip Pettit and Thomas W.Pogge (eds.), *A Companion to Contemporary Political Philosophy*, Oxford: Wiley-Blackwell, 1994, p.435.

④ [英]拉克劳、墨菲:《领导权与社会主义的策略——走向激进民主政治》,尹树广、鉴传今译,黑龙江人民出版社 2003 年版,第 169 页。

了,而不是马克思列宁主义描述的那种马克思主义的历史所具有的整体化怪癖。"①在此,他将当代资本主义的社会转型视为取代传统革命主体观念和马克思主义阶级政治的现实基础,以便从中引出一个建基于话语分析的后现代主义政治主体理论。

　　显然,奈格里遵循马克思批判资本主义的内在性思路,坚持以生产和劳动过程的根本变化为基础,以阶级斗争为中心线索,来揭示新革命主体性的产生,一定程度上保留了阶级分析的运行空间。拉克劳则试图破除阶级上一切绝对同一性和普遍性幻想,认为革命主体的社会—政治身份总是带有不可能性、偶然性和缺失本质。总之,虽然在对待马克思主义阶级政治以及处理结构和主体的关系问题上,二者表现出一定的相关性,但从根本上看,前者以批判性地拯救马克思主义为目的,相对更接近经典的阶级分析框架,而后者则是一种完全抛弃马克思主义立场的后马克思主义规划。

────────────────

① ［英］拉克劳、墨菲:《领导权与社会主义的策略——走向激进民主政治》,尹树广、鉴传今译,黑龙江人民出版社 2003 年版,"第二版序言"第 2—3 页。

第二章 不同侧重的政治坐标：
新形式的劳工运动与去
工人阶级的新反抗运动

自 20 世纪六七十年代以来,伴随后福特制主导地位在西方社会的确立,发达资本主义国家和社会主义阵营相继经历了几次重大的政治转折。后冷战时期多元化全球政治格局的形成以及传统左翼阵线的加速分化、解体和重组过程,不仅使当代资本主义国家呈现出十分复杂的发展趋势,而且还导致众多新激进社会运动和全球抗议浪潮的兴起。这些方面为奈格里和拉克劳政治本体论的出场奠定了重要的政治土壤。整体而言,二者既分享着相同的政治背景,又在政治坐标方面拥有不同侧重和取向的现实参照系。

一、重塑激进政治的共同土壤:多重因素
主导的新世界政治格局

从"二战"后到 20 世纪 70 年代的西方发达资本主义国家,普遍通过凯恩斯主义宏观调控政策的实施和对经济的强力干预,实现了从私人垄断资本主义到国家垄断资本主义的转变,国有垄断资本和私人垄断资本不断积聚,并在不同领域得以广泛结合。日益中心化、集权化的调节机制极大地扩张了国家

的职能,全球性的调节组织和机构相继建立。与之相应,一种新的自由观念开始成为此时社会的主导话语。它放弃国家对经济活动完全采取自由放任的态度,不再将扩大自由视为改进福利和平等的最有效手段,主张干预型政府对经济领域的全面介入,从而"把福利和平等看做为自由的必要条件或者它的替代物"。因此,与古典自由主义通过政治上的分权来限制政府职能范围不同,它"赞成中央集权的政府",即"国家干涉和家长主义政策",从机会均等走向对结果均等的强调。① 这些因素既加速了资本输出和扩张进程,又导致资本世界范围内的联合和国际垄断组织的涌现。以此为背景,资本主义社会在一定程度上实现了生产关系的全面调整和升级,部分缓解了结构性的危机,从而促成其黄金时期的到来。以苏联为代表的社会主义阵营在同发达资本主义国家的经济竞争中逐渐处于劣势,特别是 1956 年苏共二十大赫鲁晓夫秘密报告的曝光,使其内部矛盾更加突出。世界范围的反共产主义浪潮频发,国际工人运动逐渐陷入低谷,社会主义事业遭遇严重挫折。在这种条件下,民主社会主义和社会改良主义开始在资本主义国家流行起来。它们反对无产阶级的暴力革命,主张以和平、民主、议会和渐进改良的方式以及阶级之间的协商和合作战略,来达成所谓的社会主义目标。它们鼓吹社会主义运动多元化的世界观以及以自由、民主、公正、互助为核心的绝对化的基本价值,强调以混合经济制度和经济决策的民主化来实现社会化和财产公有。它们倡导"人民的党,全民的党,民族的党",反对列宁主义的先锋政党模式,努力扩大工人阶级政党对整个社会阶级的代表性。其核心理念主要包括:"国家普遍而深入地介入社会生活和经济生活;国家对公民社会的支配;集体主义;凯恩斯式的需求性管理,加上社团主义;限制市场的作用;混合经济或社会经济;充分就业;强烈的平等主义;多方位的福利国家,保护公民'从摇篮到坟墓';线性式现代化道

---

① [美]米尔顿·弗里德曼:《资本主义与自由》,张瑞玉译,商务印书馆 2006 年版,第6—9页。

路;低度的生态意识;国际主义;属于两极化的世界。"①从本质上看,这些方面既代表了资产阶级自由主义意识形态在左翼方向上的回归,又意味着对正统马克思主义和列宁主义在右翼道路上的批判。与此同时,伴随资本主义周期性经济危机的恶性循环,全球日益高涨的反抗运动明确表达了对自由主义意识形态霸权的强烈不满。这集中体现为 20 世纪 60 年代爆发的连锁性的激进运动,如美国由"学生争取民主社会组织"策划的反越南战争的全国抗议活动、嬉皮士运动、黑人争取人权和合法权益的反种族歧视斗争,席卷美国、意大利、西德、法国、英国、日本、墨西哥以及捷克斯洛伐克、波兰和南斯拉夫等社会主义国家的学生运动,法国五月风暴,意大利大范围的工人罢工和反工会运动,亚非拉的民族解放运动等。

自 20 世纪 70—90 年代以来,新科技革命、生产方式的后福特制转型和新自由主义的兴起,又使资本主义社会从国家垄断资本主义走向国际垄断资本主义阶段,真正进入全球化资本主义时代,并引发了世界政治格局的全方位重组。

其一,20 世纪 70 年代初期的两次石油危机,直接导致资本主义世界陷入长期经济滞胀,凯恩斯主义模式遭遇严重危机,新自由主义应运而生。由美国主导并于 20 世纪 90 年代初期达成的"华盛顿共识",标志着新自由主义作为资本主义主流意识形态和主要经济发展模式的确立,也直接宣告了新帝国主义霸权及其危机控制阶段的到来。②

其二,以 1956 年苏共二十大对斯大林主义的批判、1956 年的波匈事件、1968 年苏联及华约成员国对捷克的入侵、20 世纪 70 年代末苏联出兵柬埔寨和入侵阿富汗等重大事件为背景,西欧各国共产党(特别是英国)内部出现严

---

① [英]安东尼·吉登斯:《第三条道路——社会民主主义的复兴》,郑戈译,北京大学出版社、生活·读书·新知三联书店 2000 年版,第 8 页。
② [英]大卫·哈维:《新帝国主义》,初立忠、沈晓雷译,社会科学文献出版社 2009 年版,第 24—71 页。

重分化。大量党员退党,一些人放弃一切政治活动,甚至成为反共产主义的右派。而得以保存下来的革命力量则尝试走一条既不同于社会民主主义和现有社会主义国家、又试图摆脱苏共控制的欧洲共产主义道路。这种趋势在 20 世纪 70 年代末达至高峰,其影响力一度扩张到非欧洲国家如日本、澳大利亚和墨西哥等国。他们一致认为,应根据西欧资本主义国家的实际情况,利用资产阶级的议会民主,以和平民主方式,取代无产阶级暴力革命和无产阶级专政。他们坚持多样化的社会主义发展模式,主张在与资产阶级合作的基础上建立一种跨阶级的广泛民主联盟,通过强调其人民性、民主性和群众性来弱化共产党的阶级性,突出各国共产党之间的自主和平等关系。概言之,他们将作为资产阶级民主形式延伸的社会主义以及跨阶级的人民同盟视为两大基本信条,其政治策略和革命目标的实现"似乎是基于不同于资本与劳动之间直接对立的一种冲突,是基于一种变动中的力量而不是阶级斗争",这必然会"把工人阶级从其历史变革动力的优先性位置置换出去,削减了阶级斗争作为社会变革的主要发动机的功能",①从而标志着西欧各国共产党在整体政治策略上的右翼转向。

其三,西欧大陆、美国和日本普遍经历的政治右翼转向,带来新保守主义和新右派的复兴。撒切尔夫人和里根相继于 1979 年和 1980 年在英国和美国赢得大选。在社会党执政的法国,密特朗在推行社会主义经济改革失败的情况下不得不与右翼总理希拉克实行联合共治。日本在 1982 年组建中曾根内阁。从根本上看,以哈耶克、弗里德曼、诺齐克和布坎南等人为代表的新保守主义同新自由主义不谋而合。二者均重回古典自由主义的机会均等原则,强烈批判福利国家制度,片面夸大市场机制的自发调节作用,力图实现国家干预的最小化和金融贸易的自由化,并对共产主义信仰和政权持极其明确的敌视态度。

---

① [加]艾伦·伍德:《新社会主义》,尚庆飞译,江苏人民出版社 2005 年版,第 24—25 页。

其四,西欧各国新右翼势力的壮大及其对人民的殖民化,导致传统左翼力量(左翼政党和工会)陷入合法性危机,社会民主主义和欧洲共产主义也在整体上呈衰落态势。造成上述境况的根本原因在于:首先,以中心化、等级化的组织结构为基础的现有左派政党和工会组织没有充分重视迅速发展的水平化、网络化的信息劳动;其次,新自由主义在逐渐强化对雇佣劳动者剥削的同时,不断削弱和分化他们的革命性。① 自 20 世纪 70 年代中期开始,西欧各国左翼政党日益丧失坚实的群众基础。除法国、奥地利和荷兰之外,意大利社会党、英国工党和瑞典社民党等相继在大选中失去执政或参政地位,其他国家也因工人政党内部的分歧和基层支持率的逐年降低,导致党员人数和影响力锐减。自 1982 年起,欧洲各国共产党逐渐放弃了欧洲共产主义的提法,在议会中取得的席位大幅度缩减。在上述情形下,传统左派必须面对一个无法接受的事实,"无论它在右翼意识形态中的角色如何,一个由市场引导的社会能够执行自身的诉求"②。正如佩里·安德森等人所言:"经济结构的转型从根本上侵蚀了传统左派政治的社会基础;由于左派对正在进入后工业社会缺乏清醒而务实的认识,因循守旧,从而落在时代发展的后面,眼睁睁地看着已经没落的新自由主义在经济全球化浪潮中死灰复燃,成为一种世界性的意识形态霸权;左派对全球化浪潮中的民族主义和意识形态斗争的重要性同样缺乏真实的理解,因此在国内政治斗争中一败再败,最终丧失自己曾经拥有的领导地位。"③

其五,世界社会主义运动的严重挫败以及传统左派不断加剧的内部分化,

---

① [法]让·卢日金内:《信息资本主义社会中的新阶级关系与政治危机》,见[法]让·卢日金内、[法]皮埃尔·库尔-萨利、[法]米歇尔·瓦卡卢利斯主编:《新阶级斗争》,陆象淦译,社会科学文献出版社 2009 年版,第 24 页。

② Stuart Sim, *Post-Marxism: An Intellectual History*, London and New York: Routledge, 2000, p.10.

③ [英]佩里·安德森、帕屈克·卡米勒主编:《西方左派图绘》,张亮、吴勇立译,江苏人民出版社 2001 年版,"译者附记"第 331—332 页。

共同造成新左派运动的兴起。它发端于 20 世纪 50 年代中后期(以 1956 年苏共二十大的召开为标志),主要由欧美国家(特别是英美两国)坚持同右派和老左派划清界限且力图摆脱斯大林主义和民主社会主义道路的众多左翼力量(如知识分子、激进青年、学生、教师、黑人、诗人、艺术家、作家、和平主义者、争取人权运动者和各种专业人员等)构成。1960 年《新左派评论》的创立使早期新左派运动更多地表现为拥有统一思想阵地的知识分子小群体和派别分立的众多激进思潮。其政治实践并未超出俱乐部的理论论争范围,且往往带有鲜明的无政府主义、空想社会主义和革命浪漫主义色彩。他们的基本主张包括:普遍把寻找新革命力量的目光投向资本主义国家的新中间阶级、少数族裔和各种边缘群体以及第三世界的非无产阶级阶层(如穷人、游击队员等);"反对与传统左派政党及其领导传统有关的中央集权下的经济统治、政治集权和制度化的等级制";"注重赞美自下而上的自主性、差异性和多样性,极力证明社会主义中存在一些被忽略了的、但实际上应当被放置到左派政治斗争最前沿的东西";"没有成为一个致力于选举战的政党"。①　直至 1968 年席卷全球的学生暴动(以法国五月风暴为标志)发生,它才开始积极介入各种新社会运动,力图以直接行动彻底改变现存的资本主义制度和社会关系。20 世纪 70 年代之后,虽然发达资本主义国家的两次能源危机暂时坚定了他们胜利的信心,但新右派和新保守主义的全面复辟、社会主义事业的整体衰落、新社会运动的巨大局限性以及拉美国家革命浪潮的衰退,使其内部在政治立场、政治策略、革命方式、斗争目标等方面的分歧持续加剧,最终导致该运动的终结。然而,这并不意味着激进政治的没落,"不是左倾激进主义作为资产阶级文明瓦解的产物和必然后果的危机,而是一定的行动方式和方法、思想和方针的危机",革命的社会土壤依然存在,因而它"更像是新的起点,新行动的准备,因

---

①　张亮:《英国新左派运动及其当代审视——迈克尔·肯尼教授访谈录》,《求是学刊》2007 年第 5 期。

为导致产生新左派造反行动的那些根本问题并没有解决"。①

其六,自 20 世纪 80 年代末到 90 年代初,共产主义阵线全面崩溃,北欧社会民主主义模式危机四伏。在这个背景下,后冷战时期全球左翼阵营的内部冲突、分化和转型,在一定意义上为重新划定世界政治坐标和革命前景提供了新的历史条件和可能性。1989 年 11 月柏林墙的坍塌和德国的统一、1991 年 12 月苏联的解体、自 20 世纪 80 年代末到 90 年代初东欧社会主义国家政治经济制度的剧烈动荡、1991—1992 年南斯拉夫的分裂、1992 年 3 月—1995 年 10 月的波斯尼亚战争等一系列重大事件,致使欧洲左翼势力经历了全方位的调整。一方面,社会主义事业的低谷加速了左翼阵线的分化和转型,传统社会主义政治已无法基于对当前社会状况的清醒认识,穿透新自由主义意识形态的实质——"已经在普通大众心灵中得到确认的市场能力:绝非公平、公正和充满社会责任(从来都不是)的体制,而是一个扩张性的普遍体制"②,进而提供能够取代资本主义制度的政治纲领和革命方案。另一方面,苏东剧变及其连锁性的政治效应直接造成欧洲共产主义道路的破产和西欧各国左翼政党的实质性重组。作为欧洲左翼力量的传统代表,社会民主党(包括工党和社会党)在政治立场上日趋中立化。以英国工党和德国社会民主党为代表的"第三条道路"及其"超越左与右"的政治构想③,坚持"民主、自由、公正、相互责任和国际主义"④的基本理念和中间偏左的政治目标,致力于对社会民主主义(旧左派)和新保守主义(新右派)的共同超越。它们为了讨好日益崛起却难以保持稳定的中间阶层,日益拉大同工人阶级的距离。摇摆在社会民主党和极

---

① [苏]巴塔洛夫:《新左派运动及其演变》,马福聚译,《国外社会科学》1980 年第 2 期。
② Stuart Hall, *The Hard Road to Renewal: Thatcherism and the Crisis of the Left*, London and New York: Verso, 1988, p.215.
③ [英]安东尼·吉登斯:《超越左与右:激进政治的未来》,李惠斌、杨雪冬译,社会科学文献出版社 2000 年版;[英]安东尼·吉登斯:《第三条道路——社会民主主义的复兴》,郑戈译,北京大学出版社、生活·读书·新知三联书店 2000 年版。
④ [英]布莱尔:《第三条道路:新世纪的新政治》,见陈林、林德山主编:《第三条道路——世纪之交的西方政治变革》,当代世界出版社 2000 年版,第 5 页。

端左翼的政党，如德国的左翼党、希腊的激进左翼联盟、丹麦的红绿联盟等，以替代性左翼力量自居，试图通过传统左翼同新激进主义政治目标的完美结合，避免使社会民主党滑向右翼。但因自身构成的复杂、力量分布的不均衡、相对松散的联合和难以统一目标，它们在发展道路上注定举步维艰。而坚持经典革命立场的极左势力，如共产党、一些托派和毛派组织以及无政府主义和工团主义组织，则主要在理论意识形态领域维持微弱的社会影响力。

最后，自20世纪90年代以来，新的自发的激进社会运动和政治组织以及反全球化的世界论坛、理论思潮、国际组织和抗议运动不断涌现。各种边缘群体（妇女、同性恋者、移民、穷人、流浪者、有色人种、生态保护论者、宗教民族主义支持者等）以身份认同为基础争取合法权益的抗议运动接连出现。在复杂的全球政治格局中得以改头换面和深层重组的众多左翼力量、思想阵地、团体和组织发起许多影响深远的新社会运动。一时之间，社会主义女权联合促进会，男同性恋者左翼集体（The Gay Left Collective），男女同性恋组织文化娱乐中心（COC），学生行动主义者协会，艺术家工程，国际防止核战争医生组织，地球之友，绿色和平组织，反种族歧视主义—反法西斯主义联盟，第三世界联盟团体，社会主义革命党烈焰党，非暴力协调委员会，各种移民、有色人种、精神病人、妇女、黑人、同性恋者、学生、劳工、民权主义者社群、生态环保组织和福利权益团体，以及女权主义杂志《红报》《女权主义汇编》《女权主义评论》《性别和社会》和男同性恋杂志《左派男同志：一个男同性恋社会主义》《快乐的脚步》等左翼组织和激进思想阵线得以持续创建，并拥有巨大影响力。女权主义运动、生态环保运动、同性恋权益运动、黑人觉醒运动、妓权派运动、反种族和性别歧视运动、反战和平运动、反核运动、亚文化运动、反文化运动、城市自治运动、参与民主运动、新形式的劳工运动（如意大利本土的工人主义运动和跨国性的反血汗工厂/公司行为守则运动）、无政府主义运动、宗教民族主义运动、反自由贸易运动等，成为此时主要的政治斗争形式。世界范围内民族主义和种族主义冲突进一步升级，典型事件如尼加拉瓜桑地诺民族解放阵线运动的失败、墨西哥的萨帕塔运动、卢旺达的种族灭绝大屠杀等。而以 1999 年的"西雅图事件"和 2000 年的"热那亚纽约事件"为标志的反全球化示威抗议活动,以世界社会论坛、哈瓦那全球化论坛、欧洲社会论坛、全球化国际论坛(IFG)、地球之友和民族全球运动(PGA)为代表的反全球化社会论坛和国际组织,以世界体系论、依附和新依附理论、新帝国主义谱系、生态学马克思主义、文化马克思主义、后殖民主义、后社会主义等为核心的反全球化思潮,以及"9·11 事件"①引发的反全球化运动的重大转变,特别是 2011 年的占领华尔街运动和 2012 年 3 月在纽约召开的围绕"占领制度:对抗全球资本主义"的全球左翼论坛②,则充分表明,当代左翼围绕美国新自由主义霸权之

---

① 英国 Verso 出版社在"9·11 事件"一周年之际,发行了鲍德里亚、维希留和齐泽克讨论它的小册子,分别为 The Spirit of Terrorism、Ground Zero 和 Welcome to the Desert of the Real。在某种意义上,奈格里和哈特于 2000 年出版的《帝国》一书成了"9·11 事件"的预言。而齐泽克对该事件的回应最能代表此时左翼思想家对待全球化时代资本主义的基本态度。他指出,如果柏林墙的倒塌直接宣告了福山自由主义民主政治乌托邦和全球化世界联邦的到来,那么在后柏林墙时代,"9·11"事件则标志着新时代即新自由主义霸权的确立:"新墙在以色列和西岸之间、欧盟周围、美国与墨西哥边界和单一民族国家内部四处涌现。"(Slavoj Žižek,"Post-Wall", London Review of Books, Vol.31, No.22, 2009, p.10.)新自由主义霸权作为更加彻底的"市场教条主义"在本质上实为典型的极权主义,"9·11 事件"不外是由资本主义意识形态所操控的政治事件,所以根本不存在亨廷顿所谓的不同文明间的冲突,它所展现的只能是资本主义文明自身的内部冲突,即宗教激进主义、恐怖主义和法西斯主义不仅不与全球资本主义相对抗,反而构成其幻想对象(资本主义的化身)。(Slavoj Žižek, Welcome to the Desert of the Real, London: Verso, 2002, pp.36-37.)

② 与会的齐泽克、诺曼·克莱因(Naomi Klein)、哈特、奈格里和拉克劳等均对该运动作出了明确判定。克莱因将占领华尔街运动视为"当今世界最美好的东西"。拉克劳强调其以实际的政治行动超越了对资本主义简单停留在口头反抗的"巧言令色"。(Ernesto Laclau, "Occupy Wall Street: Beyond the Rhetoric", http://legermj.typepad.com/blog.)哈特和奈格里从中看出了替代性民主模式和政治行动的新可能性,并详细分析了 2011 年全球社会运动的基本特征:以定居式的占领或安营扎寨取代以往游牧式的抗议运动,扁平化、去中心化的组织结构,以共通性(The Common)为核心的斗争目标等。同时,他们还指出它存在的主要问题:不同于以往体制化和等级化的权力控制模式,它没有构造反向权力,而是立足于伦理和政治的结合,尝试通过把具体的日常生活方式当成最重要的斗争场所,将不同的主体、活动和力量组织起来。(参见[意]奈格里、张君荣:《访安东尼奥·奈格里:"我的思想还在马克思的传统里"》,《中国社会科学报》2015 年 3 月 2 日。)齐泽克则认为,虽然它并没有停留在对资本主义的伦理抗议之上,但仍是没有任何实质效力的嘉年华。([斯洛文尼亚]齐泽克:《占领华尔街——然后呢?》,朱新伟译,http://wen. org.cn/modules/article/view.article.php/c6/3262。)

后的全球治理模式、理想社会形式和未来世界发展前景等时代课题的探讨，走向了更加纷繁复杂和扑朔迷离的局面。

这些方面在很大程度上改写了传统左翼的政治坐标和政治边界，并为当代激进政治理论的整体演变提供了里程碑式的历史条件和政治土壤。从根本上看，奈格里和拉克劳的政治本体论对传统马克思主义政治教条的反思、对当代资本主义社会转型的诊断、对传统左派和社会主义政治内部危机的揭示、对自由主义民主政治及其困境的思考、对当今世界政治格局的描绘以及对替代性政治话语的构想等，都把上述政治情景看成十分关键的现实起点。

二、相反取向的政治参照系：意大利自主主义运动和全球新社会运动

尽管奈格里和拉克劳都将在当代资本主义兴起的新社会运动及其批判传统，视为创建政治本体论的一个基本要素，但二者在该问题上却有着完全不同的参照坐标。

奈格里政治本体论的核心原则和方法论基石早在他积极参与的意大利工人主义和自主主义运动中就已奠定。从根源上看，后者是对 20 世纪 50 年代劳工运动危机的政治回应，在时间上先于 20 世纪 50 年代晚期至 60 年代产生的新左派运动。意大利共产党在 1921 年由葛兰西和陶德亚迪共同创立，但直到 1943—1944 年的大规模群众罢工运动，才在左翼阵营中获得核心地位。二战之后，它推行历史妥协战略，与社会党和右翼政党天主教民主党结成联盟，主张以议会民主和联合政府的方式，重建和复兴社会主义事业。1947 年 5 月，日趋资本主义化的意大利政府将共产党和社会党驱逐出联合政府，并在 1948 年 4 月的大选中更进一步巩固了天主教民主党的领导地位。左翼政党接连遭遇重创，其合法性危机日趋激化。然而，工人和农民同意共的联系并未被割断，1948 年爆发的半暴动性质的总罢工正是对企图谋杀陶德亚迪的自发

抗议。随着意大利经济在 20 世纪 50 年代中期的复苏,劳动力不断从农村转向城市,从较为贫穷的南方转向工业生产发达的北方,工人阶级势力不断壮大,工人运动的组织和斗争更多采取自主的横向联合形式。1956 年,在苏共二十大、波匈事件和国际共产主义运动的分裂等共同作用下,意大利左翼知识分子开始质疑苏联社会主义国家和政党政治的真实性质,深入反省了国内劳工运动的现状。

早在 20 世纪 40 年代产生于美国托洛茨基运动的"约翰森—森林趋势"("Johnson-Forest Tendency")已经看到工人自主和工人阶级自我运动的社会现实,反对列宁《怎么办》中的先锋政党思想。其名称取自詹姆斯(C.L.R. James)和杜娜叶夫斯卡娅(Raya Dunayevskaya)的笔名。前者在积极参与美国工人运动和南方黑人斗争过程中,开始关注工人阶级相对于工会和政党以及脱离资本及其官方组织的自主性和对权力的需要,反对任何左派政党对它们的领导。他和后者一同把苏联看作是资本主义发展之当前阶段的变种,即国家资本主义。此时,"面对现实群体"(Facing Reality Group)也对列宁先锋政党学说提出了尖锐批判。他们均与法国反托洛茨基主义组织"社会主义或野蛮"①保持着密切联系。

1968 年法国的五月风暴对于整个当代西方激进运动和左翼思潮而言,都是一个具备里程碑意义的重大事件。罗伊将风暴精神及其遗产概括为"反对旧有秩序、资本主义制度、资产阶级社会的野蛮等级、宗教家庭、殖民和帝国主义战争的强烈的愤怒",即"一场在前现代社会价值与文化价值名义之下对现代资本主义社会的反叛",认为"它能带来浪漫的、乌托邦的和革命的形式,能激起马克思主义、无政府主义或激进民主政治的潮流……是任何社会改革运动、任何叛乱或暴动的必要起点"。② 从这个角度看,它的革命性和批判性的

---

① 它以卡斯托里亚迪斯(Cornelius Castoriadis)和列弗特(Claude Lefort)等人为代表,利奥塔也曾于 1954 年加入该组织。

② [法]米歇尔·罗伊:《"五月风暴"的遗产》,郑亚捷译,《国外理论动态》2009 年第 3 期。

乌托邦精神和文化启蒙价值,为当代激进政治运动提供了一个反抗资本主义和反思传统左派政治的根基。

在意大利马克思主义的视域中,五月风暴对于揭示当代资本主义新变化和创建新政治话语同样至关重要。在奈格里看来,"1917 年十月革命所暗示且国际解放的连续斗争以持久方式未能获得的东西,被 1968 年事件揭示为集体意识和行动的直接可能性",它们"展现了被连续地设置以控制世纪之初革命运动的社会契约的脆弱性",揭示了"旨在消除或废弃资本主义制度对抗矛盾的社会妥协的失败"。① 它充分显示出资本主义社会在生产性质和工作程序上的转型和矛盾,并赋予人性以巨大的生产能力,从而预示着新的无产阶级命运,后者正起源于资本通过去地域化的社会化生产形式和对社会生活的全面渗透而对无产阶级的控制。一方面,这意味着整个社会已沦为"资本主义发展的过程和逻辑":新的经济技术与社会生产的控制紧密相连,工作和生活不再能够分开,而"明确来自在长期革命和阶级意识中累积起来的政治参与需求的高度政治动员虽然得到扩展,但又消失在社会意识之中"②。另一方面,它又在普遍化、社会化的劳动力和社会生产中实质性地激活了拥有全新性质的"批判意识",直接指向一个基于日常生活之分子层面的微观权力斗争的新革命政治形式。③ 因此,五月风暴的"目标不只是解放,而是跨越移除明显的个人链条之真实的自由",它"将共产主义重新界定为共同体和意识的多样化和富足",标志着新"革命周期的重启"。④ 奈格里借用"实质吸纳"来指认始于 1968 年事件的资本主义历史转型:"资本主义生产方式不仅获得了霸权,

---

①　Felix Guattari and Antonio Negri, *Communist Like Us*, New York: Semiotex(e), 1990, pp.20-29.

②　Felix Guattari and Antonio Negri, *New lines of Alliance*, *New Spaces of Liberty*, London and New York: Autonomedia, pp.34-35.

③　Felix Guattari and Antonio Negri, *New lines of Alliance*, *New Spaces of Liberty*, London and New York: Autonomedia, p.37.

④　Felix Guattari and Antonio Negri, *Communist Like Us*, New York: Semiotex(e), 1990, pp.20-29.

而且资本主义劳动过程的形式也变成一个唯一的存在。整个社会变成了一个巨大的工厂,或者说,工厂扩散至整个社会之中。在这种情况下,生产是社会的,所有的活动都是生产的。"①上述论断显然与福柯的"生命政治"和德勒兹的"控制社会"思想有着极大的相关性。

自五月风暴之后,许多把学生和工人联结起来的激进组织遍布整个意大利社会。"获取社会深度改变的需求和乌托邦的强烈愿望,被迅速推向日程上来。奈格里和他的同事们必须努力向这些斗争看齐,尽力理解正在改变的社会现实。……他们认识到,作为知识分子的角色就是为了澄清并赋予大众斗争的方向以理论一贯性,从而能够推动其目标,构建集体行为新出现的标准……更进一步说,他们担负着实现由意大利的异例所代表的非凡能性的圆满结果的责任:'任何事物都依赖我们,在这里,工人阶级是最强大的'。"②发源于社会底层的意大利工人主义和自主主义运动正是在此背景下迅速发展起来。它大体上可以划分为三个阶段。

第一个阶段集中在 20 世纪 60 年代初至 70 年代初,以工人主义运动(operaismo/workerism)为标志。它由一批处于议会之外的非意大利共产党的左翼知识分子发起,透过一些分散的激进群体对工人运动的介入,来反抗资本主义力量对工人和劳动过程的全面操控。因为此时福特制在意大利得到广泛运用,所以它显然是对福特主义资本主义内部危机的回应,大型工厂非技术化的产业工人、大规模的工人罢工和自主的扁平化结构分别构成其主要的参与主体、斗争方式和组织形式。昆宁汉姆指出:"在政治意义上,特别是以意大利为背景,自主性意味着,20 世纪 60 年代的非技术化的、大众化的南方移民的工厂工人的新兴的社会构成,需要自发形成自我管理的横向组织,它们将独立

①　Antonio Negri, *The Politics of Subversion*: *A Manifesto for the Twenty-First Century*, Cambridge: Polity Press, 1989, p.204.

②　Michael Hardt, "Into the Factory: Negri's Lenin and the Subjective Caesura", in Timothy S. Murphy and Abdul-Karim Mustapha (eds.), *The Philosophy of Antonio Negri*: *Resistance in Practice*, London: Pluto Press, 2005, p.7.

于社会民主党和工会，后二者与1945年之后主要以北方已经建立的历史的工业工人阶级利益为指归的福特主义—凯恩斯主义式的社会集团紧密连接在一起。"①

　　1962年，数千名工人为表达对意大利劳工联盟（UIL）同菲亚特（Fiat）达成片面协议的强烈不满，聚集在都灵的一处广场，达两日之久。② 1967年，意大利爆发大规模学生运动，其影响波及工人阶级。1968年，工人运动迅速激化，它以都灵的菲亚特工厂为中心，要求提高工资和对生产过程的自主控制。1969年4月，菲亚特全体工人举行罢工。同年7月，都灵总罢工爆发，并于9月和11月迅速蔓延至全国范围。一种新的工场代表形式逐渐成为该时期各大工场的组织管理模式：先在同一个团体组织中推选代表，然后各个团体组织再在这些代表中选择工场代表，进而组成工场议会。同时，意大利总工会、意大利劳动人民工会联合会和意大利劳工联盟的人数规模，由1968年的450万人，扩大到1973年的600万人。③ 而意大利共产党却表现出无能、功利甚至抵制的保守态度。特别是自恩里科·贝林格（Enrico Berlinguer）取代隆哥（Longo）任总书记以来，其内部更加排斥左派势力，逐步向左翼立场转变。

　　在"热秋"运动的推动下，工人阶级不仅增强了对劳动过程的控制权，而且相继建立了一系列由左翼势力组成的组织，如"工人力量"（Potere Operaio/ Workers' Power，1969—1973年）④、"持续斗争"（The Struggle Goes On/Lotta continua）、"工人先锋"（Avanguardia Operaia）、"无产阶级统一党"

---

　　① Patrick Cuninghame，"The Future At Our Backs：Autonomia and Autonomous Social Movement in 1970s Italy"，http://www.iol.ie/~mazzoldi/toolsforchange/archive/papaers/pap002.html，2016-07-15.

　　② Steve Wright，*Storming Heaven：Class Composition and Struggle in Italian Autonomist Marxism*，London：Pluto Press，2002，pp.58-59.

　　③ ［英］佩里·安德森、帕屈克·卡米勒主编：《西方左派图绘》，张亮、吴勇立译，江苏人民出版社2002年版，第219页。

　　④ 奈格里、潘泽尔瑞、特洪迪和比弗（Franco Berardi Bifo）等人均为其核心成员。

（Partito di unita proletaria，PDUP）、"学生运动"（Movimento Studentesco）等。玛瑞亚罗莎·德拉·科斯塔（Mariarosa Dalla Costa）于20世纪70年代早期脱离"工人力量"，成立"女性主义斗争"（Lotta Femminista），这对英美的女性主义运动影响匪浅。此时的重要学术刊物主要包括由特洪迪、奈格里、潘泽尔瑞（Raniero Panzieri）、阿尔科迪（Romano Alquati）、罗萨（Alberto Asor Rosa）等人创办的《红色笔记》（Quaderni Rossi，1961—1963年）和《红色笔记》解体后由特洪迪创办的《工人阶级》（Classe Operaia，1964—1967年）。《红色笔记》创刊三期便停刊，它激烈地批判意大利左翼政党与工人运动的脱节，反对将马克思著作进行脱离现实的考证解读，主张以社会学调查的方法，切实关注工人运动的发展。《工人阶级》的创办则使工人主义的基本思想和斗争策略得到更加系统的阐释。其中，特洪迪在第一期发表的《列宁在英格兰》（1964年）中，提出了"工人第一，资本第二"著名论断，并把阶级斗争看成资本主义发展的根本动力。①

该时期的政治运动主要以工人阶级的自我管理和自我决定为目标，试图从资本主义权力控制逻辑的新变化入手，破除工人斗争对任何等级性组织和传统左翼组织的依赖。1961年特洪迪提出"工人抵抗优先于资本战略"。1963年他在《资本的计划》中论述了"社会工厂"理论，认为整个社会关系的生产已成为权力自身的表达，社会作为工厂而存在，工人阶级的再生产突破了传统工厂的范围，扩散至整个社会领域。与"社会工厂"相呼应的还包括"信息工厂"②、"弥散工厂"和"没有围墙的工厂"③等称谓，它们均明显表现出同法国后结构主义，特别是福柯"规训社会"和权力微观物理学以及德勒兹"控

---

①　Maori Tronti，"Lenin in England"，http：//www.marxists.org/reference/subject/philosophy/words/it/tronti.htm，2014-12-03.

②　Collectif A/Traverso，*Radio Alice*，*Radio Libre*，Paris：J.P.Delarge，1977.

③　Antonio Negri，*The Politics of Subversion：A Manifesto for the Twenty-First Century*，Cambridge：Polity Press，1989，p.204.

制社会""主体性和欲望的内在生产性"思想的亲缘关系。① 总的来看,此时绝大多数工人主义理论家都坚持以"拒绝工作"②为核心的共产主义革命,将工人阶级或活劳动视为超越资本主义的根本动力,即"能够生产和维持独立于资本主义生产关系的价值结构和社会形式以及……独立于国家统治的社会权力的潜在自主性力量"③。

第二个阶段集中在 1973 年至 20 世纪 70 年代末,以范围更为广泛的自主主义运动为标志。库特指出:"自主主义运动在去中心化和非体制化的结构中,强调劳动的自我管理能力和日常实践。它既强烈拒斥苏联和斯大林式的中央集权政党,又在总体上摒弃政治代表制度。"④自 20 世纪 70 年代中期之后,意大利经历了由工业社会向后福特主义和后工业社会的转型。伴随工厂的技术改组和资本主义生产对工厂范围的跨越,这一时期的斗争已从工厂扩展至整个社会领域,走向家庭和社区生活,参与主体则转向更加分散的"社会化工人"、学生、妇女、有色人种、移民等多样化群体。

伴随着意大利经济政治危机的出现,特别是以 1973 年的石油危机为界,在 20 世纪 60 年代尤其是法国五月风暴前后创建的几个主要左翼团体相继解散。同年 3 月,近 400 名左翼人士聚集博洛尼亚,认为传统政治组织不但没起到应有作用,反而消耗了无产阶级的革命意识。这使一批人士着力建立各具特色的地方性自主组织,自主主义运动开始浮出水面。虽然这些组织没有全

---

① Mark Cote,"The Italian Foucault: Subjectivity, Valorization, Autonomia", *Politics and Culture*, Vol.3, 2003, http://aspen.conncoll.edu/politicsandculture/page.cfm? key＝259, 2015-07-08.

② 麦克·瑞安围绕"包体"(Enclaves)提出了相对温和的革命规划。他在一定意义上坚持马克思关于资本的限制在于资本自身的论断,将各种"包体"视为根据"内在且反对资本主义"原则运行的"肿瘤"。(Micheal Ryan, *Marxism and Deconstruciton: A Critical Articulation*, Baltimore and London: Johns Hopkins University, 1982, p.218.)奈格里的革命策略则试图将拒绝工作和"包体"融为一体。

③ Michael Hardt,"Introduction: Laboratory Italy", in Paolo Virno and Michael Hardt (eds.), *Radical Thought in Italy: a Potential Politics*, Minneapolis: University of Minnnesota Press, 1996, p.2.

④ Mark Cote,"The Italian Foucault: Subjectivity, Valorization, Autonomia", *Politics and Culture*, Vol.3, 2003, http://aspen.conncoll.edu/politicsandculture/page.cfm? key＝259, 2015-07-08.

国性的制度化管理和统一调度,但它们可以更灵活地实时介入社会运动之中。此时,主要关注离婚和堕胎全民公决的妇女运动获得突出地位,恐怖主义组织如红色旅也开始活跃起来。1975年6月,左翼群体在地方选举中获得47%的支持率,超过天主教民主党的35%。意大利共产党则直接受益于对1967—1969年工人和学生运动所采取的暧昧态度,在1976年6月的国会选举中获得34.4%的选票。之后,由朱利奥·安德雷奥蒂组建的天主教民主党内阁,将共产党、社会党、社会民主党、共和党和自由党排除在外。这表明,意大利共产党不可能获得真正的政府领导权,"民族团结"政府只是一句空话。但在1976年8月至1979年1月,它仍然以历史妥协战略直接或间接地与右翼政党和天民党合作,因此民间也把天民党组建的政府戏称为安德雷奥蒂—贝林格政府。这种所谓的历史性和解最终演变成对工人阶级运动的全面镇压,也导致了红色恐怖主义行动的不断出现。"1977运动"(Movement of 1977)将自主主义运动推向高潮。它以罗马、博洛尼亚、米兰、都灵、帕雷尔默、巴里、威尼斯等地为主要据点,以大学生和失业或待业青年为核心参与主体,直接表达了对安德雷奥蒂—贝林格政府和意大利共产党的巨大不满。它不同意和北部城市的工业无产阶级联盟,甚至还把工厂工人排除在无产阶级范围之外,在"工人自治"一些领导人的煽动下反对拥有相对稳定职业的产业工人。从整体上来看,一方面,该运动意味着一种新革命主体性模式和统一革命行动的形成:它"在工业开始恢复之初,表达了一个新阶级构成形成的时刻……它把劳动市场的流动假定为自己的,使其成为社会积累的领域和力量支点"[①]。另一方面,它的无政府性质和一些极端的恐怖主义手段又暴露了自身内部的混乱和分裂状态。

在这个时期流行的革命策略为"自我价值稳定过程"(Self-Valorization)。

---

① Paolo Virno, "Do You Remember Counterrevolution?", in Paolo Virno and Michael Hardt (eds.), *Radical Thought in Italy*: *a Potential Politics*, Minneapolis: University of Minnnesota Press, 1996, pp.233-243.

作为"构建新社会形式和新社会的基石",它"相对独立于资本主义价值稳定过程(Valorization)的价值结构和社会形式,并对其设定出一个有效的替代方案"。① 奈格里等人还提出了"社会化工人""后福特主义的无产阶级""弥散工人""鼹鼠部落"②等核心概念。尽管"工人自治发展和贯彻方式的制度细节和合法性细节"还不够完善,松散的自主组织缺乏统一的管理和领导,但它们已经拥有相对固定的斗争对象和政治目标:拒绝一切集体谈判的制度化机制和调解性的政治组织形式,因而"其中蕴涵的反等级制和反极权主义的成分……足以使学生运动和工人运动在目标上团结一致。工业和管理的君主制必须被建立在工人自治基础之上的民主制度所取代"。③

第三个阶段集中在 20 世纪 70 年代末至 80 年代初期自主主义运动的衰落,主要表现为意大利政府同其他资本主义势力对它们的疯狂镇压。自 1977 年底到 1978 年,随着大量武装组织的出现,各种自主组织的内部危机日益尖锐。在政治方面,意大利共产党的政治立场发生了重大改变。它从完全反对 1975 年 5 月通过的里尔法案对公民自由的侵害,到明确支持它的修改,甚至主张为警察立法,以确保他们对嫌疑犯的监禁和审问。这在很大程度上加快了意大利当局平息叛乱运动的步伐。1978 年,恐怖组织红色旅绑架并杀害了总理莫罗,意大利政府借机以肃清恐怖主义之名,单方面地将红色旅同工人阶级联系起来,借助例外状态令,逮捕大批左翼政治人士,强力镇压一切激进运动。1979 年 4 月,意大利警方在同意大利共产党有着密切联系的地方法官的授意下,以组织暴力活动、指挥红色旅绑架莫罗的罪名,在缺乏足够证据和未

① Michael Hardt,"Introduction:Laboratory Italy",in Paolo Virno and Michael Hardt(eds.),*Radical Thought in Italy:a Potential Politics*,Minneapolis:University of Minnnesota Press,1996,p.3.

② Sergio Bologna,"The Trible of Moles",in Sylvere Lotringer and Christian Marazzi(eds.),*Autonomia:Post-political Politics*,New York:Semiotext(e),2007,pp.36—61.

③ 汪民安主编:《生产·第六辑·"五月风暴"四十年反思》,广西师范大学出版社 2008 年版,第 93—94 页。

经审判的情况下将奈格里逮捕,监禁 4 年之久。1979 年 1 月,为争夺内阁职位,意大利共产党退出议会多数派。在同年 6 月的全国大选中,它的支持率大幅度下跌,已经很难撼动天主教民主党的主导地位,但并未促使其改变原有的妥协战略。从 20 世纪 70 年代末到 80 年代初期,几乎所有的激进组织都被清除。皮帕尔诺、拉扎拉托等核心人物相继流亡海外,被剥夺了议员豁免权的奈格里逃往法国。维尔诺则以预防性拘留之名入狱三年。在经济方面,随着生产过程的技术化改革,1979 年 10 月,菲亚特汽车工场开除 23000 名工人,并通过大量使用机器人,继续大规模裁员,重新确立了资本对劳动过程的控制权。与此同时,机会主义和犬儒主义的保守意识形态迅速蔓延开来。正是以此为背景,阿甘本深入反思了主权的"例外状态"和"生命政治"等重大问题。奈格里后来对制宪力、宪制权和生命政治的思考也与这些事件密切相关。

从根本上看,意大利工人主义和自主主义运动的思想实验总是带有鲜明的政治紧迫性和革命浪漫主义色彩。首先,它深入考察了当代资本主义社会转型中的全新政治形势,为奈格里政治本体论的创建提供了明确的政治参照和中心议题。在其分析视域中,伴随资本主义生产方式的后福特制转型,日趋激烈的阶级斗争导致规模化的生产体系的产生;经济危机的无法消除和权力关系的分散化造成资本主义中心化的计划经济再次出现;大规模抽象或未加区分的劳动开始与取代工业生产的信息机器联系在一起;生产过程表现出去地域化的特征,极大地剥夺了工人阶级的知识创造能力,并生产出全球性的规训配置;资本的社会化加速了社会合作的进程,不仅整合了社会劳动力,而且把社会变成了巨大的社会工厂;工人阶级政治参与和政治动员程度的提升逐渐消失在资本主义生产关系机械化的再生产之中,工作和生活的界线已经无法分离;资本实现了对社会的全面控制和剥削的普遍化,但又不断创造出工人阶级获取自身自主性的条件;左翼政党日益丧失群众基础,它们和工会逐渐与资本主义势力亲近,甚至一起打压工人运动的发展。在这种条件下,工人主义和自主主义运动直接回答了以下重大问题:马克思的劳动价值论和价值规律理论是否能够准确认识当今难以度量化的具体劳动与维持自身存在的货币数量之间的关系?正统马克思主义的经济决定论和客观主义范式对于揭示资本主义发展进程和新工人斗争是否依然有效?传统左派政治的等级制和权威主义的社会主义—共产主义政治模式是否已经过时?工人自治的革命战略能否代表新激进政治的未来发展方向?在当代资本主义转型中能够承担人类解放重任的革命主体是什么?这些方面都是奈格里政治本体论致力于解答的关键问题。其次,它坚持工人阶级斗争和活劳动力量的首要性以及大众革命的基层运动方式,倡导基于拒绝工作—自我价值稳定过程—共产主义的革命规划,旨在摆脱传统左派政治以暴力革命、先锋政党、工会、夺取国家政权和无产阶级专政为核心的主导框架。这种立足于无产阶级或活劳动一元论的政治的直接性模式,不仅推动了奈格里政治理论的本体论转向,而且从根本上奠定了其政治本体论的基本原则和方法论基石。显然,奈格里基于当代资本主义社会转型寻求新政治主体和本源力量的努力,对劳动和资本力量的颠倒,对历史唯物主义之政治性—主体性构架的重建,以及以非物质劳动——一般智力—生命政治为起点的后社会主义规划,无一不体现了该运动的鲜明痕迹。正如他自己所言,为了充分认识马克思主义和传统左派政治的危机,深入总结自主主义运动失败的经验教训,必须要面对现实的社会转型,重新定义存在概念,"这是一个理解历史内部动力的问题。社会学的探究不再充分。我们必须从它转向本体论"①。

与奈格里侧重意大利本土的新工人阶级运动不同,拉克劳将重塑激进政治的政治坐标放置在意义更加宽泛的新社会运动之上。伴随后工业社会的来临,资本主义的生产方式、调节机制和阶级结构发生了根本改变,新中间阶级

---

① Max Henninger and Antonio Negri, "From Sociological to Ontological Inquiry: An Interview with Antonio Negri", *Italian Culture*, Vol.23, 2005, p.158.

和新劳动—工作形式不断涌现,传统社会分工的界限逐渐消失。世界范围内的社会主义事业陷入低谷,左翼力量日渐衰落,政治犬儒主义氛围加速蔓延。经典马克思主义所界定的阶级政治、革命话语和市民社会均面临着重大挑战。在这种条件下产生的新社会运动,显然与新自由主义资本主义霸权相伴而生。它既不同于传统的工人阶级运动,又不归属在超越左和右的"第三条道路",而是"与后福特制的经济结构、政治动态和文化辩证法紧密相连的"产物,①更是多元价值诉求在多样化社会根基中的延伸,即"'民主革命'在不断扩大的社会领域中推动自由平等运动(正在发挥作用的'平等主义想象')取得长期成功的结果"②。

新社会运动发端于20世纪60年代中后期,以1968年的全球学生运动为标志。其表现形式十分广泛,主要包括新左派运动、黑人运动、青年运动、民族主义—种族主义运动、反战和平运动、学生运动、生态环保运动、同性恋运动、反核运动、女权主义运动、第三世界民族解放运动、城市社会运动、激进主义宗教运动、选择性自助运动、反全球化运动等。它们都集中反映了"对国家社会控制体系之干预的不安和以合作性共同体网络取代侵入性形式组织的欲望"以及"被重构的主要群体关系之中的自我实现的愿望"。③ 概言之,它将被排除在传统政治之外的社会因素纳入当代政治领域,极大地"拓展了政治的定义"。④ 较之于经典马克思主义视域下的传统社会运动,新社会运动的特征集中体现在以下几个方面:

其一,在社会根源方面,传统社会运动产生于工业资本主义时期,新社会

---

① Geoff Boucher, *The Charmed Circle of Ideology: A Critique of Laclau and Mouffe*, Butler and Zizek, Melbourne: Re.Press, 2008, p.55.

② [英]斯图亚特·西姆:《后马克思主义思想史》,吕增奎、陈红译,江苏人民出版社2011年版,第41页。

③ Paul D'Anieri, Claire Ernst and Elizabeth Kier, "New Social Movements In Historical Perspective", *Comparative Politics*, Vol.22, No.4, 1990, p.446.

④ Craig Calhoun, "New Social Movements of the Early Nineteenth Century", *Social Science history*, Vol.17, No.3, 1993, p.386.

运动则发生在全球化资本主义时代、后现代主义世界或后工业社会。① 在工业社会时期,资本主义拥有十分典型的生产模式、较为稳定的政治体制、非常清晰的基本矛盾和相对明确的阶级关系。依照经典马克思主义理论,此时的社会运动主要表现为由资本主义生产方式的剥削和对抗本性所决定的工人有组织地反抗资本家的阶级冲突,斗争的对象和目标十分明确,斗争范围因全球化程度较低而主要局限在单一的民族国家内部。对大部分后马克思主义理论家来说,上述论断蕴含着双重还原论立场。"首先,马克思主义的经济还原论假定,所有在政治上十分重要的社会行动都源自资本主义生产根本的经济逻辑,并且所有其他的社会逻辑在构造这些行动方面最多是次要的。其次,马克思主义的阶级还原论假定,最重要的社会行动者只能由根植在生产过程中的阶级关系来界定,并且所有其他的社会身份在创造集体行动者方面最多是次要的。"②然而,在后工业社会,灵活化的生产模式和调节机制、极其复杂的阶级结构、不断加速的民主化进程、更具欺骗性的民主输出和文化殖民、高度发展的全球一体化进程等日益突出的世界经济政治新参数,从根本上意味着资本主义走向一个全新时代,马克思主义的阶级政治陷入深层危机。基于生产方式来划分阶级的做法已经不能充分说明日益分化的阶级关系和十分多元而松散的社会冲突,还原论模式不再能够准确剖析围绕自主、表达性认同、生活

---

① 　与它们相应的称谓还包括发达资本主义社会、发达工业社会、信息社会、消费社会、媒介社会、知识经济时代、智识型资本主义、数字资本主义、金融资本主义或后福特主义资本主义等。参见 Nelson A.Pichardo, "New Social Movements:A Critical Review", *Annu. Rev. Sociol*, Vol.23, 1997, pp.411-430; Steven M.Buechler, *Social Movements in Advanced Capitalism*, Oxford: Oxford University Press, 1999; Alain Touraine, *Return of the Actor: Social Theory in Postindustrial Society*, Minneapolis: University of Minnesota Press, 1988; Andre Gorz, *Farewell to the Working Class: An Essay on Post-Industrial Socialism*, London: Plato Press, 1982; Ernesto Laclau and Chantal Mouffe, *Hegemony and Socialist Strategy: Towards a Radical Democratic Politics*, London: Verso, 1985; Ronald Inglehart, *The Silent Revolution: Changing Values and Political Styles Among Western Public*, Princeton: Princeton University Press, 1990。

② 　Steven M.Buechler, "New Social Movement Theories", *The Sociological Quarterly*, Vol.36, No.3, 1995, pp.441-442。

方式、民主化和个体化等问题的世界性社会矛盾,更加无法揭示众多新形式集体行动的社会根源、革命性质和政治模式。

其二,在革命纲领、政治目标和组织结构方面,新社会运动试图走出传统社会运动依赖的经济生产过程,从政治和意识形态的相对自主性出发,以日常生活的政治化以及社会关系的生产和再生产为中心,以文化意识形态领域的"象征性竞争"来取代传统政治视域的"权力遭遇",致力于实现文化意指的转型,构建新的政治主体模式。它们淡化公共和私人、劳动和贸易、左翼和右翼之间的界线,强调自下而上的基层运动和多样化的群众利益,并立足市民社会中去中心化的参与式网络,破除传统社会运动自上而下的旧制度政治模式对民族国家、市场和其他公共政治空间的迷恋以及对集权化和同一性组织方式(特别是先锋政党和工会)的崇拜。它们不再局限在控制国家机器、重新占有剩余价值以及实现公共权力、社会财富和生产资料再分配等问题,试图摆脱传统社会运动围绕国家和其他制度性机构以反抗剥削、压迫和异化为核心的政治目标。它们从阶级政治到身份政治、从经济基础—阶级斗争框架到话语认同分析的转变,将认同、自治、承认、差异、参与、平等、个体生命、自我价值实现、生活质量、人权、民主化等方面的"后物质主义价值导向"[1]的重建,视为最重要的诉求。它们缺乏固定的组织、纲领、章程甚至斗争对象,强调自发的、网络化、平等参与式的和由基层利益引导的扁平化组织形式。

其三,在参与主体方面,传统社会运动是"集体的和社会的"意义上的,而新社会运动则"可以是个体性的,但绝对是文化意义上的"[2]。前者主要由大型工厂的工人阶级(蓝领工人、专业工人和非专业工人)及其代表机构(政党、工会)的政治活动组成。他们拥有相同的经济政治地位、统一的阶级意识和

---

① Robert Ladrech,"Social Movements and Pary Systems:The French Socialist Party and New Social Movements",*West European Politics*,Vol.12,No.3,p.265.

② Micheal Wieviorka, "After New Social Movements", *Social Movement Studies*, Vol.4, No.1, 2005,p.7.

斗争目标,其社会身份以"劳动及其组织的现实为背景",根据"生产关系……的统治以及他们被剥夺对生产活动或劳动产品的控制所具有的情况","以社会的形式来界定"。① 后者的内部构成则比较复杂,主要包括新兴的中间阶级和其他以多变面貌出现的各种当事人,如"都市人、生态主义者、反极权主义者、反制度者、女权主义者、反种族歧视者、争取少数族裔权力者、地区少数派或性少数派"②、消费者权益活动家、绿色和平主义者、反核运动群体等。在新的历史条件下,统一的工人阶级不复存在,新基层阶级的居民"尤其是当代工人……难民、移民、精神病院的探索者……没有权利和诉求,没有根基和定所,总是被任意驱逐"③。由他们来"体验的'工人阶级'以普遍的分裂和转型为特征:无家可归、监禁和体制化,接受转让报酬、强迫集中居住和剥夺不动产,去技术化或技术的陈旧,移民身份"④。因此,"我们不再把他们想成作为受害者的工人,而是从在他们作为个体人的灵魂深处侮辱其个人的、道德的和躯体之完整性的观点出发,将其视为不同的个体"⑤。新政治主体不再是以受压迫和剥削为特征的工人阶级,而是一个以差异性的身份认同为核心的道德和文化上的碎片化存在。

在大部分后马克思主义理论家眼中,一方面,当代资本主义社会发生了根本变化,"出现了驾驭我们社会的范式的不可避免的演变":从工业社会转向后工业社会、从社会的—经济的转向文化的—意识形态的、从围绕大型工厂和

　① Micheal Wieviorka, "After New Social Movements", *Social Movement Studies*, Vol.4, No.1, 2005, p.4.

　② Ernesto Laclau and Chantal Mouffe, *Hegemony and Socialist Strategy: Towards a Radical Democratic Politics*, London: Verso, 1985, p.159.

　③ A.Sivanandan, "All That Melts Into Air Is Solid", *Race & Class*, Vol.31, No.3, 1989, p.11.

　④ Barry D.Adam, "Post-Marxism and the New Social Movements", *The Canadian Review of Sociology and Anthropology*, Vol.30, No.3, 1993, p.319.

　⑤ Micheal Wieviorka, "After New Social Movements", *Social Movement Studies*, Vol.4, No.1, 2005, p.4.

罢工的工人阶级转向立足文化和政治组织冲突之多样性的中间阶层。① 另一方面,新社会运动是当代资本主义社会转型的产物,是一种在性质上区别于传统工人阶级运动的全新权力斗争形式。它充分意识到当今世界日益突出的分化和多元化问题,从根本上开启了一个超越无产阶级意识形态霸权、取代代议制民主和重塑激进政治未来的新时机。②

梅鲁西(Alberto Melucci)和卡斯特尔(Manuel Castells)对该问题的理解代表了两种不同观点。前者透过后马克思主义的解构行动,彻底抛弃马克思主义的阶级政治和任何支撑象征性表达的战略关怀。他坚持中观和微观层面与市民社会和日常生活批判的叙事方式,通过去阶级的话语分析,将文化运动和政治运动分别视为最激进的和共同选择性的,以凸显新社会运动去中心化的权力模式、回应性的运动方向及其文化性的社会本质。③ 后者明确表达了对经典马克思主义立场的亲近,为阶级斗争理论和实现战略目标的工具性行动保留了实质性的运行空间。他坚持宏观和中观层面与国家导向的叙事方式,借助矛盾性的阶级定位和新中间阶级,将政治运动和文化运动分别视为最激进的和反政治的,以强调新社会运动同工人阶级运动密切相连的中心化的权力模式、渐进性的运动方向及其政治性的社会本质。与他相呼应,仍然有一大批左翼思想家支持经典马克思主义阶级斗争理论,强调新社会运动同传统社会运动之间的连续关系。在他们看来,"文化替代不了社会,控制代替不了对于劳动的剥削"。当代资本主义的社会转型,特别是物质性要求和社会性要求的高度重合,仅仅改变了社会与经济、劳动与政治组织的关联方式,劳资冲突依旧存在,只不过获得了一个新的形式和文化的向度。因此,应驳斥劳动主

---

① [法]让·卢日金内、[法]皮埃尔·库尔-萨利、[法]米歇尔·瓦卡卢利斯:《新阶级斗争》,社会科学文献出版社 2009 年版,第 16—17 页。

② 周凡、李慧斌主编:《后马克思主义》,中央编译出版社 2007 年版,第 348 页。

③ 参见 Steven M. Buechler, " New Social Movement Theories ", *The Sociological Quarterly*, Vol.36, No.3, 1995, p.457; Manuel Castells, *The Power of Identity*, London: Blackwell, 2004。

题边缘化以及劳资对抗和工人阶级终结的论调,破除对信息社会神话的迷恋,"进而把物质劳动文化与信息处理文化、工人的经验与'针对他者的劳动'经验调和起来"。① 事实上,新社会运动同 19 世纪的工人阶级运动并无二致,它包含了前者所有的新特征,②包括文化斗争传统,根本不存在工人阶级运动的民族国家导向和新社会运动的文化定位之间的对立。③ 尽管在新的历史条件下,马克思主义的阶级政治、社会主义的经典目标和工人阶级在社会运动中的中心地位均受到不同程度的削弱,但"工人阶级与其他社会群体相比具有更加直接和具体的同普遍利益和社会主义'相连'的能力"④,"有组织的劳工运动仍然是唯一能够终结资本主义的力量"⑤。其他新的反抗运动仅仅聚集在经济之外的"几乎所有生活领域",并不足以从根本上挑战资本主义的核心体制。新社会运动只有纳入工人阶级,才能发挥应有效力,否则只能走向彻底无力的绝境。⑥ 从本质上看,这两种观点分别指向拓展经典马克思主义政治语法的新马克思主义阵营和背离其基本原则的后马克思主义传统。显然,奈格里应归在前者,拉克劳则隶属后者。

以意大利自主主义运动的理论和实践为前提,奈格里虽然认识到当代资本主义新变化已实质性地改变了工人阶级的内部构成和阶级斗争的社会条件,但他仍然从重构了的阶级、无产阶级概念和阶级斗争分析框架出发,强调

---

① [法]让·卢日金内、[法]皮埃尔·库尔-萨利、[法]米歇尔·瓦卡卢利斯:《新阶级斗争》,社会科学文献出版社 2009 年版,第 17—20 页。

② 参见 Craig Calhoun, "'New Social Movements' of the Nineteenth Century", *Social Science History*, Vol.17, pp.385-427;Kenneth Tucher, "How New Are the New Social Movements?", *Theory, Culture and Society*, Vol.8, No.2, pp.75-98。

③ 参见 David Croteau, *Politics and the Class Divide: Working People and the Middle-Class Left*, Phiadelphia: Temple University Press, 1995;Edward Thompson, *The Making of the English Wording Class*, New York: Vintage, 1963。

④ Ellen Meiksins Wood, *The Retreat From Class: A New "True" Socialism*, London: Verso, 1986, p.169.

⑤ Raymond Williams, *Towards 2000*, London: Chatto & Windus, 1983, p.163.

⑥ Ellen Meiksins Wood, *The Retreat From Class: A New "True" Socialism*, London: Verso, 1986, pp.170-172.

无产阶级运动在历史发展和革命政治学中的根本地位。

这种以拯救为目的的处理方式与普兰查斯和詹姆逊的观点十分接近。面对当代资本主义社会日益复杂的阶级状况,普兰查斯延续阿尔都塞的多元决定论立场,通过经济、政治和意识形态因素相互联结的整体结构,击破经济决定论在经济和政治、结构和历史上的二元对立幻象。同时,他还以政治和意识形的优先性,拒绝将阶级性质的决定因素简单化归生产关系,摆脱马克思基于生产方式揭示阶级结构的理想模型。① 然而,他并非彻底放弃马克思主义的阶级理论,而是尝试在其问题框架之内给它提供一个更加精细、准确地解释当代资本主义社会阶级关系的新形态。詹姆逊同样坚持马克思主义阶级政治的现实有效性。他否认是工人阶级消失之后的空缺导致了新社会运动的产生,主张阶级并未消失,而是在晚期资本主义阶段经历了后现代转向的阵痛:"这是一场机构性危机。通过这场危机,一个真正的阶级政治,无论怎么不完善,开始能表达自己。"②新社会运动不是工人阶级运动失位后的替代品,它和新出现的全球无产阶级均为晚期资本主义的产物。"二者在这个意义上都是'后现代的'",那种认为在新社会运动中崛起的众多小群体或被结构性排斥的行动者取代了正在消失的工人阶级的看法,旨在使"新的微观政治"更好地被"当代资本主义的多元主义和民主"利用。事实上,它实为后现代主义意识形态拥护者对异常社会现象的神秘化解释,仅是早前阶级政治的"没有任何评估功能的同义反复"。它"通常更像是对政治的简单'怀旧'",绝非拉克劳所谓的"政治的回归"或新政治语法的创建。③

但在拉克劳看来,当代资本主义社会的多样化根基已使传统左翼思想赖

① 参见 Nico Poulantzas, *Political Power and Social Classes*, London: NLB, 1973; Nico Poulantzas, *Classes in Contemporary Capitalism*, London: NLB, 1975。

② [美]詹明信:《晚期资本主义的文化逻辑:詹明信批判理论文选》,张旭东编,陈清侨等译,生活·读书·新知三联书店 1997 年版,第 345 页。

③ Fredric Jameson, *Postmodernism, or, the Cultural Logic of Late Capitalism*, London: Verso, 1991, pp.319-331.

以生存的经典政治话语走向崩溃和转型的历史岔路口，认真对待可能引发替代性政治模式的新社会运动变得十分迫切。在新的历史条件下，主体身份并不取决于它们在生产关系中所处的位置及其代表的物质利益，而是源自意识形态的话语构造，不同斗争在是否存在明确阶级根源上的区分日益模糊。身份政治构成当今社会冲突和矛盾的内核，作为一种自主力量，它的产生完全独立于阶级关系和传统国家政治的支配，"表明了我们对差异的确证和对'他者'的形成"①。于是，我们亟须回答以下问题："如果依然坚持作为其行动的可理解性之最终来源的统一主体形象，那么我们该如何理解这些新对抗的本质？如果把社会行动者构想为同质的和统一的实体，那么我们该如何把握影响个体的从属关系的多样性？"②显然，"把主体创建为一个去中心的、去总体化的行动者是绝对必要的，这是一个在主体位置之多样性的交叉点上得以建构的主体，那里将不会存在先天的或必然的关系"③。这种不可化约的多样性、偶然性和外在性在本质上实为不能被社会（Society）的理性化结构（普遍化等级性的社会秩序）彻底吸收的剩余物。同时，还应抛弃为生产中的行动者全体假定某种先验统一性的企图，破除所有基于普遍主义、理性主义和本质主义立场的政治和历史模式，如"左派的经典话语及其构想孕育社会变革之行动者、政治空间的结构化过程和历史转型发生过程之优先观点的典型方式"，以及建立在它们之上的"工人阶级本体论的中心性"和"以绝对中心化和同质化的集体意志导致政治本身环节完全丧失意义的幻想前景"。它们透过普遍主体的预设，以在多样的社会根基中观念化地构想历史的方式，将社会塑

---

① ［英］尚塔尔·墨菲：《政治的回归》，王恒、臧佩洪译，江苏人民出版社2008年版，第3页。

② Chantal Mouffe,"Radical Democracy: Modern or Postmodern", in Andrew Ross（ed.）, *Universal Abandon: The Politics of Postmodernism*, Minneapolis: University of Minnesota Press, 1988, pp.33-34.

③ Chantal Mouffe,"Radical Democracy: Modern or Postmodern", in Andrew Ross（ed.）, *Universal Abandon: The Politics of Postmodernism*, Minneapolis: University of Minnesota Press, 1988, p.34.

造为一个基于特定阶级立场和"理性的透明秩序"的"可理解的结构"。① 然而,新社会运动的"差异商谈"因素所包含的"竞争性的多元主义"②,正式宣告了通向多元的、自由平等的激进民主的可能性和现实性,它只有借助一种后主体模式和后现代主义话语理论才能得到真正理解。

拉克劳在根本方向上扭转了阿尔都塞和普兰查斯的阶级分析路径。一方面,他拒绝阶级本体论和还原论诉诸先验统一性或同质性的政治主体观念以及以他们之间的斗争来简化社会矛盾的做法,但没有完全放弃阶级冲突和作为基本阶级的社会当事人立场。在他看来,"被否认的不是工人与企业主之间存在着的冲突,而仅仅是这些冲突源于雇佣劳动和资本之间关系的逻辑分析"③。多元化社会的对抗不能由阶级矛盾来支配,"不是每一矛盾都是阶级矛盾",但"任何矛盾又被阶级斗争过度决定"④。另一方面,他极力强调新社会运动对普遍的无产阶级概念的排斥和由此展现出的对抗的多元性本质,对于创建未来激进民主的重要意义。这与高兹简单告别工人阶级的方式有着很大区别,又不同于图灵(Alain Touraine)置身资本主义一体化的社会结构来寻找新主体的尝试。

拉克劳在谈及自主主义运动时指出:"它们有力地说明了工厂之内的斗争形式在何种程度上要依赖一种话语环境,这一环境要远远超出生产关系的范围。……所有这一切都向我们表明,工人置身其中的其他一些社会关系将会决定他们在工厂之内的反应方式。不能为构建一个单纯的工人阶级而消除这些关系的复杂性,因此,也不能把工人的要求还原为与其他社会和政治主体

---

① Ernesto Laclau and Chantal Mouffe, *Hegemony and Socialist Strategy:Towards a Radical Democratic Politics*,London and New York:Verso,2001,p.2.

② [英]尚塔尔·墨菲:《政治的回归》,王恒、臧佩洪译,江苏人民出版社 2008 年版,第5页。

③ [英]拉克劳:《我们时代革命的新反思》,孔明安、刘振怡译,黑龙江人民出版社 2006 年版,第 11 页。

④ Ernesto Laclau,*Politics and Ideology in Marxist Theory*,London:New Left Books,1977,p.106.

从根本上区别开的单一的对抗。"①显然,他重在揭示作为新社会运动的自主主义运动在社会基础和基本性质上同传统工人阶级运动的差异,以完全抛弃经典马克思主义的阶级理论为最终目标。与他不同,奈格里则通过拓展阶级和无产阶级概念的边界,将新社会运动的新政治参数充分纳入工人阶级运动之中,从而为以生产方式和阶级斗争为核心的分析框架,留下了巨大的运行空间。

---

① 　[英]拉克劳、墨菲:《领导权与社会主义的策略——走向激进民主政治》,尹树广、鉴传今译,黑龙江人民出版社 2003 年版,第 187 页。

第三章　处理后现代主义和马克思主义 关系的两种路径：调和与解构

伴随当代资本主义的结构转型,在全新的生产方式、劳动过程、阶级结构、权力操控和文化意识形态思潮等社会条件下,后现代主义和后结构主义开始兴起。前者往往被首先用来描述在 20 世纪五六十年代发展起来的一种反现代主义的文学艺术"策略"。① 它在 20 世纪 70 年代之后迅速拓展至文化、哲学、历史、建筑、心理分析、法律、教育等领域。后者则脱胎于对结构主义的批判,在源头上可以追溯到海德格尔和德里达对"解构"的使用以及后期维特根斯坦哲学,甚至更早的尼采的现代性批判。20 世纪 70 年代末期,后现代主义逐渐并入后结构主义的轨道,后结构主义的后现代主义问世。这主要包括两个重要的时刻:从 20 世纪 70 年代末到 80 年代初巴特和德里达的解构主义实践以及 20 世纪 80 年代福柯、拉康和德勒兹等人的思想实验。② 它们积极介入马克思主义和激进政治领域,明确表达了对早期法兰克福学派的不满,力图通过全新的话语模式重建社会批判理论。整体而言,其基本原则表现为"反乌托邦、反历史决定论、反体系性、反本质主义、反意义确定性",坚持"多元主

---

① Hans Bertens, *The Idea of The Postmodren : A History*, New York : Routledge, 1995, p.3.
② Hans Bertens, *The Idea of The Postmodren : A History*, New York : Routledge, 1995, pp.5–11.

义、世俗化、历史偶然性、非体系性、语言游戏、意义不确定性"。① 它摒弃一切普遍性、总体性和同一性叙事,拒绝统一的主体观念,反对将社会假定成一个拥有本质性实体或先验目的的理性总体,甚至将社会和谐的"乌托邦幻象"同极权主义根源连接起来。② 并且,它往往将马克思主义看成基于还原论、功能主义、本质主义和普遍主义的现代主义代言人。

该理论运动在揭示当代资本主义新现实方面所表现出的灵活性和独特性以及经典马克思主义日益凸显的"无力感",一并使从后现代主义出发全面干预马克思主义成为当代左翼知识界的一个重要发展动向。同时,一系列重大的历史事件加速了后现代主义同马克思主义的结合。如果说 1968 年五月风暴前后的政治运动和 1973 年后的资本主义周期性危机,标志着资本主义"政治体系和积累体制的转型过程"③,那么马克思主义内部围绕 1989 年柏林墙倒塌和苏东剧变的争论则聚焦于"现代性自身的特征和形式:当代世界的创构过程和结构"④。它们不仅构成全球经济政治格局重组和当代西方左派转型的分水岭,而且把现代性话语和后现代主义的连续性问题,直接激进化为一个极其关键的政治因素,"在它之中,现代性成为自我反思性的,它日益充分地认识到自身和对自身的批判,更加批判性地意识到其承诺和实践间的分歧"⑤。当自由主义和社会主义意识形态都难以为继时,穆勒和马克思似乎一同面临着随时过时的风险。无论是斯宾格勒的《西方的没落》、米尔斯关于现

① [英]戴维·罗宾逊:《尼采与后现代主义》,程炼译,北京大学出版社 2005 年版,第 5 页。

② Yannis Stavrakakis, *Lacan and the Political*, London and New York:Routledge, 1999, pp.99-121.

③ Ronaldo Munck, *Marxism @ 2000:Late Marxist Pespective*, New York:ST. Martin's Press, 2000,p.138.

④ David Held, Liberalism, "Marxism and Democracy", in David Held and Anthony McGrew(eds.),*Modernity and its Future*,Stuart Hall,Cambridge:Polity Press,1992,p.14.

⑤ Peter Beilharz, *Postmodern Socialism:Romanticism, City and State*, Victoria:Melbourne University Press,1994,p.9.

代时期终结的论断,还是贝尔的意识形态终结论和福山的历史终结论,均认为当代资本主义发生了根本变化,马克思主义已经终结。

在后现代主义左派视域中,马克思主义的危机"被隐蔽地改变成对一切思考以及与集体性的本体、马克思主义之目的、主权的本质与实践相关的交流的否认与拒绝。……于是……产生了两种结果:悬搁了对我们所谓的政治的'政治本质'的质疑,悬搁了有效政治选择的所有必要性和合法性"①。并且,他们在一定程度上都承认如下事实:"一些后结构主义现在正在理论化的东西是由可信性的丧失所无意打开的各种政治可能性,这种可信性是马克思主义历史思想最近曾经保留下来的东西",并且,"那种对关于这样一种曾经发生的历史的可能性的信仰,不管它在过去、现在或未来中的时间布局如何,现在都处于永久的危机之中"。②

从根本上看,当代西方左派以后现代主义的兴起为背景针对马克思主义将走向何处的争论,构成拉克劳和奈格里由以创建政治本体论一个关键因素。拉克劳系统剖析了马克思主义阵营自 20 世纪 70 年代以来的严峻形势,认为以往"显白真理"得以成立的基础已被彻底撕裂,"左翼思想如今处在十字路口",经典的政治语法和社会主义的政治纲领均面临严重挑战,只有深入后现代主义世界,才能发掘新革命政治学的解决方案。③ 奈格里认同上述论断。他指出,在这种情况下,"我们如何才能建立起一套机制,将主体(诸众)和客体(世界解放)融合于后现代性之中?"对它的回答如果仅仅遵循"马克思和恩格斯在政治宣言中给予的提示",即便完全接受他们的内在性批判框架,也断无可能。④

① [法]让-吕克·南希:《解构的共通体》,夏可君编校,郭建玲等译,上海人民出版社2007年版,第253页,注2。

② 周凡、李惠斌主编:《后马克思主义》,中央编译出版社2007年版,第91—92页。

③ Ernesto Laclau and Chantal Mouffe, *Hegenomy and Socialist Strategy:Towards a Radical Democratic Politics*,London:Verso,1985,p.1.

④ [美]哈特、[意]奈格里:《帝国》,杨建国、范一亭译,江苏人民出版社2005年版,第79页,译文有改动。

一、共同的反思起点:五月风暴以来围绕 "马克思主义将走向何处"的论争

自 1968 年五月风暴以来,回归马克思关于"我并不是一个马克思主义者"的论断、马克思主义的危机和激进政治的出路等问题,成为当代西方左翼运动的普遍趋势。在其理论视野中,主要存在两种典型路径。一种突出当代资本主义社会的后现代根基,明确宣告马克思主义经典分析框架的过时,并侧重于展现新政治语法同传统革命政治的根本差异。另一种则在坚持马克思主义基本原则的前提下,根据资本主义新变化,对马克思主义进行创造性的诠释和发展,致力于寻找能够激活马克思主义传统的新起点。

阿隆森(Ronald Aronson)遵循第一种路径。他认为,马克思主义首先更应是一个"社会结构转型的运动"(Movements of Societal Transformation),即一种理论—实践的规划。它"将某种历史哲学同具体的伦理前景、基于阶级和经济中心性之社会结构的动力分析、对资本主义如何运行的理解、立足一个特定社会阶级(无产阶级)的党派性及其能够占有权力并取消阶级的革命版本,连接在一起"[1]。虽然在当今社会仍然有很多人持续推进对它的研究和应用,但他们与工人阶级及其革命运动完全脱离的现状使马克思主义变成另外的东西。虽然他们仍自称马克思主义者,但在本质上实为后马克思主义者,拒绝成为原初意义上的马克思主义同路人。因此,作为"一种被其实践遗弃却又被思想家借由支撑消失的信仰才能保持活力的理论",尽管马克思主义的碎片依然存在,但作为历史转型规划的马克思主义已经过时。"即使在历史领域自信的马克思主义也无法令人信服地超越资本主义,无法解释它可能依然是一个根植于物质条件、人类意志和历史经验的规划的原因所在"[2]。 显然,这

---

① Ronald Aronson, *After Marxism*, New York and London:The Guilford Press,1995,pp.3-4.

② Ronald Aronson, *After Marxism*, New York and London:The Guilford Press,1995,p.60.

是一种基于新社会状况最终抛弃马克思主义的理论论断。

斯托扬诺维奇(Svetozar Stojanovic)则代表第二种路径。在他看来,当前的马克思主义危机不是马克思主义自身的真正危机,而是一些传统知识分子因对某些经典范畴或范式(如阶级的"所有权—经济"、意识形态和异化形式)的过度迷恋,而使它处于由"激进修正派"主导的支离破碎状态。① 第二国际大多数理论家和斯大林主义均立足超历史的教条主义立场,以某种客观主义式的"实体化了的抽象",将马克思主义塑造成基于经济主义—自然主义的决定论模式。事实上,马克思思想内部始终存在着辩证法和偶然的绝对乌托邦、道德立场和反伦理倾向、严格的决定论和受限的决定论之间的冲突。并且,马克思主义的精髓只能"在于不断批判地触摸历史经验,又不受任何教条主义的限制……在于一并在理论和实践中批判地遭遇马克思主义,在改造世界的行动中拓宽知识的全新视野"②。这才是一种正视资本主义的最新发展和教条主义困境、在坚持马克思主义的前提下不断推进其自我更新的科学尝试。

这两种路径均从根本上涉及以下关键问题:如何看待马克思主义危机产生的原因和实质? 马克思主义的科学形态和精神遗产究竟是什么? 马克思主义的未来将走向何方? 德里达和福山围绕马克思主义存亡的论争正是对它们最具代表性的回答。

在审视"二战"之后特别是后冷战时期全球经济政治状况的基础上,福山将人类社会的发展定性为一个由自由民主制度来引导的"世界普遍史"。在他看来,黑格尔和马克思分别代表着历史终结的两种政治立场:右派(自由国家)和左派(共产主义社会)。前者以获取人性中的承认来取代自我保存的本能,不仅超出了源于霍布斯和洛克自然法理论的盎格鲁—撒克逊式的自由主

---

① Svetozar Stojanovic, *Perestroika: Form Marxism and Bolshevism to Gorbachev*, Beffalo and New York: Prometheus Books, 1988, pp.13-14.

② Svetozar Stojanovic, *Between Ideals and Reality: A Critique of Socialism and Its Future*, New York: Oxford University Press, 1973, p.5.

义传统，而且真实展现了历史发展的根本机制（相互承认的斗争）和终结之处（西方资本主义世界的自由民主社会）。批判地继承其内容和方法的马克思却仅仅从科学技术和经济方面说明了历史发展的方向性，相应地，"只建立在经济学基础上的马克思主义……如果不能说明灵魂中精神的部分和为获得认可而进行的斗争也是历史的主要功力，则肯定不是一套完整的历史学说"①。左右两翼专制政权的相继覆灭始终指引着自由民主政治的发展，自由民主制度及其经济形态的自由市场原则作为坚定不移的政治理想不断扩张，构成历史的唯一必然选择。相反，社会主义模式，即"一种由政府控制经济的主要部分并对财富进行再分配，以产生社会平等的政治经济制度"②则一去不返。这从根本上预示了"'人类意识形态发展的终点'和'人类最后一种统治形式'，并因此构成'历史的终结'"③。从这个角度看，与贝尔（Daniel Bell）和利普斯特（Seymour Martin Lipset）旨在强调美国自由民主政治之全球霸权的意识形态终结论不同，福山的历史终结论则"扎根于欧洲文化悲观主义的传统……它是深刻的反自由主义和反民主的……它的使命是，把这个世界从不断的美国化中拯救出来，也把美国从它自身中拯救出来"④。

德里达对福山的批评在当代左翼阵营引起广泛关注和激烈争论。在他看来，首先，福山的论断摇摆在自由民主政治的经验现实和理想现实之间，二者的巨大反差和体系矛盾将它"置于充满悖论的和可疑的根据之上"⑤。"一方面，政治—经济自由主义的福音书需要存在于据推测能够现实地发生的事

---

① ［美］弗朗西斯·福山：《历史的终结及最后之人》，黄胜强等译，中国社会科学出版社2003年版，第233页。

② ［美］弗朗西斯·福山：《社会主义会卷土重来吗？》，顾海燕译，《当代世界与社会主义》2002年第6期。

③ ［美］福山：《历史的终结及最后之人》，黄胜强等译，中国社会科学出版社2003年版，第1页。

④ ［加］沙蒂亚·德鲁里：《亚历山大·科耶夫：后现代政治的根源》，赵琦译，新星出版社2007年版，第304页。

⑤ ［法］德里达：《马克思的幽灵：债务国家、哀悼活动和新国际》，何一译，中国人民大学出版社1999年版，第75页。

件……另一方面,由于实际的历史以及如此众多的作为经验性之表现的现实事物都与这种完善的自由民主制度的降临相矛盾,所以与此同时人们又必须纯粹将这种完善设定为调整性的和超历史的理想。……这一事件时而是现实,时而又是现实的预兆。然而恰恰是当我们认真地领受一种预兆或是一种诺言将形成一个不可简约的事件这一观念的时候,我们却又必须提防混淆这两种不同类型的事件。"①理想福音的实现依赖现实的历史发展,但它们的矛盾又迫使福山不得不诉诸抽象的理想,以将二者混同起来。实际上,自由民主制度只能通过不断破坏威胁自己的各种政治经济力量来谋求霸权,"意识形态的终结"无时无刻不标示着与其自身大相径庭的苦难历史图景的到来。其次,福山的历史终结论既借用了科耶夫视域下的黑格尔非唯物主义的历史观或辩证法,又深层误解了其理想概念。科耶夫的理想"所规定的乃是迄今为止仍然处于所有被称之为历史的东西之外的未来的性质"②,福山却将它理解成有别于经验现实的未来趋势,又把它同已实现的历史现实同等看待。

进而,德里达直接断言,"值此在一种新的世界紊乱试图安置它的新资本主义和新自由主义的位置之际,任何断然的否认都无法摆脱马克思的所有各种幽灵们的纠缠","没有马克思,没有对马克思的记忆,没有马克思的遗产,也就没有将来;无论如何得有某个马克思,得有他的才华,至少得有他的某种精神"。③ 在这一点上,他与巴利巴尔的观点十分接近。后者同样相信,马克思的精神遗产并不表现为一种体系化的观念形态,而是在摆脱同一性教条之后展现出开放的多重可能性:"马克思的理论活动在脱离开某种哲学的形式后……走向了一个多样化的虚拟的学说……同样地……也没有引导这个体系

---

① 〔法〕德里达:《马克思的幽灵:债务国家、哀悼活动和新国际》,何一译,中国人民大学出版社 1999 年版,第 89—90 页。

② 〔法〕德里达:《马克思的幽灵:债务国家、哀悼活动和新国际》,何一译,中国人民大学出版社 1999 年版,第 104 页。

③ 〔法〕德里达:《马克思的幽灵:债务国家、哀悼活动和新国际》,何一译,中国人民大学出版社 1999 年版,第 53、21 页。

形成一个统一的论说,而是在哲学上忽左忽右始终摇摆不定"①。并且,"发生在马克思身上的仅仅是哲学地点、问题和目的的变迁,我们可以接受也可以拒绝,但是它却具有足够的约束力,使我们无法无视它的存在。这样……既不把他简单化,也不背叛他,而是把他作为哲学家来解读"。这种中立化的理解方式"非但没有否定和减少马克思对于哲学的重要意义,反而拓展了其研究领域"②。

依照德里达的观点,马克思或马克思主义的精神遗产作为马克思主义最具活力和最本质的部分,"决不仅仅是一种批判观念或怀疑的姿态……甚至更主要地是某种解放的和弥赛亚式的声明,是某种允诺,即人们能够摆脱任何的教义,甚至任何形而上学的宗教的规定性和任何弥赛亚主义的经验"③。在拓展诠释本雅明"弱弥赛亚力量"（Weak Messianic Force）的基础上,他将这种弥赛亚式的精神界定为一个没有任何预定、可能到来但或许又根本无法到来的未来视域:始终被揭示在只取决于事件(政治和历史不可化约的特殊性)的准先验的经验。它是一个"朝向他者的独一无二的信号","没有弥赛亚主义并因此没有教义和宗教信条"的荒漠与"贫瘠且被剥夺界限的期待"。④ 它与马克思主义的教条无关,从根本上区别于必将被还原为"'宗教性的'、意识形态性的或拜物主义的种种结构"⑤的马克思主义的三种典型形象:作为本体论、哲学或形而上学体系,作为辩证唯物主义、历史唯物主义或历史方法,以及

---

① ［法］巴利巴尔:《马克思的哲学》,王吉会译,中国人民大学出版社 2007 年版,第 5—6 页。

② ［法］巴利巴尔:《马克思的哲学》,王吉会译,中国人民大学出版社 2007 年版,第 7、2—3 页。

③ ［法］德里达:《马克思的幽灵:债务国家、哀悼活动和新国际》,何一译,中国人民大学出版社 1999 年版,第 126 页。

④ Jacques Derrida and Bernard Stiegler, *Echographies of Television*: *Filmed Interviews*, Cambridge:Polity Press,2002,p.13.

⑤ ［法］德里达:《马克思和儿子们》,http://wen.org.cn/modules/article/view.article.php/1483,2016-02-19。

被组织在特定政治机构和政治实践中的马克思主义。作为一种彻底的自我批判精神和解放承诺,没有弥赛亚主义的弥撒亚性"在每一个此地—此时都指向一种不同寻常地真实和具体的时间的到来,也就是说,指向那最不可化约掉的异质的他者"①,完全不携带任何乌托邦性的气息。因此,它"在原则上显然是自愿接受它自身的变革、价值重估和自我再阐释的"②,且不可解构,也不能固定不变地被直接给予,"原因在于任何结构活动都预设了它——不是[将它]作为确定性的某种基础,作为某种我思(Cogito)……的牢固基础"③。在此,这种力图将马克思主义的批判精神彻底激进化的做法,遵循的正是解构式"干预"。它旨在从内部"把现成的、既定的结构解开"④,"打破基本概念之间隐蔽的等级秩序,推翻基础关系和概念的统治关系"⑤,"发掘充满希望的文本边缘,展示犹豫不定的时刻……拆解以便重建那些总是已被铭刻之物"⑥。其非中立性的旨趣"不是也不应该仅仅是对话语、哲学陈述或概念以及语义学的分析,它必须是向制度、向社会的和政治的结构、向最顽固的传统挑战"⑦,同时又不抹杀"某些破裂以及新结构的出现或界定的必然性和相对的重要性"⑧。它首先是一种"不确定的"而又"肯定性的"运动,借由被传统形而上学一直压制的边缘领域或他者,将它所有的本质性观念重新"问题化",批判其二元论宰制,揭示形而上学的原始经验。针对形而上学借尸还魂的政治结

---

① [法]德里达:《马克思和儿子们》,http://wen.org.cn/modules/article/view.article.php/1483,2016-02-19。

② [法]德里达:《马克思的幽灵:债务国家、哀悼活动和新国际》,何一译,中国人民大学出版社1999年版,第124页。

③ [法]德里达:《马克思和儿子们》,http://wen.org.cn/modules/article/view.article.php/1483,2016-02-19,译文有改动。

④ 陆扬:《德里达的幽灵》,武汉大学出版社2008年版,第3页。

⑤ [德]哈贝马斯:《现代性的哲学话语》,曹卫东等译,译林出版社2004年版,第220页。

⑥ Gayatri Chakravorty Spivak, "Translator's Preface", in Jacques Derrida, *Of Grammatology*, Baltinore and London:Johns Hopkins University,1976,p.xxvii.

⑦ [法]德里达:《一种疯狂守护着思想——德里达访谈录》,何佩群译,上海人民出版社1997年版,第21页。

⑧ [法]德里达:《多重立场》,佘碧平译,生活·读书·新知三联书店2006年版,第28页。

构和社会制度,解构批判更应是一种政治实践,旨在充分释放政治和伦理领域中不可见的可见性、不可化约的异质性、开放的不确定性和"另类可能的可能性"。在它干预下的马克思主义只能以招魂形式得以不确定地复活、游荡和降临,作为无限差异中的一种许诺而存在。它处在一种介于生死之间的不生不死、既存在又不存在、既有形又无形、既出场又不在场的状态,"既非实体、又非本质、亦非存在的东西本身永远也不会到场","既不会向我们呈现、也不会在我们的内部或外部呈现的"非现实存在。① 于是,我们都是众多马克思幽灵政治学的一员。"这就是为什么这种解构理论从来就不是马克思主义,也从来就不是非马克思主义的原因所在,虽然它一向忠实于马克思主义的精神,至少说,忠实于马克思主义许多精神中的一种精神,而这个精神往往永远也不可能被重演复制,马克思主义的精神不止一种,而且它们都是异质的。"②

　　德里达对布朗肖的援引更加证明了上述观点。布朗肖认为,在马克思那里至少有三种相互独立但不对立的声音:思想作者的声音,在它之中,马克思以人道主义者、历史主义者、无神论者、反人道主义者甚至虚无主义者的形象出现;政治性的声音,它包含了一个有关号召、暴力和分裂的决断,往往表现为与"剩余需求"(Excessive Demand)相连的紧迫性——"引入斗争,甚至假定革命的恐怖主义,支持'不断革命',并且总是将革命构想成即将到来的必然性";科学话语的声音,在它之中,马克思以"怀疑一切"的面目开放地面对一切批判,因此科学仅意味着马克思主义理论在实践中从根本上的自我转型。"将它们连接起来的这个分歧表明了需求的多样性,自马克思以来,任何写作或言说的人都不可避免地遭遇它"。③ 在德里达看来,布朗肖意在通过三种声音结合之处的断裂和分离来凸显重回马克思或马克思主义的多样性和开放性

---

　　① [法]德里达:《马克思的幽灵:债务国家、哀悼活动和新国际》,何一译,中国人民大学出版社1999年版,第3页。

　　② [法]德里达:《马克思的幽灵:债务国家、哀悼活动和新国际》,何一译,中国人民大学出版社1999年版,第107页。

　　③ Maurice Blanchot, *Friendship*, Stanford, California: Standord University Press, 1997, pp.98—99.

空间。这完全是"一个重新组合的联盟,它无配偶、无组织、无政党、无民族、无国家、无所有权","它仅仅只是可能……甚至必须一直是一种可能在场或或许在场,以便它还是一种需要"。在它的视域下,马克思"没有安逸地与这种在他那里总是相互冲突、相互分离的语言的多样性生活在一起",其应答应奠基于"问题的缺席",即对未定或不确定问题存而未答。这是一种开放的承诺、呼吁、保证或政治指令,以确保不可消除的"绝对的独特性"。①

尽管德里达极力否认他是一个后现代主义或后结构主义者,但不仅可以在其解构主义实践中明确找到与后现代主义核心原则的密切联系,而且他对马克思主义的干预还直接表达了一种颂扬差异性和偶然性的后现代主义政治观。在这个意义上,《马克思的幽灵》实为"20 世纪理论和政治模式的顶点的标志"②,"幽灵出场,幽灵退场,幽灵再出场"的在场模式最终使回归马克思和马克思主义完全沦为空头承诺:"没有期望或不再期望的期待"③。从表面上看,这是对马克思主义的认同,但"这种马克思主义的特征基本上不在于关于施魅或受马克思鬼魂'启发'的修辞,而在于这样一个事实:德里达对这种有灵性的遗产的声称似乎必须拒斥 20 世纪马克思主义的经验历史……和马克思主义理论的全部概念工具。也就是说,马克思的'精神'似乎是指一旦马克思主义的思想及其历史化身'死亡',马克思主义所剩下的一切"④。虽然德里达将马克思视为以他者形象出现的债务人,将马克思主义看成当代欧洲必须偿还的政治债务,但他仍然从后现代主义出发,通过幽灵化的马克思及其不可化约的多样性,将其出场当作被掏空实质内容的纯思辨式再生,即"将解

---

① [法]德里达:《马克思的幽灵:债务国家、哀悼活动和新国际》,何一译,中国人民大学出版社 1999 年版,第 42—52 页。
② 周凡主编:《后马克思主义:批判与辩护》,中央编译出版社 2007 年版,第 325 页。
③ [法]德里达:《马克思的幽灵:债务国家、哀悼活动和新国际》,何一译,中国人民大学出版社 1999 年版,第 93 页。
④ 周凡主编:《后马克思主义:批判与辩护》,中央编译出版社 2007 年版,第 325 页。

构意图用来对马克思形象的后现代叠加”①。总之，“如果解构主义超过了某种常见的含马克思主义的修正主义或那种烦人的左派自由主义，那么它只能使反形而上、反体系性、反理性主义的论辩成为一种招摇过市的混乱宣示”②。显然，它“不过是重复了一些最普遍的资产阶级自由主义主题”③，既从根本上放弃了马克思主义的基本立场、原则和方法，又在一定程度上展现了后现代主义/后结构主义同马克思主义结合的多重可能性。

值得注意的是，虽然德里达反对福山的论断，但他们在基本问题上表现出极大的相似性。作为福山的立论基础，科耶夫及其对黑格尔的二元式解读将现代性事业理解为基于同一性和集权性的理性暴政对现实世界的阉割和奴役，将对理性驱逐之物的迷恋和自由看成“促成后现代政治的激进主义”及其“狄奥尼索斯的狂乱”“隐晦的浪漫主义”的决定因素。④ 从这个视角看，德里达不过是把福山历史终结论的思想前提和政治目的推至后现代主义的极端。

1993 年 4 月，在美国加利福尼亚大学河滨分校“思想与社会中心”（Center for Ideas and Society）召开的“马克思主义走向何处？ 国际视野中的全球危机”的跨学科国际会议上，德里达两次围绕“马克思的幽灵”的发言成为焦点话题。

与会的凯尔纳与福山、德里达和其他后现代主义理论家明确地划清了界限。他指出，马克思同列宁、斯大林和其他苏联领袖之间并不具备连续关系，因此不能像福山那样简单依据苏联共产主义的崩溃就直接宣告马克思主义的过时。相反，后者不过是教条主义马克思主义的罪过，只代表了正统马克思主义某些观点的终结。事实上，马克思主义辩证法的生命力在于等级最高的科

---

① 任平：《当代视野中的马克思》，江苏人民出版社 2003 年版，第 9 页。
② ［英］特雷·伊格尔顿：《历史中的政治、哲学、爱欲》，马海良译，中国社会科学出版社1999 年版，第 122 页。
③ Terry Eagleton, *The Illusions of Postmodernism*, Oxford: Blackwell, 1996, p.17.
④ ［加］沙蒂亚·德鲁里：《亚历山大·科耶夫：后现代政治的根源》，赵琦译，新星出版社2007 年版，第 2、4、339、7 页。

学方法论：一种直接面对现实的非教条主义的开放立场。"马克思主义仍然在为解释资本主义社会的当代发展提供理论来源，并且包含着仍然能够帮助我们争取改造当代资本主义的政治来源"。马克思主义的危机仅指马克思主义理论根据新的历史条件适时进行自身内部的调整、修正、更新和发展，"重构甚至抛弃陈腐的或不适当的特征"①。总之，一方面，他坚信马克思主义在批判当代资本主义和变革现存社会等方面仍旧具备不可替代的作用："它依然是能够用来创建今天的社会批判理论和激进政治的社会研究以及不同理论视野、范畴和价值的一个重要方法。……马克思主义只会消失在资本主义的梦魇结束或能够创造自己的哲学和生活方式的民主自由社会出现之时。"②另一方面，他又主张一种根据实际状况和现实需要不断重构马克思主义传统的开放立场："马克思主义该走向何处？这当然不是一种以其传统形式出现的主导性理论和叙事。……一个被重构的马克思主义，一个没有保证、目的论和基础的马克思主义较之于之前的版本，将会更加开放、宽容、偏爱质疑和适度。"③

凯尔纳对待当代资本主义社会转型和后现代主义的态度十分谨慎。他以"技术资本主义"（Technocapitalism）来标示当代资本主义的最新发展形式或新格局（New Configurations）④，并将它描述成"后现代的历险"或"后现代转向"⑤：一个介于"正当时的现代之时代"与"正在浮现但仍得充分地概念化和

---

① 俞可平主编：《全球化时代的"马克思主义"》，中央编译出版社 1998 年版，第 27 页。

② Douglas Kellner, "The Obsolescence of Marxism?", in Bernd Magnus and Stephen Cullenberg (eds.), *Whither Marxism? : Global Crises in International Perspective*, New York and London : Routledge, 1995, p.26.

③ Douglas Kellner, "The Obsolescence of Marxism?", in Bernd Magnus and Stephen Cullenberg (eds.), *Whither Marxism? : Global Crises in International Perspective*, New York and London : Routledge, 1995, p.26.

④ 詹姆逊、德里克、伊格尔顿等晚期马克思主义者，甚至德勒兹、瓜塔里和奈格里等人，都否认当代资本主义发生了根本变化，但基本认同它拥有一个全新的社会状况。与他们不同，凯尔纳认为，它仅仅处在一个新的发展形式所实现的新的配置和格局之中，并未进入一个独立的发展周期。

⑤ 参见 Steven Best and Douglas Kellner, *The Postmodern Adventure*, New York : Guilford Press, 2001 ; Steven Best and Douglas Kellner, *The Postmodern Turn*, New York : Guilford Press, 1997。

加以探察、探询的后现代之时代"①之间的中间地带。他指出,尽管处在向后现代社会过渡的临界点或分水岭,但"把我们当前的社会结构解释成(资本主义)现代性的激烈形式比解释成一个全新的'后现代性'更准确"②。并且,在新的社会状况下,既不能完全照搬后现代主义的理论和政治实践,又不能无视其可取之处。由此出发,凯尔纳申明了自己同后现代主义和后马克思主义的根本不同。在他看来,它们总是标识着一种以拒绝现代性话语为前提的"推陈出新的断裂感",以至于"把趋势当成基本事实,把发展的可能性当成定居,假定一种尚属可能的未来已经来临"③。然而,如果"缺乏总体概念,政治斗争将注定不是沦为改良主义,就是再度生产出压迫性的力量"④。因此,"最好的方法是去阐明、批判地讨论、拆解,甚至重建和重写社会理论的宏大叙事,而不是简单地将其禁止,把其驱除出叙事领域"⑤。这种保留性的重建尝试旨在调和马克思主义和后现代主义,激活现代性话语和马克思主义传统。

上述立场同样代表着伊格尔顿、詹姆逊(又译詹明信)、德里克等人的基本主张。这具体表现为三个方面:其一,在判定当今时代的基本性质上,他们勉强承认我们正处于历史发展的一个新时代或新阶段,但否认当代资本主义发生了根本变化而走向一个彻底的后现代状况;其二,在处理现代性与后现代性的关系上,他们强调二者在历史和逻辑上的连续性,甚至力图在现代性内部寻找后现代的政治潜能;其三,在对待后现代主义的态度上,他们既与走向寂

① [美]斯蒂文·贝斯特、[美]道格拉斯·凯尔纳:《后现代转向》,陈刚等译,南京大学出版社 2002 年版,第 37—38 页。

② [美]斯蒂文·贝斯特、[美]道格拉斯·凯尔纳:《后现代转向》,陈刚等译,南京大学出版社 2002 年版,第 133 页。

③ [美]斯蒂文·贝斯特、[美]道格拉斯·凯尔纳:《后现代理论:批判性的质疑》,张志斌译,中央编译出版社 1999 年版,第 1、353 页。

④ [美]斯蒂文·贝斯特、[美]道格拉斯·凯尔纳:《后现代理论:批判性的质疑》,张志斌译,中央编译出版社 1999 年版,第 247 页。

⑤ [美]斯蒂文·贝斯特、[美]道格拉斯·凯尔纳:《后现代理论:批判性的质疑》,张志斌译,中央编译出版社 1999 年版,第 225—226 页。

静无为主义和虚无主义的后现代主义极端倾向划清界限,又积极尝试发掘后现代主义的现实意义。

伊格尔顿驳斥了德里达和福山等后现代主义者对马克思主义的批判。他认为,马克思主义的危机并不来自自身的内在矛盾,它仅仅表达了当今世界回应资本主义和革命力量之间不均衡状态的政治情绪。正是资本主义失去政治敌手之后所带来的普遍的政治无力感和严重的现实挫败感,才导致它的出现。作为一种理论思潮,后现代主义是1968年革命"失败的后果"①,它"挖出了发达资本主义的某些物质逻辑,放肆地转而用它反对它的精神基础"②。作为一种政治实践,它既实质性地掩盖了资本主义的结构性危机,又以自身的含混和变动阻碍了革命运动的发展,"助长了政治盲目和历史忘却"③。正因为"后现代主义有信念却无信仰"④,所以既要正视后现代资本主义阶段的重大变化,又需借助后现代主义的可取之处,重建马克思主义的宏大叙事,揭露后现代主义政治的伪善和无能。然而,德里达"只想把马克思主义用作一种批判,异见,进行痛斥的方便工具,不太愿意涉及它的肯定性的内容。他想要的其实就是一种没有马克思主义的马克思主义,就是说按他自己的条件舒服地占有了的马克思主义"⑤。而福山对宏大叙事的后现代批判则主要源于"未来不过是现在的重复"这一绝望的政治信念。

在他看来,在"消费主义的'后工业时代'"⑥,资本主义制度不仅没有改变其性质,反而不断加剧自身的矛盾和冲突。社会主义阵营的独裁、暴政和失

① [英]特里·伊格尔顿:《后现代主义的幻象》,华明译,商务印书馆2000年版,第28页。
② [英]特里·伊格尔顿:《后现代主义的幻象》,华明译,商务印书馆2000年版,第150页。
③ Terry Eagleton, *The Illusions of Postmodernism*, Oxford:Blackwell,1996,p.23.
④ Terry Eagleton, *The Meaning of Life*, Oxford:Oxford University Press,2007,p.16.
⑤ [英]特里·伊格尔顿:《历史中的政治、哲学、爱欲》,马海良译,中国社会科学出版社1999年版,第124页。
⑥ [英]特里·伊格尔顿:《马克思为什么是对的》,李杨、任文科等译,新星出版社2011年版,第8页。

败不能归因于马克思主义本身。相反,真正的马克思主义者从不奢望在落后国家或单个国家实现社会主义,主张市场经济和计划经济的结合,反对任何形式的中央集权制,甚至早就预言到苏维埃社会主义联盟的崩溃。马克思主义将阶级斗争同生产方式结合起来的历史观绝不能混同于以某种必然性逻辑和进步主义为基础来简化历史运行机制和否定人类自由行动的宿命论。它从不信奉经济还原论、机械决定论和"为生产而生产"的生产主义观念,也不否认政治法律制度和文化形式的相对自主性,更不是一种无视精神、宗教和道德的极端狭隘的唯物主义。它对人类理想社会的设想,侧重于揭示其必需的物质条件,反对以抽象的平等和人性观念将它看成一个彻底消除偶然性和个性的普遍主义共同体。它对工人阶级和无产阶级的分析始终都是开放的,拒绝只将体力劳动者看作工人阶级,只把直接创造物质产品的工人当成判定无产阶级的唯一标准,不会因新社会运动的兴起而丧失在阶级政治上的合理性。它一向对根据现实条件以议会民主方式实现社会主义持乐观态度,不把暴力斗争视为革命胜利的唯一途径,更不会通过把道德武断地降等为意识形态来为不计后果的暴力辩护。它不固守以中央集权制度为导向的国家理念,坚持作为暴力工具的国家的消亡、大众化的民主和真正的自治政府,保留了以中央管理方式作为管理机构存在的国家,从而与无政府主义和极权主义划清了界限。① 总之,"只要资本主义制度还存在一天,马克思主义就不会消亡"②,它仍然是批判当代资本主义体制的最有力武器。

詹姆逊同样表达了与德里达的不同。他指出,马克思主义是"关于资本主义内在矛盾"的唯一科学,③"其认识论方面的使命在于它具有描述资本主

① 参见[英]特雷·伊格尔顿:《马克思为什么是对的》,李杨、任文科等译,新星出版社2011年版,第5—233页。

② [英]特雷·伊格尔顿:《马克思为什么是对的》,李杨、任文科等译,新星出版社2011年版,第7页。

③ 俞可平主编:《全球化时代的"马克思主义"》,中央编译出版社1998年版,第82页。

义历史起源的无限能力"①。马克思主义范式的危机总是发生在理论和实践产生裂缝之际,即当作为研究对象的资本主义历经结构性变革的时候。从这个角度看,伯恩斯坦修正主义的"后马克思主义"与基于后结构主义的"后马克思主义"之间的亲和性,"不只是一种简单的并发症,而是一种需要加以历史解释的文化与意识现实"②。二者分别发生在资本主义从古典形态到现代形态的转轨之处以及从现代时期到后现代阶段的过渡环节。由此,他借用曼德尔对资本主义发展的三阶段划分,并将它们同出现在文化领域的断裂和转向结合起来。"……如果说现实主义的形势是某(种)市场资本主义的形势,而现代主义的形势是一种超越了民族市场的界限,扩展了的世界资本主义或者说帝国主义的形势的话,那么,后现代主义的形势就必须被看作是一种完全不同于老的帝国主义的,跨国资本主义的或者说失去了中心的世界资本主义的形势。"③与现代主义既保持一定连续性又有着根本不同的后现代主义,直接表征了跨国资本主义时代的基本状况,代表着晚期资本主义的文化逻辑。

他甚至还认为,在后工业时代"不再有旧有意义上的阶级;也许马克思主义曾经一度正确,但现在我们已进入了新的历史阶段"④。但他始终相信,当代资本主义作为一种最具弹性的生产方式,并未发生根本上的变化,远没有超出伯恩斯坦时代人们对一系列新现象的描述范围,其内部力量的重组反而创造了新的革命条件,不断加速其总体性结构危机的到来。资本的全球化进程"企图将所有散落在各个角落……的社会力量统统无产阶级化,换句话说,扩大和延长了阶级斗争,并将它扩展到世界尽端……这里的联合力量是从今往后全球性资本主义的新的号召。它也可能将一切不平等的、碎块化的或局部

---

① 俞可平主编:《全球化时代的"马克思主义"》,中央编译出版社 1998 年版,第 85 页。

② 俞可平主编:《全球化时代的"马克思主义"》,中央编译出版社 1998 年版,第 71 页。

③ [美]詹明信:《晚期资本主义的文化逻辑》,张旭东编,陈清侨等译,生活·读书·新知三联书店 1997 年版,第 286—287 页。

④ [美]弗雷德里克·杰姆逊:《后现代主义与文化理论》,唐小兵译,陕西师范大学出版社 1987 年版,第 127 页。

的对这个进程的抵抗力量统统联合起来"①。因此,在全球化资本主义时代,福山的"历史的终结"只能是空间意义上的,它传达的正是世界完全一体化格局中空间萎缩的绝望情感以及当达至空间极限之后"构想未来的不可能性"。② 另外,后马克思主义视域下以身份认同和去阶级本体论为核心的种族和性别观念同样无法取代阶级分析。"阶级观念的'真理'更在于它所产生的方法:阶级分析正像唯物主义的无神论一样,纵使在缺乏存在一种可能内在一致的'哲学'或阶级本体论的情况下也仍然是有用的,并且是必不可少的。……阶级既是一种依然存在的社会现实,也是社会意识的一个活跃的组成部分……作为一种对立现象……它能够吸收并折射性别的对立和意义;同时,它本身又隐藏于残存的旧阶级意象和阶级态度之中。"③显然,对詹姆逊而言,对待马克思主义既要放弃教条主义的偶像式崇拜,又需依据现实状况的变化保持其自我更新的开放性。它必须充分面对资本主义后现代阶段中的一系列新现象,"这就是为什么后现代的资本主义必然导致与自身对立的后现代马克思主义的原因所在"④。当然,后现代马克思主义绝非反马克思主义或后马克思主义,而是在后现代境遇下马克思主义为更好地解决现实问题而进行的自我重构和升级。总之,他认为,虽然马克思主义已丧失原有的社会土壤,但它在当今世界依然有效,只不过在新的历史条件下应坚持一种开放而多元的马克思主义立场,以积极"应对形式主义、结构主义、后结构主义、后现代主义在哲学上老练的圈内语言的挑战"⑤。

① [美]詹明信:《晚期资本主义的文化逻辑》,张旭东编,陈清侨等译,生活·读书·新知三联书店1997年版,第394页。
② [美]弗雷德里克·詹姆逊:《文化转向》,胡亚敏等译,中国社会科学出版社2000年版,第88页。
③ 俞可平主编:《全球化时代的"马克思主义"》,中央编译出版社1998年版,第78—79页。
④ 俞可平主编:《全球化时代的"马克思主义"》,中央编译出版社1998年版,第85页。
⑤ [英]肖恩·霍默:《弗雷德里克·杰姆逊》,孙斌、宗成河等译,上海人民出版社2004年版,第241页。

在对待后现代主义的问题上,詹姆逊采取的是一种相对温和的折中主义态度。依照他的观点,现代主义和后现代主义并不存在绝对的断裂关系。虽然在"美学或意识形态角度"有着本质差异,但二者都是资本主义不同时期的主导性文化逻辑。这使它们必然保有某种连续性,毕竟"两个时期之间的截然断裂一般并不关系到内容的完全改变,而只是某些既有因素的重构"①。因此,"或将后现代主义的自鸣得意作为式微的最后征兆加以指责,或将这种形式作为新的工业技术后专家政治的乌托邦的预兆加以欢呼,但在此之间似乎更值得欣赏的是,将这种新的文化产品置于与作为晚期资本主义社会重建整个体系相连的文化的全面更新之中加以评价"②。显然,无论对后现代主义的理论和政治实践采取彻底批评还是全面接受的态度,最终都会沦为一种缺乏"总体性渴望"的空洞。正确的方式应在于,立足资本主义的总体发展过程,以马克思主义的生产方式—阶级理论和总体性叙事为基础,将它们视为后现代资本主义阶段的"文化文本"和审美经验,客观审视其合理性和缺陷。

德里克和詹姆逊的观点较为接近。他同样坚信马克思主义在当代的重要价值,认为"社会主义社会的崩溃并不意味着马克思主义的死亡。只要资本主义的生产方式存在,马克思主义就还有意义"③。在他看来,造成马克思主义危机的主要原因在于,全球资本主义的最新进展已使它"不足以解释新的世界形势所带来的问题","人们普遍设想的从经济需求、社会和政治剥削和压迫中摆脱出来的人类解放前景,现在必须根植于一种不同于马克思时代的世界形势,必须融合伴随这一新形势而来的新的社会拥护者的观点和想法。……我们的目的是要将那些缺陷摆到台面上来,以便在设想未来的激

---

① [美]弗雷德里克·詹姆逊:《文化转向》,胡亚敏等译,中国社会科学出版社2000年版,第17页。

② [美]弗雷德里克·詹姆逊:《文化转向》,胡亚敏等译,中国社会科学出版社2000年版,第29页。

③ 俞可平主编:《全球化时代的"马克思主义"》,中央编译出版社1998年版,第216页。

进前景时能正视这些缺陷"。① 它们主要包括由"现代化主义"（Moderniza-tionism）引导的时空目的论逻辑、解放规划以及由此衍生出的整体性理论和元理论。在其支配下，马克思主义的革命图景深层受制于"资本主义社会的起源"，无法提供"超越资本主义的许诺"②。然而，这不是要抛弃马克思主义，而是通过它的自我批判和自我转型过程，以开放而多元的整体化模式，创建一种适合当前社会状况的新解放议程。这是一种基于资本主义的新进展来推动马克思主义不断发展的非教条主义态度："承认差异则将使马克思主义的范畴去自然化，把历史带入马克思主义理论，从而使得理论本身历史化。……在现实与再现之间不可避免地存在差距……承认这种差距，就能打开理解理论的另一种方式，即按照世界自己在政治和意识形态上的先决条件……去解释世界。它也启动了理论的开放性，接纳基于不同现实检验的不同解释。"③

德里克指出，全球资本主义作为对"新生产方式、组织和市场之意义"的描绘和"关于资本理念"的话语实践，④在许多关键环节表现出与后现代主义的极大亲近性。一方面，后现代主义实为资本主义全球化进程中资产阶级意识形态的同路人。"在意识形态中解构'总体性'的做法，实际上破除了反抗压迫和剥削的斗争基础。政治变成'认同政治'，这等于全面宣告了否定性政治的结束。"⑤所以，绝对不能将颂扬偶然性、多样性和不确定性的后现代主义政治看成实现人类解放的根本方式。另一方面，它在一定程度上又为认识当

---

① 俞可平主编：《全球化时代的"马克思主义"》，中央编译出版社 1998 年版，第 206—207 页。

② Arif Dirlik, *After the Revolution : Waking to Global Capitalism*, Hanover and London : Wesleyan University Press, 1994, p.6.

③ ［美］德里克、于海青：《马克思主义在当代面临的挑战：后现代主义、后殖民主义、全球化》，《马克思主义研究》2007 年第 11 期。

④ Arif Dirlik, *After the Revolution : Waking to Global Capitalism*, Hanover and London : Wesleyan University Press, 1994, p.53.

⑤ Arif Dirlik, *After the Revolution : Waking to Global Capitalism*, Hanover and London : Wesleyan University Press, 1994, p.76.

代资本主义新变化、重建马克思主义的革命政治学提供了重要的理论资源。"……马克思主义也受困于自身的狭隘主义和保守主义,因而能够从后现代主义、后殖民主义和全球化提出的质疑中获益。马克思主义者忽视这些挑战,只能使马克思主义付出使自己日益与当代世界不相关的代价。只有在回应这些质疑的过程中,才能阐明马克思主义对当代问题的解答。"①这显然是一种既反对将后现代主义绝对化又以其合理性原则谋求与马克思主义结盟的调和姿态。

较之于晚期马克思主义者,艾伦·伍德的立场更加坚定。她强调马克思主义在当今世界的充分合理性,拒绝它同后现代主义的任何实质性连接,并对一些后现代主义者提出的启蒙理性失效论、意识形态终结论、历史终结论以及后现代时期作为当代资本主义一个独立的发展阶段和文化形式的断言,均持明确的怀疑态度。② 她十分排斥后现代主义的相对主义立场,认为它完全无视以下事实:"将20世纪各次时代断裂联系在一起的'整体性的'资本主义"、"战后繁荣'黄金'时期结束以来资本主义的结构性危机"以及在来源上与启蒙理性有一定结构性联系的"自身的历史",只能在以否定历史为根据的政治悲观论和仅驻足资本主义繁荣的政治乐观论之间来回摇摆。③ 在她看来,这并不意味着彻底否认当代资本主义正在经历结构转型这一事实和后现代主义的重要性。实际上,"后现代主义文化与消费主义的、移动式的、全球性的资本主义之间的关系恰恰就体现了历史唯物主义"④。因此,正确对待后现代主义的态度在于,始终立足马克思主义的基本立场和方法,但要足够重视后现代

---

① [美]德里克:《马克思主义在当代面临的挑战:后现代主义、后殖民主义、全球化》,《马克思主义研究》2007年第11期。

② [美]埃伦·梅克辛斯·伍德、约翰·贝拉米·福斯特主编:《保卫历史:马克思主义与后现代主义》,郝名玮译,社会科学文献出版社2009年版,第5页。

③ [美]埃伦·梅克辛斯·伍德、约翰·贝拉米·福斯特主编:《保卫历史:马克思主义与后现代主义》,郝名玮译,社会科学文献出版社2009年版,第9—11页。

④ [美]埃伦·梅克辛斯·伍德、约翰·贝拉米·福斯特主编:《保卫历史:马克思主义与后现代主义》,郝名玮译,社会科学文献出版社2009年版,第13页。

主义对当代资本主义新状况的深刻反映。

整体而言,在处理后现代主义和马克思主义的关系问题上,詹姆逊、德里克、凯尔纳和伊格尔顿达成了一定的共识。他们都以审视当代资本主义的最新发展为基础,通过将后现代主义话语纳入资本主义结构转型的分析之中,试图将马克思主义和后现代主义结合起来,以在新的社会形势下重建当代马克思主义的新形态。他们承认当代资本主义出现了一系列后现代状况,但依然坚信它在性质上没有发生根本改变,仍旧把生产方式及其相应的资本积累模式和资本调节体制甚至阶级冲突,看作决定其发展的核心因素。他们还坚持一种开放的非教条主义化的马克思主义立场,既批判后现代主义理论和政治的根本缺陷,又试图将后现代主义的合理之处纳入马克思主义的理论框架。因此,相对于德里达解构主义被完全后现代主义化了的理论根基和对马克思主义的彻底摒弃,他们既坚持经典马克思主义核心分析范式和历史叙事的重要作用,又为后现代主义保留了一定的运行空间。

需要指出的是,德里达直接回应了詹姆逊、奈格里和伊格尔顿等人的批评。在他看来,这些自诩为马克思主义者的人对其不合时宜的指责,完全不顾当前世界的新形势,不过是将根源简单归结到基于心理—性格学解释的一种青春期逆反。詹姆逊对阶级问题的质疑以及对在马克思主义内部发起本体论转向的批判,恰恰说明他们在基本观点上的一致。他对詹姆逊以审美的方式描述其文本,将幽灵范畴归入审美修辞学进而把其学说视为文学批评的做法甚为不满。因为,他绝没有走进"'审美主义/海德格尔主义'这种二者必取其一陷阱中去"①,既不认同海德格尔对尼采的审美主义理解,又拒绝认为审美艺术是可以取代传统形而上学的替代方案。另外,他还在弥赛亚性和乌托邦主义的问题上反击了詹姆逊将其归入本雅明传统从而宣扬乌托邦主义的指责。他指出,"弥赛亚性可能看起来比较抽象(这种情况的确切的原因是,我

---

① [法]德里达:《马克思和儿子们》,http://wen.org.cn/modules/article/view.article.php/1483,2016-02-19。

们在此必须有与事件、与到来的人/事之具体的他者性的联系的普遍结构才能行事,这是一种'先于'或独立于所有存在论而思考事件的方式)……弥赛亚决不是乌托邦之物,他要求我们打断事情、时间与历史性的此地—此时的日常进程……必须在这种那种独一的、实践性的环境下才能协商其条件"①。针对奈格里,德里达认为,在判定当代资本主义特别是劳动范式的突变以及马克思主义传统本体论的过时等方面,他们并无根本不同,但完全不认可他把解构运动仅仅理解为一种带有乡愁、忧郁或哀悼色彩的纯否定活动和在马克思主义内部实现的后解构主义本体论转向。首先,"在所谓的'马克思之死'或共产主义理念之死之后",对哀悼作品的反思或将哀悼本身做一般化处理,并没有阻止他"对种种新现实的描绘","分析某种地理政治性哀悼活动的种种吊诡性表现,去尝试以一种关于无意识者与政治之间种种关系的一种新逻辑,将它们表达出来"。其次,奈格里对本体论的修复和改造反而会被刻上"哀悼、乡愁和(实际上是)忧郁症的印记",因为这是借由将存在—在场"显现为有所缺乏:差异",来实现对存在—在场之绝对在场的重建和拯救。相反,"政治事务的本质将总是带着非本质的形象,带着幽灵的真正的非本质",是对一切形而上学尝试的拒斥和拆解。② 从根本上看,他们之间的争论无非是站在两种不同立场和路径,共同表达了马舍雷(Pierre Macherey)关于"去质料化的马克思"(Dematerialized Marx)的担忧:一个被彻底抽空的马克思将魂归何处?

二、调和主义和解构主义的分化:对经典 马克思主义的后现代主义干预

毫无疑问,奈格里和拉克劳的政治本体论都以当代资本主义社会转型和

---

① [法]德里达:《马克思和儿子们》,http://wen. org. cn/modules/article/view. article. php/1483,2016-02-19。

② [法]德里达:《马克思和儿子们》,http://wen. org. cn/modules/article/view. article. php/1483,2016-02-19.

后现代主义兴起为背景,共同聚焦于"二战"之后特别是五月风暴以来新世界形势下的马克思主义命运和激进政治的未来等问题,但对它们的回答却有着根本分歧。

奈格里的观点同以詹姆逊、凯尔纳、伊格尔顿和德里克等为代表的晚期马克思主义视域十分接近。首先,他将当代资本主义的最新发展界定为从帝国主义走向帝国或后帝国主义的转变,虽然他在很大程度上承认后现代状况的出现,但否认它在基本性质上发生了根本改变。在他看来,帝国时代的资本主义世界拥有信息化、虚拟化和非物质化的生产体系,抽象化、智能化和社会化的劳动过程,以及不可逆的全球化进程及其带来的世界市场和全球生产线的形成。这是一个影响深远且意义重大的历史转向,它超出了民族国家的中心性和国家疆界的空间限制,预示着一种全新的经济政治新秩序和主权形式的来临。"与帝国主义相比,帝国并不建立权力的区域中心,不依赖固定的疆界或界限。它是一个去中心、去辖域化的统治机器。在其开放的、扩展的边界当中,这个统治机器不断加强对整个全球领域的统合。帝国通过指挥的调解网络管理着混合的认同、富有弹性的等级制和多元的交流。……资本似乎面对着一个平滑的世界,或者说,是一个被新的、复杂的区分、同质化、去辖域化和再辖域化的体制所界化的世界。"①帝国的"初始模型是一种水平链接的动态的和弹性的系统结构",却通过"最高权威下形成的共识"与"和平、平衡和协调冲突的价值观",来获取系统总体性的动态均衡。它"既以集权形式构造规范,又在广阔的区域内生产合法性",从而兼具网络化和等级性双重结构。②从本质上看,其真实语境指向全球资本主义体系的后现代状况:后福特主义生产方式、后结构主义空间形式和后现代主义主权模式的混合体。它是一个吸

---

① 　[美]哈特、[意]奈格里:《帝国》,杨建国、范一亭译,江苏人民出版社2005年版,"序言"第2—3页,译文略有改动。

② 　[美]哈特、[意]奈格里:《帝国》,杨建国、范一亭译,江苏人民出版社2005年版,"序言"第14页。

纳所有社会空间、渗入日常生活各个领域的全球统治体制和完全整合权力——欲望、伦理——政治的统治机器,以"在历史之外的永久而普遍的和平"①之假象,终止了历史,并使现存秩序永久化、固定化。对奈格里而言,这完全不同于福山的历史终结论。后者仅仅意味着现代性的核心危机,只为帮助权力,确立资本霸权。② 而它却充分表明彻底消除内外之分的无所不在的危机,预示着一种走出帝国主义现代主权等级体制的后现代主权形式:去中心、水平化的平滑连续的网状结构。总之,虽然奈格里将帝国的构造视为当代资本主义的后现代转变,但他仍旧把它看成全球资本及其权力运行的霸权结构,将基于活劳动和资本的阶级对抗当作历史发展的核心动力,并不认同它在根本性质和矛盾上的彻底改变。

其次,虽然他将现代性和后现代性分别看成资本主义在帝国主义阶段和帝国时代的资本和主权的运行模式,强调它们在基本范式上的差别,但始终坚持二者属于资本主义总体发展过程中的不同历史阶段,并不存在彻底断裂的关系。他从不打算完全放弃现代性,而是和德勒兹一样,试图在其内部发掘一种后现代的解放潜能。在他看来,建基于民族国家和殖民主义的帝国主义主权,以现代性的二元等级模式(内部和外部、由欲望构成的自然秩序和由理性构成的公民秩序、自然和社会、中心和外围、公共和私人等)为本质特征。相反,与民族国家式微和后殖民主义紧密连接的帝国主权,则通过网络结构的不断构造,将外部内在化、自然历史化和公共私人化,完全摧毁了一切二元界限和等级秩序。适应于全球资本主义状况的后现代主义国家及其法律制度和政治秩序,试图通过一个"最大化的扁平化操作",将力量关系水平化,并被最终归结为"一个循环的和自调中心的机制"。它通过国家从社会的分离,迫使所

---

① [美]哈特、[意]奈格里:《帝国》,杨建国、范一亭译,江苏人民出版社2005年版,"序言"第5页。

② 张君荣:《"我的思想还在马克思的传统里"——访意大利思想家安东尼奥·奈格里》,戈雅译,《中国社会科学报》2015年3月8日。

有的社会力量只有借助国家的形式才能取得自身的意义，由此实现政治的总体化和自主性。① 在它之中，合法性直接导向中心化的主权准则和规范性生产，政治代议制被归为再现范畴，责任的概念和实践又被系统论所强化，因而更具功能性。总之，它努力使自己变成"布展在社会之上的纯粹自主性的权力"，虽然在一定程度上超越了现代国家的边界，但又不可避免地呈现出"现代性辩证法的阵发性特征"。② 另外，现代性总是需要在自由生产力的发展和资本主义生产关系的统治之间作出选择。前者意指构造社会历史本身的人类合作的生产能力（生产力）及其从人类活动之超验命运中的解放，以马基雅维利—斯宾诺莎—马克思的内在性传统为代表。后者则由权力再生产的等级秩序和劳动的社会分工组织来主导，以霍布斯—卢梭—黑格尔的超越性传统为代表。虽然后者往往占据暂时的支配地位，但它从未消除通向自身内部实质危机的前者，二者力量的冲突和起伏不仅使现代性总是表现为一个永远不彻底的革命历史，而且还不断在它的核心释放出一个后现代的革命潜能：以尼采—福柯—德勒兹为代表的绝对民主传统。它在本质上与马基雅维利—斯宾诺莎—马克思立足现代性根基的"唯物主义批判、绝对的内在性和共产主义的传统"③一脉相承。

最后，在判定马克思主义在当今时代的适用性上，他充分重视后现代主义在分析当代资本主义新状况方面的合理性，在批判正统马克思主义的前提下，积极寻求它与马克思主义传统的联盟。他直接申明与正统马克思主义之客观主义、经济主义、自然主义、目的论、决定论和宿命论倾向的差别，既不特意

① Micheal Hardt and Antonio Negri, *Labor of Dionysus : A Critique of the State-Form*, Minneapolis and London : University of Minnesota Press, 1994, pp.269-272.

② Micheal Hardt and Antonio Negri, *Labor of Dionysus : A Critique of the State-Form*, Minneapolis and London : University of Minnesota Press, 1994, pp.295-296.

③ Micheal Hardt and Antonio Negri, *Labor of Dionysus : A Critique of the State-Form*, Minneapolis and London : University of Minnesota Press, 1994, p.18.

"关注传统的监护人",又拒绝与之为伍,①还批判人道主义马克思主义将历史发展归结为"人类本质之有机展开"②以及结构主义马克思主义限制甚至取消主体的做法。同时,他还一并剖析了马克思主义和后现代主义在揭示当代资本主义社会转型上的合理和不足,在坚持马克思主义核心分析范式和理论框架的基础上,尝试寻找能够使它同后现代主义相协调的某种连续性。正如他自己所言:"我的思想还在马克思传统里,没有背叛马克思,也没有补充他的理论。我只是继续分析马克思所分析的经济情况。"③与此相应,奈格里对后现代主义、后殖民主义和后结构主义均持暧昧的矛盾态度。对他而言,一方面,以利奥塔、德波、鲍德里亚、德里达为代表的后现代主义以及以霍米·巴巴和萨义德为代表的后殖民主义,试图通过构建基于差异性、流动性和混杂性的平滑政治学,来消解现代主权的二元模式、等级体系、普遍主义和本质主义根基。这在一定程度上深入揭示了帝国时代的资本主义世界的基本特征,也触及了现代性的要害。另一方面,虽然它们包含着新革命主体性产生的可能条件,但完全脱离资本主义生产过程,且过度纠缠于现代性和殖民主义的旧有统治形式,极有可能重新沦为资本主义谋求全球霸权的工具。"后现代主义和后殖民主义所珍视的许多概念在公司资本和世界市场的当前意识形态中得到绝佳回应……简直就成了全球资本运营的逻辑。"④同样,以德勒兹为代表的后结构主义虽然讨论了欲望力量对世界的创制,但仅仅将其描绘成"由不可把握的事件来标志的混乱又不确定的视域"⑤,并未在生产领域为它们找到现实根源。

---

① Micheal Hardt and Antonio Negri, *Labor of Dionysus: A Critique of the State-Form*, Minneapolis and London: University of Minnesota Press, 1994, p.18.

② Antonio Negri, *Marx Beyond Marx: Lessons on the Grundrisse*, Massachusetts: Bergin & Garvey Publishers, 1984, p.154.

③ 张君荣:《"我的思想还在马克思的传统里"——访意大利思想家安东尼奥·奈格里》, 戈雅译,《中国社会科学报》2015年3月8日。

④ [美]哈特、[意]奈格里:《帝国》,杨建国、范一亭译,江苏人民出版社2005年版,第179—190页。

⑤ Michael Hardt and Antonio Negri, *Empire*, London: Harvard University Press, 2000, p.28.

总之,奈格里的政治本体论显示出鲜明的调和姿态。他坚持马克思主义生产方式和阶级斗争的分析框架,否认当代资本主义的根本变化,激烈批判后现代主义的理论和政治。同时,他又十分重视当代资本主义生产方式的后福特制转型,强烈迷恋后结构主义的绝对内在性原则和平滑政治学,并致力于塑造一个超越马克思的后现代马克思形象。

在现代性和后现代性的关系问题上,拉克劳与奈格里和詹姆逊等人达成了一定的共识。正是在这个意义上,贝斯特和凯尔纳才将他们归结为后现代主义内部相对温和的重建派。拉克劳指出,后现代性对现代性的"重新占据"与"新视野和新问题的出现相关,其功能在于替换在一系列不同观点基础上所形成的旧观念,结果,旧观念就不再把其要求强加于新观念之上,也不再非要改变新观念"[1]。伴随资本主义新时代的到来,世界的自然秩序和启蒙理性所建构的统一性想象及其叙事方式逐渐陷入深层危机。这没有导致现代性事业的完全废弃,相反,它为"对一切统治形式的激进批判"和"一直因为启蒙的理性'独裁'而遭受限制的自由事业的形成,提供了一个绝好的机会"。[2] 于是,在基础主义和宏大叙事衰落的背景下,后现代性开始占据当代世界,变成"我们文化、哲学和政治经验的新视野"[3]。然而,它"从不暗示着启蒙现代性价值观的改变,而是其绝对特征的特定弱化"[4]。并且,"抛弃元叙事的观念在逻辑上是自相矛盾的,因为它在后现代话语的内部再生了被认为是标志现代性特征的'基础逻辑'"[5]。显然,后现代性和现代性不是两种全然不同的东

① [英]拉克劳:《我们时代革命的新反思》,孔明安、刘振怡译,黑龙江人民出版社 2006 年版,第 92 页。

② [英]拉克劳:《我们时代革命的新反思》,孔明安、刘振怡译,黑龙江人民出版社 2006 年版,第 4 页。

③ Ernesto Laclau, "Politics and the Limits of Modernity", in Andrew Ross (ed.), *Universal Abandon? The Politics of Postmodernism*, Minneapolis: University of Minnesota Press, 1988, p.63.

④ Ernesto Laclau, "Politics and the Limits of Modernity", in Andrew Ross (ed.), *Universal Abandon? The Politics of Postmodernism*, Minneapolis: University of Minnesota Press, 1988, p.67.

⑤ Ernesto Laclau, "Politics and the Limits of Modernity", in Andrew Ross (ed.), *Universal Abandon? The Politics of Postmodernism*, Minneapolis: University of Minnesota Press, 1988, pp.63-64.

西,二者的边界只是假定了一个能够把握的关于事物之终结的"理论话语":
"在目的论意义上,它可以被构想为自身最高形式的实现;在辩证法意义上,
它可以被理解为对立面的转化;在永恒轮回的运动中,它又可以被想象成形式
的周期性变化中的某个时刻"。① 简言之,拉克劳没有像奈格里那样立足资本
主义的整体发展过程,认为它们分处不同时期但有着实质的连续性,而是强调
它们在话语规范上的微弱连续关系,并为普遍性原则保留了一定的空间。

在激进民主的问题上,这个强弱关系得到了根本扭转。对拉克劳而言,激
进的、多元的民主规划是现代性的未竟方案,"既可以定义为现代的也可以界
定为后现代的",既要充分肯定"伟大的解放斗争传统",又需借助从非本质主
义视角对理性主义和主体主义的批判。② 更准确地说,它在政治上是现代的,
在文化上则是后现代的。这表现为"基础和视野的对置":"解放话语之本体
论地位"从现代到后现代的转变。在此,视野是一种"没有基础的结构",它
"仅当界化自己与其否定之物的时候,才把自身创建为一个统一体"。③ 因此,
该转变不但没有破坏现代性规划的基础,反而拓展了它的适用范围。然而,他
还刻意同后现代主义在政治上的寂静主义(Political Quietism)保持距离,完全
不认同后现代主义政治走向绝对特殊主义的路径,而是坚持普遍主义的相对
化。在他看来,微观政治倡导的局部解放仍需借助普遍的社会进步观念,并且
"如果不成为普遍化作用之所在,没有任何特殊性能够成为政治的"④。由此,
他批判一些后现代主义者(如鲍德里亚)借由对现代性的拒绝和"对所有本真

---

① Ernesto Laclau, "Politics and the Limits of Modernity", in Andrew Ross (ed.), *Universal Abandon? The Politics of Postmodernism*, Minneapolis: University of Minnesota Press, 1988, p.64.

② [英]尚塔尔·墨菲:《政治的回归》,王恒、臧佩洪译,江苏人民出版社 2008 年版,第12 页。

③ Ernesto Laclau, "Politics and the Limits of Modernity", in Andrew Ross (ed.), *Universal Abandon? The Politics of Postmodernism*, Minneapolis: University of Minnesota Press, 1988, p.81.

④ [美]朱迪斯·巴特勒、[英]欧内斯特·拉克劳、[斯洛文尼亚]斯拉沃热·齐泽克:《偶然性、霸权和普遍性——关于左派的当代对话》,胡大平等译,江苏人民出版社 2004 年版,第51 页。

性的消解"而走向"'丧失了根基'的怀旧乡愁"和"重复和虚空的社会世界"的做法,拒绝使革命政治陷入上述虚无主义的困境。① 换言之,他虽然力图瓦解现代性政治的本体论立场和乌托邦神话,却实质性地保留了启蒙运动以来解放事业的一些核心内容和历史叙事。与他不同,奈格里尽管对后现代主义持更加激烈的批判态度,但对纯粹多元主义的差异—平滑政治学十分迷恋,最终创建一个拥有彻底后结构主义根基的政治理论和民主规划。

从总体上看,拉克劳更接近德里达的解构主义立场。他从文化哲学、社会、政治和历史领域系统描述了当代资本主义社会经历的"历史巨变之崩塌"(Avanlanche of Historical Mutations)②,并以后现代转向来称谓它(尤其是在思想文化领域)的转变。但与奈格里等人不同,他特别强调西方社会日益复杂化和多样化的后现代基础以及建立在以前社会土壤之上的理性、真理和政治虚构之根的瓦解,在很大程度上认为西方社会在基本性质和矛盾上发生了根本变化,经典马克思主义的革命话语也面临着随时崩溃的危险。这与德里达一再重申的错位时代以及马克思主义和马克思精神的幽灵化在场不谋而合。

这种差异在他们对后现代主义和马克思主义关系的处理上得到了充分体现。和奈格里和詹姆逊等人一致,拉克劳也集中批判了传统马克思主义和经典政治模式基于决定论、还原论、目的论、二元论和本质论的客观主义和本质主义立场,拒斥现代性话语的普遍性、同一性、必然性和总体性原则,注重后现代主义在揭示资本主义社会转型和批判马克思主义上的合理之处。然而,他们在根本问题上分属两种完全不同的"反映在马克思主义和后马克思主义论争之中重新概念化普遍主义和特殊主义理论立场之间关系问题"③的学术脉

① [英]拉克劳:《我们时代革命的新反思》,孔明安、刘振怡译,黑龙江人民出版社2006年版,第258—261页。

② Ernesto Laclau and Chantal Mouffe, *Hegemony and Social Strategy:Towards a Radical Democratic Politics*, London:Verso,1985,p.1.

③ Beverley Best, "Strangers in the Night:The Unlikely Conjunction of Fredric Jameson and Ernesto Laclau", *Rethinking Marxism*, Vol.11,No.3,1999,p.2.

络。首先,奈格里和詹姆逊等人坚持当代资本主义并未发生根本改变以及马克思主义核心理论框架不可取代的科学性和价值,他们对马克思主义的反思和批判是以全面的拯救为目的。相反,拉克劳和德里达则主张当代资本主义在社会基础上的实质改变,以此彻底抛弃了所有适应于以前社会土壤的"左派经典话语、已有的理解社会变革原因的典型模式、政治空间的结构化以及历史变革的特定方向"①。其次,奈格里和詹姆逊等人秉持一种充分尊重差异且能够适时自我更新的开放的马克思主义立场,系统审视了后现代主义的实质,承认将后现代主义纳入马克思主义的可能性和必要性,并立足当代资本主义生产过程的后现代状况来发掘新的革命出路。拉克劳虽然对后现代主义理论和政治的极端虚无化倾向不甚满意,但仍然借由对一种多元主义的马克思主义的极度渴望,表达了一个非本质主义的后马克思主义姿态。和德里达主张马克思主义的不可判定性一样,他同样很重视在明确新形势下当代社会斗争之本质特征的前提下,通过"认识其局限和历史性"来"赋予马克思主义理论尊严"②。这种看似开放的非教条主义立场推动了马克思主义内部"反形而上学和后列宁主义"③的倾向,无疑会极大地助长片面的文化冲动,将马克思主义逼至绝境。实际上,和鲍德里亚和卡斯托里亚迪斯等后马克思主义思想家一样,拉克劳为了摆脱生产主义、本质主义和还原论的束缚,力图在生产领域之外寻找新的政治落脚点,最终使革命政治学走向一种立足政治—意识形态之优先性、无视历史现实的空洞话语批判,完全背离了马克思主义的基本立场。

奈格里和拉克劳的这种差别非常直接地反映在他们对待德里达的态度上。对拉克劳而言,德里达以幽灵性、弥赛亚性和解放承诺描述了萦绕在每个

---

① [英]拉克劳、墨菲:《领导权与社会主义的策略——走向激进民主政治》,尹树广、鉴传今译,黑龙江人民出版社2003年版,第2页。

② Ernesto Laclau and Chantal Mouffe, "Post-Marxism without Apologies", *New Left Review*, No.163, p.130.

③ Micheal Ryan, *Marxism and Deconstruction: A Critical Articulation*, Baltimore and London: Johns Hopkins University Press, 1982, p.1.

客观现实周围的一个激进的和不可化约的外在性，"这是一个创构性的不可判决性之领域，也是不可能性之经验的领域"①。它使偶然性和差异性全面主宰"由结构决定控制的领域"，将霸权视为偶发的话语链接或只能内在于自身来挖掘根源和动力的"重新找回政治机构的行动"，②从根本上指向原初的错位环节。它通过向所有客体性和经验之他者在本源上的开放，总是瓦解它们同自身的自我统一性和自我充足性幻想，并赋予其随时转化为他物的可能。同时，德里达借由幽灵和弥赛亚对马克思主义及其基础主义和本质主义的末世普遍论、还原论和二元论所展开的解构行动，揭示了一个无法达及的本体性的参照界域及其具备的绝对创构性功能：一个去根基化的根基。从它出发，通过将霸权逻辑与幽灵逻辑的连接，不仅可以展现政治本身在本体论上的优先地位及其固有的缺失和分裂维度，而且能够确保解放叙事去目的论的开放性。这样既在一定程度上保留了传统的基础概念，又使它不再充当本质性的起源原则。③　拉克劳认为，这种后基础主义的解构主义视角恰恰构成解决"马克思主义走向何处"问题和创建全新政治语法应遵循的基本路径。从根本上看，他企图通过"使过去变成一个转瞬即逝的和偶然的现实而非绝对的根源"④，偏执于马克思主义的暂时性和历史性，来实现对马克思主义传统的复活。这无法充分"解释连接现在和马克思主义过去的东西，并由此将其改造成我们的传统"，必然以完全碎片化的方式摒弃"马克思主义关于社会和历史的所有推论性前提"。⑤　总之，"在解构的幽灵迂回返回中，《马克思的幽灵》对马克思的哀悼可以理解为拉克劳和墨菲在《霸权与社会主义战略》中解构政治学

---

①　Ernesto Laclau，"The Time is Out of Joint"，*Diacritics*，Vol.25，No.2，1995，p.91.

②　[英]拉克劳、墨菲：《领导权与社会主义的策略——走向激进民主政治》，尹树广、鉴传今译，黑龙江人民出版社 2003 年版，"第二版序言"第 6 页。

③　Ernesto Laclau，*Emancipation(s)*，London and New York：Verso，1996，pp.66-82.

④　Ernesto Laclau and Chantal Mouffe，"Post-Marxism without Apologies"，*New Left Review*，No.166，1987，p.80.

⑤　周凡主编：《后马克思主义：批判与辩护》，中央编译出版社 2007 年版，第 331 页。

之最早版本的典型例证"①。正如拉克劳自己所言:"德里达理论和实践的干预之普遍运动……旨在将历史和政治的形式推回它们向纯粹差异性敞开的本源领域。……我发现自己完全同意这个运动。"②

但在奈格里看来,德里达解构行动的最重要价值在于,它借由语言的祛魅化,实现对"封装在资本主义之中的'本有(the Proper)形而上学'和国家'逻各斯中心主义'"的祛魅化。换言之,解构把它以幽灵学对实在的重新定义揭示为"一个范式的转变",这同当代资本主义加速进行的社会转型密切相连。"马克思主义走向何处"和"解构走向何处"都不过是对"资本主义走向何处"的回答。③ 因此,它深层隐匿着捍卫资本主义霸权的政治配置。在当今世界,伴随劳动范式和工人阶级主体性模式的巨大改变,资本主义社会确实被一种新的幽灵现实所覆盖。只不过,它是一个与"共通经验"(Common Experience)即"日常和/或大众的经验;流动、灵活的、智能化的、非物质化的和幽灵化的劳动之经验"④相一致的幽灵性。然而,德里达却以"脱节的时代"为由,直接宣告马克思幽灵理论及其对交换价值、市场和资本批判的过时。事实上,在《资本论》和《德意志意识形态》中,马克思借助幽灵运动深刻描述了资本形而上学的生成过程,特别强调其虚构的自主性掩盖了资本积累过程的真正根源:工人阶级生产劳动(使用价值)的中心性或生产性主体的非幽灵性。唯有它不可化约的自足性,才能在自由基础上重建社会和生命的创构性动力。从本质上看,当代的新幽灵现实包含了一个"新的后解构主义的本体论"。它表现为一个基于新劳动形式和新集体主体的"唯一真正的连续性",以"斗争、创构

① 周凡主编:《后马克思主义:批判与辩护》,中央编译出版社 2007 年版,第 338、325 页。

② Ernesto Laclau, "The Time is Out of Joint", *Diacritics*, Vol.25, No.2, 1995, p.91.

③ Antonio Negri, "The Specter's Smile", in Jacques Derrida, Terry Eagleton, Fredric Jameson, Antonio Negri, et al., *Ghostly Demarcations: A Sympoium On Jacques Derrida's Specters of Marx*, London and New York: Verso, 2008, pp.5-6.

④ Antonio Negri, "The Specter's Smile", in Jacques Derrida, Terry Eagleton, Fredric Jameson, Antonio Negri, et al., *Ghostly Demarcations: A Sympoium On Jacques Derrida's Specters of Marx*, London and New York: Verso, 2008, p.9.

性的精神和转型的本体性暴力"为主题,指向一种"本体论创构和主体性生产的运动":"一个不同的力量、新的劳动能量的连贯性和合作能量的累积"。①马克思主义没有过时,相反它的激进形式能够极富创见地回答新时代资本调节体制及其对非物质劳动的剥削问题。在这个意义上,任何反对马克思主义的阴谋论调、历史终结论的结构化、自由市场的世界福音化等,都是"在实在的幽灵重建的某个阶段中资本主义的一些霸权秩序"。②基于此,奈格里认为,德里达不过是沿着马克思批判施蒂纳的思路来反对马克思对普遍性立场的坚持,其解构观念始终置身于"独立的超验性视域"而徒具否定性的面向,沦为无根的"怀旧乡愁"。他停留在新幽灵现实的表面,以无足轻重的方式揭示了资本主义生产关系的新阶段。他拒绝依据新时代的基本状况重建本体论的新形态,仍然表现为"无效的和耗尽自身的本体论定义之囚徒"。因此,认为"《马克思的幽灵》标志着通向新实践的卓越导论"是一个巨大耻辱。③

---

① Antonio Negri,"The Specter's Smile", in Jacques Derrida, Terry Eagleton, Fredric Jameson, Antonio Negri et al., *Ghostly Demarcations: A Sympoium On Jacques Derrida's Specters of Marx*, London and New York: Verso, 2008, p.12, p.15, p.13.

② Antonio Negri,"The Specter's Smile", in Jacques Derrida, Terry Eagleton, Fredric Jameson, Antonio Negri et al., *Ghostly Demarcations: A Sympoium On Jacques Derrida's Specters of Marx*, London and New York: Verso, 2008, p.9.

③ Antonio Negri,"The Specter's Smile", in Jacques Derrida, Terry Eagleton, Fredric Jameson, Antonio Negri et al., *Ghostly Demarcations: A Sympoium On Jacques Derrida's Specters of Marx*, London and New York: Verso, 2008, pp.13-15.在本体论问题上,拉克劳更亲近于拉康。与德里达拒绝所有的本体论不同,拉克劳将拉康区分实在(the Real)和现实(Reality)的基本逻辑,运用在对政治(Politics)和政治本身(the Political)的界化上。虽然他在整体上接受德里达解构主义运动的反基础主义和反本质主义立场,但依然坚持一种后基础主义的政治本体论观点。在他看来,去根基化(De-grounding)并非是绝对意义上的,而是"根基化运作的一部分",只不过它不再回溯性地追踪本源性的基础,而是将其重新标示为"使其出现成为可能的不可判定领域(迂回、重述、差异等)中的某物"。(参见 Ernesto Laclau, *Emancipation(s)*, London and New York: Verso, 1996, p.79。)另一方面,政治本身是一个本体论范畴,是决定社会本身之不可能性的结构原因,也是内在于所有人类社会且决定我们那一本体论/存在论条件的维度。因此,社会不可避免地具有政治的本性,完全根除政治的社会是不可想象的。(参见[英]拉克劳:《我们时代革命的新反思》,孔明安、刘振怡译,黑龙江人民出版社 2006 年版,第 44、76 页;[英]尚塔尔·墨菲:《政治的回归》,臧佩洪译,江苏人民出版社 2008 年版,第 3 页。)

　　总之,在看待德里达的解构行动以及处理后现代主义和马克思主义的关系问题上,奈格里和拉克劳代表着两种对立版本。前者将解构理解为必将走向虚无的消极行动,后者则强调它的建构性意义。前者通过寻找后现代主义同马克思主义在历史和逻辑上的连续性,力图重构当代马克思主义的新形态;后者则本着后现代主义的解构原则,谋求全面废弃马克思主义的立场和方法。

学术脉络：后现代主义形而上学批判和差异哲学的双重线索

引　言

如前所述,当代资本主义的后现代状况、后现代主义的兴起及其与后结构主义的汇合以及马克思主义面临的深层危机,共同构成后结构主义全面介入马克思主义和政治领域的社会根源。总的来说,后结构主义主要包含两种类型:一种作为德国古典哲学的继承者,它被罗蒂命名为"文本主义"(Textualism),主张将一切事物都化约为文本性或话语构造,否认摆脱话语的可能性,更多地立足纯粹的语言事实和认识观念领域,来实施其对传统哲学—思想史的批判。另一种则是与其相对的世俗化版本,它强调"已被言说的和未被言说的、话语的和非话语的有机结合"①,将抽象的话语分析及其范畴体系纳入更加广泛的社会—历史的批判框架,深入考察当今时代的本质和激进政治的发展,力求在理论和现实双重层面超越现代性谱系和传统政治模式,因而兼具社会—历史的和政治—伦理的面向。前者以德里达及其追随者为代表,后者则以福柯的系谱学为典型。二者的区别清晰地体现在福柯对社会有机体之构成配置的定义上。从根本上看,二者的问题框架及其包含的政治意义均建基于彻底的反本质主义和后基础主义立场。它们主张一种"关系性的、去中心

---

① 参见 Alex Callinicos, "Postmodernism, Post-Structrualism, Post-Marxism?", *Theory*, *Culture*, *and Society*, Vol.2, No.3, 1985, p.86; Steven Best and Douglas Kellenr, *Postmodern Thoery: Critical Interrogations*, Basingstoke and London: Macmillan, 1991, p.33。

化的和不完全的社会体系和象征秩序概念",认为人类主体虽然预先假定了这些结构和关系,但它们在意义的构建或文本体系的生产中已不再占据中心地位。与此同时,这种针对批判、拆解、分裂和逾越之可能性和不可能性条件的探究,尽管在意义和理解领域极大地释放了差异性、偶然性和不确定性因素的力量,并展现出文本政治学的巨大革命潜力,但在围绕权力、政治主体性、身份认同、社会变化的动力等方面,无法提出完备的"社会本体论"或社会政治理论。① 伴随斯大林主义极权政治和教条主义马克思主义的衰败,后结构主义的一些核心原则逐渐被内化为反思马克思主义和重建激进政治的逻辑根基。一时之间,"所有这些具有完整体系的思想现在被人们怀疑为恐怖主义:同'利比多'的观念以及无政府主义自发性相对立的各种概念的意义,也被怀疑为对人的压抑",相反,"现在人们感到唯一可接受的政治行动的形式是那种区域性的、弥散性的战略形式,即和囚犯们及其他处于边缘地位的社会团体一起制定特殊的文化教育规划",而建立在总体性和普遍性之上的概念、理论、制度和政治模式则会被立刻宣布为形而上学派别而加以指责。②

由此出发,一大批当代西方左翼思想家以后结构主义为起点,尝试在战后新的历史形势下(特别是新自由主义的普遍兴起、后福特制转型的纵深推进和后现代主义思潮的深度扩张),回答当代资本主义的历史命运以及马克思主义和激进政治走向何处的时代命题。整体而言,他们的理论视域大致围绕四条主线展开:后结构主义与新自由主义和后福特主义、后结构主义与尼采哲学、后结构主义与马克思主义、后结构主义与精神分析学。第一个论域涉及绝大多数后现代主义新左派,他们主要从新自由主义和后福特主义视角出发,揭示当代资本主义的转型及其实质,全球左翼力量和社会运动的重组和转变,以

---

① David R. Howarth, *Poststructuralism and After: Structure, Subjectivity and Power*, New York: Palgrave Macmillan, 2013, p.55.

② [英]特雷·伊格尔顿:《文学原理引论》,刘峰译,文化艺术出版社1987年版,第169—170页。

及激进政治的困境和出路等问题,且普遍把后结构主义同革命政治学的结合,看作对反抗资本主义控制和创建全新政治模式的最有效方式。第二条线索集中表现为二战之后法国新尼采主义的兴起,以福柯、德勒兹、德里达、利奥塔和奈格里等人为代表。他们力图实现马克思同尼采的结合,既高度评价尼采哲学在后结构主义扩张中的重要作用,又在后现代主义政治的理论谱系中产生了重大影响。在他们看来,尼采主义已经成为"重新质询主体的功能和模式以及人道主义……承继作为自由主义和马克思主义政治传统之基础的笛卡尔—康德—黑格尔思想遗产所呈现的历史形式"①的关键资源。第三条脉络关注后结构主义与马克思和马克思主义传统的遭遇问题,以福柯、阿尔都塞、德勒兹、德里达、利奥塔、鲍德里亚、拉克劳、墨菲、奈格里等人为代表。他们基于当代资本主义的新变化,从后结构主义出发,对马克思主义进行解构性、重建性、调和性、补充性、回归性、背弃性或再生性的干预。② 他们以经典马克思主义和正统马克思主义在理论和现实层面遭遇的挑战为线索,聚焦于对"异化""物化""分工""实践""生产""劳动""阶级""生产方式""生产力""生产关系""基础""上层建筑""意识形态""社会主义""共产主义""历史""社会""主体""政治""国家""革命""解放""自由"等基本概念和思想的反思、批判、重新阐发或重建,重新划定政治的本质和边界,努力创建一种后结构主义的革命政治学以及解除了任何预先承诺和妥协的后批判的社会理论。同时,他们还在马克思主义与后结构主义之间的互动中,积极塑造具有当代生命力的后现代马克思形象。卡弗围绕三个方面来总结以后结构主义重估马克思所引发的对马克思定位的转变。其一,马克思被理解成什么? 马克思思想的教条原则及其由以产生的传统秩序均已坍塌,马克思不再是商品社会的首席理

---

① Michael A. Peters, *Poststructuralism, Marxism, and Neoliberalism: Between Theory and Politics*, Lanham, Boulder, New York and Oxford: Rowman & Littlefield Publishers Inc., 2001, p.7.

② Michael A. Peters, *Poststructuralism, Marxism, and Neoliberalism: Between Theory and Politics*, Lanham, Boulder, New York and Oxford: Rowman & Littlefield Publishers Inc., 2001, pp.7—13.

论家,他的批判工作主要针对当代的经济生活以及民主和专制运动。其二,如何阅读马克思?对马克思的解释需与"后现代的知识时代"相符合,因而应把后结构主义的核心进路和方法论改进运用于其中。其三,为什么要阅读马克思?马克思应积极参与左派自由主义政治学对自由市场/混合经济的讨论,可以为认识全球化时代新自由主义的争论提供一个科学的分析思路。① 这些问题并不局限在从后结构主义视角对马克思和马克思主义的一般性否定和批判,进而将二者简单混合成后结构主义的马克思主义,它们还需充分考虑马克思的重生和马克思主义的当代化及其对后结构主义的重要影响。第四个主题则以 20 世纪 30 年代以来后弗洛伊德主义的兴起为背景,以阿尔都塞、福柯、德勒兹、瓜塔里、利奥塔、德里达、齐泽克、拉克劳、墨菲、巴特勒、依利加雷等人为代表。他们强调马克思与弗洛伊德的同构关系,通过马克思主义和精神分析学的结合,提出了具有多样形式和内容的当代资本主义批判模式、革命主体理论、政治本体论形式、新政治经济学批判框架和解放政治。

从根本上看,奈格里和拉克劳政治本体论与上述语境均存在一定的实质性联系。他们共同致力于实现马克思主义的后结构主义转向,但分别建基于不同的学术脉络。这使二者在核心路径和取向上兼具交叉和冲突。因此,对该问题的剖析自然构成揭示其政治本体论关系的一个重要前提。

---

① Terrell Carver, *The Postmodern Marx*, Manchester: Manchester University Press, 1998, p.2.

第一章　新尼采主义和左派海德格尔主义的兴起：基于内在性、差异性、偶然性和创构性的后结构主义本体论重构

奈格里发起政治理论的本体论转向绝非偶然。自 20 世纪六七十年代以来，为了充分认识马克思主义日益严峻的内部危机，他需要直面当代资本主义的社会转型问题，并重新界划存在的概念。在他看来："这是一个理解内部动力的问题。社会学的探究不再充分。我们必须从社会学的探讨转向本体论。该政治讨论的发展与法国和意大利尼采批判主义的复兴或……以潜能将存在看成开放性尝试的海德格尔主义相一致。"①它们与当代法国和意大利左翼知识界复兴尼采和斯宾诺莎哲学的内在性传统密切相关，主要以福柯、德勒兹和阿甘本等人为代表。在这个思想谱系中，内在性和超越性呈现出一种新的相关性。前者指内在于现实/世界本身的生成状态和存在属性。它拒斥任何外在且超越于社会存在自身的实存之物，在政治层面预示着"一个社会的有序运行不依赖元社会或超社会的保证"，因而"能够指明通往解放的自主性之路"。后者则意味着趋于"超出或衍生"的超社会性和超自然性，往往包含了

---

① Max Henninger and Antonio Negri, "From Sociological to Ontological Inquiry: An Interview with Antonio Negri", *Italian Culture*, Vol.23, 2005, p.158.

外在性、优越性和调解性等维度。它在政治层面首先与"神圣权利的主权观念"相连。① 二者的根本对抗在一定程度上代表了战后法国哲学的两种发展轨迹。②

一、法国新尼采主义的内在性唯物主义批判：
福柯的主体系谱学和德勒兹的差异哲学

严格来说,奈格里从未直接宣称自己是一个尼采主义者,也没有真正将尼采作为自己的主要研究对象。正是他第一个认识到,对"没有查拉图斯特拉的尼采"的任意删除,只能消解其思想的全部反思部分及其在现代性中对唯物主义的定义,从而把他完全归结为纳粹主义和非理性主义。③ 他在 1992 年《文学杂志》(*Magazine littéraire*)的尼采专辑上发表过一篇短文,专门讨论查拉图斯特拉与马克思主义者的关系。在该文中,与瓦蒂莫(Gianni Vattimo)将尼采和海德格尔联系起来不同,他在唯物主义定义与反现代性方面,把尼采看成马克思主义的一个先驱,反对卢卡奇对尼采的评价。卢卡奇认为,尼采是资产阶级非理性主义的代表,他的思想旨在克服资产阶级的衰败,拯救资产阶级知识分子的原有功能,维护资产阶级特权和帝国主义知识分子的寄生地位。在奈格里看来,卢卡奇对尼采的批判只是为了把矛头引向资产阶级的非理性主义、日丹诺夫主义的唯物主义和社会主义思潮。他消除了尼采思想中的启蒙主义精神和对资本主义衰落的判断及其虚无主义的本质,掩盖了尼采与马

① Andre Corten and Marie-Christine Doran, "Immanence and Transcendence in the Religious and the Political", *Social Compass*, Vol.54, No.4, pp.565-566.

② Daniel W. Smith, "Deleuze and Derrida, Immance and Transcendence: Two Directions in Recent French Thought", in Paul Patton and John Protevi (eds.), *Between Deleuze and Derrida*, New York: Continuum, 2003, pp.44-66.

③ Judith Revel, Antonio Negri, "French Nietzschean? From the Will to Power to the Ontology of Power", in Timothy S. Murphy and Abdul-Karim Mustapha (eds.), *The Philosophy of Antonio Negri: Revolution in Theory*, London: Pluto Press, 2007, p.90.

克思主义之间的一致性。"唯物主义的尼采"完全不用为纳粹主义负责，"从来没有停止谴责国家主义，并把国家和文化当作自己的敌手。他总是站在作为生产——新生产和自由而有朝气的生产之被压迫和被构想的自由一边。狄奥尼索斯的主题是一个唯物主义和生产性的主题：'我们都是工人'"①。进而，奈格里总结了他认同尼采的地方：尼采作为主体创构力量和历史构造模式的权力意志思想，创造性地将生产和主体的联系起来，拒绝对历史的辩证理解，批判实证主义的科学化倾向和辩证法；尼采试图摆脱社会主义、现代主义和理性主义的压制，他不为通过揭示资本主义的衰败来拯救资本主义，也不为退回前现代性，而是旨在超越资本主义的现代性，走向后现代性；尼采创建了一个"新的非线性、非连续性和非目的论"的历史模式以及"一系列建基于对即将到来（time-to-come）绝对开放的政治模式"。②

从根本上看，奈格里与法国后结构主义和 20 世纪 60 年代意大利批判马克思主义视域下的新尼采主义有着实质性的遭遇。他同致力于复兴尼采哲学的福柯和德勒兹的对话早在 20 世纪 50 年代中期就已开始。③ 我们甚至可以在一定意义上通过二者来理解奈格里的尼采主义思想及其以此出发对马克思的批判性阅读，将他看成一个"法国的尼采主义者"④。正如他自己所言，"意大利的工运中心主义……正好构成了他们（福柯和德勒兹）的经验的一部

---

① Judith Revel, Antonio Negri, "French Nietzschean? From the Will to Power to the Ontology of Power", in Timothy S. Murphy and Abdul-Karim Mustapha（eds.）, *The Philosophy of Antonio Negri*：*Revolution in Theory*, London：Pluto Press, 2007, p.90.

② Judith Revel, Antonio Negri, "French Nietzschean? From the Will to Power to the Ontology of Power", in Timothy S. Murphy and Abdul-Karim Mustapha（eds.）, *The Philosophy of Antonio Negri*：*Revolution in Theory*, London：Pluto Press, 2007, pp.91-93.

③ 其中，最著名的是他和德勒兹围绕如何把握独立于法律和契约的制度运动的整体秩序、如何使生成少数和战争机器的抵抗成为革命性的反叛、不同社会形态的统治机器等政治问题所展开的对话。参见 Gilles Deleuze, *Negotiations 1972-1990*, New York：Columbia University Press, 1995, pp.169-176。

④ Judith Revel, Antonio Negri, "French Nietzschean? From the Will to Power to the Ontology of Power", in Timothy S. Murphy and Abdul-Karim Mustapha（eds.）, *The Philosophy of Antonio Negri*：*Revolution in Theory*, London：Pluto Press, 2007, pp.87-108.

分……我们今天可以部分地重拾这种经验"①。在这个学术脉络中,福柯的系谱学把尼采的非连续性观念转喻成由偶然、差异、断裂和颠倒构成的事件之个殊性(Singularity of Events)原则和"关于我们自身的批判本体论"。德勒兹则将尼采的权力意志和永恒轮回思想推进为基于纯粹差异、内在性平面、无限的生成性和充足的力量创构的资本主义批判理论和政治模式。他们给予尼采哲学以"主体化和反叛、共通性(The Common)的生产和个殊性、历史批判和新存在之创造、政治学和本体论"②双重面向,通过反思现代政治和传统哲学的边界和限度,"克服传统目的论伦理学与义务论伦理学、境遇主义与普遍主义之间的张力,甚至构建了降低主体身份的'他者'伦理学"③。正是对这个理论传统的继承和发展,才使奈格里充分认识到"肯定、愉悦的激情、权力意志与主体性生产"思想所包含的政治和伦理意义,以及马克思的活劳动、斯宾诺莎的力量和尼采的权力意志在本质上的连续关系。④

(一)非连续性与主体的问题化:福柯的权力—主体系谱学

福柯十分认同尼采的以下主张:"体系化的方法招致还原论的社会历史分析;知识在本质上是透视性的,它需要多元视角来说明异质混杂的现实"⑤;权力构成一切哲学话语的核心,它普遍存在于世界之中,根本地决定了所有生

---

① [英]莱姆克等:《马克思与福柯》,陈元等译,华东师范大学出版社2007年版,第111页,注1。

② Judith Revel, Antonio Negri, "French Nietzschean? From the Will to Power to the Ontology of Power", in Timothy S. Murphy and Abdul-Karim Mustapha (eds.), *The Philosophy of Antonio Negri: Revolution in Theory*, London: Pluto Press, 2007, p.105.

③ 莫伟民、姜宇辉:《战后法国哲学与马克思思想的当代意义》,上海人民出版社2014年版,第418页。

④ Judith Revel, Antonio Negri, "French Nietzschean? From the Will to Power to the Ontology of Power", in Timothy S. Murphy and Abdul-Karim Mustapha (eds.), *The Philosophy of Antonio Negri: Revolution in Theory*, London: Pluto Press, 2007, p.105.

⑤ Steven Best and Douglas Kellenr, *Postmodern Thoery: Critical Interrogations*, Basingstoke and London: Macmillan, 1991, p.35.

命体的基本生存方式。在他看来，尼采同海德格尔的联姻能立刻引发传统哲学的震荡，现代哲学之思已经从近代哲学的元问题，如"什么是主体?""什么是世界?""什么是知识?""什么是真理?"，转向"今天的我们自己究竟是谁?"即"我们自身是如何成为主体的?"并且，尼采无疑在一定程度上促使他能够"完全站在传统自由主义和马克思主义政治哲学之外，以新的方式思考权力和个人"①。他对尼采哲学的复兴旨在揭露知识、权力和道德的纵横跨越和相互渗透，是如何在其创建的各种知识话语、陈述实践和政治运作中，将我们建构成已丧失自身的主体的。换言之，他重在关注"主体如何在科学知识、强制实践和主体化这三个层面上进入真相游戏之中"②。这集中体现在他毕生致力从事的知识考古学、权力系谱学和个体之自我本体论批判之上。

　　福柯的考古学力图展示的不是历史的连续性、起源和目的，而是其不确定性、非连续性、差异性和断裂。它以主体的非连续性反对陈述过程中的超验的、普遍的和连续的主体形象。在其视域中，陈述不能被归结为认识的纯粹形式和抽象的心理主体，它同对象之间不存在确定的对应关系。作为陈述主体的个体身份以及话语实践中的主体位置，都由一系列的社会机制建构和赋予，并伴随社会历史的发展不断变换。话语实践需要的场所同样处在连续变化中，主体的位置取决于它相对于对象之各种不同范围可能占据的处境。在对话语形成的分析所遵循的三重原则中，稀少性原则主要批判传统历史观的总体性和过剩性取向，强调陈述的欠缺性是对"空白、空缺、欠缺、局限和分割的分配"，话语构造不再具备普遍性和连续性的内在逻辑。外在性原则把批判矛头指向传统历史观之内在性和主观性的先验基础。它在不参照主观性之我思的基础上，拒绝将历史描述为精神思想的逻辑演变或"逻各斯的追忆"和

---

　　①　[英]戴维·罗宾逊：《尼采与后现代主义》，程炼译，北京大学出版社2005年版，第95页。

　　②　莫伟民、姜宇辉：《战后法国哲学与马克思思想的当代意义》，上海人民出版社2014年版，第68页。

"理性的目的论","以便在它们的不连续中考察它们而不是通过某种使它们脱离轨道和使它们变成无足轻重的间距把它们归结于某一个起始或者一种更基本的差别;以便在它产生的地点和时间中重新捕捉它们介入的本身和重新找到它们的事件的偶然关联"①。并合性原则则主要拒绝传统历史观中的起源论和目的论。它立足于陈述的表面,超越了回归起源的独断形象,不为追溯陈述的起源及其原初所要表达的东西,而是局限在它们派生的实践、构成或改变的社会关系和得以保存的方式之中。

显然,考古学由充盈着断裂和转换、偶然性和不确定性以及生成性和建构性力量的"事件群体"来定义,实为"一种以事件为导向、以特异性为条件的方法,展现为对这个由各异质言说事件所交互卡位构成网络的外部性空间之描述"②。它借由实证主义主体观以及实证主体在多元话语实践中的散布和分配,消除一切超验性的结构、体系、主体形式和人文主义,彻底摈弃根植于我思、意识和意向的先验的自我内在性以及绝对的连续性和总体性观念。它反对历史主义的因果关系和普遍的历史规律以及先验的主体哲学与抽象的人性观和人类学,主张历史问题的实质在于立足分散的、偶然的和差异的多样化空间,去揭示个殊性话语事件的聚合网络。它并不排斥主体问题,而是在摆脱"任何主体性的引导"的前提下,明确"主体在话语的多样性中所占据的位置和具有的功能"③。总之,它是一种以话语秩序的分散和不确定性为核心的"新的逻各斯"和"新的语言内在性"④。从这个角度看,它在某种程度上仍然将对文化知识的分析局限在符号事实的范围之内,使这个本应以"好像"独立

---

① [法]福柯:《知识考古学》,谢强、马月译,生活·读书·新知三联书店 2003 年版,第 135 页。

② 杨凯麟:《分裂分析福柯Ⅲ:内在性知识论与内在性伦理学》,《中山人文学报》2006 年第 23 期。

③ 莫伟民、姜宇辉:《战后法国哲学与马克思思想的当代意义》,上海人民出版社 2014 年版,第 83 页。

④ [美]伊哈布·哈桑:《后现代转向:后现代理论与文化论文集》,刘象愚译,上海人民出版社 2015 年版,第 124 页。

于自身意义参照系出现的关于语言事实的本体性描述，最终成为一个客观的"对象领域"①。因此，它既不可避免地遭遇方法论的困境和话语解释上的矛盾性，又无法触及"真正社会分析的门槛"②，充分回答"现代知识内容与思维形式的形成是否可以追溯到盲目历史事件的偶然推动或特殊历史状况的坐标上"③。这迫使福柯不得不更加一贯地沿着作为社会统治手段的话语功能描述所开启的方向推进其研究。

以权力分析为中心的系谱学是福柯对知识考古学的修订和深化。与"仅仅作为整理文献的方法"的考古学相比，它致力于探讨知识陈述、权力运作和道德规则的相互关系，表现为"知识和权力的本体论"以及同现实和实践紧密相连的"政治学"。④ 首先，它驻足于开端的偶然性和历史事件的细枝末节，以清除历史的连续性观念，揭示其断裂、散落和不确定性的面向。其次，它信奉历史的可变性和断裂性原则，将目光投向事件的特殊性和偶然性，以消除超历史的目的论和因果链条。再者，它关注身体、情感和本能的历史性和可变性，专注在切近之物、基层、此岸和肉体，以展现衰败、散落和区别，而非崇高的时代、优雅的形式、抽象的观念和纯粹的个性。最后，它批判一切本质主义的权力模式，如把权力的功能局限在压制—禁止—排除的性压抑学说、仅透过法律来表述权力的法律权力观、认为权力只能依据国家的无政府主义政治理论以及将权力化约为经济分析的马克思主义经济—阶级还原主义权力观等。它强调权力关系的多元化和权力实施的物质基础，将对身体的控制视为现代社会权力运作的基本方式。它摆脱社会和权力的摩尼教式的区分，主张权力源于

---

① Axel Honneth, *The Critique of Power*, *Reflective Stages in a Ctitical Social Theory*, Cambridge and London: The MIT Press, 1991, pp.147–148.

② Axel Honneth, *The Critique of Power*, *Reflective Stages in a Ctitical Social Theory*, Cambridge and London: The MIT Press, 1991, p.151.

③ 王凤才：《蔑视与反抗：霍耐特承认理论与法兰克福学派批判理论的"政治伦理转向"》，重庆出版社 2008 年版，第 99—100 页。

④ Clare O'Farrell, *Foucault: Historian or Philosopher?* London: Macmillan Press Ltd., 1989, p.63.

自主运行的社会制度、机构和话语,且已渗透至各个领域和层面。它强调权力生产理性、知识和真理的积极主动性,将权力关系从强制性的操控行动,拓展成一种通过既非战争又非律法的特殊方式来建构他人之可能性行动领域的治理活动。它还基于微观的生命政治视角,围绕主体性、身份和个体性等问题,来揭示现代国家及其主权运作的基本特征:"以人口为主要目标、以政治经济学为主要知识形式、以安全配置为根本技术工具"①,进而通过国家治理的适度性原则,批判国家权力的优先性和过度化及同它相适应的国家哲学。总之,福柯的权力系谱学实为一个"去蔽的规划":它"力求在本质的内核之处,展示力量的对抗、非同一性和不均衡状态";它拆解隐藏在权力和抵抗背后的稳固位置,认为权力"确切的位置正是它的'非位置',因为它一直都在转换和改变,总是被不断地重新配置和重新解释"。② 从本质上看,这是一个"分散的而非中心化的、生产性的而非压抑性的""没有本质主义和同一性之抚慰性注视"③的权力模式,也是一种承载权力重负的人体解剖政治学或身体的政治技术学。它立足肉体与历史之连接,将生命纳入政治领域,深入揭示了一个完全被打上历史印记的身体以及权力对之实施操控的历史。

综上所述,作为一种新的历史学方法,系谱学仍然在整体上坚持考古学的基本立场,反对基于总体性、连续性、主观内在性和先验目的性的形而上学历史观。它立足于追寻来源的复杂序列和偶然事件的外在性,拒绝历史主义线性的连续累积模式。它强调断裂和变易的汇聚,将起源的研究归结为对"权力的纠结状态"和多元力量关系的分析。④ 它不是"用具体事实的多样性来反对理论的抽象整体",而是着力于将"那些局部的、不连贯的、被贬低的、不合

---

① 莫伟民、姜宇辉、王礼平:《二十世纪法国哲学》,人民出版社 2008 年版,第 518 页。

② Saul Newman, *From Bakunin to Lacan: Anti-Authoritarianism and the Dislocation of Power*, Oxford: Lexington Books, 2001, p.75, p.81.

③ Saul Newman, *From Bakunin to Lacan: Anti-Authoritarianism and the Dislocation of Power*, Oxford: Lexington Books, 2001, p.75, p.81, p.80.

④ 杜小真编选:《福柯集》,上海远东出版社 2003 年版,第 155—156 页。

法的知识运转起来，反对整体理论的法庭"。① 它可以"区分、分离和分散事物，能释放歧异性和边缘因素，能让间断性在主体身上穿行和涌现，它所依据的是充满着机缘的力量关系的逆转和权力的侵占，所强调的是界限、断裂、个体化、起伏、变化、转换、差距，所凸显的是无先验主体的、分散的、散乱的、非中心的、充满着偶然性的多样化空间"②。简言之，它诉诸物质性的内在层面，以断裂、差异、转变、分化和偶然的基本维度，来拆解传统史学在知识、权力、历史和真理模式上的主体中心化和同一性机制，彻底拒绝基于总体化、连续性、目的论和表象论的话语规范、历史叙事和人类学观念。

　　晚期福柯关于个体的自我本体论批判，旨在通过主体的问题化，回答"权能的增长如何脱离权力关系的强化"③。无论是《性史》的第二卷（《快感的享用》）、第三卷（《自身的关切》），还是《主体解释学》，都立足于主体自身之转化、返回和凝视的自我塑造运动，来描绘一个超出权力—知识界限的自由领域，即个体如何借由自我技术和自我关切将自己构建成道德主体的历史。"它不是将个体作为一个稳固的本质主义主体形态，而是将个体视作具有多种可能性的主体化过程，是一个主体的成型过程，是一种新主体性的可能性实践"④。这是一个从现代权力技术的个体化和总体化操作中解放出来且建基于自我关切、自我治理、自我塑造的新主体性：一个不同于被构造性自我的创构性自我。它改变了权力实践中身体主体的纯粹被动性形象，使其具备跨越权力界限的主动性面向，力图培育个体同自我的非普遍化关系。它立足纯粹的个体实践对性/欲望/快感之力量和强度的自我节制和主宰，从统治技术/权力技术转向伦理技术/自我技术，从关切自身走向关切他人，以自我的美学化，摆脱支配性权力技术的统治，把生活视为艺术创造和审美活动的展现过程，实

---

① ［法］福柯：《必须保卫社会》，钱翰译，上海人民出版社1999年，第9页。
② 莫伟民、姜宇辉、王礼平：《二十世纪法国哲学》，人民出版社2008年版，第508—509页。
③ Jon Simons, *Foucault & The Political*, London: Routledge, 1995, p.69.
④ 汪民安：《福柯的界线》，南京大学出版社2008年版，第280页。

现个体的绝对自我统治及其诗性生存的自由境界。在本质上,这既是"一种非普遍化和非规范化的伦理实践形式",即它彻底抛弃"那种假定自我是某种内在本质、有待于从其压迫或异化状态解放出来的本质主义解放模式",将自我当成"一种不停地进行自我控制和自我看管的伦理实践",又是一个确认个体能够"借助自我技术来发展一种自由实践的能力"的全新主体形式。① 换言之,它展示了"一种'自身相关'的能力,一种从一个人的生命中塑造出一个审美对象、一件'艺术作品'的能力,一种从一个人自身当中得出他将要追随的普遍法则的能力"②。

对福柯而言,围绕真理和主体的关系展开的知识考古学和权力系谱学、基于个体之自我实践的自我技术分析以及立足自身关切的生存美学,归根结底都不过是一种关于我们自身的历史本体论。它主要包括三个领域:通过我们与真理的关系来探讨我们自身成为认识主体的历史本体论——知识生产的主体;通过我们与权力的关系来探讨我们自身成为统治他人的主体的历史本体论——权力/分离实践生产的主体;通过我们与道德的关系来探讨我们自身可能成为伦理主体的历史本体论——自我生产的主体。无疑,福柯借由对"使我们建构我们自身并承认我们自己是我们所作、所想、所说的主体的各种事件"③的历史性考察,致力于构建一个决定"主体转型的未定条件与可能性"的批判哲学。他排斥任何关于主体的先验构架和绝对模式,强调主体性的获得只能通过不断摆脱自我的力量,从而使主体化过程完全置身在不可判定、不可预测的未来视域。他旨在确定我们自身的界线,并在不断跨越它们的过程中展现主体构造通往差异性和偶然性空间的各种可能性。换言之,他极力实施的解构性批判和逾越性实践,均力求揭示我们对界线的依赖,以使其"在排

---

① [美]斯蒂文·贝斯特、[美]道格拉斯·凯尔纳:《后现代理论——批判性的质疑》,张志斌译,中央编译出版社 2001 年版,第 82—83 页。

② [斯洛文尼亚]齐泽克:《享受你的症状——好莱坞内外的拉康》,尉光吉译,南京大学出版社 2014 年版,第 233 页。

③ 杜小真编选:《福柯集》,上海远东出版社 2003 年版,第 539 页。

除之物中找到自己"①。因此,他对现代性的批判必然拒绝彻底消解普遍性立场的后现代事业,"甚至变成了某种具有康德成分的古典主义者和现代主义者"②。正是在这个意义上,他在康德的启蒙思想那里发现了"同时使人与现时的关系、人之存在的历史模式和作为自主主体的自我创构得以问题化"③的哲学质询和关于我们历史时代的永久批判立场,又在波德莱尔对现代生活的美学描绘中找到了真正的现代性姿态:对现时和世界的改观或从流俗事物中提取历史中富有诗意之物的要义在于,"不为取消现实,而是何谓真实的真理和自由实践之间艰难的交互作用"④。

　　整体而言,尽管福柯重新激活的那种对我们所处历史时代的持久批判或新的历史编纂路径,往往被"总体化/去总体化冲动、话语/超话语的理论化和宏观/微观视角的冲突以及统治/抵抗的辩证法"所撕裂,⑤但他深入论证了"真理的历史化、需要集中考察时间的非目的论和非连续性的历史定义、兼具生产和抵抗之主体特征的出现、从考古学路径向系谱学的问题化与对我们自身现状和非连续性之审问的转型"⑥。这些方面均构成奈格里从根本上将其政治本体论同福柯相结合的根本所在,它主要围绕两条核心线索展开。

　　首先,在福柯"内在性的唯物主义"的整体推进过程中,其基于知识—真理考古学和权力—主体系谱学分析的历史叙事、聚焦于权力之微观物理学和

---

　　① Jon Simons, *Foucault & The Political*, London: Routledge, 1995, p.69.

　　② ［美］斯蒂文·贝斯特、［美］道格拉斯·凯尔纳:《后现代理论——批判性的质疑》,张志斌译,中央编译出版社 2001 年版,第 94 页。

　　③ Paul Rabinow(ed.), *The Foucault Reader*, New York: Pantheon Books, 1984, p.42.

　　④ Paul Rabinow(ed.), *The Foucault Reader*, New York: Pantheon Books, 1984, p.41.

　　⑤ Steven Best and Douglas Kellenr, *Postmodern Thoery: Critical Interrogations*, Basingstoke and London: Macmillan, 1991, p.36.

　　⑥ Judith Revel, Antonio Negri, "French Nietzschean? From the Will to Power to the Ontology of Power", in Timothy S. Murphy and Abdul-Karim Mustapha (eds.), *The Philosophy of Antonio Negri: Revolution in Theory*, London: Pluto Press, 2007, p.100.

争斗模式的生命权力—生命政治、立足自我关切—自我治理将政治学—伦理学—美学统一起来的生存美学以及以"我们自身的批判的本体论"为中心的逾越哲学,不但开启了摆脱西方主流思想文化传统的唯物主义的社会历史分析框架和变革传统政治的微观政治模式,而且创建了一个瓦解现代主体和人本主义观念的去本质主义的主体性实践。它们将主体或行动者/代理人同社会结构和统治/治理连接起来,却不意图以权力分析取代经济和社会结构的分析,而是展现其相对自主的客观性,使我们同时面对一个权力运行和创构力量交织的多元政治图景。其一,这既是针对权力生产和控制驯服的身体的"规训权力之总体化历史",又是"对精密的权力仪式和自我技术的详尽的历史描述"。① 一方面,福柯基于生产性的权力,力图在权力王国的内部界限展现道德、真理和理性只是其不同结果,否认人类主体性和人类本质外在于权力秩序的自主性观念,并揭示现代权力"内部化的自我监视和自我臣服"②的中心特征。另一方面,他还探究了权力对身体的控制从直接的暴力"摧残"转向对其自由潜能的外在"节制",以及权力实践和策略从"宏观的"社会机制和阶级争斗(总体的、中心化的、直接的和残暴的)走入"微观的"日常生活(局部的、弥散的、持久而动态的、可变的和渗入性的)的深层转变。简言之,福柯围绕主体形式之生产的系谱学政治主要围绕西方社会的压迫性实践和科学理论话语两个层面,以一种后现代政治的进路和策略,通过话语政治和生命政治对差异性力量的释放,拒斥传统权力政治学的实体主义倾向,摧毁以阶级斗争、国家机器和经济解放为中心的革命叙事以及一切"规范化的主体认同和意识形态",并致力于"促进新的主体性形式和新价值的形成"。③ 其二,它们揭示了

---

① David R.Howarth, *Poststructualism and After:Structure,Subjectivity and Power*,New York:Palgrave Macmillan,2013,p.193.

② Saul Newman, *From Bakunin to Lacan:Anti-Authoritarianism and the Dislocation of Power*,Oxford:Lexington Books,2001,p.75,p.83.

③ [美]斯蒂文·贝斯特、[美]道格拉斯·凯尔纳:《后现代理论——批判性的质疑》,张志斌译,中央编译出版社2001年版,第72—76页。

摆脱知识—权力—道德实施的主体性牢笼和现代人类主义体系的强制界线走向自由实践的可能性：个体"把自身陶冶成既非主体、又无需客体的自律审美生命体，使自身的生与死，自由穿梭于文化与自然、可能与现实所交错的无边际的诗性天地中"①，即自我最大限度地追求愉悦、体验生命的极限以及不断创造和实现美学生存的自由境界。在这个方面，福柯通过真理游戏的历史化和权力—抵抗的辩证法，以审美的自主性为基本方式，开启了一个"作为永久抵抗伦理学"的政治方向②：从对权力的抵抗来透视权力，在此，"自由是'伦理的本体论条件'，而伦理则是'自由所采取的审慎的形式'"③。

　　其次，福柯对马克思主义的干预遵循既超越它的某些核心传统但又不完全逃离其基本立场的策略，坚称自己仍然隶属于马克思主义阵营。其思想经历了一个"从与作为理论的马克思主义的决裂过渡到一种通过使用马克思主义的一些概念，至少是一些与马克思主义相符的'策略上的联姻'的变化"④，马克思始终以各种方式活跃在他的文本中。尽管他对马克思主义的一些人道主义、经济还原主义和普遍主义观点，如"人类学迷梦"的形式⑤、还原论的权力思想⑥和总体化的历史观⑦等，均持批判态度，力图走出对资本主义社会的纯粹政治经济学分析和传统的政治—主体模式，但他在很多方面仍将马克思视为自己的同路人。其一，他把马克思同尼采和弗洛伊德一起看成新解释学运动的先驱，认为他们通过话语性法规的制定，使解释行为变成不能寄希望于

---

①　高宣扬：《当代法国哲学导论》，同济大学出版社 2004 年版，第 454 页。

②　Jon Simons, *Foucault & The Political*, London：Routledge, 1995, p.87.

③　[美]斯蒂文·贝斯特、[美]道格拉斯·凯尔纳：《后现代理论——批判性的质疑》，张志斌译，中央编译出版社 2001 年版，第 83 页。

④　[英]托马斯·莱姆克等：《马克思与福柯》，陈元等译，华东师范大学出版社 2007 年版，第 2 页。

⑤　Michel Foucault, *The Order of Things*, New York：Vintage Books, 1973, p.262, pp.340-343.

⑥　Michel Foucault, "Two Lectures", in Colin Gordon（ed.）, *Power/Knowledge：Selected Interviews and Other Writings*, New York：Pantheon Books, 1980, p.88.

⑦　Michel Foucault, "Two Lectures", in Colin Gordon（ed.）, *Power/Knowledge：Selected Interviews and Other Writings*, New York：Pantheon Books, 1980, pp.80-81.

辩证和解的无限任务。① 在此,马克思被他塑造成"完全摆脱容易得到辩证和解、直接诉诸物质总体和在任何不确定环节都想要赋予'符号'意义之话语"的尼采形象②。其二,他十分赞同马克思在《资本论》第二卷中以关系和技术来分析权力的观点:"把权力的机制和权力的贯彻程序看作是技术,看作是始终不停地发展、不断地被发明和不断地被完善化的程序"③,即权力摆脱了传统的司法观念和战争模式,不再仅仅表现为国家的人格化,更应是渗透在不同社会机构/制度之中、用于操控身体的可变的和多样的技术。其三,他认为马克思在《法兰西内战》和《路易·波拿巴的雾月十八日》中的具体历史分析,完全没有同人道主义主体模式相关的总体化、目的论和其他自我安慰的幻想,并且沿着这个方向发展的马克思主义社会理论还会开创一个全新的认识论领域。④ 其四,他强调马克思"着手改变常识性自我认识('资产阶级'个人的和古典政治经济学的)序列,以变革个人自身"⑤的自我批判和自我转型的革命立场,反对以某种科学范式或科学话语封闭地理解其思想。其五,他主张马克思在一系列历史著作中"勾勒了一个多层次的分析:与经济条件交织在一起的个人复杂的战略战术策略显现出权力关系之根本的偶发性、武断性和黏稠度"⑥。因此,应避免将马克思的革命图景局限在以统治和被统治阶级之间斗争为中心的传统框架。总之,福柯视域中的马克思表现出鲜明的后现代主义气质:坚持以建立在偶然性和差异性之上的活的开放性,反对总体化和目的论的历史观;重视经济条件的重要性,但拒绝将其视为首要的决定因素;通过凸显权力分析之相对自主的客观性,使政治经济学批判呈现出政治权力学批判

---

① Michel Foucault, "Nietzsche, Freud, Marx", in James D. Faubion (ed.), *Aesthetics, Method, and Epistemology*, New York: The New Press, 1998, pp.272-278.

② Bradley J. Macdonald, "Marx, Foucault, Genealogy", *Polity*, Vol.34, No.3, 2002, p.270.

③ 包亚明主编:《福柯访谈录:权力的眼睛》,上海人民出版社 1997 年版,第 47 页。

④ Michel Foucault, "On the Ways of Writing History", in James D. Faubion (ed.), *Aesthetics, Method, and Epistemology*, New York: The New Press, 1998, p.282.

⑤ Bradley J. Macdonald, "Marx, Foucault, Genealogy", *Polity*, Vol.34, No.3, 2002, p.277.

⑥ Bradley J. Macdonald, "Marx, Foucault, Genealogy", *Polity*, Vol.34, No.3, 2002, p.278.

的维度;立足权力统治的微观技术层面,通过揭示资本主义经济生产和权力统治之间的独特关系,强调斗争、力量和权力的根本性质;"通过纯粹内在性的规则来描述一种社会领域的出现"①。正是从这些方面出发,麦克唐纳(Bradley J.Macdonald)将奈格里和理查德·马斯顿(Richard Marsden)等人通过福柯来阅读马克思或借由马克思来阅读福柯的学术脉络称为"系谱学的马克思主义"②。

奈格里十分重视福柯思想在当代激进政治领域和工人运动中的巨大价值。对他而言,首先,福柯从根本上开创了一种新的政治本体论和后现代主义的唯物主义传统:摆脱超越性机制(传统形而上学—权力配置)的纯粹内在性的本体论或后结构主义的形而上学。"福柯对我们很重要,因为如此可以创造一个新的本体论,并应用于对主体、权力、力量的分析。这种本体论能够超越整体性,也就是二战之前的超越性的本体论。福柯的本体论是一种非先验的、内在性的本体论,也可以描述为后现代的本体论。……如果现代的本体论属于结构主义之前的思想传统,那么后现代的本体论就是后结构主义的本体论。"③具体而言,他以尼采的力本论和肯定性哲学为基础,将权力视为散布在日常生活中不断创造自身实体结构的生产性力量。他通过对真理—主体游戏的揭示,提供了一个颠覆理性主体观念的崭新主体性模式:"主体不是一个个体的概念,它从一开始就是一个整体:'我'不存在,'我们'存在……主体不是固定和先验的东西,而是不断转化,不断生成(becoming)的东西,在不停息的转化过程之中"④。于是,福柯在上帝死亡之后让我们再次看到了人的再生,

---

① [英]托马斯·莱姆克等:《马克思与福柯》,陈元等译,华东师范大学出版社 2007 年版,第 6 页注 1。

② Bradley J.Macdonald,"Marx,Foucault,Genealogy",*Polity*,Vol.34,No.3,2002,pp.282-284.

③ [意]奈格里:《福柯之后的马克思主义》,http://phil. cssn. cn/mkszy/rd/201412/t20141208_1432753.shtml,2015-12-03。

④ [意]奈格里:《福柯之后的马克思主义》,http://phil. cssn. cn/mkszy/rd/201412/t20141208_1432753.shtml,2015-12-03。

"在现代性目的论的废墟上,我们重新发现了唯物主义的目的"①。在他那里,"主体不再只是阿尔都塞所说……在国家机制下被支配的臣民,而是能真正创造自己的主体","真理不是先验的、超越性的东西,而是被不断制造和创造的具体的东西……是一种效果(effect),不具有先验性",并且解放直接意味着主体化的过程本身,而非现实的历史变革。② 奈格里认为,这些方面均揭示出当代政治对生命的强力干预和"转型实践的实验",在这里,系谱学变得异常强大,认识论成为"创构性的",伦理学则纳入"转型的面向"。③ 马克思的思想只有借助这一"主体性的系谱学"才能得到最好的理解。④

其次,福柯围绕真理游戏的历史编纂学、权力—抵抗的微观政治以及围绕自我本体论批判的生存美学,"用一种'对政治理性的批判'补充并扩大了对政治经济学的批判"⑤,包含着深刻透视当代资本主义社会转型的激进政治意义:一个"诞生于现实的新物质可能性和生产性革命性背景之转型的新的理论可能性框架"⑥。他明确指出,当代"国家本质中的一些重要的转变以及与国家参与者和市民社会之间的一种新型关系",不过是新自由主义治理技术的结果,后现代状况的出现则反映了资本—国家—主权对劳动、主体和社会的操控在对象、范围、程度和方式上的转变。⑦ 它们在杰索普(Bob Jessop)和德米洛维奇(Alex Demirovic)承继葛兰西传统的国家理论,阿尔都塞对质询过

① Antonio Negri,*Empire and Beyond*,Cambridge:Polity Press,2008,p.232.
② [意]奈格里:《福柯之后的马克思主义》,http://phil. cssn. cn/mkszy/rd/201412/t20141208_1432753.shtml,2015-12-03。
③ Antonio Negri,*Empire and Beyond*,Cambridge:Polity Press,2008,p.232.
④ Antonio Negri, *Insurgencies:Constituent Power and the Modern State*,Minneapolis:University of Minnesota Press,1999,p.332,p.222.
⑤ [英]托马斯·莱姆克等:《马克思与福柯》,陈元等译,华东师范大学出版社 2007 年版,第 13 页。
⑥ Antonio Negri,*Empire and Beyond*,Cambridge:Polity Press,2008,pp.226-227.
⑦ [英]托马斯·莱姆克等:《马克思与福柯》,陈元等译,华东师范大学出版社 2007 年版,第 13 页。

程—意识形态观念—主体性形成的考察①，巴特勒通过权力关系之内在和外在方面的结合对权力臣服关系中主体主观世界的揭示，普兰查斯对权力之总体理论的批判和权力之策略本质的强调，威廉·米尔博格（William Milberg）、凯瑟琳·吉布森和朱丽·格雷汉姆等共同主张经济中心偏移和走向后现代唯物主义，以及以自主主义马克思主义的阶级构成的分析框架等那里，均有一定程度的体现。奈格里甚至将福柯内在性唯物主义的问题框架和方法论路径视为自己政治本体论的关键参照系。他沿着福柯的思路，将马克思的政治经济学批判发展成权力批判的革命政治学，将他的主体系谱学作为立足当代资本主义转型揭示革命主体性转变的逻辑原型，将他的微观权力社会观、生命政治思想和权力—抵抗辩证法的非二元论模式，看作重建新政治语法和变革马克思主义传统的重要资源。

（二）自在的差异与纯粹的内在性：德勒兹的差异哲学和欲望政治

德勒兹基本延续了福柯现代性批判的总体思路。二者共同认为，"现代性是一种史无前例的统治阶级，这种统治以弥散于社会存在和日常生活的所有层面的规范化话语和制度的增值为基础"②。他们还试图完成同一个思想规划：在批判西方传统哲学话语的基础上，重塑理论本身总已是实践的品格及其局部的和碎片化的特征。③　并且，德勒兹也对福柯晚期关于全景敞视主义和生命政治的社会分析很感兴趣。只不过相对于后者的历史性经验研究，他致力于通过具备充足活力和弹性以处理和包容历史变化的抽象概念装置，创

---

①　[英]托马斯·莱姆克等：《马克思与福柯》，陈元等译，华东师范大学出版社2007年版，第13页。

②　[美]斯蒂文·贝斯特、[美]道格拉斯·凯尔纳：《后现代理论——批判性的质疑》，张志斌译，中央编译出版社2001年版，第100页。

③　Michel Foucault, "Intellectuals and Power", in Donald F.Bouchard (ed.), *Language, Counter Memory, Practice*, Ithaca: Cornell University Press, 1977, pp.205-217.

建一个能够在概念上透视和连接众多历史事件的社会本体论。然而,他们之间依然存在一定的差别。其一,与福柯通过在现代性内部赞美差异但又不为其提供一种后现代的替代物不同,德勒兹则倾向于在现代性内部发掘其积极的和解放的一面,以此揭示"某种新的、尚不明确的、后现代的/后资本主义的社会秩序"①。其二,与福柯主要立足微观政治视角尝试走出马克思主义的某些分析传统来批判知识、理性和现代权力不同,德勒兹则一并融入宏观和微观分析,力求实现马克思同尼采和弗洛伊德的结合及其核心观念的当代转变,注重在深层机制和结构上对资本主义社会进行解剖和批判,因而与马克思主义传统更具相关性。

整体而言,德勒兹哲学体系最根本的地方在于,他围绕存在的单一性/单义性和生成性原则,深刻描绘了一个"由欲望'强度'和不可总体化的多样性所组成的变化不居的动态世界"②,以及充盈其中的不确定性因素之间"皱褶式相互渗透和相互交错"的存在论模式。对他而言,存在的单义性不是"以相同的单一意义来表达存在,而是以相同的单一意义来表达所有它的个性化的差异或内在模式"③。它本身就是一个从"单一"向"多样"转化的生成原则或差异得以不断差异化的内在性机制:"将无数分歧集合在一起的实体或代理者"④。因此,它决不意味着只存在唯一一个相同的存在者。相反,作为这个唯一的存在之变种,存在者恰是复数的、多元的,它们在由单一存在所生成的世界中相互脱离,相互区分,具有平等地位。在此纯粹内在性视野中,"事物的'本质',并非是那种不可把握的'本体';构成世界的'存在'是单一的,而

---

① [美]斯蒂文·贝斯特、[美]道格拉斯·凯尔纳:《后现代理论——批判性的质疑》,张志斌译,中央编译出版社 2001 年版,第 102 页。

② [美]斯蒂文·贝斯特、[美]道格拉斯·凯尔纳:《后现代理论——批判性的质疑》,张志斌译,中央编译出版社 2001 年版,第 102 页。

③ Gilles Deleuze, *Difference and Repetition*, New York: Columbia University Press, 1994, p.36.

④ 汪民安主编:《生产·第五辑·德勒兹机器》,广西师范大学出版社 2008 年版,第 294 页。

这个单一性的存在则是生成的,永远变动成各种各样的事物"①。对德勒兹而言,哲学的任务正在于通过概念的创造来描绘该"存在"的个体化过程。这具体表现为以下几个方面:

其一,德勒兹借由对柏格森、尼采和斯宾诺莎等人的重新诠释②,致力于创建一个基于多样性、偶然性和生成性的纯粹差异——内在性哲学。在他看来,一方面,真正的批判哲学应立足拒斥超自然主义的"自然主义"传统,从其中发掘一个不同于从柏拉图、黑格尔到海德格尔之形而上学思辨传统的肯定的唯物主义本体论。卢克莱修、莱布尼茨、柏格森、尼采和斯宾诺莎等人都是其典型代表。他们共同描述了一个从一到多或一即是多的内在差异之不断生产和渐进发展的存在论构架:在它之中,上帝之死剥夺了抽象自我保证同一性及其本质基础的权利,自我不断向他者开放,"必须贯穿在一个像偶然事件一样的序列"③。只有他们才"可以让我们揭示出自然的生产力和可生产性"以及拥有生产性和感受性双重属性的本体论力量原则,才能充分展现一个纯粹内在性视野:"'世界中的存在'这样的术语没有任何意义,因为存在总是已经在现实之中了;它总是已经完全表现在身体和思想之中了"④。另一方面,真正的批判哲学还应从休谟和柏格森出发,走向一种"彻底的经验主义"或超越的经验主义。它不同于建立在内在领域(心理活动)客观化之上的传统经验主义,而是将永处生成和关系逻辑中(在……中间)的个殊性事件看作重建一种

① 高宣扬:《当代法国哲学导论》,同济大学出版社 2004 年版,第 542—543 页。
② 德勒兹对柏格森、尼采和斯宾诺莎的阅读在整体上表现为一个完整的规划。柏格森以绵延为核心的时间观、尼采的权力意志和永恒轮回思想以及斯宾诺莎的内在性形而上学构架和反司法主义的政治学,在其总体理论框架中均扮演着关键角色。他从柏格森那里确认的生成—流动—虚拟的本体论,被用来理解尼采,以阐发一种同其肯定性哲学相适应的快乐伦理学。而在对斯宾诺莎的解读中,它又被用于揭示将伦理学和本体论融合起来的革命政治学。
③ Gilles Deleuze, "Conclusions on the Will to Power and the Eternal Return", in David Lapoujade (ed.), *Desert Islands and Other Texts 1953-1974*, Los Angeles: Semiotext(e), 2004, p.118.
④ 汪民安主编:《生产·第五辑·德勒兹机器》,广西师范大学出版社 2008 年版,第 275 页。

真正向经验开放的概念方式之起点。德勒兹指出,休谟通过联想主义揭示了外在且不同于关系条件的关系的建立,"第一次打破了谓项判断的禁锢,使关系的自治逻辑成为可能,发现了由原子和关系构成的关联世界"①。其围绕存在的单义性的包容性分裂和平等思想的核心观点,即以连词 And(内在化的表现主义/在…之间)取代表语 Is(体系化的表象主义/是…),和休谟上述的关系外在性学说基本一致。同时,他还在两个方面寻求与柏格森结盟:一个立足其世界的世界化或永恒流变的世界,促使精神/观念/概念始终沿着它所揭示的方向,"超越感知,找寻不受抵制的逃逸路线,位于事物内部的眼光",以"使经验主义成为超越的","使斯宾诺莎主义克服'一'的最后踪迹";②另一个则借由"本体进行表达和区别的时间原则"(绵延),以差异为核心,确认存在的肯定运动原则和存在本身即为差异这一本体论事实。③

在尼采那里,德勒兹找到了"粉碎了知识的线性统一"的多元主义思想。他认为,其一,尼采的批判哲学从根本上是一种力本论或动力论(Dynamism)。力是一个非实体性的关系总体,它们在量和质上的差别及其复杂的相互作用所形成的关系网络,使无限的差异和偶然充盈在整个世界,使一切事物表现为偶然事件的汇聚。其二,尼采的权力意志实为确认多样性不断增值的肯定原则。尽管它具有力的维度,但并非力的属性,而是作为力的内在原则,不断驱动力的变化,从而决定力的性质和关系本身的量度。它是力的区分性因素和力之性质的起源性因素,是力的差异及其被复制的综合。④ 其三,尼采的永恒轮回构成差异得以不断差异化的无限生成原则,即"时间与它各个维度的综

---

① 陈永国、尹晶主编:《哲学的客体:德勒兹读本》,北京大学出版社 2010 年版,第 323—324 页。

② 汪民安主编:《生产·第五辑·德勒兹机器》,广西师范大学出版社 2008 年版,第 290 页。

③ 汪民安主编:《生产·第五辑·德勒兹机器》,广西师范大学出版社 2008 年版,第 273 页。

④ [法]德勒兹:《尼采与哲学》,周颖、刘玉宇译,社会科学文献出版社 2001 年版,第 74—76 页。

合,多样性与多样性的再现与综合,生成与在生成中得到肯定的存在的综合,以及双重肯定的综合",因而总是"被用来解释多样性和多样性的再现以及差异与差异的重复"①。总之,在德勒兹的眼中,尼采以肯定反对辩证的否定,以差异反对辩证的矛盾。他宣告了差异的"肯定之肯定"以及"多元主义＝一元主义"思想,将差异视为首要的肯定性的创造原则,"多元性被肯定为多元性;生成被肯定为生成。……生成不再与存在向对立,多也不再与一相对立……相反,所肯定的是多元性的一,是生成的存在"②。

德勒兹对斯宾诺莎的阅读与他对尼采的理解相互呼应,彼此支撑。他认为,依照斯宾诺莎的观点,实体通过属性来表现其无限可能性的本质,样态则是实体借助属性而呈现的具体实存。在这个框架中,实体的单一性首先表现为无限的属性,进而围绕在多样化的样态周围,而样态则努力向实体聚拢。在此,差异具备了双重维度:在实在层面它指属性的无限性,在虚拟层面它又意味着单义性的实体如何在无限属性中以具体的样态来表现自己。在德勒兹看来,斯宾诺莎告诉我们:"存在是通过快乐实践构成的混杂结构。……本质就是构成其自身原因的东西。快乐实践是本体组合的构建,因此也是对存在的积极构建。"③这实为一种关于实体—属性—样态之间离心—聚合的纯粹内在性的存在论模式以及以力量和努力为核心的"表现主义"动力学。正是通过它们,"新的内在性原则才宣告自身"④:表现绝非外在的现实和直接的具体化,它是描述,即"表现自身之物的展开","一在多中表达自身",又是包容,即"一被……铭刻在表达和展开它的东西之中"。⑤ 从根本上看,德勒兹意在将

---

① [法]德勒兹:《尼采与哲学》,周颖、刘玉宇译,社会科学文献出版社2001年版,第72—73页。

② 陈永国、尹晶主编:《哲学的客体:德勒兹读本》,北京大学出版社2010年版,第343页。

③ 汪民安主编:《生产·第五辑·德勒兹机器》,广西师范大学出版社2008年版,第280页。

④ Gilles Deleuze, *Expressionism in Philosophy：Spinoza*, New York：Zone Books, 1990, p.176.

⑤ Gilles Deleuze, *Expressionism in Philosophy：Spinoza*, New York：Zone Books, 1990, p.180.

斯宾诺莎的形而上学构架揭示为基于表现主义—纯粹内在性的本体论,以此批判由超验的内在性所引领的我思主体,拯救"自然主义"传统。他认为:"就内在性来说,它暗示了一个纯粹的本体论,一个存在的理论,在它之中,统一只是实体及其所是的属性。……所有的都是肯定。原因优于它的结果,但并不优于它所给予结果的。或者说,它没有'给予'结果以任何东西。参与必须以完全肯定的方式得以设想,它不以超越的礼物为基础,而是以允许本质的区分得以维持的形式共同体为基础。"①它强调"在'一'的普遍存在内部共存而相异的路线",彻底拒绝任何超越、先验和类比的规范、原则、秩序、结构和形式。它追寻真正肯定的唯物主义条件:"有根据能动和反动力量详尽说明的身体和情感;有与快乐相关的欲望;有对表象主义的反对,对否定论的批判,和对类比与同一性的解构;有对目的性延宕的反对"。② 简言之,适用于它们的伦理—政治、历史—社会模式只能建基于创构力量的自我充足和内在展开。它们不仅"把实体带入唯物主义话语,将实践理论提升至本体论层面",而且还将这个平顺的本体论之旅延伸至集体的政治结社过程。③

当然,德勒兹并没有简单满足于重新评估尼采和斯宾诺莎的内在性哲学,而是将它融入自己的理论规划之中。他认为,哲学的起点位于概念体系的"域外"(Dehors)。域外是一种超越内部—外部对立的彻底的外在,不构成任何内在之对立面的外在或没有内在的外在。它是虚拟的,破除了一切参照框架,构成一切思想体系和思考活动的极限,但"不是一种固定的界线,而是一种蠕动运动(即建构域内的皱褶与皱褶的作用)的动态活化物质:域内不是有

---

① Gilles Deleuze, *Expressionism in Philosophy*: *Spinoza*, New York: Zone Books, 1990, pp.173–174.

② 汪民安主编:《生产·第五辑·德勒兹机器》,广西师范大学出版社 2008 年版,第289 页。

③ Michael Hardt, *Gilles Deleuze*: *An Apprenticeship in Philosophy*, Minneapolis: University of Minnesota Press, 1993, pp.xii–xiv.

别于域外之物，而正是域外之域内"①。域内不过是域外关系的内褶和弯曲或叠层化运动所造就和发展起来的一个衬里和褶皱，只能停留在"当下作为极限的"或不可思考者的域外之折叠游戏之中，永远处在一个无限的变易状态。② 域外的这种内在化作用必然指向存在即为差异本身的差异化运动。它不能混同于"多"，更不等同于"一"，而是一种完全摆脱"一"和"多"二元模式的纯粹多样性：差异的差异或自在的差异，不同于仍然服从表象机制的一般性差异或差异的同一性。它不为在某种同一性内部区分不同类型的多样性，仅仅处理差异如何差异化的问题，只能被理解为"自在的存在是什么的问题"③。这种差异也是对个殊性—虚拟性—生成性事件的思考。在德勒兹看来，事件自身是反实现的，总是处在从一个状态向另一状态的飞掠或转换，时刻改变和生成自身的性质。一方面，它在本质上对应于"绵延的时间性"或生机时间（aiônienne），即"生命或生机力量，衍生为生命绵延"④。"事件的不限定时间，仅只认识速度的漂浮之线，且其同时不停将降临者切分为已经在此与尚未在此、同时太迟与太早，这是某种即将发生且刚发生之物。"⑤由于指向无限的生成和差异的机制，所以它从"不表示本质或属性，而代表力（force）、强度（intensities）和行动（action）……并非先于身体而存在，而固存于、持存于、寄存于身体之中……并不发生于主体，而先于主体和个体而存在"⑥。总之，"'事件'的最最本质的'意义'，正是它不断地唤起、重组、拓展、交叉不同的时间层次与维度的生成运动过程"⑦。另一方面，事件的根本规定在于本身即为

---

①　[法]德勒兹：《德勒兹论福柯》，杨凯麟译，江苏教育出版社 2006 年版，第 100 页。

②　[法]德勒兹：《德勒兹论福柯》，杨凯麟译，江苏教育出版社 2006 年版，第 123—126 页。

③　[美]加里·古廷：《20 世纪法国哲学》，辛岩译，江苏人民出版社 2004 年版，第 413 页。

④　杨凯麟：《德勒兹哲学中的思想与特异性》，第 8 页，http://kailinyang.info/deleuze-SimplifiedChin-ese.htm，2016-07-08。

⑤　杨凯麟：《德勒兹哲学中的思想与特异性》，第 8 页，http://kailinyang.info/deleuze-SimplifiedChi-nese.htm，2016-07-08。

⑥　陈永国：《德勒兹思想要略》，《外国文学》2004 年第 4 期。

⑦　莫伟民、姜宇辉、王礼平：《二十世纪法国哲学》，人民出版社 2008 年版，第 567 页。

差异的"个殊性"(Singularity)①。它意指"一种纯粹、自由、脱离坐标、破坏疆界、无法定位、无法再现、无法思考、非人称、潜意识与前个体化的能量"②,即虚拟性③的原初存在和不可预知的差异性。它通向由偶然的"游牧分配"以及异质系列之间聚合和分化所建构的关系网络,个体、一般性和普遍性都是其衍生物。总之,德勒兹的这种"建构主义"(Constructivism)哲学强调概念的非目的论和非回溯式的反思及其进入经验内部并不断向其敞开的自我运动过程,认为它既是前哲学或非哲学的、去体系的和反主客二元区分的,又是充溢的、游牧的、无形的、无限的和实在的,只展现无法度量的纯粹生成状态和绝对肯定的内在性视野。

其二,德勒兹将"转向对资本主义及其已获得发展的方式的分析"④看作任何政治哲学的必要任务。他借由"创构性观念",在哲学和政治的根基之处设置了"组织的多元性与秩序的多元性、力量的汇聚与权力的配置"的根本对立⑤。正是以这个强有力的本体论概念为起点,他才构建了一个后结构主义的存在论模式和组织原则。在其视域中,真正将本体论与政治连接之物是

---

① Singular/Singulier 的内涵比较复杂,它主要指单一的、个别的、独特的、特殊的,分别对应于一般的、复数的、普同的、普遍的。国内学界一般把它译为单一的、特异的或独异的,但这很难与 Particular/Particulier 和 Special/Spécial 区别开来。基于其最核心的两个维度——个别的和特殊的,作者统一将它译为个殊的。

② 杨凯麟:《德勒兹哲学中的思想与特异性》,第 4 页,http://kailinyang.info/deleuze-Simpli-fiedChinese.htm,2016-07-08。

③ 在德勒兹看来,虚拟性(Vituality)不同于可能性(Possibility),一方面,虚拟性相对于实现(Actuality),可能性则相对于现实性(Reality)。虚拟反对实现(Actual),但拥有完全的实在性,它所经历的过程是实在化(Actualization)。可能则反对实在,它所经历的过程是现实化(Realization)。另一方面,可能指向概念的同一性形式,虚拟则揭示其纯粹差异本性,只能通过差异、分离和分化才能发生。

④ Gilles Deleuze, *Negotiations 1972-1990*, New York:Columbia UniversityPress, 1995, p.171.

⑤ 从本质上看,这个对立分别代表了建基于权力/超验性/等级性与力量/内在性/平顺性的政治本体论和社会组织形式:"配置(Dispositifs)或部署(Deployments)自上而下地从一个超验的外部空间来构造社会秩序;布展(Agencements)或聚合(Assemblages)则自下而上地从内在性的社会平面来创建社会组织之机制"。(Michael Hardt, *Gilles Deleuze:An Apprenticeship in Philosophy*, Minnesota:University of Minnesota Press, 1993, p.121.)

"力量之表达:社会力量领域的自由冲突和创构","存在向政治创造和社会生成的介入开放"。因此,"社会的开放组织必须区分于秩序的垂直结构",社会的轮廓完全是平滑的和横向的,即"一个透过在力量之内在性领域中的社会遭遇而实现的连续的构造和分解过程",它"将内在性平面绝对而平等地包容进来",展现出"一个关于民主社会之开放的、平滑的和集体的动态构想"。①总之,这是一个以力量的积极创构性、平顺的社会身体、开放的生成过程和无限的差异生产为基础的绝对内在性视野。在它之中,首先,现实世界的绝对性在避免了所有先验目的和超验机制之后,只能由内在的特定性与自身的直接所予和目的来揭示。其次,由上述社会—历史的创构性动力论所呈现出的集体实践现象学,必将以唯物主义和集体主义为本质面向,展现一个由不同力量之相互连接和分离、构成和交织、波动和具体化所创造的多样性视域。再者,它确认了一种完全产生于纯粹绵延中之内部差异的组织艺术。它破除了组织秩序被预先设定的稳固性和单一性,注重揭示源自异质因素之间偶然的、暂时的和任意的连接之自我连贯的和自组织的聚合机制。概言之,德勒兹力图将围绕纯粹内在性、自在差异和创构性的本体论筹划,延伸至对政治结社的分析之中,既在个体或国家层面,又在前个体—超个体和前国家—超国家的层面来揭示政治的发生。与之相应,其"自由"观始终建基于虚拟的政治聚合过程和差异的抗争政治,避免以既定共同体/社会秩序的现有价值、中心化的组织形式或等级化的解放叙事之名将其驯服和禁锢。

德勒兹的上述努力最终都可以汇合在他的欲望理论和游牧政治之上。与福柯关于身体的"政治技术学"所刻画的被动身体不同,他更加注重从力量的强度和欲望的创造性方面来描述作为主动者和生产者的身体。其一,他关注身体的创造潜能及其无限可能的开放样态,力图通过一种动态化的本体论立场塑造一个兼具物质性和反本质性的主体形象。在他看来,斯宾诺莎通过将身

---

① Michael Hardt, *Gilles Deleuze:An Apprenticeship in Philosophy*, Minnesota:University of Minnesota Press,1993,pp.119-121.

体和心灵视为单一实体的两种属性,以身心一元论及其平等的关系模式取代了自柏拉图和笛卡尔以来的二元等级体系,避免以类—属、主体—客体、器官—组织的垂直结构来思考身体。他还从身体之间的互动关系、情感—情状的物理学、主动影响和遭受影响之力量、开放的创构性实践动力系统等方面出发,界化了一个在力量强度之变化中不断生成、遭遇、影响、接合和交汇的主体模式。其二,他基于尼采的力本论,将身体看作力与力之间相互作用的场所,认为身体不是与心灵相分离的物质实体,不再拥有恒久不变的基础和本质,而是力或能量关系的"强度平面"或聚合体。其三,他聚焦身体的欲望维度,并延续马克思关于社会物质生产的分析思路,试图将马克思主义和精神分析学结合起来,主张一种自我充足的、绝对主动的欲望模式以及排斥二元论、等级制的欲望政治。

德勒兹指出,虽然精神分析学发现了"欲望的生产"和"无意识的各种生产活动",却往往立足于俄狄浦斯的戏剧舞台和家庭范围,未能将它们充分拓展至社会生产层面。它通常将欲望受制于根本性的缺失或匮乏,将欲望生产当成"无意识的表现的系统"或"谈话、表达或相应理解的形式",①将欲望主体视为被阉割的分裂主体。事实上,欲望不是欲望主体或欲望对象缺乏的被动反应或心理状态,而是"由无意识以各种类型的'综合'而引发的情感与力比多能量的持续生产"。作为"自由的生理能量",它直接投资现实社会的生产,是主动的实现关系,而非被动的满足关系。它是异质因素之间的功能性、偶发性的布展和连接,只"追求包容性而非排外性的关系,同物质流及局部客体建立随机的、片断性的、多样化的联系"。② 其唯一的客观性在于不断向生产和再生产过程敞开的游牧而多元的无限生成运动,试图摧毁一切阻碍其流动性和自由生产性的权力秩序和编码制度。总之,德勒兹对欲望的解释"存

① [法]德勒兹:《哲学与权力的谈判》,刘汉全译,商务印书馆 2000 年版,第 164—165、19 页。

② [美]斯蒂文·贝斯特、[美]道格拉斯·凯尔纳:《后现代理论——批判性的质疑》,张志斌译,中央编译出版社 2001 年版,第 113 页。

在着一种本质化冲动与历史化冲动之间的紧张关系。一方面……欲望乃是社会地和历史地构成的，……另一方面……又诉诸一种不因历史而改变的欲望本质，认为欲望在本质上是生产性的和多样性的……仍然保留着一个本质上是本体性的而非文化习惯的欲望领域"①。这种欲望的唯物主义理解或唯物主义的精神分析学既是对福柯内在性唯物主义模式的推进，又是对现代理性主义的表象图式和俄狄浦斯式的政治代表机制的批判。

对德勒兹而言，正如物质生产需要借助机器体系一样，作为社会生产的唯一形式，欲望的生产透过机器来显示自身。在此，机器不等同于作为物理系统的真实机器，而是主要指"由现实体系之虚拟个殊性固有的自组织潜能驱使的异质因素的具体聚合"②过程。它被用来命名"一个各种不同部分和过程的全体"，"其连接共同运行，实现了物质、能量和符号（因此还有欲望）的流动"，③破除了建基于黑格尔式现象—本质和亚里士多德式形式—质料（Hylomorphism）之严格划分的有机总体的社会观念。这种与"内在性和单义性的生成本体论"相适应的"政治物理学"④主张物质和能量之流能够在不同的个殊性（Singularities）/事件序列或触发机制/起因（Triggers）上自我安排，因而在本质上指向一种去层级结构/无器官的强力身体政治。⑤　以此为基础，"每一特

①　［美］斯蒂文·贝斯特、［美］道格拉斯·凯尔纳：《后现代理论——批判性的质疑》，张志斌译，中央编译出版社 2001 年版，第 137 页。

②　John Protevi, *Political Physics：Deleuze，Derrida and the Body Politic*，London and New York：The Athlone Press，2001，p.10.

③　John Johnston, *The Allure of Machinic Life：Cybernetics，Artifical Life，and the New AI*，Massachusetts：MIT press，2008，p.111.

④　它将物理学和政治学充分连接起来，既是一个政治化的物理学，又是一个物理化的政治学。以它为起点，德勒兹—尼采式的身体概念往往通过双重路径来思考身体：一方面，物理的、化学的、生物的和社会的身体能够根据力量关系的秩序法则被政治地界定；另一方面，政治身体的创建也可以依照被卷入其法则秩序中的力量在物理学、化学、生物学或社会上得到理解。（John Protevi, *Political Physics：Deleuze，Derrida and the Body Politic*，London and New York：The Athlone Press，2001，p.3.）

⑤　John Protevi, *Political Physics：Deleuze，Derrida and the Body Politic*，London and New York：The Athlone Press，2001，pp.7−10.

定的社会形态都拥有自身选择、连接和联合不同因素以及打断和安排流动的方式"①,不再屈从于任何建基于本原思维和国家思维的绝对同一性和连续性形式。因此,欲望—机器的生产过程只与突破被限定状态的无限变形—构造运动和不断增值其现实效果的自由行动相关。于是,德勒兹必然以一种去层级化和平面化的社会组织原则,从根本上批判基于同一—本质—表象—代表的国家主义—司法主义思维,拒斥"列宁式的普世知识分子概念、先锋队政党概念以及极权化的组织模式"②。

　　严格来说,德勒兹的欲望理论也是他对晚期福柯处理主体和规范之伦理学问题的重新思考。虽然后者从未把抽象的普遍性视为规范和伦理的基础,但他仍然通过自我和伦理的关系将启蒙和对康德的诠释引向主体和普遍规范的内在关系之中,并没有完全排除使政治和主体重陷规范异化的可能。③ 德勒兹则把主体驱逐在关于自我构造的内在性生产过程之外,更加根本地拒斥了它自身。这既扭转了福柯视域下身体相对于权力的被动地位,又借助一种先验的实证论或虚拟的机械论,通过欲望—机器来分解主体的本质的同一性,使它变成一系列社会机器和自然机器的异质组成之间的流动和接合。作为身体的精神分裂经验和逃避主体化的方式,欲望—机器的主体性模式主张主体应为欲望之流的一部分,并且主体性"不是一个位置,一个陈旧的出发点,而是一个过程或生成……众多同一性和聚合体与其他同一性之间的连续转换",即"一个避免使思想和主体性囚禁在位置之上的非位置"。④ 在这个前提下,以无器官的身体—精神分裂症者、块茎和游牧者为核心的精神分裂学、

---

　　① Simon Choat, *Marx Through Post-Structuralism*: *Lyotard*, *Derrida*, *Foucault*, *Deleuze*, London and New York: Continuum, 2010, p.137.

　　② [美]道格拉斯·凯尔纳、[美]斯蒂文·贝斯特:《后现代理论:批判性的质疑》,张志斌译,中央编译出版社2004年版,第124—125页。

　　③ Pierre Macherey, "Toward a Natural History", in Timothy J. Armstrong (ed.), *Michel Foucault*: *Philosopher*, New York: Harvester Wheatsheaf, 1992, pp.181-183.

　　④ Saul Newman, *From Bakunin to Lacan*: *Anti-Authoritarianism and the Dislocation of Power*, Oxford: Lexington Books, 2001, pp.103-104.

块茎学和游牧学,既被德勒兹用来描绘由欲望强度和多样性所构造的动态世界,又被他用来说明作为资本主义剩余物的平滑/游牧政治学。

　　无器官的身体主要指一种针对欲望及其生产性能量而言的绝对去辖域化过程。作为由强度、多样性及其流动矩阵构成的连贯平面,它并不拒斥器官(Organ),而是有机论(Organism)、主体论和意义论的对立面,只能被理解为众多游牧分子单元的散布、连接和聚合运动。它先于有机体和器官的层级组织,拒绝将躯体限定于严密的等级性机体结构之中。它是反实现、未成形的生产状态,始终指向新连接、新生成和新可能性的绝对开放视域。正是在这些方面,奈格里才将它视为能够"承担共产主义任务的主体形象"①。精神分裂症者始终处于欲望生产的内在性视域,具体展现为一个分裂式的、去稳定化和去资本主义辖域化的动态流动过程。它绝不具备平衡而固定的结构状态以及精神分裂症患者那种机体残缺和自我毁灭的气质,而是破除了所有机能障碍且充满活力的革命者典范。而游牧民则指向反抗规范性权力捕捉的平顺的逃逸运动和游牧运动,即一个不断逃离国家装置反复编码而生成—少数/生成—革命的自由解放过程。它建基于一种游牧艺术的美学生存模式,"分布在一个他所占据、栖居和拥有的平滑空间"②,实为"去辖域化量子之喷涌和变异之流的通道"③以及反结构化的非位置,始终朝纯粹的生成性和突变体之涌现无限敞开。

　　概言之,德勒兹对抗总体化的后革命主体模式或欲望躯体类型不仅宣告理性主体的破灭和永处生成中的分裂主体的出现,而且还导致了抗争政治的审美化和乌托邦化。在他看来,首先,主体不再是一个自主的实体,它脱离了心灵和肉体、主体和客体、自我和他者的二元架构,表现为一种生机论模式下

---

　　① Michael Hardt and Antonio Negri, *Labor of Dionysus: A Critique of the State-form*, Minneapolis and London: University of Minnesota Press, 1994, p.14.

　　② Gilles Deleuze and Felix Guattari, *A Thousand Plateaus: Capitalism and Schizophrenia*, London: University of Minnesota Press, 1987, p.381.

　　③ Gilles Deleuze and Felix Guattari, *A Thousand Plateaus: Capitalism and Schizophrenia*, London: University of Minnesota Press, 1987, p.230.

自由流动、连续生成、变动不居的无限创构运动。这揭示了一个"不能被矛盾而仅能由多变的和不断跨越界线和边界来界划的社会形式之流动的动力论"①,不可避免地携带有机主义(Organicist)的行为模式和怀旧的自然主义倾向。其次,真正的革命问题"从来就不是把乌托邦的自发性与国家的组织性对立起来的问题"②,而是始终聚焦于由欲望聚合所创建的逃逸运动,确立一个比纯粹的无政府主义结构化但又拒绝专制国家形式的政治组织原则。③尽管依赖去组织化的革命力量和解放规划,但它"始终是组织上的",致力于回答"一个不是以国家机器为模式的、甚至预示未来国家的组织是可能的吗?"它认为"政治基本上只与欲望躯体的解放有关",一定程度上默认无须明确欲望聚合的社会历史前提就可以实现多元微观斗争的横向连接,因而"根本没有必要去生产任何传统形式的革命主体性(激进的需求、兴趣或意识),不需要你死我活的意识形态之战,不需要对现状的批判,也不需要政治代理者的基础"。④

在一定意义上,德勒兹越来越成为"当今反全球主义者左翼的理论基础"⑤。虽然奈格里坚持认为,他同德勒兹在政治哲学上不是完全无差别的源流式的派生关系,而是"连续性的相遇"⑥,二者各自拥有"不同的力量和在政治上的生产的可能性"⑦,并由此导致了许多截然相反的政治结果,但无疑德

① Simon Choat, *Marx Through Post-Structuralism: Lyotard, Derrida, Foucault, Deleuze*, London and New York: Continuum, 2010, p.146.

② 汪民安主编:《生产·第五辑·德勒兹机器》,广西师范大学出版社 2008 年版,第 173 页。

③ Craig Lundy, "Who Are Our Nomads Today? Deleuze's Political Ontology and the Revolutionary Problematic", *Deleuze Studies*, Vol.7, No.2, 2013, p.234.

④ [美]道格拉斯·凯尔纳、[美]斯蒂文·贝斯特:《后现代理论:批判性的质疑》,张志斌译,中央编译出版社 2004 年版,第 140—141 页,译文有改动。

⑤ Slavoj Žižek, *Organs without Bodies: On Deleuze and Consequences*, London: Routledge, 2004, p.xi.

⑥ Cesare Casarino, *In Praise of the Common: A Conversation on Philosophy and Politics*, Minneapolis: University of Minnesota Press, 2008, p.117.

⑦ Nicholas Thoburn, "Vacuoles of Noncommunication: Minor Politics, Communist Style and the Multitude", in Ian Buchanan and Adrian Parr (eds.), *Deleuze and the Contemporary World*, Edinburgh: Edinburgh University Press, 2006, p.42.

勒兹对他而言肯定是仅次于马克思的"当代思想家中首要的对话者"①。正如他和哈特所言，"我们探讨他的思想是为了考察后结构主义断裂之后提出新研究问题框架的建议，并在哲学和政治思想之新基础得以可能的领域来检验我们自己的立足点。我们向德勒兹要求的东西首先便是他教会了我们当代哲学的可能性"②。一方面，奈格里致力于在马克思主义内部实现的政治本体论转向直接源自他与战后法国以福柯和德勒兹为代表的后结构主义思潮的积极对话。作为其最重要的代表作，他与哈特合著的三部曲（《帝国》《诸众》《大通社会》）将德勒兹《反俄狄浦斯》和《千高原》与马克思《政治经济学批判大纲》和《资本论》批判资本主义社会的基本原则，一并看作最具借鉴价值的方法论坐标和逻辑参照系。实际上，不仅奈格里的核心政治哲学思想与德勒兹有着密切关系，而且经由《反俄狄浦斯》《千高原》到《资本论》《政治经济学批判大纲》的阅读，也为他在全球资本主义时代批判金融资本和创建目前左翼知识界十分缺乏的抵抗理念，提供了一个十分关键的逻辑起点。③ 另一方面，作为德勒兹的"最优先的解释者"④，奈格里的工作极大地充实了"贯穿整个德勒兹政治理论的虚拟的马克思"⑤形象，使其对资本主义、自由主义、民主、人民、民族国家等的批判性评论得到了最完整的表达，因而对德勒兹的理解必须把他当成最重要的中介。⑥

首先，德勒兹的本体论规划奠定了奈格里创建其政治本体论并以此切入

---

① Antonio Negri, *Savage Anomaly：The Power of Spinozza's Metaphysics and Politics*, Minnesota：University of Minnesota Press, 2008, p.118.

② Michael Hardt, *Gilles Deleuze：An Apprenticeship in Philosophy*, Minneapolis：University of Minnesota Press, 1993, p.xv.

③ Colin Cremin and John Michael Roberts, "Postmodern Left-Liberalism：Hardt and Negri and the Disavowal of Critique", *Critical Sociology*, Vol.37, No.2, 2011, p.194.

④ Philippe Mengue, "The Absent People and the Void of Democracy", *Contemporary Political Theory*, Vol.4, No.4, 2005, p.393.

⑤ Nicholas Thoburn, *Deleuze, Marx and Politics*, London and New York：Routledge, 2003, p.I.

⑥ Alberto Toscano, "Marx + Antonio Negri", in Adrian Parr（ed.）, *The Deleuze Dictionary*, New York：Columbia University Press, 2005, pp.154–156.

现实政治分析的最具决定意义的参照坐标。他旨在以建基于力比多唯物主义、绝对内在性和多元主义的后基础主义本体论，反对所有同一性、总体性、连续性和等级性的霸权。这种带有鲜明的"本体性的建构主义"①和生机论色彩的哲学立场和政治模式，在根本环节上与奈格里政治本体论的基本语境遥相呼应。正是对它的运用和发展才使奈格里实现了从自主主义传统向后结构主义政治本体论的转变。该线索的缺失会使我们无法回答对奈格里来说"摆脱马克思主义政治经济学的最佳战略……是不是将其归入这种生机论的本体论之中"②这一关键问题。

具体而言，其一，德勒兹和奈格里对传统西方哲学和左派政治的批判与对本体论的重构，共享着基本一致的背景和路径。从根本上看，二者的主要哲学和政治规划均致力于回答1968年五月风暴和1989年柏林墙倒塌以来资本主义世界的全新变化和激进政治的未来出路等重大问题。它们都沿着后结构主义的核心原则，审视后现代主义和马克思主义、后现代性和现代性的关系，各自构建其"后分析和后政治"③的社会批判模式。其二，作为奈格里政治本体论的中心脉络，劳动/力量/欲望—资本/权力/工作、价值稳定过程—自我价值稳定过程、资本构成—阶级构成、制宪力—宪制权、帝国—诸众的非均衡性对抗逻辑及其创构性的本体论规划，与德勒兹围绕内在性—超越性之根本对立的非二元论配对模式（如单一性—多样性、欲望—权力、去辖域化—再辖域化、压制—抵抗、战争机器—国家装置、平滑空间—褶皱空间、少数—多数、表象—表现、游牧—固定等），在主要内容和根本取向上基本一致。其三，奈格里将

① 参见 Chad Andrews, "Ontological Constructivism: Negri and the Philosophical Foundations of a Future Communism", *Socialims& Marxism*, 2010, http://dr.library.brocku.ca/handle/10464/2911, 2016-01-01。

② Alex Callinicos, "Antonio Negri and the Temptation of Ontology", in Timothy S.Murphy and Abdul-Karim Mustapha (eds.), *The Philosophy of Antonio Negri: Revolution in Theory*, London: Pluto Press, 2007, pp.193-194.

③ Franco Berardi Bifo, *Fleix Guattari: Thought, Friendship and Visionary Cartography*, New York: Palgrave Macmillan, 2008, pp.73-74.

德勒兹通过欲望—权力的非二元论对立对资本主义的精神分裂分析,看作自己借由劳动—资本的非对称性对抗来揭示资本主义发展过程的原型。他主张对资本主义发展的描述只能从"以与工人自主性相对立为特征的精神分裂"①开始。这种关于工人阶级(欲望政治学)和资本主义(禁欲主义)之"内在且反对"的逻辑,与德勒兹基于欲望的聚合和包容性的分离,将权力和抵抗视为资本主义自身双重维度的思路十分接近。其四,奈格里通过差异—事件—力量和活劳动—欲望—自由的绝对内在性—肯定性原则,将历史—伦理—政治—主体融为一体的分析框架,与德勒兹从差异—事件哲学到欲望—抵抗政治对本源性的自在差异、内在性的连贯平面、无限的创构过程和纯粹的生成状态的强调,具有明显的逻辑连续性。其五,奈格里立足《政治经济学批判大纲》"机器论片段"对当代资本主义的分析和批判明确体现出德勒兹哲学机械论和政治物理学对他的影响。其生命政治理论基于生命生产和社会生产的一体("生命以生产为目的,生产同样以生命为目的"②)对连接性的聚合体及其力量强度不断增长的强调,主要遵循了德勒兹围绕游牧式连接、连续性变异和包容性分裂的社会—政治聚合理论的分析思路。同时,他对当代资本主义主权和革命问题的思考,也基本沿用了德勒兹去辖域化政治的核心观点。尽管他认为德勒兹对社会机器的描述只能将"社会再生产的生产性"确认为一个由不可把握的事件所标识的不确定视域,从而使社会生产的激进本体论变得软弱无力,但他把注意力投向社会存在的生产及其"本体性的实质"之上,由此既全面变革了唯物主义批判的传统,重新理解了当代政治的本质,又为把握社会物质生产和革命主体性生产的全新关系,剖析替代

---

① Antonio Negri, "Twenty Theses on Marx: Interpretation of the Class Situation Today", in Saree Makdisi, Cesare Casarino and Rebecca E. Karl (eds.), *Marxism Beyond Marxism*, New York and London: Routledge, 1996, p.169.

② Michael Hardt and Antonio Negri, *Empire*, Cambridge and London: Harvard University Press, 2000, p.32.

性社会和生命形式的可能性和现实性,提供了一个颇具参考价值的逻辑框架。①

其次,奈格里的新政治语法将德勒兹激进政治学基于内在性连贯平面的组织原则内化为自己革命规划的重要前提和方法。它们都强调由创构性力量之强度平面所构成的未分化的原初领域,坚持无限的生成和变形过程的优先性,拒斥一切表象性/调解性/代表性的政治模式。在他看来,虽然德勒兹视域的解放事业"始终是一项不确定的、不完备的、胜负难料的计划"②,仅仅提供出"民主政治的端倪",且面临着无法协调的困境,③但他向我们提供了"一个能够暗示关于社会聚合之当代形式的未来研究路径的大方向"④。

具体而言,其一,奈格里对传统革命组织的拒绝和对工人阶级之自主性的强调,与德勒兹对先锋政党模式、等级性组织类型和社会主义政治模式的批判,同属在普遍性—同一性—代表性政治危机的前提下,借由内在性哲学构建新组织原则的尝试。其二,德勒兹的与奈格里欲望政治和游牧革命在本质上均指向一种去层级化的平滑政治学、内在性的绝对民主和去规范化的后无政府主义批判,力图破除一切与人类生命相关的超越性机制,更好地解决政治的多元主义问题。其三,奈格里通过帝国/资本/权力和诸众/劳动/力量的内生

---

① Michael Hardt and Antonio Negri, *Empire*, Cambridge and London: Harvard University Press, 2000, pp.28–29.

② [美]道格拉斯·凯尔纳、[美]斯蒂文·贝斯特:《后现代理论:批判性的质疑》,张志斌译,中央编译出版社 2004 年版,第 136 页。

③ 奈格里直言,《千高原》尤其在政治哲学领域存在一系列悬而未决的难题,这使他在德勒兹的政治规划中特别是在不清楚战争机器行进之处,总能听到"悲剧的音符"。一方面,他提供的一系列对比性的概念配对虽然保持了开放的颠覆姿态,但往往伴随着一种异端宣言式的暴力。另一方面,他没有充分说明少数的生产如何变得强大以及抵抗如何转变成革命性反叛等根本问题,未能指出被压迫者如何进行反抗的有效方式,甚至常常使解放事业停留在被迫接受反叛/制宪力/创构性的力量总是由统治/宪制权/已建成的权力来界划的律法悖论层面。(Gilles Deleuze, *Negotiations 1972–1990*, New York: Columbia UniversityPress, 1995, pp.171–173.)

④ Michael Hardt, *Gilles Deleuze:An Apprenticeship in Philosophy*, Minnesota: University of Minnesota Press, 1993, p.122.

性对抗对资本主义国家形式和主权逻辑的批判,与德勒兹基于块茎学和游牧学强调游牧思维—战争机器和国家/司法思维—国家装置的根本对立,不仅在思路和观点上十分接近,而且都在一定意义上从马克思以死劳动和活劳动关系来揭示资本限度的思路发展而来。虽然他们在处理"资本主义的实在界"和"事件的真理"等方面存在一定的差别,①但他们都立足一个前表象和未分化的本体性领域(力量的强度平面),在一个非二元论框架中,强调内在性—生产性—革命性力量同超越性—调解性—固定性权力的对抗,充分展现以多样性、虚拟性、偶然性、非连续性和不可预见性为基本维度的自由空间。

　　再次,德勒兹的欲望躯体类型(无器官的身体、分裂主体/游牧主体)和分子实体(生成—少数)构成奈格里以阶级构成和诸众政治为核心的革命主体性模式的原型。对奈格里而言,虽然德勒兹的欲望理论并未具体指明构造社

---

　　①　与奈格里对同一性、普遍性和总体性的完全排斥不同,德勒兹采取了一种相对温和的方式。以对待资本主义为例,虽然他们都遵从马克思的内在性批判思路,一致认为资本主义兼具统治性和革命性双重面向以及欲望(力量)相对于权力的本源性,但前者强调欲望的绝对创构性对资本主义权力配置的根本超越,后者则承认资本主义既能够释放出逃脱自身控制的欲望之流,又可以通过连续的捕获过程使其重新臣服于自身的统治。在对事件的理解方面,前者基于对绝对差异的固守,只坚持斗争事件的个殊性、偶然性和开放性本性,后者虽然也赋予多元主义以本体地位,但认为需要一并明确这些事件的差异性及其背后的某些共同过程和深层机制。对德勒兹而言,存在于斗争事件中的革命行动暗含着一种从形成于资本内部动力的结构、历史、现实化和稳固性中剔除(Subtraciton)或抽取出来的政治模式。因此,他往往根据一个"内部的资本主义逻辑"或连续的资本内在历史来揭示资本主义的发展,从而在一定程度上维持了资本主义之价值形式、权力操控方式之演变过程的相对自主性:无论资本的形式如何变化,资本—主权结构的内部历史始终围绕一个固定而独立的公理化体系运行。但在奈格里看来,德勒兹提供的逃离途径仍然屈服于某种同一性的生产。指向自由实践的个殊性事件绝对不能抽取于资本的内部结构,它们只会发生在同资本彻底决裂且拥有完全自主性的生命政治生产领域:活劳动/无产阶级/诸众的自我价值稳定过程。基于此,他回归无产阶级/诸众/制宪主体的自我组织、自我决定和自我制度化,绝不以资本的有机构成、资本的积累过程和资本的价值形式为中心,创建了一个专门考察其内在历史和自由欲望释放的彻底独立的政治科学。在这个意义上,奈格里的"逃离"(Exodus)与德勒兹的"逃逸"(Flight)虽然都通过"剔除"而运行,但二者有本质差别。前者更接近巴迪欧的"纯化"(Purification),即从国家主权的基础和支撑体系中全面撤离,在与其彻底决裂的前提下创建一个全新的生活方式和人类共同体。后者则与巴迪欧的"剔除"(Subtraciton)十分相似,即不为重新占有国家权力,而是始终保持与它的距离,创造一个从国家体制和主权秩序中抽取出来的自由世界。

会历史的革命主体,但仍然为我们揭示个殊而分散的力量如何聚合起来并展开集体实践行动,确立了重要的逻辑前提。

具体而言,其一,奈格里将德勒兹后主体模式的多元主义、纯粹生成和游牧存在的根基,看成自己政治主体理论的一个关键起点。其诸众/后福特主义的无产阶级/非物质劳动和一般智力的生命政治体,正是他立足当代资本主义生产过程对德勒兹欲望机器的变形过程、聚合的创造、无器官的社会身体和快乐政治身体的构成等核心观念的改写。只不过它们在奈格里的视域中获得了更加明确的现实根源(后福特主义生产方式、非物质劳动和生命政治生产)和更加具体的社会形象(产业工人、穷人、移民、流浪者和其他在资本统治之下从事劳动生产的少数群体)。其二,奈格里的诸众政治非常明显地体现出德勒兹"生成—少数"政治的根本特征。二者都"把政治决断的主体,从过往的可数并有所例外的'多数主流'"机制,转换为一个永远具有不可数性并毫无例外的'少数非主流'的'生—体'"①。奈格里的诸众和德勒兹的少数实为内在性平面、个殊性事件和自主革命力量的不同称谓。在一定意义上,通过二者的深层连接,我们不仅可以创建一个破除同一性和普遍性的差异政治学,用来解释共产主义运动的构成,而且还能够界定一个作为生命之创造和交织模式的"少数的政治学",用来理解新政治共同体的构造。② 后者代表了一种立足"特定的生产性"或"被限定的创造性"的政治沟通形象以及不断生产"内在于特定关系、集体性、实践和行为方式中的不同质地、情感和间断形式"的政治表现模式。③ 从这个角度看,奈格里和德勒兹都是"渴望'某个群体'到来的

① 王晓明、蔡翔主编:《热风学术》(第一辑),广西师范大学出版社2008年版,第214页。

② Nicholas Thoburn, *Minor Politics:Deleuze,Marx and the Refusal of Work*,London:University of London,2000,p.2,p.8.

③ Nicholas Thoburn,"Vacuoles of Noncommunication:Minor Politics,Communist Style and the Multitude",in Ian Buchanan and Adrian Parr (eds.),*Deleuze and the Contemporary World*,Edinburgh:Edinburgh University Press,2006,pp.44-47.

浪漫主义者,而非力求有效干预政治的自由主义—民主主义者"①,且都可归入"少数的马克思主义"②行列。其三,奈格里的阶级构成理论同德勒兹的欲望主体理论关系密切。一方面,德勒兹深受意大利自主主义传统的影响,③其围绕"辖域化—去辖域化—再辖域化"和"编码—解码—重新编码"的抗争政治学,积极回应了奈格里揭示资本主义发展和工人阶级斗争周期的中心结构:"资本主义的结构化—工人的解构—资本主义的重构"和"构成—解构—重构"。另一方面,奈格里根据劳动—资本之"内在且反对"的对抗逻辑,对源自活劳动本源性的阶级政治学的构建,从根本上延续了德勒兹基于欲望—权力的"包容性分裂"的身体政治学的基本问题:欲望主体如何在资本主义的超越性配置中生成—革命并展开其集体行动。

最后,德勒兹基于纯粹差异性和绝对内在性的本体论原则,对黑格尔辩证法的同一性—否定性本质、尼采的肯定性政治—伦理学、斯宾诺莎作为共同观念之构造的快乐实践概念和柏格森的虚拟本体论的确认,对传统哲学之超越性和总体性暴政的批判,被奈格里实质性地运用在对资本主义、政治主体、激进民主和替代性社会—生命形式的分析中。

具体而言,其一,德勒兹主要借由对尼采和柏格森的诠释对黑格尔辩证法的哲学批判,与奈格里通过对马克思和列宁的阅读对黑格尔主义及其二元对立逻辑的政治批判不谋而合。④ 二者均可归入战后法国哲学的内在性哲学脉络,他们分别借由在尼采和马克思那里获得的差异性和创构性的力量原则,都将辩证的思维方式及其二元论视为同一性—总体性—超越性的规划,进而把

① Nicholas Tampio, "Assemblages and the Multitude: Deleuze, Hardt, Negri, and the Postmodern Left", *European Journal of Political Theory*, Vol.8, No.3, 2009, p.385.

② 参见 Eduardo Pellejero, "Minor Marxism: An Approach to a New Political Praxis", *Deleuze Studies*, Vol.3, No.Suppl, 2009, pp.102–118; Hans Skott-Myhre, "Outrage and the Question of Minor Marxism", *Cultural Critique*, No.86, 2014, pp.148–156。

③ Antonio Negri, *Reflections on Empire*, Cambridge: Polity Press, 2008, p.13.

④ Michael Hardt, *The Art of Organization: Foundations of a Political Ontology in Gilles Deleuze and Antonio Negri*, Seattle: Dissertation, University of Washington, 1990, pp.1–2.

它看作资本主义统治秩序和主权结构的政治配置。其二,德勒兹对待马克思主义和马克思的基本态度与奈格里十分接近。他们都明确宣称自己是一个马克思主义者,在一定程度上认同马克思批判资本主义社会的内在性思路和关于机器构成生产之直接表现形式的社会隐喻。二者共同立足展现力量聚合之创造的本源领域,以生机论—动力论—机器论的政治思维模式,集中批判了马克思主义传统中的机械决定论、先验目的论、线性进化论和总体性叙事,并将政治变革的发生诉诸一种基于虚拟性—生成性的反实现机制。他们还试图通过马克思同尼采和斯宾诺莎的深层连接,将马克思主义全面纳入后现代主义谱系中,致力于阐发替代性社会的政治躯体形式:一个"集体自由的生理学"①。从根本上看,这个虚拟的"超越"立场似乎包含着"超马克思主义"(Hyper-Marxism)的强化和推进意味,②但仍然"是在更为接近马克思或者马克思主义的意义上颠覆了马克思的思想"③。其三,德勒兹对斯宾诺莎的阅读构成他复兴斯宾诺莎哲学的重要基础。④ 虽然二者对斯宾诺莎的情感、努力、肯定、伦理学等概念有着不同的理解,但奈格里仍然基本遵循德勒兹的内在主义和"反司法主义"⑤路径,并沿着它对超越性深度哲学的批判思路,"将之应用于实际的政治分析,并将平顺的本体论历程延伸至集体的政治结社,从个体到诸众的过程"⑥。而且,他们一致认为斯宾诺莎提供了一个围绕"政治实践之建构"的"唯物主义本体论",并以它为基础提出了两种"政治实践的创构性

---

① Kenneth Surin, " 'Reinventing a Physiology of Collective Liberation' : Going 'Beyond Marx' in the Marxism(s) of Negri, Guattari, and Deleuze", *Rethinking Marxism*, Vol.7, No.2, 1994, p.9.

② Nicholas Thoburn, *Deleuze, Marx and Politics*, London and New York: Routledge, 2003, p.11.

③ [法]伊莎贝拉·伽霍尔:《德勒兹、马克思与革命:如何理解"仍是马克思主义者"的内涵》,夏莹译,《江海学刊》2010 年第 5 期。

④ Antonio Negri, *Savage Anomaly: The Power of Spinozza's Metaphysics and Politics*, Minneapolis: University of Minnesota Press, 1991, p.267, Note4.

⑤ [法]德勒兹:《斯宾诺莎的实践哲学》,冯炳坤译,商务印书馆 2004 年版,第 154—155 页。

⑥ 萧育和:《政治想象与激进启蒙:史宾诺莎式本体论的当代诠释》,台湾大学社会科学院政治学系硕士学位论文,2007 年,中文摘要。

本体论"。① 其四,德勒兹和奈格里都强调斯宾诺莎—马克思—尼采的内在性学术脉络(基于欲望—活劳动—力量的新实践哲学)在革命政治领域的关键作用。德勒兹将他从斯宾诺莎、尼采和马克思那里确认的内在性、差异性和创构性思想,视为批判资本主义社会和取代传统政治话语的逻辑起点。奈格里则在现代性危机的核心地带辨识出两条相互一致的激进批判线索:马基雅维利—斯宾诺莎—马克思、尼采—福柯—德勒兹。在他看来,前者围绕德行—欲望—活劳动的制宪主体的系谱学隐含着超越现代性和反乌托邦的激进民主的根基,后者则通过无限开放的历史创构机制、连续变异的政治主体模式、平顺的政治聚合方式和集体自由的社会躯体形式,更加直接地宣告了绝对内在性民主的诞生。

总之,德勒兹的政治哲学为奈格里对资本主义的批判、对马克思主义的干预和对政治边界的重新划定,提供了一个极具借鉴意义的理论框架。其后结构主义的革命主体性模式、后基础主义的本体论规划、后社会主义的政治策略、后无政府主义的政治组织原则、基于绝对内在性和游牧革命的平滑政治学以及兼具解构—建构和伦理—政治维度的人类解放图景等,无一不体现出与德勒兹的亲缘关系。

二、意大利左派海德格尔主义的否定性根基： 阿甘本的潜能存在模式

与奈格里通过同斯宾诺莎的结合所发展出的绝对肯定性哲学和对黑格尔辩证法的拒绝不同,阿甘本则致力于在政治领域中复兴海德格尔的否定性存在论,且对黑格尔辩证法的否定性思维有所保留。曼托里尼这样来概括意大

---

① Kenneth Surin, "'Reinventing a Physiology of Collective Liberation': Going 'Beyond Marx' in the Marxism(s) of Negri, Guattari, and Deleuze", *Rethinking Marxism*, Vol.7, No.2, 1994, pp.9−10, p.16.

利"左派海德格尔主义"的基本语境:"对形而上学来说,基础就是存在所立足的地方,这是允许存在发生的基础。……从20世纪60年代到80年代——但这还没有完结——意大利哲学编织了这样一条线索,从叔本华和尼采开始,到维特根斯坦和海德格尔,在虚无主义的轨道中与存在的无所奠基相缝合。这些争论的参与者虽然来自不同的理论和政治背景,但是并没有改变大趋势,即通过剥夺存在,并最终确立哲学神秘主义和政治机会主义,去转变这个基础。各自立场所产生的真实差异——阐释学的自由游戏,去中心的共同体,或者形式主义的决断论——不能推翻这些趋势的最终目的:就一个残余性的、阈限的否定性的内在生产来说,为神秘主义提供了一个政治的(和理性的)基础。"①正如阿甘本所言,在他参与并由海德格尔主持的研讨会中,形而上学概念被赋予一个重要维度:"认为存在之自我奠基拥有一个否定性基础",而"一个完全而直接的肯定性形而上学(如奈格里在新近著作中归于斯宾诺莎的)之可能性问题,始终与它针锋相对"。② 二者及其包含的悲观主义和乐观主义基调"的确彰显了意大利共产主义哲学和政治内部,两种趋势间不可划界的冲突"③。显然,阿甘本和奈格里的政治本体论分别代表了其中的一端:前者立足于海德格尔的基础存在论强调政治的否定性根基,后者则从斯宾诺莎自我充足的存在范畴出发对它持绝对的批判态度。④

在阿甘本的思想发展过程中,他主要的方法论路径在于,借由福柯的考古学和系谱学方法与海德格尔关于存在的现象学分析,"在存在和语言边缘处

---

① 汪民安、郭晓彦主编:《生产·第9辑·意大利差异》,江苏人民出版社2014年版,第76—77页。

② Giorgio Agamben, *Language and Death: The Place of Negativity*, Minneapolis: University of Minnesota Press, 1991, p.xiii.

③ 汪民安、郭晓彦主编:《生产·第9辑·意大利差异》,江苏人民出版社2014年版,第77页。

④ 阿甘本曾经在《在这次流亡中(意大利日记,1992—1994)》一文中,专门就意大利自1968革命以来的政治局势和自主主义运动进行了批判性的考察。(参见[意]吉奥乔·阿甘本:《无目的的手段:政治学笔记》,赵文译,河南大学出版社2015年版,第161—191页)值得指出的是,拉克劳的政治本体论与左派海德格尔主义的核心主张较为接近。

发掘之时,旨在立足存在领域批判地创建一条救赎之路:一个从没忘记死亡境况的完全内在的救赎"①。在此,人被规定为言说和必死的存在,这便意味着"人性的'本有居所'或居留之所(ehtos)完全被否定性或虚无所渗透",即人性的无所奠基。② 同时,这个内在性的哲学线索建基于一种否定性的思维,其核心观点主张西方形而上学对存在的追问从一开始便"以一种独特的否定方式关联于语言":纯粹存在不可被言说,即尚未出场的本真之物并不具有任何现实意义,而"只是一个纯粹的否定性场所"。③

　　阿甘本主要通过援引亚里士多德的潜能命题和海德格尔的存在论思想切入内在性领域。在他看来,虽然斯宾诺莎的"努力"和尼采的"永恒轮回"都在一定程度上把主权的困境推至极端,但因未能通过潜能和实现的真正区分而把潜能提升到实现之上,仍然无法彻底剥离主权的禁忌。④ 亚里士多德区分了两种不同的潜能:通常意义上的潜能意指具备某种能力,但必须经受现实的转化过程;另一种潜能则基于拥有而仍然是潜在和未实现的,"以拥有为基础,他仍然能够不使自己的知识变成实现"。一般的潜能经由实现的现实行动而被耗尽,真正的潜能则经由对实现的悬隔得以保存。亚里士多德的形而上学只关注后者,强调潜能的自主存在及其对实现的优先,即潜能既构成实现的前提,又使它从属于自身。潜能并不用来描述纯粹逻辑的可能性,而应被视为"潜能存在的有效模式":"任何潜能都是同一个事物和关于同一个事物的非潜能"。⑤ 在此,他为主权模式留下了基本框架,主权禁忌对应于潜能结构,

　　① Antonio Negri,"The Ripe Fruit of Redemption", http://www.generation-online.org/t/ne-griagamben.htm,2016-07-08.

　　② Catherine Mills,*The Philosophy of Agamben*,Monteal and Kingston:McGill-Queen's University Press,2008,p.11.

　　③ 薛熙平、林淑芬:《后记》,[意]阿甘本:《例外状态》,薛熙平译,西北大学出版社 2015 年版,第 160—161 页。

　　④ Giorgio Agamben,*Homo Sacer:Sovereign Power and Bare Life*,Stanford California:Stanford University Press,1998,p.48.

　　⑤ Giorgio Agamben,*Homo Sacer:Sovereign Power and Bare Life*,Stanford California:Stanford University Press,1998,pp.31-32.

因为它恰好通过不成为或非是(Not-to-Be)的能力而与实现相关。在这个意义上,"主权总是双重的,因为作为潜能的存在悬置自身,同时又把自身保持在自己与禁忌(或放弃)的关系中,以把自己实现为绝对实现(它因而预先假定了自身的潜能)。在极限之处,纯粹潜能和纯粹实现是无法区分的,主权正是这个无差别地带"①。主权通过其禁令结构,意在将生物性事实和政治、自然秩序和宪政秩序、潜能和实现彻底混同。主权之例外状态的微妙性正在于,借由营造内部—外部、人类—动物、法律—规范、自然—文化、战争—平等、创构力量—既定权力的无差别地带,创建权力之于生和死的"放弃关系",来实施对生命力量的支配。主权通过"纳入性的排除",使每个生命都潜在地沦为赤裸生命。这不是立刻的生命决断,而是一种可生可死的放弃状态。显然,阿甘本试图从海德格尔存在的被遗忘(放弃)状态或存在的离开状态引出主权的本体论结构。这种状态并不意味着"存在是消解和免除其他存在者的存在,而是被抛弃并交付自身的存在者,即存在者的禁忌"②:存在在存在者的解蔽中遮蔽自己。主权的原初结构充分展现了这个矛盾:即便把存在完全抛入没有规定任何事物的律法之中,放弃关系也仍然处于虚无主义之中,仍然未把放弃的经验推至极端。只有使其完全摆脱律法的任何观念,才能真正实现它。

奈格里指出,阿甘本主要关注主权对生命的统治和操控,存在物似乎都因被固定在极权主义和静态的世域,而完全失去生产性。其整体视野处在一个"尚未分化的本体论层面",将所有要素都重置在"否定性的空无游戏"之中,使生命政治和对抗、例外状态和制宪力混同,从而必然带有怀疑论和悲观色彩。③ 并且,幸福生命和弥赛亚的内在性视域"通过辨别任何一种存在的存在

---

① Giorgio Agamben, *Homo Sacer: Sovereign Power and Bare Life*, Stanford California: Stanford University Press, 1998, p.32.

② Giorgio Agamben, *Homo Sacer: Sovereign Power and Bare Life*, Stanford California: Stanford University Press, 1998, pp.59-60.

③ Antonio Negri, "The Ripe Fruit of Redemption", http://www.generation-online.org/t/negriagamben.htm, 2016-07-08.

（Whatever Being）之所以可爱不在于其属性，而是因为它如其所是的存在"，最终也使阿甘本的伦理—政治前景总是"受制于将存在成为完美的受动性之转化"。① 因此，他的救赎观念时刻面临着一个无法克服的内部冲突：救赎既"要求以生命的张力对死亡门槛的超越"，但又总是把自身逼至必然遭遇死亡威胁的绝境。② 基于此，奈格里从阿甘本那里辨识出两种完全不同的形象：一个因连续地面对死亡问题而使生命持有一个"存在主义的、宿命的和恐怖的"背景，另一个则透过"文献学的劳动和语言学的分析"而拥有具备创造力和革命性的生命政治视域。第一种形象仅仅展示了生命被纳入政治生活之后遭受压制的彻底被动状态。它以一个否定性、消极性和被动性的本体论基础，使生命完全取决于主权和律法秩序的操控，而呈现出政治宿命论、虚无主义、神秘主义和悲观主义基调，基本丧失了在政治领域实施积极主动决断和变革的任何可能性。在第二种形象中，弥赛亚的例外状态一并呈现出斯宾诺莎主义和德勒兹主义之充足性和主动性的政治景观。它破除了生命政治框架的受动性和去活力化根基，既使生命的救赎带有强烈的乌托邦焦虑，又透过其内部对抗，充分展现它对例外状态的不断穿透、拆解和逾越。这使生命的绝对内在性变得现实而富于生命力和革命性，共同超越了黑格尔辩证法和本雅明弥赛亚的消极性基础。后者的肯定性面向往往在很大程度上受制于前者的虚无化品格。

以此为前提，阿甘本始终强调主权权力与生命政治的必然关联。在他看来，虽然福柯将人类的自然生命纳入政治领域，使其占据政治问题的核心位置，但他极力避免直接面对"存在论历史的问题"③，强调生命形式从未偏离同自我、同他人之间的关系，使它往往与通过围绕权力实施的政治策略关系被创

---

① Katja Diefenbach, "Im/Potential Politics: Political Ontologies in Negri, Agamben and Deleuze", http://www.after1968.org/app/webroot/uploads/bec-min-FINAL(4).pdf, 2016-07-01.

② Antonio Negri, "The Ripe Fruit of Redemption", http://www.generation-online.org/t/negriagamben.htm, 2016-07-08.

③ Giorgio Agamben, *The Use of Bodies*, Stanford: Stanford University Press, 2016, p.108.

建出来的顺从伦理连接起来。他一直都面临着一个无法克服的"本体论难题":一方面,权力关系必然会牵涉一个进行治理和支配事物并顽强地反抗权力的自由主体,另一方面,就这个主体对自身的治理和支配而言,它又不可避免地进入权力关系之中,要么支配他人的行动,要么接受他人的支配。换言之,它既可以通过支配其生命把自己塑造成自身行动的主体,又能够被其他主体支配而屈从于某种生命形式。这便意味着治理者和被治理者的统一,它们既绝对分离,又在相同程度上以不可分割的关系难解难分地关联在一起。因此,"福柯似乎没有看到……从不承担自由主体形象的与自我关系的可能性和生命形式的可能性"①。于是,福柯所谓的作为自由实践的审美生存或关切自身的伦理学只能表现为生命被赋予的一种不可治理和废止的形式。而且,福柯还试图在生命政治领域剔除主权问题,即放弃权力建基于法律—制度模式(主权的法律—政治模式和国家理论)的传统路径,强调权力对主体身体和生命形式的渗透,并将主权—法律与社会规范对立开来。晚年的福柯通过两个不同路径来定位这个分析,一个是"政治技术",即国家借以将对个人自然生命的关心和照料当作其权力实施核心或整合所有生命的基本手段,另一个则是"自我技术",主要探讨个人借由主体化过程而将自身同一于其身份、意识和外在权力。虽然他一直强调二者的重合,且已经将生命政治的出现看作国家权力之现代技术发展的中心环节,甚至还断言了现代政治的生命政治学和生命伦理学转向,但他并未触及生命的生物学概念本身这一关键枢纽,不能充分把握现代国家以纳入式排除的分离逻辑为中心的经济学式的根本治理模式。② 他总是回避主权和律法问题,无视主权权力通过例外状态的决断来操控生命和对生命进行全面治理部署的事实。这抹平了战争和和平的界限,甚

---

① Giorgio Agamben, *The Use of Bodies*, Stanford: Stanford University Press, 2016, p.108.

② Paul Patton, "Agamben and Foucault on Biopower and Biopolitics", in Matthew Calarco and Steven DeCaroli (eds.), *Giorgio Agamben: Sovereignty and Life*, Stanford: Stanford University Press, 2007, pp.204-205.

至可能丧失反抗权力和获得解放的能力。由此,阿甘本重新规划了福柯的理论方向,将焦点转向进入政治计算和主权权力实施领域的赤裸生命之上,重在凸显生命在现代国家的治理技术之下,被主权—律法和语言根本性地介入,既与自身的形式相分离,又处于随时都由政治主权来决断的位置和状态。在他看来,真相只能在于"生命政治的身体的生产构成主权权力的原初活动",将赤裸生命纳入政治领域是主权权力的逻辑基型,权力的生命政治模式和法律—制度模式根本不能割裂。①

对奈格里而言,福柯和阿甘本都通过生物生命和政治生活的并存和不可分割,将生命政治与生产完全割裂,根本无法透过一个肯定性和充足性的基础来展示生命政治领域本源性的自主政治空间。虽然福柯已经看到生命权力通过规训技术和生命政治对社会生活之生产和再生产过程的全面捕获,但没有专注于对生命政治领域之生产性和创造性问题的分析,未能找到在控制社会中社会生产的真正动力所在。阿甘本同样否认生命政治与生命权力彻底分离及其对生命权力的完全超越。一方面,他直接将生命政治领域视为在自然生命和政治生活之间自由流动的中间地带,以在它之中寻找始终与主权秩序相连的生命之潜能。另一方面,他又"在未定的否定本体论之结构中展开其生命政治领域",以绝对中立化的方式,"将生产排除出生命政治语境",而"使抵抗运行在最为极端的限度、极权主义权力形式的边缘和不可能的边界"②,"生命的革新、渐进发展和生产性的充足都变得毫无意义"③。虽然他在一定程度上将生命权力与生命政治区分开来,但仍然诉诸海德格尔的"泰然任之"思想,赋予生命政治以政治神学式的解答:一种悬置不决的行动和放弃的关系。这种以弥赛亚事业自身的软弱(丧失、匮乏和无能支撑着它的能)为中心取向

---

①　Giorgio Agamben,*Homo Sacer*:*Sovereign Power and Bare Life*,Stanford California:Stanford University Press,1998,p.6.

②　许纪霖主编:《帝国、都市与现代性》,江苏人民出版社 2006 年版,第 60 页。

③　Antonio Negri,"The Discreet Taste of the Dialectic",in Matthew Calarco and Steven Decaroli(eds.),*Giorgio Agamben*:*Sovereignty and Life*,Stanford:Stanford University Press,2007,p.123.

的宗教式回答,始终建基于被构成性权力/宪制权和创构性力量/制宪力之间不可分离的对立关系:既内在又超越于彼此,后者始终被连接在且仅仅内在于前者之中,它虽然抵抗前者,但只能从二者的必然联结关系(构成—解构)中被提出。它从不追溯权力的内部动力或内在关系,而是直接认为权力即为统治,从一开始就将它的原型关系看作对生命的全面治理或生命政治之身体的生产。这不但无法展示创构性力量领域建基于不同力量关系之相互欲求和连接的充足生命力,而且使我们遭遇权力时只有选择被动的逃避,必然欠缺实现自由的能力。它给予身体完全消极的命运和被激活的纯粹工具性的形象,这种生命形态直接透露出主权权力的单一面庞与治理—顺从的关系模式,并将接受政治主权的操控和决断看作它无法摆脱的宿命。它消除了隐藏在生命和活劳动中的创构性的物质能量,剥夺了它们优先于主权权力和固定资本的充足性和自主性,根本无法充分面对"当代资本主义社会生命政治的最核心的问题,即固定资本和资本主义生产对雇佣劳动者的活劳动的占有和剥夺的问题"①。总之,这种去活力化和终止运作的无能、无为、悬置、闲滞、停顿或安息,不为彻底拆解和颠覆现有的权力配置和主权秩序,也不试图与原有的政治秩序完全弃绝。在这个前提下,通向自由实践的生命形式或"力量的生命"只能纠缠在主权—生命、权力—抵抗之占用—非占用/操纵—反叛的非均衡性配对关系中丧失其应有的生产性和肯定性能力。于是,真正的革命性反叛在空洞无力的抵抗策略之下变得再无可能,因为"拯救……的紧迫性并未在被拯救之物中耗尽,而是迷失在不可拯救之物中。它诞生于行将到来的创造,终结于没有目标和神秘莫测的救赎"②。

奈格里则通过一个非辩证的和去目的论的纯粹内在性和绝对自主性视角,来揭示生命政治的基本特征。他既探讨主权捕捉生命的过程,又把生命权

---

① [意]奈格里:《奈格里评阿甘本新书:我们时代最具挑战的思想家如何思考身体》,http://www.360doc.com/content/15/1007/08/103068_503749503.shtml,2016-07-18,译文有改动。

② Giorgio Agamben,*Nudities*,Stanford:Stanford University Press,2011,p.9.

力（主权秩序）和生命政治从根本上区分开来，以从它之中发掘真正的狄奥尼索斯潜能，保证生命彻底反抗主权的主动性。生命权力意指国家—主权自上而下的权力运作机制和命令体系，指向服从和控制。生命政治则是自下而上的以活劳动—力量为本质的自由实践得以不断生产的社会本体论。它代表着自由和解放，被理解为个殊性创造性的事件。它以"自由的不妥协"摧毁规范体系，"应被否定地理解为断裂，也应理解为源自内部的变革"。① 他认为，阿甘本只把活劳动力视为生命政治的一个方面，相反，劳动力与生命政治应是同一事物的不同称谓。② 生命政治与活劳动的内在统一从根本上指向摆脱生命政治—主权权力的不可分离关系并通达自我充足的自由一元空间：一个实现与主权权力—资本彻底断裂的无限创构力量和革命潜能。正如他自己所言："说让行动的装置失效是什么意思？对于一个马克思主义者来说，让这意味着让资本主义的统治和活劳动之间的关系安息：这种关系往往被固定在资本之中，但与此同时，它往往会逃离资本，与资本不相称，相对于资本保持自主性——这种活劳动的关系说明了外在于生产尺度之外的活劳动只能是活劳动的生产……我们要拒绝将这种关系视为行动的目的，这正是阿甘本的瑕疵所在。"③

　　这种差别还集中体现在他们对制宪力（Constituent Power）与宪制权（Constituted Power）之关系模式的理解上。和奈格里一致，阿甘本一定程度上也认为制宪力与宪制权的根本对立以及前者相对于后者的自主性，但他旨在将制宪力及其与宪制权的辩证关系问题视为展示主权悖论的唯一场所，尝试从中来探究制宪力自主的可能性。他承认二者之间不可能相互协调和相互通约，因为宪制权只能存在于国家之中，而与其预先创建起来的宪政秩序（法律）无

---

① Micheal Hardt and Antonio Negri, *Commonwealth*, Cambridge and Massachusetts：Belknap Press of Harvard University Press, 2009, p.59.

② Paolo Virno, "Paolo Virno's Criticism of Agamben", http://www.generation-online.org/p/fpagamben1.htm, 2016-07-18.

③ ［意］奈格里：《奈格里评阿甘本新书：我们时代最具挑战的思想家如何思考身体》，http://www.360doc.com/content/15/1007/08/103068_503749503.shtml, 2016-07-18, 译文有改动。

法分离,制宪力则在国家或宪制权之外维持自身,它是本源的和不可化约的,完全不以任何方式受制于既定的法律体系或宪制结构。制宪力的自主代表着一个完全逃离破坏性、总体化和规范化的国家权力/宪制权并使其失效的生命空间。所以,他并不反对奈格里将制宪力界定为一种创构行动的自由实践,而是认为奈格里关于制宪力既不源自宪制秩序又不把自身局限在对它的创制的基本特征,无法真正展现它与主权权力的相异性,只是极力将二者彻底分来。① 事实上,依照主权的原初结构,"它将自身分化成制宪力和宪制权,在与它们的关联中保持自身,并将自己定位在二者无差别的位置上"②。这便意味着,既然制宪力先于律法,但宪制权又行使律法,或人民决断其政治存在条件的力量之源创建了从属它的国家,但国家又利用权力来操控生命本身,那么主权者必定既内在又外在于律法,既在例外状态又在制宪权和宪制权的无差别中展现自身,即主权权力同时拥有制宪权和宪制权双重面向。③ 因此,虽然制宪力与宪制权相互对立,但制宪力却不能与主权权力彻底分离。相反,它实为主权权力自身的表现,其基本属性也应被纳入主权范式及其禁令结构的内在运行原则。

对他而言,奈格里的贡献仅仅在于将制宪力及其绝对性从一个"严格的政治概念"推进为关于"潜能创构"的本体范畴,从而使政治返回其本体论立场,但这个分析还应回归亚里士多德关于潜能和实现的讨论域。只有以连贯的潜能本体论和潜能非是的能力为前提,才有可能切断制宪力与主权的连接纽带,构想从宪制权中完全解脱出来的制宪力。由此,阿甘本将"亚里士多德潜能/实现理论的创构性的歧义性"与主权悖论关联起来。他认为,潜能和实

---

① Giorgio Agamben, *Homo Sacer*: *Sovereign Power and Bare Life*, Stanford California: Stanford University Press, 1998, p.44.

② Giorgio Agamben, *Homo Sacer*: *Sovereign Power and Bare Life*, Stanford California: Stanford University Press, 1998, p.41.

③ Omar Rivera, "Political Ontology (and Representative Politics), Agamben, Dussel…Subcomandante Marcos", *Epoché*, Vol.16, No.1, 2011, p.130.

现始终构成"存在之独立自主的自我奠基"的两个面向，主权范式及其本质同样具备这种双重性的悖论，它对应于通过其非是的能力或以其悬置来保持自身与实现关系的潜能结构（潜能—非潜能/是—非是/存在—非存在），并且在极限之处，主权正是纯粹潜能和纯粹实现的无差别地带。这些方面都是造成制宪力和宪制权之关系含混性的主要原因。因此，将潜能的创构/制宪力与主权禁忌/宪制权完全分离几无可能。在与以实现为形式的存在没有任何关系中，甚至超出主权禁令的极限关系来思考一种超越主权原则（宪制秩序）的纯粹的潜能存在（制宪力），或者超出任何关系的形象来思考本体论和政治，也将会是无法完成的任务。这些尝试最终只会将主权悖论推至极限，却依然无法彻底解除其禁令结构。而且，像奈格里那样单方面强调制宪力从不在宪制权中耗尽自身也远远不够，主权权力同样可以无限地保存自身而从未化为实现。① 显然，阿甘本的制宪力理论同样面临着充足—虚无、肯定—否定、积极—悲观双重维度相冲突的难题。

依据奈格里的观点，阿甘本制宪力思想的根本局限源自制宪力同作为宪制权的主权秩序的不可分割的并存关系，其中潜存的最大危险在于因革命话语的虚弱性、受动性和否定性本体论基础所招致的政治变革上的无力和消极困境，即"其开启能够反对主权的现代秩序和权力的超验范型的革命斗争之全景视野的无能"。制宪力—主权原则的深层连接以及制宪力的虚弱化不仅使它的绝对自主性及其与宪制权的彻底决裂再无可能，而且必然引发反叛革命和自由解放之动力和根源的丧失。"只要制宪力依然被主权的悖论所捕获，并且宪制秩序使赤裸生命成为常规的例外之限制条件，就没有希望质疑主权权力的超验主义或想象一个能够免除现代国家的强迫的政治管理之形式。"② 由

---

① Giorgio Agamben, *Homo Sacer: Sovereign Power and Bare Life*, Stanford California: Stanford University Press, 1998, pp.43-48.

② Brett Neilson, "Potenza Nuda? Sovereignty, Biopolitics, Capitalism", *Contretemps*, No.5, 2004, pp.66-67.

此,阿甘本终将在生命的纯粹内在性中重新确立一个形式的超越性。为了避免像他那样借由自我缺失的潜能存在而将制宪力最终化约为可能性的无限空无(缺席)或否定的可能性之在场,奈格里拒绝将政治本体论建基于赤裸生命之纯粹消极性的条件之上,力图把制宪力拓展至社会历史层面,使其现实化为本源的创构性物质力量。为了充分说明制宪力的本体论的激进性,他把目光从亚里士多德总是与实现内在地和矛盾性地连接在一起的否定性潜能,投向以斯宾诺莎的欲望和马克思的活劳动为核心的肯定性力量原则。

在他看来,斯宾诺莎的欲望"不是关系,不是可能性,不是暗示:它是力量,其张力是清晰的,其存在是充足的、真实的和特定的"①。作为一个绝对肯定性的力量,它构成存在的本质和展现存在力量的充足视域。欲望的张力是"充足的、真实的和所予的",它将人类本质的现实增长拓展为"在自发性的张力中把自身界定为主体的存在的收缩和扩张法则"。② 由此,欲望的创构性过程给予我们一个肯定性力量在它之上得以无限延展的充足极限。在充足和虚无、存在和非存在之间,这个强大的张力不断促使我们在"对抗虚无、非存在和可能性之形而上学和伦理学的不可言说"③中,走向存在之创构性的充足。而活劳动则是马克思拓展斯宾诺莎实践哲学的直接结果,也是制宪力获取现实性的本体论面向的根本纽结。"制宪力在与活劳动相应的并揭示其生产性或创造性的社会合作中得以政治性地创建。在这个直接性即活劳动之创造性的自发性中,它找到了获得自身变革的能力。"④活劳动的形而上学不再是一种模糊的乌托邦筹划和未定的断裂可能性,而是一个始终建基于社会合作的

---

① Antonio Negri, *The Savage Anomaly*: *The Power of Spinoza's Metaphysics and Politics*, Minneapolis and Oxford: University of Minnesota Press, 1991, p.156.

② Antonio Negri, *The Savage Anomaly*: *The Power of Spinoza's Metaphysics and Politics*, Minneapolis and Oxford: University of Minnesota Press, 1991, p.156.

③ Cesare Casarino and Antonio Negri, *In Praise of the Common*: *A Conversation on Philosophy and Politics*, Minneapolis: University of Minnesota Press, 2008, p.155.

④ Antonio Negri, *Insurgencies*: *Constituent Power and the Modern State*, Minneapolis and London: University of Minnesota Press, 1999, p.33.

物质力量。它表现为开放的危机概念和自由的创构过程,总是指向新世界的可能性和客观化的现实。它在一定程度上已经清楚地描述了未来制宪力科学的根本性导言:它是创造生活世界的社会—政治主体和创构性变革性的编织物,而非绝对的限制,唯一的限制只存在于生活世界之中。总之,欲望和活劳动在本质上实为绝对充足的创构性主体力量、主体行动的绝对过程或人类集体实践的现象学。它们在物质的可能性中重建制宪力原则,在其力量的内在展开过程及其绝对开放的本质中,独立地组织世界的生产和再生产。它们拒绝所有主权秩序的外在调解,与任何超出它的宪制权彻底决裂。

奈格里主张,制宪力之本体论的连贯性不能通过与宪制权的辩证关系而被构想为一个辩证的动力和辩证关系的运作。他拒绝将制宪力归属于某种宪制秩序,也反对将其仅仅限制在对宪制秩序的创建之上。他认为,制宪力总是异于等级制的法律秩序及其规范和权限体系,并作为创建新的司法安排和调解司法关系的实在力量,构成宪政规范的生产根源。虽然制宪力和主权/宪制权都具备绝对性特征,但"主权之绝对性是极权主义的概念,制宪力之绝对性则是民主政府的绝对性"①。前者是绝对充足的创构力量,是全能的、扩张的、无限的和反实现的,后者则是僵化的形式宪律,是封闭的、等级的、固定的和有限的。从本质上看,二者表现出两种完全不同的政治机制。前者旨在以力量的充足性、绝对的创构性与革命的永恒性为基础,总是向绝对革命、变革力量和多样化需求敞开。后者则试图以结构化、中心化和固定化的政治秩序和命令体系,力求辩证地调解和全面操控一切革命力量。因此,无论是巴里巴尔的实体主义观点(他将制宪力视为抵抗资产阶级权力的无产阶级力量),还是阿甘本的形式主义视角(他将制宪力看作主权例外的相应产物),都是在制宪力与宪制权或主权权力之不可分割的辩证关系中来揭示它的自主性,都无法真正展现其本源性和绝对充足性。相反,制宪力既不是超验的存在,又不内生于

---

　　①　Antonio Negri, *Insurgencies:Constituent Power and the Modern State*, Minneapolis and London:University of Minnesota Press, 1999, p.13.

既定的法律秩序之中,不能封闭或从属于任何代表性政治或主权原则的等级程式而由他物来创建,也不与宪制法律并存和共同扩张。总之,奈格里分析制宪力的关键在于,始终基于制宪力和宪制权的彻底断裂以及反司法主义的立场,从主权到民主,从国家到革命,从权力到力量,全方位展示制宪力本源性的激进特征。显然,与阿甘本以潜能的存在来揭示主权模式从而将潜能—实现、制宪力—宪制权一并视为其双重面向不同,奈格里明确反对在任何制度性层面将制宪力禁锢在极权主义的主权秩序中。

依上所述,在理解生命政治和主权权力、制宪力和宪制权的关系等核心问题上,虽然阿甘本和奈格里在某种程度上都试图将传统政治的二元区分模式引向一个未分化的原初领域,但前者的政治理论主要追随海德格尔,建基于以潜能和空无为形式的生命和存在模式,它们与主权权力不可分割,且总是与自身的不可能或非是相连,因而其本源结构内部必然携带着不可消除的自我否定性和缺失性根基,后者则力求激活斯宾诺莎,始终诉诸人类创构性力量的纯粹内在性和肯定性的生命和存在空间,它们通过自身的绝对充足性和自主性张力,彻底拒绝主权权力的超越秩序,完全消解政治规划中的任何否定性和消极性基调。从本质上看,这些差异均源于二者完全相反的本体论规划和存在概念。①

奈格里指出,斯宾诺莎和海德格尔的本体论构架隶属于彻底对立的逻辑轨道:空无—充足、虚无—力量、死亡—生命。首先,虽然他们都将存在确认为共在,并把存在领域揭示为关系的编织,却各自遵循着由胡塞尔哲学和维特根斯坦的语言分析开启的不同现象学存在论路径:现象学语境的"在……中存在"(Being-Within)和共在(Being-With)的实验。海德格尔强调存在经验中的神秘趋势,他把人类行动构想为抽象劳动,将人类描绘成生命必然被纳入权力之中从而丧失自由和听从命运驱使的悲剧过程。斯宾诺莎则向实践、行动和自由的选择无限敞开,他创建了一个与统治总体相决裂的唯物主义的劳动的

---

① Max Henninger and Antonio Negri, "From Sociological to Ontological Inquiry: An Interview with Antonio Negri", *Italian Culture*, Vol.23, 2005, p.161.

占有概念，从而预言了民主革命的诞生。换言之，它们在本质上代表着两种对立的现象学存在模式。前者强调一种引入某种超越性原则的"在……中"的存在概念。它借由将自身展示为异化和空无/死亡的存在论分析，意在突出存在/真理之源初和无蔽相对于存在者/实存的超越性。它认为共在仅仅刻画了人与人之间的相互对抗，是对本真状态的逃避，自由对此在而言总是额外的和无所奠基的深渊。后者则创建了纯粹内在性的存在形式。它把存在自身的建构既看成原因又视作结果，将自由视为欲望的产物，认为自由是存在的盈余，只在将自身创构为历史的过程中来创造自己的尺度。其次，他们返回现实生活的方式也有着根本不同。海德格尔只是试图从超验性或先验幻想的退出，依然强调存在的本体维度较之于现实存在的超越性。斯宾诺莎则把存在看作我们创造的直接产物，把现实世界当成人类实践关系的编织物。前者将生机论看作存在的一个背景和维度，仅能在此在那里敞开的自由实为让存在者的泰然任之的存在，即让它成其所是。这使作为真理本质的自由迷失在将生活和真理等同的幻觉之中。后者则超出生机论的视野，它"通过为现象学地沉浸在历史存在之中的主体断言必然性来表达自身"，这是"一个生活中的存在概念，它捕获了此在之事件的和认识论的个殊性"。[1] 前者立足于在场的缺失使人类的存在受制于自身生存的有限性和对死亡的无能为力，认为只有通过面对死亡和先行到死中去才能向着源始真理和自身自由的本真状态而存在，且只能获取有限的自由。后者则以绝对内在性的视域将存在的结构视为一个创构性的集体实践和开放的动力论。它描述了存在之多样而平面的显现以及存在之自我构造和自我表现的无限运动，将自由直接托付给绝对充足的创构力量，即存在自身。

阿甘本主要遵循了当代意大利左派海德格尔主义根据存在和虚无之同一

---

[1]　Antonio Negri, "Power and Ontology Between Heidegger and Spinoza", in Dimitris Vardoulakis (ed.), *Spinoza Now*, Minneapolis and London: University of Minnesota Press, 2011, pp. 315-317.

以虚无来为存在奠基的逻辑路径,①坚持认为"正如存在发生在基础的非场所(即虚无)中一样,存在也是无所奠基的"②。他将潜能存在视为一种否定性的存在,或强迫自己去建构的存在,从而和海德格尔一起"规定了对存在……的形而上学反思的结构,与其说来自于基础主义,不如说来自于作为否定性基础的自我—奠基"③。他以一个超越性视角将存在构想成"暴露在那个无法想象、不可分享的个殊死亡事件中的迷狂的存在"④,"将存在的意义视为对空无的敞开"⑤,将创造的力量看作创造虚无的力量或在其否定中来维持自身的力量。这既使存在概念最终局限在一种"认识论的情感"层面,又把政治领域变成一个"没有任何表现能力的纯粹空隙",⑥确立了它的虚弱化基调。由此出发,阿甘本将复兴斯宾诺莎内在性和肯定性哲学的德勒兹纳入强调实现优先于潜能的存在论脉络。⑦ 对他而言,斯宾诺莎的"努力""欲望""至福"等核心概念,无法真正把握当下生命政治的矛盾格局:自由和幸福在赤裸生命中得以展开,反而将施动者和受动者、手段和目的、潜能和实现、能力和使用纳入一个绝对无差别的地带。这使只对自身而言才是内在的绝对内在性视野陷入一种因偏执于存在自我塑造和自我展现的无限运动而缺乏任何明确定位点的迷乱

---

① 他们认为,海德格尔基于存在和虚无的同一性而使存在和虚无并置起来,他将存在与自身的缺失、不可能或非存在连接,以虚无/非存在来奠定存在本身,并在虚无所指示的源始可敞开状态和无限可能性/潜能境域中确立和展现自由和超越的可能性。于是,"虚无处于决断之前,或者前提提前理解了后者。虚无是决断的基础"。(转引自汪民安、郭晓彦主编:《生产·第9辑·意大利差异》,江苏人民出版社2014年版,第82页。)

② Giorgio Agamben, *Language and Death: The Place of Negativity*, Minneapolis: University of Minnesota Press, 1991, p.xiii.

③ 汪民安、郭晓彦主编:《生产·第9辑·意大利差异》,江苏人民出版社2014年版,第82页。

④ http://www.after1968.org/index.php/seminars/view/42#event42, 2016-07-18.

⑤ Antonio Negri, *Art and Multitude: Nine Letters on Art, Followed by Metamorphoses: Art and Immaterial Labour*, Cambridge and Malden: Polity Press, 2011, p.30.

⑥ Max Henninger and Antonio Negri, "From Sociological to Ontological Inquiry: An Interview with Antonio Negri", *Italian Culture*, Vol.23, 2005, p.161.

⑦ Giorgio Agamben, *Homo Sacer: Sovereign Power and Bare Life*, Stanford California: Stanford University Press, 1998, p.44.

状态。

奈格里则力求与上述政治情境区分开来。在他看来，阿甘本的本体论和形而上学是海德格尔主义式的，而他却是一个彻头彻尾的斯宾诺莎主义者。海德格尔无所奠基、去根基化之根基或去在场化之在场的存在论模式，赋予存在的自我奠基以否定性的基础，它与当代激进政治理论的深层连接定会导致政治虚无主义、机会主义、神秘主义和悲观主义的泛滥。以阿甘本与卡西亚里为代表的 20 世纪意大利哲学的"虚弱"思想正源于"海德格尔式的本体论视域，它摧毁了实在(The Real)之连接和表面的充足性，即法国后结构主义批判的配置和布局"，主要表现为所谓的"左派"对福柯和德勒兹思想的革命性政治意义以及围绕新劳动构成的创造性观点所进行的神秘化、虚幻化和悲观化处理。① 与这个情境相反，斯宾诺莎的创构性力量与伦理—政治的绝对主动性维度，则明确表达出一个"完全的和直接的形而上学之可能性"②。正是从他那里，我们才可以找到内在性的绝对民主实践与基于集体创构实践的唯物主义视角，它们都是揭露资产阶级意识形态的内部限制和构造资产阶级形理性的替代方案的逻辑支点③。为了克服基于空无的本体论之消极化困境，"我们需要超越空无……将它带回潜能的创构机制"④，必须使想象的力量真正在"既基于存在又改变、生产和再生产存在"⑤的人类实践中得到解放。只有这样，阿甘本致力寻找的那一"连接痛苦和想象的不可能性经验"才能在新

---

① Antonio Negri,"The Italian Difference",in Lorenzo Chiesa and Alberto Toscano (eds.),*The Italian Difference:Between Nihilism and Biopolitics*,Melbourne:Re.Press,2009,p.14.

② Giorgio Agamben,*Language and Death:The Place of Negativity*,Minneapolis:University of Minnesota Press,1991,p.xiii.

③ Matteo Mandarini and Alberto Toscano,"Antonio Negri and the Antinomies of Bourgeois Thought",in Antonio Negri,*The Political Descartes:Reason,Ideology and the Bourgegios Project*.London and New York:Verso,2006,pp.1-25.

④ Antonio Negri,*Art and Multitude:Nine Letters on Art*,Followed by *Metamorphoses:Art and Immaterial Labour*,Cambridge and Malden:Polity Press,2011,p.32.

⑤ Antonio Negri,*Art and Multitude:Nine Letters on Art*,Followed by *Metamorphoses:Art and Immaterial Labour*,Cambridge and Malden:Polity Press,2011,p.25.

的潜能经验中得到根本性的提升。这个潜能由充足的力量本体论从深处生产出来,和我们面对的存在一样稳固而强大。它立足于一个充满力量的物质性世界,使潜能的生产性走出抽象的情感层面,转化为构造世界和界划存在的创构行动。①

　　总之,奈格里与阿甘本的实质分歧源于他们彻底对立的存在模式和生命形式:一个基于人类生命的有限性而将其命运假定为它的必然溺亡,即借由先行到死的决心只能有所领会地承担自己的能在;另一个则依据人类实践的本源性和自主性,充分展示了生命本身绝对充足的生产力量和解放潜能。在这个意义上,奈格里视域中斯宾诺莎和海德格尔的对立,恰恰构成他与阿甘本在政治本体论上无法通约的关键。

---

① Antonio Negri, *Art and Multitude: Nine Letters on Art, Followed by Metamorphoses: Art and Immaterial Labour*, Cambridge and Malden: Polity Press, 2011, pp.23-28.

第二章 反本质主义和后基础主义的后现代主义谱系：基于外在性、他者性、不确定性和不可能性的形而上学批判

　　拉克劳将其政治本体论所归属的学术脉络明确归结为两个：其一，在话语理论上，晚期维特根斯坦的后分析哲学、海德格尔对现象学的激进化和后结构主义的符号理论所共同体现出的反本质主义和后基础主义传统及其在政治领域的拓展；①其二，在领导权问题上，德里达的解构主义实践和拉康的主体理论一并确立的差异性、偶然性、不可判定性和不可能性原则及其对马克思主义和结构主义的批判。② 从本质上看，二者均试图清除同一性—普遍性—

<hr>

　　① 参见［英］拉克劳、墨菲：《领导权与社会主义的策略——走向激进民主政治》，尹树广、鉴传今译，黑龙江人民出版社 2003 年版，"第二版序言"第 5 页；Ernesto Laclau and Chantal Mouffe，"Post-Marxism without Apologies"，*New Left Review*，No.163，p.97；［英］拉克劳：《我们时代革命的新反思》，孔明安、刘振怡译，黑龙江人民出版社 2006 年版，"中译者序言"之后的"实践智慧"部分。

　　② 参见 Ernesto Laclau，"Deconstruction, Pragmatism, Hegemony"，in Chantal Mouffe（ed.），*Deconstruction and Pragmatism*，London and New York：Routledge，1996，pp.49-70；Ernesto Laclau，*Emancipation(s)*，London and New York：Verso，pp.66-83；［英］拉克劳、墨菲：《领导权与社会主义的策略——走向激进民主政治》，尹树广、鉴传今译，黑龙江人民出版社 2003 年版，"第二版序言"第 6 页；［斯洛文尼亚］齐泽克：《超越话语分析》，见［英］拉克劳：《我们时代革命的新反思》，孔明安、刘振怡译，黑龙江人民出版社 2006 年版，第 301 页；［英］拉克劳：《领导权理论与后现代思潮》，《南京大学学报》2003 年第 6 期。

总体性叙事和建基于中心—本质—基础—真理的近代形而上学的建制,并把后结构主义的语言分析"变为阐明反极权主义的、激进的民主规划的必要基础"①。

一、反本质主义线索:晚期维特根斯坦的语言游戏论、海德格尔的存在论现象学和后结构主义的符号学

晚期维特根斯坦深入批判了早期关于语言与世界的同构论和图像论所包含的本质主义倾向。在《逻辑哲学论》中,他强调在作为命题基本组成要素的语词和作为事实基本组成单位的对象之间,存在相同的逻辑形式和严格固定的对应关系,拥有共同本质的语言构成世界的逻辑图像,后者的结构及其可能性和界限均由前者先天地决定。然而,在《哲学研究》中他则认为,语言、命题和思想的本质指向一种"世界的先天秩序","它先于一切经验,又必定贯穿于一切经验之中;不允许任何经验的模糊性和不确定性有影响它的可能"。② 事实上,语言依赖具体的生活形式和实际的使用情景。其一,语言的意义仅取决于它在具体语境中的实际用法。其二,语言和游戏一样,只能描述,无法定义,不同序列之间没有固定不变的共同本质,只存在一定的家族相似。其三,语言的功能决不限定在服务于"表达思想"这个唯一目的,因用法的不同它们还应包括断言、提问、推测、问候、命令等用途。其四,语言游戏和语言的使用虽然在一定程度上均受制于某些规则,但它们主要指应用规则的实际活动:实践和习俗,因而带有鲜明的内在于语言交流活动的约定性色彩。从根本上看,维特根斯坦关于意义、思想和真理的语境论、语用论和整体论思想,对后现代主义

---

① [美]巴特勒、[英]拉克劳、[斯洛文尼亚]齐泽克:《偶然性、霸权和普遍性——关于左派的当代对话》,胡大平等译,江苏人民出版社 2004 年版,"导言"第 1 页。

② [奥]维特根斯坦:《哲学研究》,李步楼译,商务印书馆 2000 年版,第 65—67 页。

的产生影响深远,甚至构成它的一个主要源头。①

海德格尔一改胡塞尔立足于先验意识的发生现象学路径,力图通过存在论转向,从纯粹内在的先验世界回归现实生活中的个体生命领域,以将他以绝对真理为基础的认识论改造为基于此在超越活动的生存论。在他看来,胡塞尔的现象学及其方法仅仅追求纯粹本质科学的创建,而将具有时间性和历史性的个人存在理解为永恒化的本质抽象。他仍然停留在纯粹意识的本质内容和意向性结构层面,没有更进一步在实存意义上揭示具备意向性结构的意识活动(作为意向之物的存在者)的存在规定。真正的现象学只能采取排除了所有预设、前提和前见的前理论科学和前反思的态度,借由自身的本真存在来理解生命本身。并且,"回到事情本身"意味着真正回归最本己的领域或更为源初的存在论基础:此在之生存性。它是在生活世界或要看的事物之内的"一种经历自身随带的、占有性的经历"和"生命的理解"②。从这个角度看,尽管亚里士多德总是从实现或现成的意义上来理解存在,但他的实践智慧(Phronesis)却能够帮助我们重返传统形而上学遗忘的存在论本源:人的实际性的存在方式,走出着眼于以现成的存在者整体来思考人性以及从人的生物性来规定人的限制,将人的本质直接锚定在此在的生存之上。总之,这是借由实存性解释学和基础本体论对本质主义的颠倒和扭转。其中,它基于本体—实体之区分的存在论差异思想成为拉克劳政治本体论的一个基本准则。③ 正是在这个意义上,他才被归入左派海德格尔主义的行列。④

---

① 参见[美]罗蒂:《后哲学文化》,黄勇编译,上海译文出版社 1992 年版,第 110 页;[法]利奥塔:《后现代状况:关于知识的报告》,车槿山译,生活·读书·新知三联书店 1997 年版,第 1—2 页。

② 张汝伦:《二十世纪德国哲学》,人民出版社 2008 年版,第 289 页。

③ Ernesto Laclau and Lilian Zac, "Minding the Gap:The Subject of Politics", in Ernesto Laclau (ed.), *The Making of Political Identities*, London and New York:Verso, 1994, p.30.

④ 参见 Janar Mihkelsaar, *Giorgio Agamben and Post-Foundational Political Ontology*, Tartu:University of Tartu, 2015, pp. 20-22; Oliver Marchart, *Post-Foundational Political Thought:Political Difference in Nancy, Lefort, Badiou and Laclau*, Edinburgh:Edinburgh University Press, 2007, pp.2-9。

　　以拉康、德里达等人为代表的后结构主义符号理论同样展现出鲜明的反本质主义倾向。拉康将索绪尔"所指／能指"的结构图式翻转为"能指 S／所指 s"，以能指的统治地位，破除了所指—能指之间固定的对应和连接关系以及从能指到所指的自然或自明的过渡，抵抗意指过程的确定性和本质观念的至上性。在他看来，能指和所指分别标示出两个无法叠合的关系网络和截然不同的秩序，二者只能透过某一锚定点才能跨越障碍与形成短暂的相会，表现为一种类似能指—所指缝合点的转瞬即逝的偶遇。在语言中只存在自由漂浮的能指，它什么也不意指，并能够最终化约为以字母为最小单位的差异要素，但这种差异性不是为了将所指变成自足、明确和恒定的，而是旨在显示不同语境下意指发生的各不相同。所指只有栖身于能指网络的流动之中，在能指之下不断漂移，意义实为能指运动"所生成的效果"①。因此，"语言之所以'空洞'"，在于它是"一个差别和阙如的没有终结的过程"或空洞的能指不断自由浮动、交互遇合和彼此连接的开放运动过程。②

　　德里达将索绪尔归入基于逻各斯中心主义—语音中心主义的"在场的形而上学"，认为他充分保留了传统哲学的"古典要求"：他将维系思想和语言体系但又处在它们之外的逻各斯视为真理和意义的唯一出发点，又在根本上主张"言语与存在的意义绝对贴近，言语与意义的理想性绝对贴近"③。对他而言，决定能指意义的东西是无限增值的能指链，只能出现在中心缺失、无始无终的"无限回归的意义链"之上。置身其中的任何要素，"包含或传达意义，惟有在踪迹结构中指涉另一个过去的或将来的要素才能达到"④。于是，"一切都在不断延缓的差异中形成，一切都在永无止境地追加、替换和增补中再生"⑤，一切都在持续拆解、移置和超出自身，指向外在性的他者。在这种无限

①　Jacques Lacan, *The Seminar of Jacques Lacan* (*Vol.xx*) , New York：Norton, 1998, p.33.

②　[英]伊格尔顿：《文学原理引论》，刘峰译，文化艺术出版社 1987 年版，第 197 页。

③　[法]德里达：《论文字学》，汪堂家译，上海译文出版社 1999 年版，第 15 页。

④　[法]德里达：《多重立场》，佘碧平译，生活·读书·新知三联书店 2004 年版，第 33 页。

⑤　涂纪亮：《索绪尔、列维-斯特劳斯和德里达》，《哲学研究》1991 年第 4 期。

循环的替换链条和差异游戏中,文本总是颠覆试图支配它们的所谓逻辑体系的中心、固定的抽象法则和确定的意义秩序。"概念的同一性"和"所指的观念性"不但不会得到完整再现和保留,反而因始终处于无限的变动之中而趋于虚无。[①] "所有的语言都展示了这种超出确切含义之外的'多余物',总是威胁着要超过和逃避那种试图将它囊括的意义"[②]。

　　总之,在从晚期维特根斯坦、海德格尔到后结构主义符号理论的反本质主义脉络中,一方面,建立在本质—中心—目的—基础之上的总体性—普遍性—同一性—等级性图式及其根基和形式,均受到不同程度的冲击,甚至趋于解体;另一方面,以差异性、偶然性、不确定性和无限开放性为中心的批判立场在政治领域的拓展,极大地推动了马克思主义的后结构主义转向。二者从根本上为拉克劳的政治本体论奠定了重要的理论前提和逻辑准则。

二、后基础主义传统：德里达的
解构主义和拉康的主体理论

　　正如拉克劳自己所言,后结构主义特别是"解构和拉康的理论"构成他重新理解葛兰西领导权思想和确立后马克思主义论域的重要工具。[③]

　　严格来说,德里达解构主义的理论和实践不仅仅是一种解释和阅读文本的方法,更拥有作为一种"构造'世界'之新方式"的政治后果。[④] 换言之,它们既是话语分析,又表现为积极的"政治和制度的干预"。[⑤] 在其视域中,解构

---

①　[法]德里达:《多重立场》,佘碧平译,生活·读书·新知三联书店2004年版,第16页。

②　[英]伊格尔顿:《文学原理引论》,刘峰译,文化艺术出版社1987年版,第159页。

③　[英]拉克劳、墨菲:《领导权与社会主义的策略——走向激进民主政治》,尹树广、鉴传今译,黑龙江人民出版社2003年版,第6页。

④　Catherine Zuckert,"The Politics of Derridean Deconstruction",*Polity*, Vol.23, No.3, 1991, p.335.

⑤　Jacques Derrida,"Critical Response",*Critical Inquiry*, Vol.13, No.1, 1986, p.168.

既需"通过最忠实和最内在的方式思考哲学概念的结构谱系学",又必须透过它以自身的变质和内部分离所排斥和压抑的外在性,从内部来拆解它。① 唯有如此,才能充分释放这种衍生出内在—外在之分化和对立的原初差异。这是一种先于符号世界并使其可能的条件或"被遗忘的在场和不在场之本源"②:原初痕迹和延异运动。它们均指向一个比形而上学的对立、实体或在场更加本源的差异填补运动,阻止任何基于中心—在场对意义之确定性和现成性的寻求。它们力图证明,起源是"一个不稳定的、非圆满的、不单纯的本源,一个有差异结构的本源"③,并透过多元性和偶然性原则,拒绝任何形式的最后终点和初始公理。它们还将同一性诉诸一个"彻底的他异性"(Radical Altertiy)、不可化约的差异和不可判定性的幽灵。在它们之中,差异和同一、在场和非在场、确定性和不确定性之间相互内在、互相填补的关系,借由后基础主义的取向,"预示了运动的未定性和运行的开放式终结"。④ 总之,德里达的解构哲学力图"在边缘和偶然中发现本质,依靠颠覆和抛弃来寻找正义,在边缘和非本真性中寻找真实性"⑤。其激进意义不只局限在思想世界,还应延伸至对经济—政治秩序和旧革命传统的分析中。德里达自己也认为:"'政治—经济的内核'开始在'哲学的外壳'中出现。……思想和行动中的方法、形式或类别之问题,对于表面上更具实质性的论题如政治组织和社会主义创建来说,是必不可少的。"⑥并且,解构主义早就存在于某些马克思主义传统之中,继承了它们的精神遗产。从根本上看,德里达对政治的迂回关注堪称后冷

---

① [法]德里达:《多重立场》,佘碧平译,生活·读书·新知三联书店2004年版,第7页。

② Jacques Derrida, *On Writing*, Chicago:Chicago University Press, 1976, p.143.

③ 王治河:《扑朔迷离的游戏——后现代哲学思潮研究》,社科文献出版社1993年版,第159页。

④ Michael Ryan, *Marxism and Deconstruction:A Critical Articulation*, Baltiore and London:The Johns Hopkins University, 1982, pp.10-12.

⑤ [德]哈贝马斯:《现代性的哲学话语》,曹卫东等译,译林出版社2004年版,第220页。

⑥ Michael Ryan, *Marxism and Deconstruction:A Critical Articulation*, Baltiore and London:The Johns Hopkins University, 1982, p.159.

战时期当代左翼对"当假定一个激进的限度（Radical Finitude）时，政治学（Politics）和政治（The Political）的概念将会发生什么"问题的一种典型回答。他"将对形而上学逻辑之哀悼同摆脱'实在'之哲学——政治控制的时间和个殊性思想连接起来"，致力于从政治组织及其自我形成过程寻找超出它的剩余物，并依据书写、差异和事件来确认能够逃离哲学概念和政治组织捕获的残余。① 在这个意义上，德里达同西方形而上学和政治思想的对话旨在推进"政治领域的积极转型，而非背叛政治可能性的还原——退回在形而上学闭合中的政治共同体之边缘"②。其深刻之处在于，借由不可判定性、不确定性和不可能性的经验来审视传统政治逻辑的根本限制，更进一步揭示在政治领域进行决断和行动的那个条件和方式。

毫无疑问，德里达的解构主义运动在教条主义的马克思主义和共产主义事业深陷危机的情况下，促使"大多数的马克思主义者重新思考在当今一种激进的社会理论和政治学可能呈现什么样子"，尝试从"后现代主义的易变思想重新得到我们想要的东西"。③ 拉克劳的政治本体论便是其中的一个代表。正如他自己所言："解构就其通过展示社会日益广泛的结构的不可判定性拓展了政治创制不同环节的运作领域而言，是一个首要的政治逻辑。"④拉克劳不但高度认同德里达基于创构性的外在性、不可判定性和不可能性对马克思主义和传统政治的解构式干预，而且还从根本上追随其后基础主义和去本质主义的批判模式，把它包含的基本原则和方法看成回归政治领域的重要前提。

拉康借由对弗洛伊德精神分析学的回归和对结构主义符号理论的批判性

---

① Richard Beardsworth, *Derrida & the Political*, London and New York: Routledge, 1996, p.xiii.

② Richard Beardsworth, *Derrida & the Political*, London and New York: Routledge, 1996, p.xiv.

③ ［英］蒙克：《马克思在 21 世纪——晚期马克思主义的视角》，张英魁、王亚栋、张长虹译，江苏人民出版社 2011 年版，第 207 页。

④ Ernesto Laclau, "Decolonization, Pragmatism, Hegemony", in Chantal Mouffe (ed.), *Deconstruction and Pragmatism*, London and New York: Routledge, 1996, p.61.

改写所创建的无意识主体理论,在根本取向上与德里达的解构主义遥相呼应。和大多数后结构主义思想家试图解构或排斥主体概念不同,他致力于探寻一个不可或缺的全新主体性理论,追问"成为主体意味着什么? 如何成为主体? 以及导致变成主体失败的条件是什么?"等问题。① 他坚持将融合他性(Otherness)或他在性(Alterity)的先在性结构或外在性,视为所有主体得以可能的"先决条件"②。其视域下的主体形象绝非能够通过自己的意识或理性以自主方式来掌控整个世界的自足实体,而是将他在性或异质性嵌入自身,始终受他者法则支配。这个立足于自我—主体—意识之离心化本质的主体模式总是从处在主体"之外"并横亘在它们"之间"的主体间性出发的。在此,主体永远处于自我分裂的异化状态,任何本质主义/基础主义/中心主义的主体观念均无可能。

他以想象界、象征界和实在界的拓扑学来讨论主体的真相。在他看来,在发生在镜像阶段的想象界,自我不过是主体在镜像阶段所经历的前语言的异化,它以一种类似想象的形式认同于或被捕获在一个外在于它的他者形象之中,使其同自身的镜像同一起来。于是,自我只能沉溺于一种由想象性关系所建立的自恋式的虚假认同。在由语言规则主导的象征界,具备象征性功能的无意识社会结构统治一切,主体不过是被语言捕获、沿着能指链指示的方向被构建的言语之主体和面对语言之主体。主体的现实性被嵌入一个象征秩序中的先定位置,表现为一个永远无法达到完满、和谐和充盈状态的原初失落场景,永远背负着"象征的债务"。③ 实在界不能与通常意义上的客观现实、"先

---

① Bruce Fink, *The Lacanian Subject:Between Language and Jouissance*, Princeton:Princeton University Press, 1995, p.xi.

② Jacques Lacan, "Of Structure as an Inmixing of an Otherness Prerequisite to Any Subject Whatever", in Rachard Macksey and Eugenio Donato (eds.), *The Structuralist Controversy:The Language of Criticism and the Science of Man*, Baltimore and London:The Johns Hopkins University Press, 1972, pp.186-194.

③ Jacques Lacan, *Ecrits*, New York and London:W.W.Norton & Company, 2006, p.231.

验的实证的实体"或"康德式的'自在之物'"混同，"本质上它什么都不是，只是一个空隙，是标志着某种核心不可能性的符号结构中的空无"①。它揭示的是一个超出语言经验作用的、无法借由符号呈现的、不能被能指秩序吸收的界域。这是一个不可言说、不能把握和无法想象的存在论上的绝对：未经分化的自在存在或纯粹而空洞的原物。在它那里，"主体经历了无法言说的愉悦和死亡"②和"幽灵的创伤性事件"③：主体只是以虚假的面貌暂时占据了原物的空位，而非真正的实在本身，④它与实在界的遇合仅是迷失的偶遇，注定以失败而告终。虽然不能被记录、铭写和辨识，但它实为"我们为缝合主体之裂缝、解释主体之症状而在主体之历史中重构出来的"回溯性效果。⑤ 我们可以通过主体在符号化中遭遇的失败，来确定这个构造了主体的不可能性和创伤性内核的位置。概言之，三界的拓扑学转换表明，主体"与普遍和特殊之间的本体论裂缝——与本体论的不可判定性、与霸权或真理不能直接源于既定的肯定性本体论配置之事实严格相关"⑥。其中，非实体化的创构性的不可能性、去本质化的本体性的缺失以及激进的外在性—离密性（悖论地依赖内在之外在、被排除的内在或亲密的外在），决定了主体完全实现自身的不可能，即源自认同的同一性只有作为失败了的同一性才是可能的。⑦ 从根本上看，拉康创建了反本质主义还原论的"社会—政治的主体性理论"和社会之不可能的辩证法。作为基本范畴，创构性的缺失和不可能性被用来标示主体以及

---

① ［斯洛文尼亚］齐泽克：《意识形态的崇高客体》，季广茂译，中央编译出版社2002年版，第236页。

② Anika Lemaire, *Jacques Lacan*, London: Routledge & Kegan Paul Ltd., 1977, p.178.

③ ［斯洛文尼亚］齐泽克：《易碎的绝对》，蒋桂琴、胡大平译，江苏人民出版社2004年版，第59页。

④ Slavoj Žižek, *The Sublime Object of Ideology*, London and New York: Verso, 2008, p.221.

⑤ 吴琼：《雅克·拉康：阅读你的症状》（下卷），中国人民大学出版社2011年版，第465页。

⑥ Slavoj Žižek, *The Ticklish Subject: The Absent Centre of Political Ontology*, London and New York: Verso, 1999, p.158.

⑦ Saul Newman, *From Bakunin to Lacan: Anti-Authoritarianism and the Dislocation of Power*, Oxford: Lexington Books, 2001, pp.141-142.

捕获社会想象和引导政治实践的集体性、现实和社会的客观性本身,①并被锚定在主体和他者、个人和集体、现实和实在之辩证法的根基之处。在核心取向上,它们具体表现为一个反主观主义的主体理论、反客观主义的社会概念和去本质主义的建构主义,其共同的实在主义(Realism)主张将客观性看成从原初缺失中创建的原物的假面。

显然,拉康的理论甚至"比通常意义上的'后马克思主义'确认具体斗争之不可化约的多元性——即证实它们链接进入等同序列是如何始终取决于社会历史过程的激进偶然性的反本质主义立场,迈出了更具决定性的一步:它使我们把这个多元性把握成对同一个不可能的实在内核的不同回应"②。其向激进的外在性、不可能性和不可判定性敞开的后基础主义之空位和缺失概念,在某种程度上为革命政治同偶然性逻辑的结合和新政治认同的创建留下了巨大的精神财富。③ 索罗·纽曼(Saul Newman)便将拉康与激进民主连接的可能性归结为以下方面。第一,创构性的缺失和非本质主义的外在范畴,可以为抵抗政治提供某种非本源性的基础,打开不同抵抗连接所包含的不确定意义。第二,借由缺失被创建并透过主体化来运作的主体理论,预示着一种建立在偶然性之上的政治认同。第三,以创构性的不可能性为根基的社会概念,揭示了一种新的霸权逻辑:根本无法形成一个封闭的主导认同,因为认同总是有缺口。第四,建基于缺失/剩余和不可判定性的权力认同模式,为反抗权力提供了一个新的方向和路径。④ 事实上,在后马克思主义中,拉康精神分析学与马克思主义革命政治学的联姻早已不是偶然事件,"这种创建政治理论的方式

---

① Yannis Stavrakakis, *Lacan and the Political*, London and New York: Rouledge, 1999, pp.13-70.

② Slavoj Žižek, *The Sublime Object of Ideology*, London and New York: Verso, 2008, p.4.

③ Saul Newman, *From Bakunin to Lacan: Anti-Authoritarianism and the Dislocation of Power*, Oxford: Lexington Books, 2001, p.142.

④ Saul Newman, *From Bakunin to Lacan: Anti-Authoritarianism and the Dislocation of Power*, Oxford: Lexington Books, 2001, p.153.

或许在影响力上仅次于分析的自由主义(Analytical Liberalism)"①。

在当代激进阵营中,齐泽克、巴迪欧、拉克劳、斯塔维拉卡斯基(Yannis Stavrakakis)等人都可归入拉康式的左翼。他们的后现代主义政治均在一定意义上建基于拉康的以下判断:"实存只能围绕一个根本的、无法表象的和不可能的否定性之压抑才能得以创建"②。如拉克劳所言,精神分析学和后马克思主义的汇合既不意味着前者对后者的附加性补充,又没有引入新的因果关系,而是将它们统一在由构造认同之可能性和不可能性辩证法所揭示的"作为非等同和错位逻辑的能指逻辑"之上。③ 正因为如此,他们必然会面对一些无法克服的难题和矛盾:一方面,他们力图将缺失概念及其相关同义语具体化为可以对现实施加创构力量的形而上学实体,更侧重对本体论立场的批判性重述和应用,但缺乏在理论框架方面的实质性建构;另一方面,他们寄希望于创建没有剩余物的完整理论,却又借助以否定性为本质但作为肯定性因素的剩余物宣告了完整理论的不可能。④ 单就拉克劳而言,他在很大程度上借鉴和沿用了拉康理论的一系列基本范畴、原则和观点,如实在界/实在—象征界/现实的区分、创构性的缺失—不可能性—不可判定性、激进的外在性—离密性—他在性、原初的创伤—裂缝—空无、无法完全实现内部化的剩余物、暂时的和部分的填补—缝合—掩盖、拒绝对象关系和主观主义的分裂主体理论、去客观主义和实证主义的社会—现实观以及反本质主义的建构主义和实在主义等。

---

① Andrew Robinson, "The Politics of Lack", *British Journal of Politics & International Relations*, Vol.6, 2004, p.259.

② Andrew Robinson, "The Politics of Lack", *British Journal of Politics & International Relations*, Vol.6, 2004, p.259.

③ Ernesto Laclau, *New Reflections on the Revolution of Our Time*, London and New York: Verso, 1990, p.96.

④ Andrew Robinson, "The Politics of Lack", *British Journal of Politics & International Relations*, Vol.6, 2004, p.268.

小　结　后结构主义的内部分化:内在性哲学—充足本体论与超越性哲学—缺失本体论

不难看出,福柯—德勒兹同拉康—德里达分别代表着当代法国后结构主义的两条思想轨迹:一个是新尼采主义对斯宾诺莎内在性和尼采肯定性哲学的复兴,它主张存在之自我构造和自我表现的自主运动(福柯和德勒兹);另一个则延续否定神学的根基,凸显存在领域的自我缺失(德里达和列维纳斯)。① 前者力图展现斯宾诺莎—尼采式强大生命的充足能量和无限愉悦,后者则总是贯穿着一种精神分析学和忧郁伦理学的原初创伤经验和不可能性内核。从整体上概括它们对差异、欲望、形而上学和主体等关键问题的不同理解,必然能够在逻辑前提上明确奈格里和拉克劳政治本体论的实质差别。

首先,德勒兹和拉康都坚持一种激进的差异和欲望观念,但二者分别建基于充足本体论和缺失本体论两端。在差异方面,拉康将它视为同一性的固有

---

① Lar Tønder and Lasse Thomassen, "Introduction:Rethinking Radical Democracy between A-bundance and Lack", in Lar Tønder and Lasse Thomassen (eds.), *Radical Democracy:Politics between Abundance and Lack*, Manchester and New York:Manchester University Press, 2005, pp.5-8.

缺失，认为差异的经验、意指的实现和主体的认同只能通向一个必将失败的无尽填充过程。德勒兹则立足于一种本体性的自在差异和自由的多元主义，拒绝根据结构化的失败来理解差异的自我增值。在欲望方面，德勒兹透过与欲望—情感的能量流动和力量强度的内在性平面相适应的政治物理学和欢愉伦理学，以力比多唯物主义和"生产性实践的本体论"①来界化欲望及其生产。与拉康把它化约为创构性的缺失不同，他极力避免深陷于在空无中进行无休止填补的想象性诡计或"汝欲何为"的深渊，旨在以一种绝对肯定性模式，确认生命躯体的充足张力。对他而言，拉康始终在两种欲望之间摇摆：一个是联系于小对象 a，它以实在的生产来界定欲望；另一个则是与大写他者或菲勒斯能指的超验性相关，它重新引入了某种缺失的观念。② 因此，他尽管发掘了无意识符码领域的丰富内容，并给予欲望经济以重要地位，却重新确认了象征性的奴役，根本无法揭示其"生产性无意识的构造"③。

其次，德勒兹和德里达以不同的本体论路径阐发了两种不可通约的差异运动。德勒兹基于纯粹的内在性，创建了一个本身处于持续生成和不断变易中的差异形而上学，拒绝一切超越性机制。德里达则在形而上学内部预留了一个从不在场的超越性的形式结构，强调对形而上学的克服预示着一种不可能性，正是它保证了从内部对其实施解构的可能性。从这一点来看，德勒兹致力于对差异的绝对内在性分析：差异只与经由自身的那个差异相关。德里达则首先关注限制差异的相似性运作，将它视为一个超出本体论或比存在论差异更具原初性的存在，从而在差异游戏中悄然设置了一个超越性和他治性原则。前者通过生成中的"直接的二元性"，凸显一个无任何中介的自在差异。

① Eugene W.Holland,"Marx and Poststructuralist Philosophy of Difference",*The South Atlantic Quarterly*,Vol.96,No.3,1997,p.532.

② Gilles Deleuze and Felix Guattari,*Anti-Oedipus*,Minneapolis:University of Minnesota Press,1983,p.27.

③ Biodun Iginla,"Deleuze and Lacan:Close Encounters",*Journal of the Twentieth-Century/Contemporary French Studies*,Vol.1,No.2,1997,p.573.

后者则根据"中介的统一",强调一个超越存在论层面的本源差异。① 显然,与德勒兹重新本质主义化的绝对差异及其排斥基础结构概念不同,德里达的差异运动则采用一种去本质化的策略:它是一个去体系、非辩证的差异体系,在它之中,基础结构将对抗和差异以无次序的方式编织起来,既拒绝自主的同一性,又使差异返回某种建基于内部分裂或唯有借助自身限制才能得以创建的统一之中。②

以作为原初摹本缺失的重复或形象之仿像(Simulacrum)概念为例,德勒兹拒绝原初超出复制或再现的优先地位,主张任何事物均始于一个原初的混沌和无形式的深渊:它是自身的原初,它的原初正是自身的复制。他把重复的特征归结为个殊性(内部的差异性)和不可成形的事件(非形式性)。相反,德里达则设定了一个原初的本源性,认为所有事物都始于对同一的再现。他赋予仿像以普遍性(内部的相似性)、形式性和超越存在的属性,将它界定为对必须能够被重复的原始统一的模仿。由此,他们分别把形式和非形式、在场和非在场的差异视为基于异质性的直接性和基于同质性的中介,将二者的关系理解成一个非场所或被解除的折叠,即存在或差异自我展开的平面:其内部和外部连续而直接地相互面对但从未被缝合到对方而形成中介,以及中介的场所或交叉和向内的折叠,即存在和非存在相互玷污并聚合为一的他者领域。③

再者,福柯和拉康的主体理论在根本取向上也有着本质区别。前者通常将主体归结为主体化过程或主体位置:"主体总是被('书写'的、'欲望'的……)前主体过程所捕获和穿越……它们将其位置'体验'、'经历'为历史

---

① Daniel W. Smith, "Deleuze and Derrida, Immanence and Transcendence: Two Directions in Recent French Thought", in Paul Patton and John Protevi (eds.), *Between Deleuze and Derrida*, London and New York: Continuum, 2003, p.51.

② Saul Newman, *From Bakunin to Lacan: Anti-Authoritarianism and the Dislocation of Power*, Oxford: Lexington Books, 2001, pp.122-124.

③ Leonard Lawlor, "The Beginnings of Thought: The Fundamental Experience in Derrida and Deleuze", in Paul Patton and John Protevi (eds.), *Between Deleuze and Derrida*, London and New York: Continuum, 2003, pp.67-81.

进程的'主体'、'行动者'、'行为者'。"①后者则将主体与主体化结果严格对立开来。在拉康那里，主体化是通过占据象征秩序中的不同主体位置来掩盖和逃避空无的方式，主体则是这个空无本身，它先于主体化或在某个主人能指中形成的颠倒性认同。简言之，福柯的主体是成功主体化的代名词，而拉康的主体则是对它自身必然失败的称谓，"对应于作为一切主体化之剩余物的那个排泄物"②。福柯以认同的僭越为中心，强调主体的分化取决于不同能指的多元秩序。拉康则立足于僭越的认同（创建于自身不可能性的认同），主张主体只能由作为主人能指的多元性和非表象性以及意义—意指、主体—表象之间的缺失或裂缝来构造。③ 虽然他们都对本质主义的主观主义传统和先验主体模式持否定态度，但前者沿着萨特以纯粹的意识领域批判超验性自我的基本思路，建基于绝对内在性的视野，后者则遵循胡塞尔、海德格尔和列维纳斯围绕自我和他人问题所指示的方向，诉诸他者或他性的超越性。④

　　在一定意义上，福柯的《什么是启蒙》和拉康的《康德同萨德》可以被视为以康德为参照来构建主体理论的对立版本。前者在康德的启蒙思想那里发现了理性主体的反面：他依据主体的自我塑造过程，避免将其囚禁在总体性或目的论的因果链条之中，进而去追问主体在丧失普遍性支撑之后如何自我塑造的问题。后者却在康德的道德律令中找到了分裂主体的真相，并将它从内部更深层撕裂：主体只能在原初被压抑的情况下才会形成，永远无法完全实现自身。福柯讨论主体的领域仅对应于拉康的象征界，在他那里，"我们得到了一

---

　　① ［斯洛文尼亚］齐泽克：《意识形态的崇高客体》，季广茂译，中央编译出版社 2002 年版，第 238 页。

　　② Slavoj Žižek, *Enjoy Your Symptom! Jacques Lacan in Hollywood and Out*, New York and London: Routledge, 1992, p.184.

　　③ Saul Newman, *From Bakunin to Lacan: Anti-Authoritarianism and the Dislocation of Power*, Oxford: Lexington Books, 2001, p.140.

　　④ Daniel W. Smith, "Deleuze and Derrida, Immanence and Transcendence: Two Directions in Recent French Thought", in Paul Patton and John Protevi (eds.), *Between Deleuze and Derrida*, London and New York: Continuum, 2003, pp.46-63.

个不以他律的和优先的普遍理性为担保的自我塑造的主体——它暗示了一种'适度'的伦理学,自我掌控的伦理学"。拉康则基于实在界,揭示了主体必然拥有的一个最根本律法:"一个不可能服从的享乐的命令",在他那里,"我们却获得了……一个分裂的/被囚禁的和被划归不可能性指令的主体——它暗示了一种不相称的伦理学,创构性失衡的伦理学"。①

在后现代主义新左派中,德勒兹和福柯基于内在性和差异性的"本体论的建构主义"②,以及德里达和拉康的缺失和外在性概念,均扮演着极其关键的角色。以它们为重要起点,后现代主义政治理论同样拥有两个对立的本体论阵营:"创构性的缺失"与"存在的充足"③。前者主要追随拉康和德里达,意在揭示任何政治认同都被一个激进的偶然性和否定性所渗透。后者则基本延续德勒兹和福柯的思路,力图说明只有"物质性网络、能量流动、生成过程和肯定性体验模式"以及"内在和虚拟的存在领域的无限盈余"④才是政治的本质。拉克劳、墨菲、巴迪欧、齐泽克等普遍接受前者的观点,奈格里、哈特等则是后者的重要代表。

① Slavoj Žižek, *Enjoy Your Symptom! Jacques Lacan in Hollywood and Out*, New York and London: Routledge, 1992, p.179.

② Michael Hardt, *Gilles Deleuze: An Apprenticeship in Philosophy*, Minnesota: University of Minnesota Press, 1993, p.122.

③ Alexandros Kioupkiolis, "Radicalizing Democracy", *Constellations*, Vol.17, No.1, 2010, p.137.

④ Paul Patton, "Deleuze and Democratic Politics", in Lars Tønder and Lasse Thomassen (eds.), *Radical Democracy: Politics between Abundance and Lack*, Manchester and New York: Manchester University Press, 2005, p.65.

逻辑构架：后基础主义政治本体论

和后结构主义政治理论的两种轨道

引　言

毫无疑问,在后现代主义新左派的政治本体论谱系中,围绕政治本身
(The Political)和政治(Politics)的根本差异(政治的差异),在话语理论和文
本政治学中回归政治领域,从根本上变革传统政治的边界,重建具备后现代主
义根基的全新政治话语和解放叙事,构成最为核心的线索之一。这明确体现
在巴里巴尔、利奥塔、德勒兹、德里达、让-吕克·南希、拉库-拉巴特(Phillipe
Lacoue-Labarthe)、巴迪欧、朗西埃、列弗特(Claude Lefort)、巴特勒、拉克劳、墨
菲、齐泽克、奈格里、瓦蒂莫(Gianni Vattimo)、卡西亚里(Massimo Cacciari)、阿
甘本、卡斯托斯亚迪斯、弗勒恩德(Julien Freund)、鲍曼等人的政治理论中。
由于它涉及政治哲学同当今时代的相关性或不相关性问题,所以比在不同理
论范式内部的家族争辩更加关键。① 其论域主要围绕以下问题展开:"政治的
差异如何发生在一个稳定或终极基础的可能性消逝之际?"②以及"如何质问
(确切说来,能否质问)今天什么才能必须暂时被看作政治本身的本质?"③。

---

① Agnes Heller, "The Concept of the Political Revisited", in David Held (ed.), *Political Theory Today*, Cambridge: Polity Press, 1991, p.33.

② Oliver Marchart, *Post-Foundational Political Thought: Political Difference in Nancy, Lefort, Badiou and Laclau*, Edinburgh: Edinburgh University Press, 2007, p.155.

③ Phillipe Lacoue-Labarthe and Jean-Luc Nancy, *Retreating the Political*, London and New York: Routledge, 1997, p.101.

在他们看来,正是传统政治理念之"基础主义视域的错位导致了政治理论中不同于政治(Politics)的激进政治本身(The Political)概念之发展,因为如果社会的自然基础不再存在,那么我们将必须接受社会创制/消解的偶然形式"①。一方面,这表明关于政治和政治本身的差异的基本语境理应归属于当代西方左派经历的后现代主义/后结构主义转变:他们普遍将反基础主义、中心主义和本质主义的原则视为界划政治的逻辑前提,因而必然默认基础主义和后基础主义、形而上学和后形而上学范式的根本断裂。另一方面,它还指向对传统政治哲学的命名和定性问题②:既要考察以思想为形式的政治实例,又在承认该政治不存在的情况下回归对政治本身的探究。整体而言,他们在两个方面达成了共识:其一,政治问题与形而上学问题密切相关,既要发掘形而上学可能包含的政治意义,更需为政治寻找一个后现代主义的本体论基础,既"必须最终对哲学(或形而上学)的政治本身预设即本质的政治规定进行反思",又需思考作为准先验条件的"政治本身对所谓西方思想的创制"③;其二,政治的回归绝非对同一性、总体性和等级性机制的复制和再现,而是通过"对政治之利害关系的重新追踪"④,穿透传统政治语法及其基础主义范式的限度,激发后现代主义的政治潜能。

在该理论视域中存在两条相互对立的逻辑脉络。一个力图将对政治本身的探究同拉康的根本性的缺失观念和海德格尔那一在使存在者得以存在之后

---

① Oliver Marchart, *Post-Foundational Political Thought: Political Difference in Nancy, Lefort, Badiou and Laclau*, Edinburgh: Edinburgh University Press, 2007, p.155.

② 巴迪欧、朗西埃和霍兰德将其称为"元政治学"或"规则政治学",认为它致力于回答"什么使在精神中拥有自身影响的哲学配得上'政治'的名字。或者,什么宣告了思想的成形以及思考思想之所是的前提是什么"。参见 Alan Badiou, *Metapolitics*, London and New York: Verso, 2006, p.152; Peter Hallward, "The Politics of Prescription", *The South Atlantic Quarterly*, Vol.104, No.4, 2005, pp.769-789。

③ Phillipe Lacoue-Labarthe and Jean-Luc Nancy, *Retreating the Political*, London and New York: Routledge, 1997, p.110.

④ Phillipe Lacoue-Labarthe and Jean-Luc Nancy, *Retreating the Political*, London and New York: Routledge, 1997, p.131.

又撤回自身的存在概念及其以不可能性、"缺席的根基"为核心的后基础主义思想紧密相关,同时还携带着精神分析学揭示原初创伤经验的否定性基调。它以让-吕克·南希、巴迪欧、朗西埃、拉克劳、墨菲等为代表,重在以超越性和外在性之名,赋予真正的政治以超越经验现实的本体论界域或他者性面向:一个极力规避事实性(Factuality)却又构成其终极限度并使其可能的实在(Fact)。另一个则与斯宾诺莎和尼采哲学的当代复兴相连,主要以德勒兹、奈格里、哈特、帕顿(Paul Patton)、韦德(Nathan Widder)等为代表。它立足于一种基于差异和力量强度之充足的存在概念及其自我构造和自我表现的绝对内在性视野,完全排斥政治中的所有超越性机制和外在调解形式。虽然同样力求以差异性、偶然性和不确定性原则反对由国家—主权—律法主导的传统政治模式,但与前者求助海德格尔的存在和拉康的缺失概念不同,它则建基于斯宾诺莎—尼采的内在性和肯定性哲学。

第一章　回归政治领域的
不同本体论进路

　　以政治和政治本身的差异重回政治和本体论领域不仅在当代左翼阵营中达成了广泛共识,而且构成他们构建全新革命政治学的一个重要起点。因此,对奈格里和拉克劳政治本体论的比较分析必须深入考察他们界划政治边界的不同本体论进路。

一、政治本体与社会本体:界划政治
和社会的相反方式

　　拉克劳对政治的理解从根源上可以追溯到施米特关于政治的纯粹自主化观念,更与同拉康的缺失观念相连的左派海德格尔主义关联紧密。施米特以敌友划分为基础的对抗性政治已经蕴含了将政治与政治本身在本体论层面进行区分的端倪,试图确立一个超越具体政治现实的全新准则:独立在传统政治之日常争辩领域之外的"纳入和排除的形而上学空间"。① 在他那里,政治的界限和标准并不源于其他任何领域并因此符合于它们中的不同划分,它"必

---

　　① Kari Palonen,"Politics or the Political? An Historical Perspective on a Contemporary Non-Debate",*European Political Science*,Vol.6,No.1,2007,pp.70-71.

须以自身的最终划分为基础……具有清晰的自明性……能够抛开其他对立面独立地处理、区别并理解朋友—敌人这个对立面,借助于此,政治所固有的客观本质和自主性就变得显而易见了。"①由敌友划分来主导的社会分群之最极端事件或基本的社会体系(战争)以及政治的独立性,共同确保了它的自主和优先地位。在左派海德格尔主义的论域中存在两个基本原则。其一,它将政治概念划分为客观化的政治(Politics)和总是逃避现实化的政治本身(The Political),把后者当成前者在本体论上的先决条件,拒绝将它限定在某个社会领域或阶层以及现存的国家制度、官僚机构或政治政党之上。由此出发,它基于海德格尔的存在论差异和拉康对现实和实在的区分,并借助实体化和本质化的形容词(如 The Political、The Social、The Historical、The Literal 和 The Philosophical 等)与其相应的名词(Politics、Society、History、Literacy 和 Philosophy 等)之间不可消除的裂缝,来揭示"完全的客观性和被缝合的总体性在构造上的不可能",认为它们必然经历的那个失败决定了政治。它拒绝以经济决定论、行为主义、实证主义等为代表的科学主义及其剩余物的基础主义分析模式,将偶然性、不可能性和否定性视为政治本身的根本属性。它拒斥根基(Ground),但不排除奠基(Grounding),重在说明终极基础的不可能性、任何稳固化的不断阻隔和本体界域之绝对现实化的无限推延。② 其二,它认为对政治本身的揭示绝非依据怀旧原则将它从其退回中简单取出,而是应在反本质主义和后基础主义框架中重新理解政治的自主性问题。它"不意味着重复超越性的诉求,不论它是上帝、人类或是历史的:它们均确立极权主义或在它之中设置自身进而转换为共同生命之总体内在性的超越性。在这个前提下……它是一个质疑回撤如何迫使我们去取代、重新阐明和重新演绎'政治的超越

①　[德]卡尔·施密特:《政治的概念》,刘宗坤等译,上海人民出版社 2015 年版,第 30—31 页。

②　参见 Janar Mihkelsaar, *Giorgio Agamben and Post-Foundational Political Ontology*, Tartu: University of Tartu, 2015, pp. 20 - 22; Oliver Marchart, *Post - Foundational Political Thought: Political Difference in Nancy, Lefort, Badiou and Laclau*, Edinburgh: Edinburgh University Press, 2007, pp. 2-9.

性'概念。……不存在对回撤的'逃离',除非经历了政治本身明确将其表达为一个本质性'回撤'或根据一个本质性'回撤'来表达它的体验,而且它或许是同一性、总体性和共同体之现实表达的回撤"①。因此,政治本身的回归不是对客观现实之绝对根源的追踪和再现,"而是解构所有的意义,并回溯到原初真实性的问题"②。从这个角度看,它排除了政治差异的额外之物,完全是自涉性的,从而使纯粹化的政治本身面临着再次沦为一个"超越决定每个存在模式和立场"的新总体性的风险。③

依上所述,左派海德格尔主义不仅在本体论层面揭示了政治和政治本身的区分,而且还将局限在客观性上的政治和社会现实视为传统政治的一个基本前提。拉克劳对政治和社会的界划明显带有上述理论痕迹。他指出:"如果某物是纯粹的无可争议的实现,那么存在论的差异将不再可能:实体和本体完全重叠,且我们只拥有了纯粹的在场。在那种情况下,存在只有当变成所有述语的绝对普遍性或超越所有特殊差异时,才能得到理解。这意味着它将根本无法理解。……但是,如果有一个作为真实的可能性的虚无,那么任何显现自身的存在者也会在其根源上成为纯粹的可能性,并超越其实体的特殊性而显现为存在本身。"④显然,拉克劳根据潜能和实现的关系来理解海德格尔关于存在和存在者的存在论差异:存在者的实体层面只能凭借与尚未或非是之物(潜能)才有可能,后者不能被理解为客观秩序中的可能性,而是一个规避现实化、超越差异的实证化和通往无限生成的纯粹潜能。

---

① Phillipe Lacoue-Labarthe and Jean-Luc Nancy, *Retreating the Political*, London and New York: Routledge, 1997, pp.129-134.

② [英]拉克劳:《我们时代革命的新反思》,孔明安、刘振怡译,黑龙江人民出版社 2006 年版,第 45 页。

③ Inna Viriasova, "Politics and the Political: Correlation and the Question of the Unpolitical", *Peninsula A Journal of Relational Politics*, Vol.1, No.1, 2011, http://journals.uvic.ca/index.php/peninsula/article/view/687/1925, 2016-07-01.

④ Ernesto Laclau and Lilian Zac, "Minding the Gap: The Subject of Politics", in Ernesto Laclau (ed.), *The Making of Political Identities*, London and New York: Verso, 1994, p.30.

以此为前提,首先,在对政治的理解上,拉克劳和墨菲都将政治本身看作使客观秩序得以创建的一个超现实的本体论界域,把传统的政治科学严格限定在现实的经验层面。在他们那里,前者作为"冲突意志的熔岩"[①],必须被构想成人类关系固有的不可根除的对抗性维度,即"内在于所有人类社会并决定我们真正的存在论条件的一个维度"[②]。正是它保证了社会领域和客观秩序的构造。后者则主要关涉经验层面的"社会的创建和颠覆"[③]或实存层面的"政治体制的行为"[④],通常可以与在象征秩序中被构造、由幻象支撑的政治现实和社会创制(现实性/经验性)相等同。[⑤] 它往往表现为在总是通往潜在对抗的条件下"力求建立某种秩序和组织人类共存的实践、话语和制度之整体"[⑥],因而总是与公民、选举、政治代表的特别形式和不同的意识形态家族密切相关。根据拉克劳的观点,作为构建政治和社会现实的可能性条件和本体论环节,政治本身拒绝政治和社会的积淀形态所具有的崇高化本质,将它归入某一社会子系统或化为具体政治行为的企图只是阻止社会关系政治化的一种规范化强加。[⑦] 正如齐泽克所言,在朗西埃(La Politique 和 Le Poliqique)、巴迪欧(Being 和 Truth-Event)和拉克劳的视域中,作为"两种逻辑的根本对立",政治的差异及其他相关形式把政治本身看成在确定的存在秩序中引入裂缝的"本己政治",且都建立在"实体和主体、一个确定的本体秩序……和一个避免

---

① Benjamin Arditi,"Tracing the Political",*Angelaki*,Vol.1,No.3,1994,p.21.

② [英]墨菲:《政治的回归》,王恒、臧佩洪译,江苏人民出版社 2008 年版,第 3 页。

③ Jacob Torfing, *New Theories of Discourse:Laclau,Mouffe and Žižek*,Oxford:Blackwell,1999,p.304.

④ Ernesto Laclau,"Deconstruction,Pragmatism,Hegemony",in Chantal Mouffe(ed.),*Deconstruction and Pragmatism*,London and New York:Routledge,1996,p.47,p.60.

⑤ Yannis Stavrakakis,"Encircling the Political:Towards a Lacanian Political Theory",in Slavoj Žižek(ed.),*Jacques Lacan:Critical Evalutions in Cultural Theory*,London and New York:Routledge,2003,p.274.

⑥ Chantal Mouffe,*The Democratic Paradox*,London and New York:Verso,2000,p.101.

⑦ Torben Bech Dyrberg, *The Circular Structure of Power:Politics,Identity,Community*,London and New York:Verso,1997,p.188.

这个秩序的最后终结或打断其平衡的不可能性的裂缝"之间。① 因此,我们必须这样理解政治的差异:一方面,它总是以某种方式映现着政治本身(The Political)和社会本身(The Social)的关系,另一方面,它指明了社会本身(The Social)的缺席基础,即社会(Society)是一个不可能但又必要的对象。只要社会不能实现绝对的自我同一,政治便从内部分裂为两种形式:归属于社会并作为其子系统的政治(Politics)以及从"最终不可能的外在"为社会"奠基和重新奠基"的更加根本的政治本身(The Political)。②

其次,在对社会的界定上,拉克劳从政治的差异出发,讨论了社会(Society)和社会本身(The Social)的区分。对他而言,前者展现出一个结构主义的视角,仅指"所有的社会意义围绕一个能够解释其一切部分过程之基体而走向终结的可能性",后者则意味着一种后结构主义的立场,重在说明任何社会情境作为一个统一整体的不可能性。③ 前者典型体现在马克思主义建立在经济基础—政治上层建筑分析框架的社会概念,它从根本上揭示了一个拥有固定基础且通向社会秩序之潜在可理解性原则的"奠基性的总体",并把社会及其结构整体看作社会生活的经验现象背后能够加以说明和再现的不变的本质对象。后者则仅以创设不可能对象的徒劳尝试存在:社会将自身缝合为封闭总体的不可能性,并在那种非本质和去稳定化的有限性中表现和领会这个无限性。换言之,任何结构体系均受制于一个创构性的外在或自身"意义之多余",无法实现彻底的内部化。所以作为一个统一的总体和可理解的对象的社会(Society)完全是不可能的。然而,正是这个不可能性确保了社会本身

---

① Slavoj Žižek, *The Ticklish Subjece: The Absent Centre of Political Ontology*, London and New York: Verso, 1999, p.233.

② Oliver Marchart, *Post-Foundational Political Thought: Political Difference in Nancy, Lefort, Badiou and Laclau*, Edinburgh: Edinburgh University Press, 2007, p.135.

③ Ernesto Laclau, "Hegemony and the Future of Democracy: Ernesto Laclau's Political Philosophy", in Lynn Woshma and Gary S. Olson (eds.), *Race, Rhetoric and the Postcolonial*, Albany: SUNY Press, 1999, p.146.

(The Social)的可能性:"如果社会本身不能将自身固定在一个社会之可理解的和被创设了的形式中,那么它只能作为构造那个不可能性的对象而存在"①。于是,社会本身的总体唯有通过自身的缺席,以否定性的基础来保证其在场,只能以借助不同节点的创制而获得的相对固定化为形式。在这个意义上,"我们必须将社会本身的开放性看成现存之物的创构性根基或'否定性本质',把不同的'社会秩序'视为驯化差异领域的不稳定和最终失败了的尝试。所以,社会本身的多样性不能通过调解体系来理解,'社会秩序'不是潜在的准则。没有'社会'专属的缝合空间,因为社会本身没有本质"②。

　　显然,拉康对象征秩序之分裂和缺失本质的强调,在拉克劳的政治和社会观念中占据根本地位。在他看来,在由社会创制、人类创造和政治制度的出现和发展所构成的客观性领域,对本源存在的捕获只是对"一个无法排除总是返回其位置之不可能性环节的幻想"。实在界实为"政治接合和错位、秩序和非秩序、政治和政治本身之间博弈"的本体论界域。作为"我们体验与实在界相遇的一个样态",政治本身总是与"标志社会—政治认同的错位与欲求新认同的创造之间裂缝的偶然性和不可判定性环节",与社会的幻想性表象中的创构性的缺失相连。它从根本上规制着社会—政治现实,先于任何企图掩盖这个缺失和重构错位现实之虚假连贯性的尝试和承诺。③

　　总之,拉克劳意在通过一种后基础主义的视角,以政治和社会的分离以及政治的本原性来揭示社会的政治本质,构建了一个拉康意义上置身实在界的政治概念和基于根本性缺失的社会范畴。其一,他借助拉康关于实在(The

　　①　Ernesto Laclau and Chantal Mouffe, *Hegemony and Socialist Strategy: Towards a Radical Democratic Politics*, London and New York: Verso, 1985, p.112.

　　②　Ernesto Laclau and Chantal Mouffe, *Hegemony and Socialist Strategy: Towards a Radical Democratic Politics*, London and New York: Verso, 1985, pp.95-96.

　　③　Yannis Stavrakakis, "Encircling the Political: Towards a Lacanian Political Theory", in Slavoj Žižek (ed.), *Jacques Lacan: Critical Evalutions in Cultural Theory*, London and New York: Routledge, 2003, pp.277-278.

Real)和现实(Reality)的区分来理解政治和社会的关系,否认政治是由社会的客观法则来统治的上层建筑或社会的一个子系统。他认为,"政治本身不是社会本身(The Social)的内部环节,相反,它表明了将社会创建为一个客观秩序的不可能性"①。前者获得了既不断抵御现实化又使社会现实得以创建的本体性地位。其二,他依据创构性的外在性和他在性原则,拒绝任何以最终缝合或完全实现为形式的客观性,并将社会现实看作是对政治本身之空位的暂时占据、结构化效果和注定失败的填补,充分展现其固有的偶然性和创伤性内核。

与拉克劳同拉康和海德格尔的亲近关系不同,奈格里则与德勒兹对斯宾诺莎和尼采的复兴一脉相承。德勒兹基于个殊性、生成性和虚拟性原则,描绘了一个异质因素之间相互连接、任意拆解和不断变易的绝对内在性视野,并将它与政治实践和社会存在的创建关联起来,系统论述了一个以差异的不断自我增值和充足的集体创构实践为特征的平滑的历史构造机制和政治聚合模式。

本着这个唯物主义传统,奈格里将真正的本体论诉诸"现有主体之欲望和实践的本体论重量"②,从而直接把它从抽象的思辨层面提升为"对存在之生产和再生产以及由欲望运动和劳动的具体实现所创设的政治现实的认识"③。由此出发,他刻意与斯宾诺莎的欲望谱系(从物质的努力,到人类欲望,再到神圣之爱)相遇,意在呈现"伦理上的希望之革新和本体论上的充裕"以及一个"总是在最大限度上是现实的、充足的、能量化的和生产性的"世界,将自然和现实领域看成融合人类行动、持续转型和政治变动的极端连贯的自

---

① Ernesto Laclau,*New Reflections on the Revolution of Our Time*,London and New York:Verso,1990,p.160.

② Michael Hardt and Antonio Negri, *Labor of Dionysus:A Critique of the State-Form*,Minneapolis:University of Minnesota Press,1994,p.288.

③ Michael Hardt and Antonio Negri,*Empire*,Cambridge:Harvard University Press,2000,p.362.

我运动。① 他还借助尼采的权力意志思想,提出一个建基于创造性激情、主体性生产和连续性变革的"唯物主义的力量本体论"②,使同它符合的"形而上学一元论构成主体和自由生命之历史多元主义的唯一基础"③。对他而言,存在实为"被主体性设置、构造和规定为筹划性的实体"④,而主体性及其生产行动所揭示的正是"政治的人类根本性空间"⑤。

显然,奈格里通过主体性的创构力量及其本体论的激进性来看待政治和社会的构造,试图将政治完全化约在社会之中,拒绝将它从社会分离出来所具有的超越性和自主性形式。首先,他反对拉克劳那种置身于本体论界域的政治概念及其作为社会之限度的优先地位,而是坚持从"制宪力之形而上学的物质性"⑥出发。在他看来,作为极度充足的生产性能量和自由实践,制宪力(Constituent Power)是界划政治本身(The Political)的唯一方式,即"政治的总体化基体"⑦。建基于等级化和总体性的宪制权(Constituted Power)只会把它看成共同体之上的命令或合法的暴力王国。相反,制宪力则通过"潜能创构"将其纳入一个指向不断创造新存在的绝对内在性领域。它立足于"在自由中得以更新和在自由实践的连续性中得到组织的创构性行动实践"⑧,彻底清除

---

① Charles T.Wolfe,"Materialism and Temporality:On Antonio Negri's'Constitutive'Ontology", in Timothy S.Murphy and Abdul-Karim Mustapha(eds.),*The Philosophy of Antonio Negri:Revolution in Theory*,London:Pluto Press,2007,pp.201-202.

② Antonio Negri,*Time for Revolution*,New York:Continuum,2003,p.140.

③ Michael Hardt and Antonio Negri, *Labor of Dionysus:A Critique of the State-Form*,Minneapolis:University of Minnesota Press,1994,p.310.

④ Antonio Negri, *The Savage Anomaly:The Power of Spinoza's Metaphysics and Politics*,Minneapolis:University of Minnesota Press,1991,p.167.

⑤ Antonio Negri,*Insurgencies:Constituent Power and the Modern State*,Minneapolis and London:University of Minnesota Press,1999,p.28.

⑥ Antonio Negri,*Insurgencies:Constituent Power and the Modern State*,Minneapolis and London:University of Minnesota Press,1999,p.336.

⑦ Antonio Negri,*Insurgencies:Constituent Power and the Modern State*,Minneapolis and London:University of Minnesota Press,1999,p.333.

⑧ Antonio Negri,*Insurgencies:Constituent Power and the Modern State*,Minneapolis and London:University of Minnesota Press,1999,p.22.

了旧政治模式中的同一化、中心化和总体化配置,主张共同体永远处在被不断重制和决断的生成状态,暴力则是这个生产过程的组成部分。它强调在"众多共同协作的个殊性的本体性力量"中,只有"系谱学,诸众和力量之共同扩展和共同运转的生产",没有"调解、综合或崇高"。① 奈格里认为,"制宪力概念显示了革命的规则,提供了作为转型运动的存在定义",由它界定的政治实为"个殊性之间相互关系拓展的母体":既是"相互关系和共同体得以转型的斗争场所",又指向绝对的革命运动。② 总之,依据他的观点,"动态的、创造性的、连续的和过程的力量创构便是政治。……这个定义屈从于主体和趋势的规定……把这个因素从政治中取走意味着将其抽空;这意味着把它归结为纯粹管理、外交调解和等级制的监管活动"③。

其次,在对社会的定义上,他同样诉诸制宪力,提出了一个立足存在的自我构造的创构性的社会本体论。他将社会视为创制主体的生产行动持续地创造新存在、新关系、新秩序和新结构的产物,把存在的结构看成开放的集体实践和连续的物质变换过程,并集中展示了人类世界内部的无限变革和转型运动。对他而言,这意味着一个"创构性和革新性的社会本体论",即政治—社会、政治—经济、政治—形而上学无法区分的混合物。④ 它以新的唯物主义实践哲学和集体实践现象学为形式,确认了一个"把制宪力作为形成人类历史视域之社会政治规定的普遍系谱学配置的形而上学努力",从而"在政治创造过程的中心引出了主体和结构之联结的绝对性"。⑤ 在此,存在的直接性、主

---

① Antonio Negri, *Insurgencies：Constituent Power and the Modern State*, Minneapolis and London：University of Minnesota Press, 1999, p.333.

② Antonio Negri, *Insurgencies：Constituent Power and the Modern State*, Minneapolis and London：University of Minnesota Press, 1999, p.334.

③ Antonio Negri, *Insurgencies：Constituent Power and the Modern State*, Minneapolis and London：University of Minnesota Press, 1999, p.335.

④ Antonio Negri, *Insurgencies：Constituent Power and the Modern State*, Minneapolis and London：University of Minnesota Press, 1999, p.33.

⑤ Antonio Negri, *Insurgencies：Constituent Power and the Modern State*, Minneapolis and London：University of Minnesota Press, 1999, p.34.

体性的创构行动和政治的构造过程融为一体，"物质生产、政治配置与伦理和认识的解放"都只能在生产力量的相互交叉中产生。[1] 于是，存在"首先把自己显现为生产存在的编织物"[2]，其无限的多样性和自由生成过程说明它本身已然是革命的。并且，社会不再单纯地表现为物质的永恒性或存在物的简单累积，而是拥有了一个"历史的、实践的和伦理—政治的本性的绝对创构机制"[3]。可见，"取消作为分离范畴的政治只是定义了制宪力和创造性自由劳动的霸权。制宪力没有消除政治范畴，而是使它转变为在人类社会关系整体与合作强度中社会相互作用的范畴"[4]。同时，"在社会中寻找政治没有确认一个乌托邦的场所——相反，它创建了一个新的强大的社会定义。……社会的多样性是反权力、反知识、反文化的多元结构。因而，它也是对合法性根据的撒播和充足力量关系的铭刻。……政治投入社会现实创设了新的经验、语言和斗争的视域。"[5]换言之，在奈格里那里，一方面，社会本身即是政治，政治和社会的二元划分以及前者从后者的分离在根本上代表了传统代表性/同一性政治模式的超越性运作；另一方面，政治已经成为社会的基本维度：生产劳动领域同政治领域彻底重合，政治革命和社会解放相互交叉，公民权利中经济权利和社会权利完全一致，政治自由和经济解放互为一体。

对奈格里而言，制宪力的政治仅仅作为"将已被创设了的政治（Instituted Politics）归于社会和消解宪制权的代理人"存在，对社会的回归自然构成其本

---

①　Antonio Negri, *The Savage Anomaly: The Power of Spinoza's Metaphysics and Politics*, Minneapolis: University of Minnesota Press, 1991, p.224.

②　Antonio Negri, *Insurgencies: Constituent Power and the Modern State*, Minneapolis and London: University of Minnesota Press, 1999, p.322.

③　Antonio Negri, *The Savage Anomaly: The Power of Spinoza's Metaphysics and Politics*, Minneapolis: University of Minnesota Press, 1991, p.213.

④　Antonio Negri, *Insurgencies: Constituent Power and the Modern State*, Minneapolis and London: University of Minnesota Press, 1999, p.266.

⑤　Antonio Negri, "Twenty Theses on Marx: Interpretation of the Class Situation Today", in Saree Makdisi, Cesare Casarino and Rebecca E. Karl (eds.), *Marxism Beyond Marxism*, New York and London: Routledge, 1996, p.175.

质环节。[1] 显然,他以本源性的制宪主体及其创构力量为枢纽,把政治全面纳入同物质创造过程紧密相连的社会领域,彻底否定了拉克劳那种从社会中分离进而外在地规制它的政治本体。在此,社会是自由的和充足的,政治不再拥有超越它的自主性和纯粹性,二者在本质上都是集体主体性及其自我展开过程和绝对变革运动的自我表达。

二、政治的自主性与政治的社会化:分属超越性和内在性传统的本体论规划

在政治和社会的关系这一问题上,拉克劳的回答既与德里达解构主义的准先验性机制密切相关,又在很大程度上延续了拉康关于实在界和象征界的划分思路。因此,他不仅十分依赖某种超越性的否定、歪曲或颠倒形式("失败了的超越性"[2]),而且还将"超越领域"(Realm Beyond)定位在社会结构内部的缺失或空位之上。

拉克劳通过借鉴胡塞尔关于积淀和激活的区分和拉康的可能性—不可能性辩证法,切入对该问题的分析。他指出,"我呈现这个讨论的方式在于我们生活在一个社会实践得以积淀的世界。激活的环节并不处在原初奠基环节……而是在回归社会通过它被创设的原初的偶然决断中存在。这个经由偶然决断的社会创设环节就是我所谓的'政治'"。[3] 在这里,政治本身被他界定为社会得以创设的本体论界域——激进的偶然性,社会则是话语实践的客

---

① Miguel Vatter, "Legality and Resistance: Arendt and Negri on Constituent Power", in Timothy S.Murphy and Abdul-Karim Mustapha (eds.), *The Philosophy of Antonio Negri: Revolution in Theory*, London: Pluto Press, 2007, pp.68−69.

② Ernesto Laclau, *On Populist Reason*, London and New York: Verso, 2005, p.244.

③ Ernesto Laclau, "Hegemony and the Future of Democracy: Ernesto Laclau's Political Philosophy", in Lynn Woshma and Gary S.Olson (eds.), *Race, Rhetoric and the Postcolonial*, Albany: SUNY Press, 1999, p.146.

观积淀形式,仅仅意味着真正的原初性在现实层面的遗忘和归隐。① 于是,政治本身不但揭露了社会的缺席基础、不可能性和不透明性,而且还构成使它可能的绝对限度:社会必须以之为背景参照的创构性的外在,正是这个不可能性才保证了它在现实中结构化的可能性。这种区分对拉克劳而言包含着两种霸权连接运动。一个指向社会领域的客观积淀形式,它意图将意义的连续固定化构想成权力沉积的稳固构架,即将纯粹错位的时间环节彻底空间化为一个具备封闭秩序的政治配置,从而把例行性和日常化的现实话语实践误认为本体性的实在本身。另一个则力求呈现意义的去固定化机制和激活僵化沉积物的创构性环节,即一个空间的时间化或不确定的可能性领域之拓展。它以作为时间性(事件)和自由的结构错位(扰乱或阻断)为基础,避免将社会沉积物看作社会本身的完全实现:社会从未完整实现自身,它始终朝着创建这个不可能的对象努力。在此,时间并不像空间统辖时间那样支配一切,它只是错位的单纯效果。②

显然,拉克劳试图证明:由于现实世界总是被一个无法克服的创构性的外在、不能表征的他在性所渗透,所以经验事实层面的任何绝对的总体性、普遍性、固定性和同一性都是不可能的。可见,对他而言,"社会—政治过程的实在主义(Realistic)分析必须放弃认为社会力量是某物的偏见,从考察它们从不力求达成的东西开始"。并且,理解社会现实不是为了确认社会是什么,而是旨在考察什么在不断规避和抵御社会的现实存在。③ 这种超现实的和不可言说的原初存在,只能是由根本性的错位和对抗所构成的政治本身,而以客观

① Ernesto Laclau, *New Reflections on the Revolution of Our Time*, London and New York: Verso, 1990, pp.34-35.

② Ernesto Laclau, *New Reflections on the Revolution of Our Time*, London and New York: Verso, 1990, pp.41-45.

③ 参见 Ernesto Laclau, *New Reflections on the Revolution of Our Time*, London and New York: Verso, 1990, p.38, p.44; Ernesto Laclau and Chantal Mouffe, *Hegemony and Socialist Strategy: Towards a Radical Democratic Politics*, London and New York: Verso, 1985, p.127, p.112.

秩序为形式的社会不过以虚假的面目暂时占据了它的空位。在这个意义上，"一方面，一个将政治完全根除的社会是不可想象的……另一方面，一个未经调解的政治体制之行为也是不可能的：任何政治建构均在反抗一系列沉积实践之情境中发生。所有社会现实可能是政治本身的这一终极要求不仅不可行，而且一旦达成就会模糊社会同政治的区分。这是因为社会的总体政治体制不过是绝对全能意志的产物，在其情境中，已被创建的偶然性——和它的政治本质——将会消失"①。显然，拉克劳通过一个准先验性和超越性机制，以偶然性和不可能性为原则，以政治先于社会的本源性和自主性，设定了社会的政治本质。于是，政治本身俨然已成为既在社会之外又构成其内部限度的绝对实体，它"不是上层建筑，而是拥有了一个社会的本体地位"②。

与拉克劳不同，奈格里界划政治和社会关系的核心路径则遵循德勒兹指示的以内在性、创构性和肯定性为根基的唯物主义实践哲学路线。在他看来，马基雅维利的德行、斯宾诺莎的欲望和马克思的活劳动，都包含着"创构性的、自由的和生产性的线索"，都揭示了一种源于制宪主体自身的绝对创造性和变革性的社会和政治构造机制，都把人类实践行动的力量关系网络看成政治的最根本维度。"在这个集体性存在中，新主体在面对它的限制时，认识到自身行动的自主性和生产性——限制虽然坚固，但新主体总是必须要超越它。"③换言之，当制宪主体取得完全的自主性，独立地组织世界的生产和再生产时，任何外在命令的超验调解均不再可能。

对奈格里而言，政治的自主性实为从宪制权出发来界划政治的必然结果。在其视域中，政治是"沟通"、"象征"和"建构社会的生产合作并使后者再生产

① Ernesto Laclau, *New Reflections on the Revolution of Our Time*, London and New York: Verso, 1990, p.35.

② Ernesto Laclau and Chantal Mouffe, *Hegemony and Socialist Strategy: Towards a Radical Democratic Politics*, London and New York: Verso, 1985, p.127, p.xiv.

③ Micheal Hardt and Antonio Negri, *Labor of Dionysus: A Critique of the State-Form*, Minneapolis and London: University of Minnesota Press, 1994, p.313.

自身和生产价值的质料",因而不是"社会本身的抽取"(An Abstraction of The Social),而是"社会的抽取"(A Social Abstraction)。① 它在展现力量强度的内在性平面中引入了超越性的调解机制,将本源性的主体创构力量及其集体实践过程囚禁在稳固化、中心化和总体化的结构秩序中。以国家、政党和工会为主要调解形式的代表性政治,正建基于这种将"社会和国家"以及"经济和政治、工会活动和政党活动"分割开来的绝对"同一性"。② 事实上,当任何政治行动、政治组织和政治制度试图超出社会领域,假定自身的自主空间时,都表现为一个力求清除革命的集体主体性及其无限创造能量的纯粹技术事实:作为一个"死秩序的意识形态的再生产",它将国家看成政治调解的场所和"社会行动之总体归属的中心"。③ 在这里,政治的自主性被奈格里转喻成超越性的主权配置和调解形式:它通过一个将社会和政治隔断的分离科学,确立了政治相对于社会的超验性,不过是资本主义命令体系的意识形态再现。

在奈格里那里,真正作为分离力量的政治必须充分回归社会领域,实现政治的社会化。政治独立于社会的自主性不但是资本主义剥削或剩余价值攫取的唯心主义操作,更指向征服内在性创构力量及其革命潜能的权力运作模式。"作为独立性或'相对自主性'的政治范畴,只能阻碍、命令和统治活劳动的全能:政治的范畴只是宪制权的一个部分"④。相反,政治社会化的制宪力模式不仅表明社会存在本身即为政治,而且揭示了一个以强力主体性为核心的革命政治学:它"通过创立主体的规划来建构社会,驱散了神秘化的客观性"。

---

① Antonio Negri, *The Politics of Subversion: A Manifesto for the Twenty-First Century*, Cambridge: Polity Press, 1989, p.146.

② Antonio Negri, "Twenty Theses on Marx: Interpretation of the Class Situation Today", in Saree Makdisi, Cesare Casarino, and Rebecca E. Karl (eds.), *Marxism Beyond Marxism*, New York and London: Routledge, 1996, p.174.

③ Antonio Negri, *Books For Burning: Between Civil War and Democracy in 1970s Italy*, London and New York: Verso, 2005, pp.139-140.

④ Antonio Negri, *Insurgencies: Constituent Power and the Modern State*, Minneapolis and London: University of Minnesota Press, 1999, p.267.

当其与工人阶级相关时,政治的自主性只能表达"社会的自我认知"、"社会的生产性的再占有"和"社会的变革性的逾越"。[1] 于是,"社会工人的政治自主性＝主体的自我认知＝社会的再占有＝世界的政治变革"[2]。

从根本上看,奈格里以政治的社会化对政治自主性的批判,直接反映出他和拉克劳完全不同的本体论规划。前者本着德勒兹差异哲学的内在性和肯定性原则,后者则在很大程度上延续着拉康的创构性缺失观念、海德格尔无所奠基的存在概念和德里达的解构行动共同展现的否定性根基和超越性线索。因此,"当接受对以否定性思维为特征之基础的拒斥之时,奈格里必将同时拒绝否定的中立化和通过'政治的自主性'……让它得到意识形态式的解决。相反,它将尽力把它转变为生产新存在的要素:'……那里只有诗性主体性和存在的对立关系,它否定了任何先在的现实,并将存在作为革命和激进转型带回给我们'。于是,……本体论成为革命的科学;革命构成本体论的实践。……否定就它拒绝特征化为静态、固定资本和死亡来说反而被理解为存在的潜能"。[3] 换言之,他通过内在主义的存在论模式、历史创构机制和政治聚合方式,将否定性完全缝合在创构性社会本体论的绝对肯定性视域,以政治的直接性彻底取代了政治的调解性。

三、外生性对抗与内生性对抗：以对抗政治取代对立政治的相反方式

拉克劳力求彻底告别辩证的对立政治(以阶级政治为代表),走向与拉康

① Antonio Negri, *The Politics of Subversion: A Manifesto for the Twenty-First Century*, Cambridge: Polity Press, 1989, pp.146–147.

② Antonio Negri, *The Politics of Subversion: A Manifesto for the Twenty-First Century*, Cambridge: Polity Press, 1989, pp.146–147.

③ Antonio Negri, "The Italian Difference", in Lorenzo Chiesa and Alberto Toscano (eds.), *The Italian Difference: Between Nihilism and Biopolitics*, Melbourne: Re.Press, 2009, pp.77–78.

的实在界思想密切相关的对抗政治。他延续拉康关于实在和现实的区分,认为我们应当区分两种不同的对抗形式:一个指向内在于所有社会关系中的根本性环节——社会的限度或它由以被构造的不可能性,另一个则由现实世界中的对抗斗争即不同的对抗性主体位置或两种对立力量的矛盾关系构成。① 前者作为纯粹对抗和原始创伤经验,揭示了客观性的不确定性和偶然性本质。后者是前者在现实秩序中不可能最终缝合的结构化效果,它只"服从实证物质规律的物质性事实",总是展现基于对立力量之对峙的经验性客观关系,实为传统哲学的对立逻辑在社会领域中的应用。② 在拉克劳那里,现实领域的对立和概念性的矛盾仅描述"可确定、可定义事物中的一个客观关系"和"概念之中的可定义关系",只关注客观关系的经验事实和"完全的同一",且共同预设了绝对的自我实现。③ 然而,对抗却建基于一种"原始的匮乏"④,总是阻止自我和存在的完整构造和绝对固定性。作为"一种没有与内在分享相同尺度的根本的外在性"⑤,它"构成每个被展现为局部的、不稳定客观化的客观性的限度"或原初缺失内核。⑥ 所以,"不存在借由对抗关系实现自身的'理性的狡计',也不存在任何类型将对抗屈从于其规则体系的超级游戏"⑦,因为前者将对抗划归通向更高肯定性形式的表象机制,后者则借助同一性自身的绝

---

① Ernesto Laclau, *New Reflections on the Revolution of Our Time*, London and New York: Verso, 1990, p.253, p.35.

② Ernesto Laclau and Chantal Mouffe, *Hegemony and Socialist Strategy: Towards a Radical Democratic Politics*, London and New York: Verso, 1985, p.123.

③ [英]拉克劳、墨菲:《领导权与社会主义战略——走向激进民主政治》,尹树广、鉴传今译,黑龙江人民出版社 2003 年版,第 141—142 页、"第二版序言"第 9 页。

④ [美]巴特勒、[英]拉克劳、[斯洛文尼亚]齐泽克:《偶然性、霸权和普遍性——关于左派的当代对话》,胡大平等译,江苏人民出版社 2004 年版,第 68 页。

⑤ Ernesto Laclau, *New Reflections on the Revolution of Our Time*, London and New York: Verso, 1990, p.18.

⑥ [英]拉克劳、墨菲:《领导权与社会主义战略——走向激进民主政治》,尹树广、鉴传今译,黑龙江人民出版社 2003 年版,第 141—142 页。

⑦ Ernesto Laclau and Chantal Mouffe, *Hegemony and Socialist Strategy: Towards a Radical Democratic Politics*, London and New York: Verso, 1985, p.xiv.

对内在性消除了它作为"纯粹实在"(Pure Facticity)的本体性。从这个角度看,拉克劳的对抗具备拉康式的离密性结构:它既内在又外在于所有客观性,既是超现实的本源性实在,又是使现实得以可能的创构性的外在性或绝对的他者性。

拉克劳认为,经典马克思主义的两大核心理念:源于生产力和生产关系矛盾运动的社会变革之根本动力以及以资本家攫取工人剩余劳动为形式的资本主义社会之基本对抗,都是借由预设的同一性、必然性和普遍性原则,把纯粹的对抗经验还原为具备辩证形式的矛盾和历史或概念内在运动之要素的政治教条。相应地,马克思的阶级政治则将根本性的对抗简化成两大阶级的整体对立和利益冲突,通过消灭敌对之人设置了对抗的终结和充分实现,以此描绘了一个没有矛盾的理想社会。这在本质上仍然建基于对立的政治逻辑,清晰地显示出一种走向对立两极之平衡与和谐状态的"意识形态幻觉"①。然而,真正的对抗并不源自生产关系内部,而是发生在生产关系和外在于它们的社会行动者的认同之间。历史自身总是拥有一种无法以矛盾和还原方式来整合的永恒"外在",其创构性及其包含的否定性意义只能表现为偶然性—必然性、差异性—等同性之间的"不可判定性环节"。②

总之,拉克劳"把自己的社会领域理论建立在这样一种对抗观的基础上:承认存在着原始性'创伤'和不可能的内核,它们抵抗符号化、极权化和符号整合"③。对他而言,作为一种显示"'他者'之在场"的关系和话语形式,④对

---

① Slavoj Žižek, "Beyond Discourse-Analysis", in Ernesto Laclau, *New Reflections on the Revolution of Our Time*, London and New York: Verso, 1990, p.251.

② Ernesto Laclau, *New Reflections on the Revolution of Our Time*, London and New York: Verso, 1990, p.27.

③ [斯洛文尼亚]齐泽克:《意识形态的崇高客体》,季广茂译,中央编译出版社2002年版,第8页。

④ 参见 Ernesto Laclau, *New Reflections on the Revolution of Our Time*, London and New York: Verso, 1990, pp.17-18, p.27; Ernesto Laclau and Chantal Mouffe, *Hegemony and Socialist Strategy: Towards a Radical Democratic Politics*, London and New York: Verso, 1985, p.125。

抗创建了所有的同一性,废除了一切对象的实证性。由它预先设定的"他者的否定性"是"自我否定性的外部化"①,它和对抗一起作为排除性的界限构造了先于形式/内容的政治本身和其中的霸权链接,确立了自我和他者之去结构化的同一性原则。因此,它绝非黑格尔意义上的否定性,即作为必然的否定或规定的否定,它仅是注定会达成更高同一的概念的自我展开环节,而是一个绝对的外在性和偶然性,意味着客观性构造的终极限度和最终缝合的不可能性。它还集中展现出实现和潜能之间不可调和的分裂:对抗以自我障碍、被阻断的实现或始终需要去实现的潜能为基本形式,是完全实现和自我同一的无限延搁。② 在这里,拉康的缺失和不可能性以及德里达的"创构性的外在"(Constitutive Outside)和"彻底的他异性"(Radical Altertiy)等概念发挥着关键作用。拉克劳的对抗政治正遵循着二者通过被同一性和总体性压抑和排斥的外在性在它们内部发起的拆解和颠覆逻辑。和德里达相似,他立足于一个本源性的条件(同一——差异、内在—外在、可能性—不可能性、判定性—不可判定性、在场—不在场之无法分离的交互作用),以准先验的方式,建立了一个二者相互介入和彼此限制的平衡状态,即"一个指向二元对立双方相互颠覆和创构彼此的不可判定性界限概念的极限类型"③。恰如他自己所言,"平衡必须建立在对抗需求之间。但是,必须强调指出,平衡不是寻找一个可使它们相互协调的点的结果……它们的对抗是不可消除的,平衡借由限制双方的效应以便达到完全不同于理性和谐化的社会均衡"④。值得指出的是,尽管拉克劳的上述观点同阿甘本关于潜能和实现问题的讨论存在一定的相似性,但与

---

① Slavoj Žižek,"Beyond Discourse Analysis",in Ernesto Laclau,*New Reflections on the Revolution of Our Time*,London and New York:Verso,1990,pp.17-18,pp.252-253.

② Torben Bech Dyrberg,"The Political and Politics in Discourse Analysis",in Simon Critchley and Oliver Marchart (eds.),*Laclau:A Critical Reader*,London and New York:Routledge,2004,pp.246-247.

③ Janar Mihkelsaar,"Towards a Rethinking of Laclau and Mouffe's Conception of Social Antagonisms:Agamben's Critique of Relation",*Philosophy Today*,Vol.59,No.3,2015,p.410.

④ Ernesto Laclau,*Emancipation(s)*,London:Verso,1996,p.115.

前者将对抗局限在关系范畴不同,后者试图创建一种超越任何关系的本体论和政治,在他那里,对抗的限度只能在于使所有二元对立关系(如外在—内在、律法—生命等)深陷危机的不可判定的无差别地带(主权决断)。①

与拉克劳不同,奈格里的对抗政治及其对立政治的取代则主要遵循马克思和德勒兹批判资本主义的内在性思路。马克思的历史辩证法深刻指出,资本主义的基本矛盾始终内在于其生产方式和生产关系的发展过程,资本的限制在于资本本身,在资本不断强化对劳动剥削的地方恰恰蕴含着颠覆其统治的现实可能性。德勒兹的欲望政治理论则提供了一个极力规避超越性和二元论的资本主义内在主义理解框架。

本着上述路径,以奈格里为代表的自主主义马克思主义思想家始终都将马克思关于劳动内在且反对资本的论断视为一个基本准则,并从活劳动立场出发,描述了一个由工人阶级及其斗争所支配的资本主义发展史。他们"不以生产力的目的论发展为中心,而是集中关注创造者和占有者之间的冲突。在其核心部分,存在着马克思关于劳动与资本关系的众所周知的分析:一个剥削关系,在它之中,与生产工具相分离的工人被迫出卖活的劳动力,正是基于此资本家抽取剩余价值"②。在该分析模式下,作为"所有财富的总体性力量……生产的唯一潜能和唯一的劳动力",工人阶级意味着一个从根本上颠覆和超越资本主义的"替代性革命体系的可能",③它被赋予创造性和变革性的本体性力量,是社会价值的唯一来源和历史发展的根本动力。由此出发,奈格里通过重构劳动和资本的关系,致力于发掘既内在于资本结构又构成其掘墓人的自主主体。在他看来,"在资本主义社会中,劳动指向一个首要的和根

---

① Janar Mihkelsaar,"Towards a Rethinking of Laclau and Mouffe's Conception of 'Social Antagonisms':Agamben's Critique of Relation",*Philosophy Today*,Vol.59,No.3,2015,p.410.

② Nick Dyer-Witheford,*Autonomist Marxism*,Canberra:Treason Press,2004,p.7.

③ Antonio Negri,"Proletarians and the State:Toward a Discussion of Workers' Autonomy and the Historic Compromise",in Timothy S.Murphy(ed.),*Books For Burning:Between Civil War and Democracy in 1970s Italy*,London and New York:Verso,2005,p.151.

本性的替代方案:它不仅把劳动当作反对资本主义社会的颠覆性力量,而且还当作另一社会的命题或断言"①。劳动是"内在且反对资本主义社会的替代性的自主的集体主体性"②,即一种本源性的创构行动和自由实践,只能在合作的生产性逻辑之"内在性和直接性中找到发展自身的力量"③。因此,它和资本的对抗性分离决不表现为资本逻辑的辩证法,而是"劳动内在且反对资本"的阶级斗争话语。

　　奈格里十分排斥这个颠倒过程的二元论倾向,试图筹划一个基于活劳动之自由生命一元论的政治构想。他强调工人阶级同资本主义的彻底决裂,主张"从作为否定和潜能财富的工人的主体性出发去粉碎资本"以及"从关系内部加深资本关系的断裂"。④ 对他而言,辩证法往往通过扬弃或综合把对抗消解在等级的系统性、和解的总体性或辩证的对立统一之中,只能代表着资本/权力的调解性逻辑。而对抗性的分离则完全建立在劳动之自主性的革命主体性话语之上,它"不再拥有二元节奏……甚至拒绝作为单纯视域的辩证法"⑤。总之,"辩证法返回资本。唯物主义成为被对抗逻辑和主体性全部激活的唯一视域"⑥。更确切地说,在对抗逻辑所展示的纯粹内在性和革命主体性视野中,政治过程和社会历史都建基于工人阶级力量的集体生产,资本和劳

　　① 　Michael Hardt, Antonio Negri, *Labor of Dionysus: A Critique of the State-form*, Minneapolis and London: University of Minnesota Press, 1994, pp.7-8.

　　② 　Antonio Negri, *Books for Burning: Between Civil War and Democracy in 1970s Italy*, London and New York: Verso, 2005, p.236.

　　③ 　Antonio Negri, *Insurgencies: Constituent Power and the Modern State*, Minneapolis and London: University of Minnesota Press, 1999, p.285.

　　④ 　Antonio Negri, *Marx Beyond Marx: Lessons on the Grundrisse*, Massachusetts: Bergin & Garvey Publishers, 1984, pp.149-150.

　　⑤ 　Antonio Negri, *Marx Beyond Marx: Lessons on the Grundrisse*, Massachusetts: Bergin & Garvey Publishers, 1984, p.189.

　　⑥ 　Antonio Negri, *Marx Beyond Marx: Lessons on the Grundrisse*, Massachusetts: Bergin & Garvey Publishers, 1984, p.168.

动分别构成阶级斗争的"因变量"和自变量,①资本主义的历史总是受制于它自身永远无法克服的实体幽灵和创伤内核——工人阶级。显然,奈格里的真正目的决不是为了寻求二者的和谐并存,而是为了强调工人阶级的解构与资本主义的重构、工人阶级"欲望政治学"与资本主义"禁欲主义"、工人阶级内生性的反抗和资本主义外生性的平衡之间的非对称性关系,进而揭示活劳动之自主性和充足性的"多样性基体"。

总之,奈格里对抗政治的核心路径在于,从以对抗—分离—危机、差异—创构—解放为基本特征的工人阶级主体性出发,将政治的目标界定为它的"自我生产"。② 他反对将通向差异、未来和自由的对抗,禁锢在资本"复原辩证法"的二元对立图式及其封闭的回返逻辑和外生性的调解机制之中。他从政治的调解性转向政治的直接性,赋予社会和历史以完全主体化的根基,最终把政治本身彻底社会化为创构性力量的自我实现过程。在他那里,"所有把政治界定为超验、技术或单纯自主性的企图都已消亡。神秘主义在无产阶级宪法中没有任何位置,调解在此只有作为创构性力量才能出现。……所有的超验甚至逻辑都被移除,所有从一开始就没有内在于时间的、集体性的和生产性的存在之现实性中的调解,都只是纯粹而单一的神秘化"③。

整体来说,奈格里和拉克劳的对抗政治分属完全相悖的逻辑轨道。其一,在对对抗的理解上,奈格里从劳动—资本的内生性对抗模式出发,把它界定为一种在资本主义生产关系内部不断加剧其自身分裂和瓦解的自由力量,拉克劳则以置身实在界的政治及其自主性为基础,强调对抗具备创构性的外在本质。前者认为根本的对抗只会源于一定社会生产关系和生产方式的内在矛

---

① Finn Bowring, "From the Mass Worker to the Multitude: A Theoretical Contextualization of Hardt and Negri's Empire", *Capital & Class*, No.83, 2004, p.101.

② Matteo Mandarini, "Antagonism, Contraction, Time: Conflict and Organization in Antonio Negri", *Sociological Review*, Vol.53, 2005, p.192.

③ Antonio Negri, *Time for Revolution*, New York: Continuum, 2003, pp.124-125.

盾,后者则主张真正的对抗是一切社会关系所固有的本体性环节或终极限度,它并不产生在现实世界内部,反而以不可判定的绝对他在性为形式在它们之外运行。其二,在对对抗政治的界定方面,奈格里的对抗政治建基于一个自我充足的集体主体性模式,排斥所有超出其纯粹内在性视野的超验机制以及借以使政治自主化、纯粹化和虚无化的任何企图,拉克劳的对抗政治则是一个以超越性为潜在原则的本体性政治,他为人类社会和政治现实的发生设置了一个必不可少的外在调解秩序和原初创伤内核。其三,在对对立政治的批判上,奈格里强调活劳动的内生性本质和自由生命的一元论对它的完整取代,拒绝任何调和二者的和谐共存模式,拉克劳则力求找到一个由根本的对抗来调节的同一——差异、内在—外在之间去和谐化的均衡状态。概言之,对奈格里而言,拉克劳那种身处本体论界域的纯粹对抗经验必然导致新超越性在政治领域的重新确立,只能走向一种以寻求和解和复活为目的的总体性,从而服务于资本主义秩序的再生产过程。而在拉克劳看来,奈格里则将具备离密性结构的对抗完全局限在客观关系和经验事实层面,势必会在解放叙事上陷入一种虚假和谐与完满的意识形态幻象。

第二章　后基础主义政治本体论的
对立根基

从本质上看,奈格里和拉克劳的政治本体论及其后基础主义取向都建立在对三个核心观念或原则之关系模式(内在性和外在性、同一性和差异性、肯定性和否定性)的深入揭示之上。他们在这些方面既表现出极大的相关性和相似性,又存在无法调和的矛盾和冲突。

一、绝对的内在性与创构性的外在性:理解
内在性和超越性关系的差异模式

如前所述,奈格里和拉克劳的政治本体论分别与后结构主义中的内在性和超越性哲学关系密切。相应地,二者围绕内在性和超越性范畴就政治的内在构成问题所展开的激烈争论,必然展现出完全相反的根基和倾向。

在奈格里看来,在现代性内部始终蕴含着一个能够破除其限制和危机的后现代主义革命潜能:马基雅维利—斯宾诺莎—马克思,它通向一个以本源性的生产力量及其绝对自主性为基础的制宪主体谱系(德行—欲望—活劳动)。同时,从尼采、福柯到德勒兹的激进批判线索则展现了以自我充足的集体主体性、纯粹的内在性和激进的差异一元论为本质的社会构造和政治聚合模式。

他指出，尼采通过力本论试图超越资本主义的反现代性立场，预示着一个以非连续性、非目的论和无限开放性为特征的历史创构机制。① 福柯"对社会存在之创构机制的分析，为我们提供了一个介入本体论创构过程的无限可能性：认识到我们如何被建构为主体，会使我们看到我们如何以及在什么程度上把自身建构为主体"。而德勒兹则"追踪了个殊主体的游牧运动、去辖域化的欲望流动和连贯的内在性平面中的政治聚合过程"。在三者的视域中，"水平化的社会是开放的场所，它培育实际的创造和构建以及崩溃和解构。这个创构模式是力量的普遍汇聚，是整个社会内在性空间之绝对和平等的容纳"。② 总之，这两条脉络都本着内在主义路径，以创构本体论和唯物主义实践哲学，拒斥政治领域中任何的超越主义形式。

　　无疑，德勒兹的差异哲学及其对斯宾诺莎内在性形而上学的复兴构成奈格里政治本体论的主要思想资源。③ 德勒兹的内在性平面拒绝抽离于经验之外以超越者姿态规制经验之自我生成的超越性机制。它强调任何事物的本质只能被定位在自身之中，因而是个殊化的、非关系性的和未经调解的，只就其本身而言，它绝对不关联于任何外在之物。④ 它以不适应于时空坐标的开放性和无限运动为基本特征，逃避一切主体和客体的超越性，反对任何被分隔的固定性。⑤ 他以此为起点对斯宾诺莎的阅读对奈格里通过回归斯宾诺莎来补

---

① Judith Revel, Antonio Negri, "French Nietzschean? From the Will to Power to the Ontology of Power", in Timothy S. Murphy and Abdul-Karim Mustapha (eds.), *The Philosophy of Antonio Negri*: *Revolution in Theory*, London: Pluto Press, 2007, pp.91-93.

② Micheal Hardt and Antonio Negri, *Labor of Dionysus*: *A Critique of the State-Form*, Minneapolis and London: University of Minnesota Press, 1994, pp.289-290.

③ 内在性概念在后现代主义政治理论中具有重要地位，它往往被用来反对那些将我们现存条件的理性定位在历史之外（如上帝或先验人类本质）的形而上学体系或超验哲学。（参见John Grant, "Marcuse Remade? Theory and Explanation in Hardt and Negri", *Science & Society*, Vol. 74, No.1, 2010, p.38。）

④ John Grant, "Marcuse Remade? Theory and Explanation in Hardt and Negri", *Science & Society*, 2010, 74(1), p.38, p.42.

⑤ Peter Fitzpatrick, "The Immanence of *Empire*", in P. A. Passavant and Jodi Dean (eds.), *Empire's New Clothes*: *Reading Hardt and Negri*, London: Routledge, 2004, p.33.

充和变革马克思主义产生了重大影响。德勒兹坚持以存在的单义性和差异的一元论原则为中心，将斯宾诺莎"实体—属性—样态"的形而上学构架理解成纯粹内在性的本体论规划：它立足于差异的不断生成和力量的无限创构，主张单义和平等的存在模式，追寻真正肯定性的条件，"反对任何原因的超越、否定的目的论、类比的方法论和世界的等级概念"①。正如他所言，他与奈格里在理解斯宾诺莎方面共同提供了一种"反司法主义"的形式，它对应于"内在性平面"，从不包含追加的维度，相反，"组合之进程必须自行被感到，而且是通过它给定的东西，并在它们里面被感到"。"这是组合之方案，不是组织或发展之方案"，后者只能指向以等级性、同一性和目的论为特征的超越性模式。② 实际上，奈格里的政治本体论正建基于它们之间的彻底对立，且二者被他分别具体化为力量(*potentia*/ potenza)创构模式及其纯粹内在性视野(以马基雅维利、斯宾诺莎和马克思为代表)与超验主权(*potestas*/potere)配置及其外部调解机制(以霍布斯、卢梭和黑格尔为代表)，一个意指一种超越了既定司法宪政体系的更加根本的创构力量，另一个则代表着中心化权力和权威的直接形式。

奈格里认为，斯宾诺莎始终立足于存在的自我组织模式和创构的力量谱系，使我们时刻置身于人类世界的开放动力系统这一"集体唯物主义视域"③。于是，"神性的最高信仰被颠覆；它被组织在历史视域的客观颠倒上。力量之最高程度的理解，拒绝所有的调解，并成为一个纯粹简单的物质形式。它不仅横贯于生产想象的轨道中，而且开始重建其确定结构，把其能力转变为创构性的力量和第二自然。……产生自然的自然赢得对被自然产生的自然

① Gilles Deleuze,*Expressionism in Philosophy：Spinoza*,New York：Zone Books,1990,p.174.
② [法]德勒兹：《斯宾诺莎的实践哲学》，冯炳昆译，商务印书馆2004年版，第154—155页。
③ Antonio Negri,*The Savage Anomaly：The Power of Spinoza's Metaphysics and Politics*,Minneapolis and Oxford：University of Minnesota Press,1991,p.152.

的总体霸权"①。其核心环节在于将生产和创构统一起来,"生产力的表达……总是作为理论和实践过程的结果,这个过程像生产力自身的表达一样,是存在的自我形成"②。对他而言,生产力直接等同于创构,创构则是生产力揭示存在的基本形式,生产内在于存在的结构,是存在的动力基础,也是其复杂性、表达和拓展的中心环节。"物质生产、政治组织与伦理和认知的解放"都在生产力和世界之积极创构的相互交叉中产生。③ 总之,在斯宾诺莎伦理—政治—存在的形而上学规划中,"现象学的连续性和存在的非连续性"从未陷入"辨证环节的超验操作的领域",而是集中表现为"集体实践的现象学"。④ 它拥有一个"历史的、实践的和伦理—政治的本性的绝对创构机制",充分意识到唯一可能的基础是"世界及其从物理学向实践的必然发展"。⑤ 这是一个以自身为基础的直接生产的世界,它是存在的个殊的、平滑的显现,其绝对性只存在于它的特定性和自身所予之中。它摧毁存在的调解和资产阶级权力调解的同源性,认为只有创构的和集体的实践才能解释存在和真理的相互作用。由此,奈格里借斯宾诺莎之口表达了自己政治本体论的根本特征:建基于绝对内在性和无限生成运动的历史创构机制和政治聚合模式。

奈格里进一步指出,内在性的平面哲学和超越性的深度哲学的对抗在霍布斯—卢梭—黑格尔和斯宾诺莎那里显得异常突出。这集中体现在他们对本

---

① Antonio Negri, *The Savage Anomaly*: *The Power of Spinoza's Metaphysics and Politics*, Minneapolis and Oxford: University of Minnesota Press, 1991, p.129.

② Antonio Negri, *The Savage Anomaly*: *The Power of Spinoza's Metaphysics and Politics*, Minneapolis and Oxford: University of Minnesota Press, 1991, p.223.

③ Antonio Negri, *The Savage Anomaly*: *The Power of Spinoza's Metaphysics and Politics*, Minneapolis and Oxford: University of Minnesota Press, 1991, p.224.

④ Antonio Negri, *The Savage Anomaly*: *The Power of Spinoza's Metaphysics and Politics*, Minneapolis and Oxford: University of Minnesota Press, 1991, p.149.

⑤ Antonio Negri, *The Savage Anomaly*: *The Power of Spinoza's Metaphysics and Politics*, Minneapolis and Oxford: University of Minnesota Press, 1991, pp.213-215.

有(Appropiation)①的理解上。在他看来,斯宾诺莎之所以能够避免本有的异化,在于他将人类的集体生产行动视为创造世界的主体或本有力量,以此把世界理解为统一过程,将创构过程看作"存在普遍而连续的进步"和"发展着的力量"。② 与之不同,霍布斯通过社会有序图式中的调解角色,重新引入义务的超验性,使创造性屈从于秩序,使联合的或集体的本有臣服于社会和国家组织的必要性。卢梭把生产力量让渡给主权,并将它以民主的形式神秘化,从而导致资本统治之司法基础的形成。黑格尔则将它隐蔽地化约于思辨辩证法,"在绝对中高扬异化了的条件,在剥削的总体性中重构自由的幻想"③。简言之,一方面,他们都设置了一种三位一体的调解形式:"除非通过现象的过滤,否则自然和经验难以认识;除非借助理智的反思,否则人类知识不能实现;以及除非透过理性的图式,否则伦理世界无法沟通"。另一方面,他们都坚持通过"充分的调解机制",以能够规训自由主体之创构性革命力量的"超验配置",来解决现代性的危机。斯宾诺莎的内在主义和革命的人文主义则与上述传统完全相反。他透过作为革命本源的力量—欲望—爱的三位一体,以其与神性和自然的直接关系,确立了制宪主体的政治存在论模式:其自我构造运动排除一切被预先创建的秩序,并且能够在平滑而多样的存在中直接确认自身的自由。④ 依照奈格里的观点,二者指向彻底对立的政治组织形式。一个代表了压制和摧毁本源力量和革命潜能的超越性的权力秩序和命令体系。另一个则意味着创构性的本体力量和集体性的生产实践所展现的纯粹内在性视野。它们的关系十分类似于斯宾诺莎对"产生自然的自然"和"被自然产生的

---

① 虽然奈格里没有明确指出"Appropiation"同海德格尔"Ereignis"的关联,但阿甘本对海德格尔的复兴及其在"Ereignis"辨识出的纯粹历史性原则,无疑对他产生了重大影响。

② Antonio Negri, *The Savage Anomaly: The Power of Spinoza's Metaphysics and Politics*, Minneapolis and Oxford: University of Minnesota Press, 1991, pp.133–134.

③ Antonio Negri, *The Savage Anomaly: The Power of Spinoza's Metaphysics and Politics*, Minneapolis and Oxford: University of Minnesota Press, 1991, p.139.

④ Micheal Hardt and Antonio Negri, *Empire*, Cambridge and London: Harvard University Press, 2000, pp.78–79.

自然"以及阿甘本对纯粹潜能和纯粹实现的划分。

　　整体而言，奈格里主要从理论和现实两个方面拓展了这种内在主义的形而上学构架。首先，他力图在马克思主义内部重建一种以内在性、创构性和开放性为特征的后基础主义本体论，以此将它同伦理学、政治学和人类学完全融合起来。对他而言，一方面，本体论应被理解为"一个关于我们沉浸于存在以及存在持续创构的理论"：存在的概念"必须向非连续性的生产、不可预见性与事件开放"。① 这不仅需要把握海德格尔在澄明和座架的生成性操作对存在的创构过程及其创造性向度的揭示，而且还应回到福柯在《什么是启蒙》中通过追问主体如何被建构为知识主体、权力主体和道德主体的"关于我们自身的历史本体论和社会存在建构的系谱学"。② 在上述视域中，本体论的连续性只能由非连续性来揭示，并且"这个非连续性是阶级构成沉积中的非连续性，是呈现出新形式的需求和欲望累积中的非连续性"③。在这里，因为非连续性主要源于替代性生命形式所引发的主体性断裂，所以与之密切相关的本体论又往往被现实化为一个新的主体政治学，即"依据对自由、民主和创造性的（新的）竞争场所的持续性征服而重新描绘基本斗争的需求"④。在这个意义上，"本体论是一个民主的发展，民主是一个引导路线和本体论的实践"⑤。另一方面，它只能展现"唯物主义批判、绝对内在性和共产主义的传统"⑥，在本质上实为以永恒革命和无限开放为根基的政治规划。它建基于"即将到来

　　① Micheal Hardt & Antonio Negri, *Labor of Dionysus: A Critique of the State-Form*, Minneapolis and London: University of Minnesota Press, 1994, pp.286-287.

　　② Micheal Hardt & Antonio Negri, *Labor of Dionysus: A Critique of the State-Form*, Minneapolis and London: University of Minnesota Press, 1994, pp.286-287.

　　③ Antonio Negri, *The Politics of Subversion: A Manifesto for the Twenty-First Century*, Cambridge: Polity Press, 1989, p.145.

　　④ Felix Guattari and Antonio Negri, *Communist Like Us*, New York: Semiotex(e), 1990, p.36.

　　⑤ Micheal Hardt and Antonio Negri, *Labor of Dionysus: A Critique of the State-Form*, Minneapolis and London: University of Minnesota Press, 1994, p.288.

　　⑥ Micheal Hardt & Antonio Negri, *Labor of Dionysus: A Critique of the State-Form*, Minneapolis and London: University of Minnesota Press, 1994, p.18.

的开放空间"①,排除一切终极原因和最终结果,"批判总体性的辩证法概念、历史发展的线性和目的论逻辑、关于共同善的超验命题以及个人和自主主体对中心化权威主体的屈服"②。

其次,他将这个本体论构想用来剖析全球化资本主义时代的社会转型和革命政治问题。他指出,伴随资本主义世界从现代到后现代、从形式吸纳到实质吸纳的转变,帝国构造了一个新的普遍性和虚拟性,其彻底的内在化消除了一切外部和等级秩序。一方面,它"既以集权形式构造规范,又在广阔的区域内生产合法性……它的初始模型是一种水平链接的动态的和弹性的系统结构"。另一方面,它强调系统总体性获取动态均衡的"最高权威下形成的共识"以及"和平、平衡和协调冲突的价值观"。③ 它的地形格局"只能被构想为一个普遍的共和国,即结构化在无边界的容纳性建筑中的权力和反权力网络","鼹鼠结构化的地道已被蛇的无限游移所取代"。④在它之中,外界的内在化、自然的历史化和公共空间的私人化已使内部和外部、自然和社会、公共和私人、欲望构成的自然秩序和理性或意识构成的公民秩序的传统界限消失。民族国家之间的从属关系和第一世界—第二世界—第三世界、南—北、东—西的全球体系划分,已被它自身构建的"在它之中所有力量关系(政治和经济关系以及社会和个人关系)相互交织的本体论结构"⑤所取代。

总之,在奈格里看来,帝国向我们展现出一个完全内在化的平面世界,在

---

① Irina Boca,"A Note on Antonio Negri's Break with the Ontology of Time",*Time & Society*,Vol.17,No.1,2008,pp.142-143.

② Micheal Hardt & Antonio Negri,*Labor of Dionysus:A Critique of the State-Form*,Minneapolis and London:University of Minnesota Press,1994,p.286.

③ [美]哈特、[意]奈格里:《帝国》,杨建国、范一亭译,江苏人民出版社2005年版,第14—16页。

④ [美]哈特、[意]奈格里:《帝国》,杨建国、范一亭译,江苏人民出版社2005年版,第197、72页,译文有改动。

⑤ Micheal Hardt and Antonio Negri,*Empire*,Cambridge and London:Harvard University Press,2000,p.354.

它之中,所有的场所都被归入一个不可度量的或虚拟的"总体的非场所",根本不存在"一个'外在的'的符号、主体、价值或实践";现实世界的价值完全受制于人类自身的连续变革和无限创造;政治发展排除了任何预先建构的尺度,超验的政治设想以及用于安排权力部署的价值和尺度之超验规定都已失效。① 基于此,延续马克思和德勒兹批判资本主义的内在性思路,奈格里力求在帝国内部找到一个内生性和本源性的抵抗力量。他认为,"帝国的危机和衰败并不指向外在于帝国之物,而是其最为内在的东西。它们从属于主体性自身的生产,因而直接既专属又反对帝国的再生产过程"②。这个构造帝国自身的革命主体性只能是由自主于任何外部调解体制的生产行动和渗透在整个帝国全球化内部构造的虚拟性所界划的内在性诸众。③ 由此出发,他提出了两种颠覆帝国的"非辩证的、绝对内在的"方案:"第一个是批判的和解构的,它旨在推翻霸权的语言和社会结构,由此揭示一个存在于诸众的创造性和生产性实践中的替代性本体论基础。第二个是建构的和伦理—政治的,它旨在引导主体性生产的过程转向创建有效的社会政治的替代物,即新的制宪力。"④从前者走向后者必须把诸众不可抑制的创构力量看成社会转型的根本动力,还要在其绝对充足中揭示一个通向差异之无限生成的自由图景。

　　较之于奈格里对德勒兹内在主义传统的迷恋,拉克劳则把界划政治的本体论根基诉诸德里达解构主义的超越主义路径。与马克思主义政治思想史大体主张的内在论的历史观不同,他主要借由德里达的"创构性的外在性"(Constitutive Outside)观念,力求建构一个由它来保证的政治本体论和外在论

① Micheal Hardt and Antonio Negri, *Empire*, Cambridge and London: Harvard University Press, 2000, pp.69-92, pp.184-190, p.385, pp.353-359.

② Michael Hardt and Antonio Negri, *Empire*, London: Harvard University Press, 2000, pp. 385-386.

③ Micheal Hardt and Antonio Negri, *Empire*, Cambridge and London: Harvard University Press, 2000, p.357.

④ Michael Hardt and Antonio Negri, *Empire*, London: Harvard University Press, 2000, p.47.

的历史观。在德里达那里,这个概念"摇摆在未加以说明的多样性以及比较明确的个人化的精神分析的他者之间,前者标志着任何意义的详述需要利用的可能性的语言领域,后者则在德里达把他对语言的洞察同主体性的后基础主义构成关联起来时开始发挥作用"①。它们在一定意义上均涉及言语和书写/文字或内在(An Inside)和外在(An Outside)的关系。围绕该问题,他深入分析了书写的绝对外部性(Absolute Exteriority)本质以及避免使活生生的现在(The Present)沦为在场(Presence)的原初的增补观念,意在摆脱内在—外在的二元对立模式,进而揭示二者关系的拓扑学性质:"思外病(来自外面而又依恋外面,同样可以说,或反过来说,这就是思乡病),作为它的涂抹原则以及它与自身死亡的关系,处于活生生的言语的核心。"②在他看来,书写的绝对他在性从外面并在其内部来影响活的言语,这个绝对偶然性的侵入决定了一个本质性历史的内在性,影响了一个生命的内在统一性。无法拥有本质性恰恰是这个增补的奇特本质,它从未发生和在场,只是表现为对他者位置的不断占据和保持。它不过是虚无,但从其效果来看又远非虚无,既不在场,但又非缺席。③ 在这个意义上,这个外在性具备创构性和不可判定性的本质:它构造了内在性,同时又是不确定的,因为对于一个特定的类别本身而言虽然它是必然的,但作为产生本质的非本质,它又是偶然的。换言之,它的反本质或非本质违背了概念借以"在其本身中得到保存的"肯定性边界。但正是在这个违背中,它才"成为维护其肯定性边界之可能性的肯定条件"④。从根本上看,拉克劳始终都把这些方面看成政治本身的真正面向。他对政治和政治本身、政治和社会、对抗—错位和对立—矛盾的区分,对社会的话语本质及其被构想成绝

---

① Hannah Richter,"Beyond the 'Other' as Constitutive Oustside:The Politics of Immunity in Roberto Esposito and Niklas Luhmann", *European Journal of Political Theory*,Vol.0,No.0,2016,p.21.

② [法]德里达:《论文字学》,汪堂家译,上海译文出版社 1999 年版,第 454—455 页。

③ Jacques Derrida, *Of Grammatology*, Baltimore and London:The Johns Hopkins University Press,1997,pp.313-314.

④ Henry Staten,*Wittgenstein and Derrida*,Oxford:Basil Blackwell,1986,pp.16-18.

对客观性之不可能性的确认，以及对客观主义社会学理论将社会看作一个封闭而完整的现实秩序的批判，均与他对德里达上述思想的借用关联密切。

整体而言，拉克劳创构性的外在性概念主要包含以下维度。首先，他将差异确认为构造社会和政治现实的基本条件，破除了不能被他者穿透的实证性实体的神话。其次，他强调实体同创建它的外在性之间的差异关系是理解政治的关键。再者，他认为居于一切实体中的外在性宣告了它们的偶然性特征，任何同一性的完全构造都是不可能的。① 依据他的观点，实体的"实存条件"总是外在于它自身的，"所有社会逻辑的拓展只会发生在日益被外在于它的因素所支配的领域"②。这种外在性不是黑格尔意义上被回收在内在性或被归入一个更高同一性的临时和中介的外在性，而是一个具备创构性和绝对他者性本质的根本的外在性，即一个永远无法被完全占据的不可表象的"空位"③。它构造了每一个封闭的意指体系，但"不能由系统自身的内部逻辑来说明"④。所有空间化和同一性均为它们试图与外在性相同一的永久性努力和失败尝试，都只是暂时的沉积形式，而不是最终意义上的完成。于是，偶然性成为社会关系的固有维度，社会是不透明性的。

显然，拉克劳总是把内在性与同一性、总体性和普遍性观念连接起来，将它们一并视为马克思主义关于决定性的基础和附属性的上层建筑的思想残余，只为凸显以不可能性为形式的否定性环节或所有客观性的最终偶然性本质。在他看来，"作为话语之限度的实在界之否定性维度的标志"⑤，对抗和错

---

① Silvia G.Dapia, "Logics of Antagonism, of Difference, and of the Limit: Questions of Cultural Identity in Latin American Cultural Studies", *Diálogos Latinoamericanos*, No.1, 2000, pp.11-12.

② Ernesto Laclau, *New Reflections on the Revolution of Our Time*, London and New York: Verso, 1990, p.19, p.59.

③ Claude Lefort, *Democracy and Political Theory*, Cambridge: Polity Press, 1988, p.17.

④ Oliver Marchart, *Post-foundational Political Thought: Political Difference in Nancy, Lefort, Badiou and Laclau*, Edinburgh: Edinburgh University Press, 2007, p.139.

⑤ Jason Glynos and Yannis Stavrakakis, "Encounters of the Real Kind: Sussing out the Limits of Laclau's Embrace of Lacan", in Simon Critchley and Oliver Marchart (eds.), *Laclau: A Critical Reader*, London and New York: Routledge, 2004, p.206.

位兼具创伤性/分裂性和生产性,都表现为一个没有与内在性共享同一尺度或既否认同一性又提供其可能性条件的绝对的外在性,它既使绝对同一性变得不可能,又使其部分实现得以可能。与之不同,马克思和黑格尔则主张事物的演变严格依据自身的内部必然性,他们不可避免地引入了决定客观秩序的普遍化根基,根除了由政治的优先性所保证的它的偶然性本质。同时,资本主义统治的实现必须经由"在根本上外在于它的东西的霸权化",所以替代它的政治选择并不像马克思主义认为的那样仅是资本主义自身矛盾发展的必然结果,因为这预定了历史进程的基本方向,清除了资本主义在特定接合点上强制实施其绝对命令的权力问题。①

基于此,拉克劳明确指出,奈格里既无法充分说明社会对抗的逻辑,又使政治变得不可理解。他十分同意朗西埃对奈格里的批评,认为他对资本主义和政治的界划采取的是典型的"元政治学"路径,即"将政治舞台的不稳定诡计引回内在性力量的真理,它在一个共同体中组织存在,并把这一真正的共同体等同于这个真理可被把握的和可理解的运作"。它的行动方式同马克思主义视域中摆脱生产主义和经济主义范式并纳入科学智识因素的"生产力"发展十分相似。② 按照他的判断,这个纯粹内在性模式把一切激进的外在性/否定性/偶然性均化为自身运动的内部环节,必然无法理解以准先验性方式运行的政治逻辑以及客观性的构造过程。其一,诸众被构想成一个充足内在性的完整实现,但这种观点却是以假定它产生自行动多样性之自发聚集的同一性为前提的,然而超越性政治配置的实施和转换拥有更加复杂的机制,其替代性的选择绝不可能交付于诸众充满幻想色彩的自主力量。其二,在某个主体和共同体的关系问题上,完全清除一切代表形式是不可能的。如果公意同单个

---

① Ernesto Laclau, *New Reflections on the Revolution of Our Time*, London and New York: Verso, 1990, p.56.

② Ernesto Laclau, "Can Immanence Explain Social Struggle?", in P.A.Passavant and Jodi Dean (eds.), *Empire's New Clothes: Reading Hardt and Negri*, London: Routledge, 2004, pp.21-22.

意志相一致，那么将不再需要任何代表关系，但并不意味着也不需要"作为相关活动的政治的延续"。如果我们面对的是内部分化的社会，共同体意志就必须在政治上从多样性中得到建构。在这种情况下，代表是必需的，诸众只有通过以对抗和霸权为先决条件的政治行动才能确立其个殊性。其三，没有边界的帝国和内在性的诸众无法充分说明当代政治的逻辑。在其视域中，一系列毫无关联的斗争只存在多样性，却可以借助某种"对立项的和谐"在没有任何政治干预的情况下聚合在对假定中心的攻击上。实际上，在当今世界，身份认同的多元化和断裂点的急速增长使从事政治行动的主体无法保持稳定状态，战略规划也不能维持很长的历史周期，不同的战术则变得更加自主。这些状况赋予政治链接的环节以日益增加的中心性，而它在奈格里的分析中是完全缺席的。其四，与德勒兹块茎观念相连的游牧革命同样值得怀疑。帝国的无所不在致使诸众难以明确自身的反抗对象，唯一的解决方式是设定它与生俱来的革命意志及其以游牧式的迁移为形式能够在任何位置对所有事物随时发起抵抗。然而，对压迫的反抗从不拥有"在任何情况下都能自动运行的自然的和自发的机制"，而是"一个复杂的社会建构，具备外在于自身的可能性条件"，抵抗意志和能力也不是"从上天掉下来的礼物"，它需要仅是自身斗争的产物且又有可能不会发生的"一系列的主体转型"。这表明在奈格里的理论框架中缺乏一个连贯的政治主体性理论以及包含政治链接的特殊主义立场和构建集体意志的等值逻辑。①

依上所述，虽然奈格里和拉克劳的政治本体论都试图超越内在—外在的二元关系模式，但前者完全立足于一个没有任何外在性的纯粹内在性视野和政治的直接性—内生性模式，后者则彻底建基于一个不与内在性共享相同尺度的绝对外在性机制和政治的调解性—外生性模式，以此揭露内在性的不可能性和不确定性内核。前者把政治创造过程同主体的集体创构实践相等同，

---

① Ernesto Laclau, "Can Immanence Explain Social Struggle?", in P.A.Passavant and Jodi Dean (eds.), *Empire's New Clothes: Reading Hardt and Negri*, London: Routledge, 2004, p.28.

拒绝引入任何的中心化和闭合性机制。后者则把政治及其根本环节置于超现实的本体论界域,通过内在性永远无法彻底内部化的剩余物/他者性来构想政治的发生,从而为普遍性和同一性原则保留了必要的存在空间。

二、纯粹的差异性与特殊的普遍性: 处理同一性—多样性、普遍性— 特殊性关系的实质分歧

无疑,奈格里和拉克劳均在很大程度上遵循后结构主义批判传统哲学之基础主义和本质主义取向的基本思路。这不可避免地触及其中一个关键环节:如果严肃地对待后结构主义在当今时代具备的政治意义及其可能引发的后果,就必须认真考量构造普遍性观念的形而上学建制。① 由此,他们自然会把对同一性—差异性、普遍性—特殊性关系的思考看成切入政治领域的一个重要起点。

在这个问题上,奈格里从根本上追随着德勒兹差异哲学的核心原则。德勒兹的多价一元论主张一种纯粹的自在差异:内在的和动态的"连续和断裂、消解和组织以及异质性",即不能化约为同一性、总体性和普遍性法则的"纯粹的持续"、"质的分化"和"类的差别"。② 它以一种内在因果性的展开和在绝对内在性中的完全沉浸,③取代了二元论同一元主义暴政的共谋关系,拒绝以外在性和超越性来表现差异。其二,它以反实现的虚拟性和个殊性,揭示多样性的无限创构过程,排除了传统哲学的表象主义思维和绝对同一性机制。从上述原则出发,奈格里借由劳动和资本的对抗逻辑,构想出"一个产生于它

---

① Saul Newman, *Unstable Universalities: Poststructuralism and Radical Politics*, Manchester and New York: Manchester University Press, 2007, p.9.

② Gilles Deleuze, *Spinoza: Practical Philosophy*, San Francisco: City Light Books, 1988, p.38.

③ Michael Hardt, *Gilles Deleuze: An Apprenticeship in Philosophy*, Minneapolis: University of Minnesota Press, 1993, p.61.

在同一性世界中的被压制形式的颠倒的差异世界"①。在他看来,马克思将这个本体性的差异环节设置在"构造资本主义的那一根本关系中两大社会主体的阶级对抗"之上,从而使"自然式的合法性、客观性和同一性"呈现出政治的本质。② 在它之中,活劳动直接占有了社会财富,完全摧毁了资本—权力—命令辩证法的抽象同一和平衡协调配置,创建了一个自身欲求得以无限扩张的一元基体。这是一个立足工人阶级之自我组织和自我决定的纯粹多元的自由空间,指向集体性—生产性、多样性—后验性的无产阶级的生命时间和力量总体。它将唯物主义原则同分离的辩证法连接起来,只承认对抗的、分裂的和变革的内生性解答。

值得注意的是,奈格里对意大利由葛兰西、以特隆蒂(Mario Tronti)为代表的工人主义和由鲁伊萨·穆拉诺(Luisa Muraro)创建的女性主义一起发展的"创造性的差异"思想有着明确认识。他认为,其一,他们使我们置身于"哲学反思的后现代主义形象之中心":系谱学的和生产性的路径、非个体性的个殊性以及作为在自然和历史之间自由伸展的"创造性中介"(Creative Quid)的差异。其二,他们强调不可化约的差异,拒绝把事物重新归于绝对同一性的辩证法。其三,他们借由差异的现象学,将"颠覆人类境况的实践"首先推向"分离主义",进而筹划这个固守差异的分离过程在生命政治领域实现更高程度的本体论转变:"从差异的分离主义肯定转向其创构性的肯定","从反抗转向出离",使差异理论获得了转化为革命实践的充足物质力量。其四,虽然他们同后结构主义存在一定的亲缘关系,但与后结构主义和后现代主义政治有着根本不同。他们从一开始就从一个本体论的差异出发,置身于生命政治领域

---

① Michael Ryan, *Marxism and Deconstruction: A Critical Articulation*, Baltimore and London: Johns Hopkins University Press, 1982, p.207.

② Mahmut Mutman, "Difference, Event, Subject: Antonio Negri's Political Theory as Postmodern Metaphysics", in Timothy S.Murphy and Abdul-Karim Mustapha (eds.), *The Philosophy of Antonio Negri: Revolution in Theory*, London and Ann Arbor: Pluto Press, 2007, p.144.

的"伦理—实践的强度",将革命行动看成从社会体系的中心发起的"彻底的出离"。而后结构主义在思想旅程的终点才抵达这个差异,后现代主义仅立足于边缘地带进行抵抗,二者都未"生产出生命的经验和实验,开启出离行动"。总之,正是这个"在新的生产合作的社会网络和运动中得到发展和重构的"激进差异及其"从内在到外在、从个殊性到共通性"的内在主义和唯物主义面向,真正决定了哲学和政治之反抗和肯定形式的重生。作为一个自我充足的生命模式,它以"自由本体论的创造性规定",破除了一切限定性的形而上学根基和超验性行动。①

本着这个差异观念,奈格里将内在性和个殊性的诸众视为帝国时代唯一革命性的"制宪主体"。在他看来,斯宾诺莎通过由作为制宪力的诸众所实施的集体创构实践,"宣告了欲望、激情和爱的伦理学以及解放和差异的政治学"②。这构成当代革命主体性的逻辑原型。帝国无所不包的普遍性即便拥有一个没有外部的自我包容性,也无法获得对诸众的全面操控和"调解性遏制"。③ 相反,它的构造依赖于诸众之内在性的完全实现。作为"全球化的生产性和创造性主体"④,诸众由一系列不可度量的、前个体化的个殊性因素聚合而成。它既具备绝对差异的本性,又建基于共通性(The Common)的实践经验。在此,共通性不能等同于拥有同一性根基的共同体,它意指非物质劳动和信息化生产所造就的新生产结构之"共通的同质性"以及以个殊性的社会沟通为基础的生命政治生产,因而既是被生产的,又是生产性的。从这个角度

① Antonio Negri, "The Italian Difference", in Lorenzo Chiesa and Alberto Toscano (eds.), *The Italian Difference: Between Nihilism and Biopolitics*, Melbourne: Re.Press, 2009, pp.16-23.

② Mahmut Mutman, "Difference, Event, Subject: Antonio Negri's Political Theory as Postmodern Metaphysics", in Timothy S.Murphy and Abdul-Karim Mustapha (eds.), *The Philosophy of Antonio Negri: Revolution in Theory*, London and Ann Arbor: Pluto Press, 2007, p.145.

③ Peter Fitzpatrick, "The Immanence of *Empire*", in Paul A.Passavant and Jodi Dean (eds.), *Empire's New Clothes: Reading Hardt and Negri*, New York: Routledge, 2004, pp.32-33, pp.40-41.

④ Michael Hardt and and Antonio Negri, *Empire*, Cambridge: Harvard University Press, 2000, p.60.

看,作为"产生于个殊性和共通性之动力的主体性",诸众不仅可以保持其无限的多元本质,又能实现其内部差异要素的集体协作和联合行动。①

与奈格里不同,拉克劳对普遍性—特殊性问题的思考则将目光投向拉康和德里达等人,致力于在重构和拯救普遍性观念的前提下,反对威胁多元文化主义的特殊主义和与它相符合的差异政治,在充分尊重"后现代主义话语揭示的特殊主义倾向"的同时,保留霸权实践所需的普遍性原则在政治中的重要地位。②

在他看来,经典马克思主义和自由主义的政治教条分别建基于一种"末世论的普遍主义"和"纯粹的特殊主义",但都把总体性环节视为"基础"而非"界限"。③ 前者在人类世界设置了一个以上帝式的绝对根源为本质特征的总体性,致力于寻求一个根除了普遍性和特殊性之间裂缝的和谐社会。后者则将某个斗争的特别性当作绝对的同一性原则。在前者中,特殊性被完全排除,阶级变成自在自为的普遍性。在后者中,看似并不存在普遍性,但当非对抗的特殊性整体重新建构社会总体的观念时,绝对的普遍性从未受到任何质疑。事实上,普遍性和特殊性的关系只能通过以下方式来理解:它们不是完全对立的观念,而是"塑造一种霸权和链接的总体性的两个不同运动"——一方面,链接逻辑源于特殊主义自身的内部,另一方面,特殊性并不来自其自我塑造运动,而是由链接逻辑开启的一个内部可能性。④ 这即是说,普遍性始终被一个创构性的缺失所渗透,它是一个"缝合错位的特殊同一性的不完备界限","是一个缺席的完备性的象征,特殊性只能存在于宣称差异化的同一性和通过将

---

① Michael Hardt and Antonio Negri, *Multitude: War and Democracy in the Age of Empire*, New York: The Penguin Press, 2004, p.100, pp.196-202..

② Judith Butler, Ernesto Laclau, and Slavoj Žižek, *Contingency, Hegemony, Universality: Contemporary Dialogues on the Left*, London: Verso, 2000, p.301.

③ Ernesto Laclau and Chantal Mouffe, *Hegemony and Socialist Strategy: Towards a Radical Democratic Politics*, London and New York: Verso, 1985, pp.182-184。

④ Judith Butler, Ernesto Laclau, and Slavoj Žižek, *Contingency, Hegemony, Universality: Contemporary Dialogues on the Left*, London: Verso, 2000, pp.301-302.

其包容于非差异化调解来取消它的矛盾运动"。①

拉克劳认为,普遍性和特殊性之间的非对称性的关系和不可弥合的距离,造就了社会—政治生活中自我欠缺的同一性或权宜之计的普遍性。那个被称为"社会或政治的先天"②的普遍性或纯粹等值的同一性是"一个既不可能又十分必要的对象",即"一个空洞的位置,一个只能被特殊所填充的空无,但正是透过它的这一虚空,它才在社会关系的结构化和解构化中生产了一系列的关键效应"。③ 在这个意义上,真实的普遍性只是由等值链条的扩展在社会和政治生活的具体结构中建构的"具体的普遍性"或被特殊性污染的普遍性,特殊性或差异化的同一性则是对它在现实中暂时的、部分的和不稳定的再现,仅仅源于"它的形式或结构违背其本质"的"来自外在性的禁令"④。换言之,置身本体/实在界的普遍性构成实体/象征界层面的特殊性及其霸权建构的可能性条件和不可能性限度,但它又需借助特殊性之具体内容的暂时填充才能在现实世界中得到部分再现。⑤ 因此,一方面,应该保留总是作为"源自等值需求无限链条之扩展的逐渐远去的界限"的普遍性,又需揭示将差异构筑成差异本身的必然失败。另一方面,因为一切等值关系总是规避自身的完满在场,所以同一性只能被看成通过在其差异环节之间的等值来再现的否定的同一性,而差异体系的缺失和偶然性则必须在等值引入的非固定性中得到揭示。⑥

---

① Ernesto Laclau, *Emancipation(s)*, London and New York: Verso, 1996, pp.27–28.

② Rodolphe Gasché, "How Empty can Empty be? On the Place of the Universal", in Simon Critchley and Oliver Marchart (eds.), *Laclau: A Critical Reader*, London and New York: Routledge, 2004, p.21.

③ Judith Butler, Ernesto Laclau, and Slaboj Žižek, *Contingency, Hegemony, Universality: Contemporary Dialogues on the Left*, London: Verso, 2000, p.304, p.58.

④ Rodolphe Gasché, "How Empty can Empty be? On the Place of the Universal", in Simon Critchley and Oliver Marchart (eds.), *Laclau: A Critical Reader*, London and New York: Routledge, 2004, p.33.

⑤ Ernesto Laclau, *Emancipation(s)*, London and New York: Verso, 1996, pp.34–35, p.44.

⑥ Ernesto Laclau and Chantal Mouffe, *Hegemony and Socialist Strategy: Towards a Radical Democratic Politics*, London and New York: Verso, 1985, p.128.

总之,普遍性和特殊性、等值和差异"这两种逻辑相互限制,致使任何一个都不能彻底界划社会;差异化再现的效果就其被等值的再现所取代来说而受到压制,反之亦然"①。

显然,拉克劳提出了一个全新的霸权建构逻辑。他认为,真正的霸权关系应包含以下维度:其一,它纳入了一个不均衡的权力分配——特定群体的特殊目标与整个共同体实际运行的解放目标相一致,正是这个不均衡性构成霸权运作的根本特征,确保了社会秩序的可能性;其二,在它之中,普遍性和特殊性之间形成了一种既相互拒绝又彼此需要的不可分离关系——普遍性只能以具体化在某个特殊性或颠覆它为存在形式,特殊性不过是普遍化效果的场所;其三,它以趋于空洞的能指之生产为必要条件,在确保普遍和特殊之间不可通约性的同时,使后者承担再现前者的任务;其四,它的拓展领域正是作为社会秩序之构造条件的再现关系的总体化空间,换言之,再现不可能是总体的、完备的和透明的,霸权的实现以普遍性的达成只有借助于特殊性的调解为前提。② 正是从上述方面出发,拉克劳才将霸权实践称为"包括在非决定领域的决定性"和"非常特殊的普遍主义形式"。③

从根本上看,拉克劳处理普遍性和特殊性的方式仍然延续了拉康区分现实和实在的超越主义思路。他将普遍性界划成"缺席的完满性之象征"和"补偿每个特殊性内部不完整状态的必要环节",认为它可以在经验领域通过特殊性得到歪曲表现和实用建构,而特殊性则必须借助这个"超出其自身自我指涉性限度的合法性因素"才能填补自身同一性的根本缺失。④ 在其视域中,

① Anna Marie Smith, *Laclau and Mouffe*: *The Radical Democratic Imaginary*, London and New York: Routledge, 1998, p.174.

② Judith Butler, Ernesto Laclau, and Slaboj, *Contingency*, *Hegemony*, *Universality*: *Contemporary Dialogues on the Left*, London: Verso, 2000, pp.51–58.

③ Ernesto Laclau and Chantal Mouffe, *Hegemony and Socialist Strategy*: *Towards a Radical Democratic Politics*, London and New York: Verso, 1985, pp.xi–xiii.

④ [美]安娜·玛丽·史密斯:《拉克劳与墨菲:激进民主想象》,付琼译,江苏人民出版社2011年版,第253—254页,译文有改动。

普遍性和特殊性的关系只能以可能性和不可能性的辩证法为形式:作为空位出现的普遍性既是特殊性的不可能性限度,又是其得以可能的本体论环节。显然,拉克劳意在通过一种后基础主义的普遍性原则和沟通机制,既维持社会和政治生活的多元化根基,又确保特殊性之间的接合。对他而言,这并非一个"将主张普遍性的特殊要求与某个超文化或超历史的普遍性相权衡的问题",也不是"判定哪个要求根据某一先前存在的规范、伦理或认知准则而被授权为'真正的普遍性'的问题",而是指向"公共空间中对普遍性和特殊性关系的调解"。普遍性因而不是超历史性的太一或者"处在公共空间之外并用来组织它的固定定义"和僵化规则。① 它是确定的,但不是最终的,是必然的,但总是渗透着模糊性,是先验的和永远无法抵达的,但可以在具体的经验形态得到部分再现,是超现实的绝对外在性,但又构成其内在限度。

综上所述,尽管普遍性和特殊性、同一和差异、实体和本体之间不可弥合的裂缝在奈格里和拉克劳的政治本体论中均发挥着关键作用,二者却展现出完全不同的取向。拉克劳指出,"我们要么主张一个在政治上没有得到创建和调解的普遍性之可能,要么断言所有的普遍性都是不稳定的,并依赖源自异质性因素的历史建构",哈特和奈格里毫不犹豫地接受了前者,而他却坚定地选择了后者。② 奈格里始终着力于以未经调解的和非关系的自在差异及其绝对内在性视野,拒斥社会历史和政治生活中的一切同一性、总体性和普遍性机制。拉克劳则总是将普遍性/同一性视为使特殊性/差异性得以可能的准先验性条件,从而为前者保留了一定的运行空间。奈格里把本体论的差异构想成通向"自由的多元主义"和"潜能的多样性"的绝对差异,将普遍性/同一性看成传统形而上学之本质主义和基础主义模式的核心。拉克劳则主张一种渗透

① Linda M.G.Zerilli,"This Universalism Which is not One",in Simon Critchley and Oliver Marchart (eds.),*Laclau:A Critical Reader*,London and New York:Routledge,2004,pp.105-106.
② Ernesto Laclau,"Can Immanence Explain Social Struggle?",in P.A.Passavant and Jodi Dean (eds.),*Empire's New Clothes:Reading Hardt and Negri*,London:Routledge,2004,pp.24-30.

着偶然性和特殊性的普遍性和同一性（特殊的普遍性），最终将社会和政治的多样性根基诉诸一个绝对外在的和非结构化的本体论领域。①

三、绝对的肯定性与激进的否定性：对待 肯定性和否定性立场的根本差别

后现代主义的政治哲学和社会理论普遍都借助后基础主义和反本质主义的基本原则，把重新思考否定性和肯定性关系视为构想替代性政治语法的另一根基。奈格里和拉克劳在这个问题上同样表现出重大差异。

奈格里的政治本体论基本延续了福柯和德勒兹复兴尼采和斯宾诺莎肯定性哲学的核心路径。在二者的视域中，尼采和斯宾诺莎的形而上学规划完全建基于差异的肯定之肯定。其一，自在的差异本身通向内部没有否定性的绝对肯定性和创造性原则，否定仅是这个强度差异的肯定的结果。差异之分殊过程的自我指涉性只能源于一个向个殊性、现实化、偶然性和虚拟性无限敞开的纯粹生成状态，它从不诉诸否定性和同一性机制，从不带有实证因素。② 其二，差异性、肯定性和内在性本身均根植于一个创构性的力量网络。在它之中，没有等级性的归属、超越性的优先和机械的因果性，只有力量强度不同程度的表现。这在唯物主义层面上完全排除了辩证发展、综合调解和目的论的所有可能，拒绝作为真理知识论的辩证否定性原则和辩证矛盾的对称性排列模式。与之不同，黑格尔及其追随者的肯定辩证法及其辩证否定观和辩证总体的历史观，则"将语言意义、自我意识和道德上的责任主体的起源与社会关系的总体性，（通过限制、对立和矛盾的形象）视为最终导向统一结

①　Lars Tønder and Lasse Thomassen, "Introduction：Rethinking Radical Democracy between Abundance and Lack", in Lars Tønder and Lasse Thomassen (eds.), *Radical Democracy Politics between Abundance and Lack*, Manchester and New York：Manchester University Press, 2005, pp.5-7.

②　Lutz Ellrich and Marion Picker, "Negativity and Difference：On Gilles Deleuze's Criticism of Dialectics", *MLN*, Vol.111, No.3, 1996, pp.472-475.

构的过程"①。他们从主奴的辩证等级模式和奇迹的回返/复活逻辑出发,通过同一性相对于差异性的优先和建基于其上的双重否定运动和综合机制,无限夸大同一性和总体性的理性基础,以普遍性的霸权来发掘和揭示差异性观念。

奈格里试图"把否定性置入具体实践的要素中……让其成为在本体论意义上实质性的东西"②,进而将"理性的乐观主义"③提升到哲学原则的高度。这清晰地体现在他对待海德格尔和斯宾诺莎本体论的不同态度上。在他看来,海德格尔无所奠基之根基或去在场化之在场的存在论模式和基础本体论,为本体论秩序设置了某种超越性和否定性前提。尽管他提出了一个"作为本体论上的创构性关系的时间概念",即"把自身建构成指向即将到来的时间之可能性和自我筹划",在一定程度上以通向未来视域的可能性打破了实体和先验性的霸权,却最终诉诸死亡和虚无来确证此在自身,只会将生产性的行动窒息在无化之中。④ 相反,斯宾诺莎则"置身于一个内在的和给定的存在哲学与被界定为拒斥存在或人类行动之构造的预先秩序的无神论之中"⑤。他以创构性的力量本体及其全然的主动性,彻底改变了海德格尔作为纯粹可能性的空洞在场及其存在论的否定性基础,明确表达出另外一个"完全而直接的形而上学之可能性"⑥。

---

① Lutz Ellrich and Marion Picker, "Negativity and Difference: On Gilles Deleuze's Criticism of Dialectics", *MLN*, Vol.111, No.3, 1996, p.464.

② [意]马泰奥·曼达里尼:《超越虚无主义——20世纪70年代意大利哲学中左派海德格尔主义批判提纲》,王行坤译,载汪民安、郭晓彦主编:《生产·第9辑·意大利差异》,江苏人民出版社2014年版,第90页。

③ Antonio Negri and Raf Valvola, *Goodbye Mr. Socialism*, New York: Seven Stories Press, 2008, p.23.

④ 参见 Antonio Negri, *Subversive: (un) Contemporary Variations*, Manchester and New York: Manchester University Press, 2004, pp.85−86; Antonio Negri, "Power and Ontology Between Heidegger and Spinoza", in Dimitris Vardoulakis (ed.), *Spinoza Now*, Minneapolis and London: University of Minnesota Press, 2011, pp.308−311。

⑤ Antonio Negri, *The Savage Anomaly: The Power of Spinoza's Metaphysics and Politics*, Minneapolis and Oxford: University of Minnesota Press, 1991, p.xx.

⑥ Giorgio Agamben, *Language and Death: The Place of Negativity*, Minneapolis: University of Minnesota Press, 1991, p.xiii.

一方面,他谋求"从沉思到实践、从存在的分析到存在的建构之转变"①,将极度充足的伦理学根基推进为一个内在性的民主实践,批判以司法主义的超越调解为中心的政治组织方式。另一方面,他只追寻真正肯定性的条件,借由开放动力论和未来哲学,将否定性维度完全融入肯定性的张力之中。因此,二者必然拥有根本对立的存在范畴和生命模式。前者揭示了一个立足在场之缺失的"在……中"的存在概念,突出存在/真理之源初和无蔽对存在者/实存的超越,认为自由对此在而言总是额外的和无所奠基的深渊。后者则致力于创建关于存在的纯粹内在性分析,揭示存在之自我构造和自我表现的无限运动,由此主张自由是存在的盈余。前者把生机论视为存在的一个背景和维度,最终使人类受制于自身的有限和对死亡的无能,只能获取有限的自由。后者则超出生机论的视野,"通过宣称主体必然现象学地沉浸在历史存在中来表达自身"②,它强调只有人类集体实践才能解释存在和真理的相互作用,从而将自由托付给这个革命主体性本身。前者预设了人类的必然溺亡,只能以修辞学为形式,借助能够揭示纯粹潜能的艺术或美学,来实现内在的救赎和更加充足的生命之复活。后者则在本体论层面,始终依据生产行动的本源性,来展示人类生命的完全自主。③ 显然,在奈格里力图激活的斯宾诺莎哲学中,静态思想(Thought)包含的解构、否定或批判环节(Par Destruens),已经在人类集体实践和动态沉思(Thinking)的本体论操作被转译成绝对肯定性的环节(Par Construens):"否定性思想的肯定形式只能存在于思想及其作为诸众历史活动之物质中介的行动能力的创构性张力中"。④

---

① Michael Hardt, *Gilles Deleuze:An Apprenticeship in Philosophy*, London:UCL Press,1993,p.73.

② Antonio Negri, "Power and Ontology Between Heidegger and Spinoza", in Dimitris Vardoulakis (ed.), *Spinoza Now*, Minneapolis and London:University of Minnesota Press,2011,p.317.

③ Antonio Negri, *Art and Multitude:Nine Letters on Art, Followed by Metamorphoses:Art and Immaterial Labour*, Cambridge and Malden:Polity Press,2011,pp.22-23.

④ Antonio Negri, *The Savage Anomaly:The Power of Spinoza's Metaphysics and Politics*, Minneapolis and Oxford:University of Minnesota Press,1991,pp.xx-xxii.

由于对海德格尔存在论差异思想和基础本体论的深度沉溺,拉克劳势必会把激进的否定性视为其政治理论的本体论基础。当代海德格尔式左翼基本都认同以下两个方面:其一,以虚无—非存在和缺失—不可能性为形式的激进的否定性观念构成一个不可替代的根本环节;其二,本体和实体层面之间不可通约的非对称性关系、可能性和不可能性的辩证法以及创构性和颠覆性的二重性悖论,总是运行在社会和政治领域的中心。① 延续上述传统,拉克劳本着本体性和实体性、在场化和在场之物的海德格尔式区分,既力图超越传统欧洲哲学的实体论形而上学,又与后结构主义的肯定主义模式划清界限。② 他指出,严格的本体论问题应追问"实体如何必须如此"以及"一个特殊领域的客观性又是如何可能的",③由此出发我们可以在存在本身的具体表现中遭遇通向本体论界域的可能性条件。"它拥有双重结果:其一,实体性绝对无法封闭在自身之中;其二,本体性只能透过实体性来显示自身。……存在在实体物中将自身显示成它们缺失的和源自其本体论状态的纯粹可能性。存在和虚无、在场和缺席构成一个被差异创构性地分裂的基础的相互需要的条件。"④在此,本体实为一个无所奠基的根基,而非被所有实体共享的确定性基础。正是这个不能得到肯定说明的终极固定性之缺席或基本的偶然性,才使我们始终处在一个不间断的奠基游戏之中。

为了全面清除实证性逻辑对社会—政治领域的支配,拉克劳确认了一个以实在的不可能性为特征的否定性观念,并将它同去纯粹的空无和原初的缺

---

① Oliver Marchar, "Politics and the Ontological Difference: On the 'Strictly Philosophical' in Laclau's Work", in Simon Critchley and Oliver Marchart (eds.), *Laclau: A Critical Reader*, London and New York: Routledge, 2004, pp.54-70.

② Allan Dreyer Hansen, "Laclau and Mouffe and the Ontology of Radical Negativity", *Distinktion: Scandinavian Journal of Social Theory*, Vol.15, No.3, 2014, pp.283-295.

③ Ernesto Laclau and Chantal Mouffe, *Hegemony and Socialist Strategy: Towards a Radical Democratic Politics*, London and New York: Verso, 1985, p.x.

④ Ernesto Laclau and L Zac, "Minding the Gap: The Subject of Politics", in Ernesto Laclau (ed.), *The Making of Political Identities*, London and New York: Verso, 1994, p.30.

失相连。同时,为了说明霸权构造过程,他又在所有普遍性、同一性和总体性的中心来设置和实施它。① 对他而言,任何客体都必然依赖一个过程化的系统或更加广泛的话语连接领域,绝对无法自在地和自行地成为它所是,获取一个完全的同一性。于是,否定性不只是确立意指结构的可能性条件,也是将它建构成封闭总体的不可能性的条件,所有话语形态注定会被这个最终固定的不可能性幽灵所环绕。然而,虽然完满在场的客观性不会存在,但它却可以得到部分性的再现和缝合,从而造就各种结构化效果。概言之,拉克劳意在强调本体和实体、肯定和否定之间交互颠覆的创构性本质,拒绝传统形而上学意义上的否定本体论。在他看来,否定性既非本质性的黑暗深渊,又不可具体化为一个实体存在,既不能被归结为一个源初性的目的和本原,又无法被扬弃在一个辩证否定的自我运动中。它既关联于各种差异又不断颠覆它们,从而表现为一个运行在差异和同一、外在和内在之间的不可判定环节:一个被它们的交织所分裂的基础。

　　显然,在肯定性和否定性方面,奈格里和拉克劳有着根本差别。其一,虽然他们都反对辩证的否定观,但奈格里极力否认在自我充足的政治聚合和革命主体性中贯穿着一个无法消除的缺失或分裂内核,拉克劳则基于善和恶之裂缝的创构性本质,强调一个不可化约的否定性在客观性和同一性中的根本地位。其二,虽然他们都创建了一个通向偶然性和多样性的社会和政治理论,但奈格里力求将否定性完全缝合到绝对内在性的纯粹肯定性视野,彻底拒绝政治的外部调解机制及其虚无化的悲观基调,而拉克劳则强调否定性作为绝对的外在性的必然存在,重新在政治领域引入一个动态化的超越性根基。从这个视角看,拉克劳势必把奈格里的绝对肯定性思想归入他致力解构的实证性神话,而奈格里则定会将拉克劳的否定性观念视为同一性和总体性的复活。

---

① Judith Butler, Ernesto Laclau, and Slavoj Žižek, *Contingency, Hegemony, Universality: Contemporary Dialogues on the Left*, London: Verso, 2000, p.2.

第三章　后结构主义激进政治
理论的差异框架

奈格里和拉克劳均从资本主义世界的新社会情势出发,将变革正统马克思主义的政治话语以及创建新的主体观念和解放规划视为替代性政治语法的核心环节。他们在这些方面的理论努力分别从根基上关联于同属后结构主义谱系的德勒兹和拉康对基础主义和本质主义的批判和解构。因此,二者之间完全相反的路径和取向,必然会反映在奈格里和拉克劳围绕革命图景的思想关系之上。

一、内在性的诸众和超越性的人民:后主体
视域不同的革命主体性模式

基于对当代资本主义后现代转向和新社会运动多元化根基的判定,后结构主义从批判传统主体观入手,普遍主张一种后主体化的政治主体理论:抛弃被设想成"意义生产的起源和中心"和"透明而和谐的总体"的自主主体,①转向立足于异质性、分散化和偶然性的社会代理人/行动者概念。他们聚焦在

---

① Johannes Angermuller, *Poststructuralist Discourse Analysis: Subjectivity in Enunciative Pragmatics*, London: Palgrave Macmillan, 2014, pp.140–141.

"主体之后谁将到来"这一根本问题,致力于解构"内在性、自我存在、意识、统治和本质的个人或集体所有制"以及"位置(基体、实体和主体)的坚实性与权威和价值(个人、人民、国家、历史和工作)的必然性"。这自然会使主体至少存在两种使用方式:一个具有形而上学概念的价值,另一个则被赋予"个殊的单一物"的意义,"更多向一个历史、事件、共同体、作品或另一个'主体'"而非自身呈现。① 在他们看来,无论是笛卡尔式的我思主体、马克思主义的阶级主体,还是自由主义以普遍人性为本质的人类个体,都建基于理性主义传统及其必然导致的主客二元构架,从而为主体预设了一个全然自足的同一性根基。伴随全球资本主义时代的到来,连贯的或统一的自我经验以及由其理性和自觉意识引导的自主主体,已经被碎片化的实体、各种流动而混杂的同一和处在连续生成中的生命观念彻底取代。

　整体而言,后结构主义质询主体性问题的路径可以大致划分为两种截然不同的策略。一个以德勒兹为代表,力图使主体消解在力量关系网络中,把欲望从主体的中心化机制中解放出来。另一个则突出表现为拉康对笛卡尔式主体之问题框架的复活,意求在保留主体概念的同时,将它从本质主义和结构主义束缚中摆脱。福柯的权力系谱学向我们集中展示了主体的含糊性:权力运作本身拥有一个主体化的效果,它借助各种实践真实地将个人构建成可以操控的主体,从而也将它束缚在分散的同一性之上。晚期的福柯则意图通过自我关切的伦理策略来改造主体范畴。他在严格的伦理操练、规训和戒律中发掘个体摆脱屈从状态、建构自身主体性的可能方式,认为主体始终遵循着某种生命的禁欲密码,即将自我的沉思和问题化视为对象的自由的实践。从这个角度看,该策略可以被理解为主体在被社会禁止的道德规范之外构造自身同一的后现代主义图式。这种从反抗权力的政治领域保守地退回自我反思或自我赋权(道德寂静主义)的私人生活来塑造主体性的方式,必然会导向一个完

---

① Jean-Luc Nancy, "Introduction", in Eduardo Cadava and Peter Connor (eds.), *Who Comes After the Subject?*, New York and London:Routledge,1991,pp.4-5.

全去政治化的主体观念。德勒兹则提出了一个更加激进的版本。他认为,力量关系构造了一切社会关系、同一性甚至包括物质性的身体,单个的身体不是与心灵分离的物质实体,不再拥有恒久不变的基础和本质,而是能量交互作用的"强度平面",是不同异质性力量的偶然汇聚和任意连接。在推进尼采力本论的基础上,他把主体锚定在一个内在性的欲望领域,认为欲望不是主体的属性,相反,主体性却是欲望的效果。在他看来,欲望是主动的实现关系,它本身就是生产,是一个相互并存的异质性力量的关系领域,总是追求永远的变动、同一性的分裂和无限的连接。在欲望—生产中,主体已被消解在无限的逾越行动和不同社会聚合的无穷序列之中,其连贯的同一性再无可能。与福柯和德勒兹相对,在拉康以无意识主体、能指主体、言说主体和欲望主体为形式所揭示的主体真相中,主体的存在表现出完全不同的形象。其一,主体绝对不能根据某种超验的理性/逻各斯和本质性的基础观念来理解,总是逃避一切形式的绝对确定性、完备同一性和完整实现,而是以创构性的不可能性、根本性的缺失和激进的外在性为属性。其二,主体既是一种借助它可以使我们从既定的客观秩序中通达真理—事件或霸权的行动或决断,又是"建基于肯定性本体论秩序的偶然性",而非后来介入这个界域、活跃在它的空隙中以填补其裂缝的主体化行动之结果。① 在他看来,主体的本真存在是无法抵达的,它只能借由不稳固的主体化姿态来暂时缝合自身原始创伤内核和原初分裂状态,得到部分地构造和再现。这既直接宣告了它在客观性层面的本质性同一的必然失败,又意味着它作为抵抗象征化和结构化的纯粹空洞性,驱动了另一个连续的同一化过程(主体化)。在此,现实中主体的可能性正建基于它本身的不可通达这个不可能性,二者之间始终存在着一个无法消除的间距。

简言之,前者立足一个纯粹的差异性和内在性,通过力量关系的自我展开过程及其绝对充足,拒斥政治和主体上一切基于普遍性、同一性和总体性的调

---

① Slavoj Žižek, *The Ticklish Subject: The Absent Centre of Political Ontology*, London and New York: Verso, 1999, p.158.

解机制。后者则根据一个向"同一化和政治斗争"开放的"中心化的空无"或"创构性的缺失",将主体视为排除了绝对主体观念的空位,并以激进的偶然性来揭示普遍政治维度的产生。① 它们在关键环节上的分立在后现代主体政治学中扮演着极其关键的角色。从根本上看,奈格里和哈特等人主要遵循内在性脉络和充足本体论路向,而拉克劳和墨菲等人则基本归属在超越性传统和缺失本体论阵营。

奈格里的政治本体论反对通过围绕社会结构自身之自我生成和演进的纯粹客观分析来揭示一个没有主体性的世界或历史,而是重在"发现社会现实生产的方式和力量以及驱动它的主体性"②。整体而言,他的主体理论主要经历了两个阶段。第一个阶段是他对当代社会运动的最新发展和经典马克思主义的危机所作出的理论回应。他以 20 世纪六七十年代资本主义的新变化和五月风暴引发的一系列连锁效应为现实基础,从意大利工人主义和自主主义的理论传统出发,旨在通过一种基于活劳动和工人阶级一元论的阶级斗争的革命政治学,根除马克思主义内部的客观主义幻象、革命乌托邦残余和悲观主义基调。第二个阶段则是他在 20 世纪 80 年代初流亡法国之后对全球资本主义时代政治主体的构想。他将后结构主义视为谋求政治理论实现本体论转向的关键资源,并立足于当代资本主义的社会转型,提出了一个建基于绝对差异性、内在性和肯定性原则的后现代主义主体模式。尽管这两个阶段在逻辑上并不存在完全的连续关系,但奈格里通过持续关注劳动和劳动力形式的发展来发掘新的革命力量这条根本线索却贯穿始终。

在第一个阶段,奈格里创建了一个立足于工人阶级的自我价值稳定过程(Self-Valorisation)和阶级对抗立场的阶级构成理论。自主主义思想家"不以

① Saul Newman, *Unstable Universalities:Poststructuralism and Radical Politics*, Manchester and New York:Manchester University Press,2007,pp.66-70.

② Michael Hardt and Antonio Negri,"Biopolitical Production",in Timothy Campbell and Adam Sitze(eds.),*Biopolitcs:A Reader*,Durham and London:Duke University Press,2013,p.215.

生产力的目的论发展为中心,而是集中关注创造者和占有者的冲突",把阶级斗争当成历史发展的根本动力,普遍强调工人阶级的斗争和活劳动的力量在生产方式之历史组织过程中的本源地位。[1] 由此出发,奈格里基于当代资本主义生产方式从前泰勒制、泰勒制、福特制到后福特制的转变,深入分析了工人阶级的构成从专业工人、大众工人到社会工人的历史演变。其问题框架围绕"内在于具体特定历史时刻的工人阶级中的现象的、行为和规范的组织"[2],侧重从技术构成(由一定的生产力和生产关系水平或资本的生产和再生产过程所规定的劳动力结构)和政治构成(作为动力主体的工人在历史和政治方面的独立的统一性或阶级的连贯性程度)上,来揭示工人阶级在不同时期的组织形式。它特别强调"工人阶级的社会化过程及其在斗争中自下而上地反抗资本之趋势的拓展、联合和普遍化"[3],认为技术构成中的所有因素及其相互关系都"由固定时间的斗争水平所决定"[4]。

以适应于实质吸纳阶段或后福特制时期的社会工人为例,其阶级构成的基本特征主要包括:生产的自动化和社会的信息化使劳动过程日益抽象化、非物质化和智能化;高度流动和多元化的劳动形式占据主导地位;工人阶级充分"证实了真正的大众的自主性和相对于资本的集体自我价值稳定的真实能力"[5]。伴随而来的是,资本主义及其各种组织化结构和命令形式对劳动的控制已经渗透至社会的各个角落,它们逐渐放弃凯恩斯主义干预模式和福利国家政策,企图通过新自由主义策略和危机国家,来破坏社会工人的斗争节奏。

---

① Nick Dyer-Witheford, *Autonomist Marxism*, Canberra: Treason Press, 2004, p.7.

② Antonio Negri, *Books for Burning: Between Civil War and Democracy in 1970s Italy*, London and New York: Verso, 2005, p.xxxii.

③ Jim Fleming, "Editor's Preface", in Antonio Negri, *Marx beyond Marx: Lesssons on the Grundrisse*, Massachusetts: Bergin & Garvey Publishers, 1984, p.xi.

④ Antonio Negri, *Revolution Retrieved: Writings on Marx, Keynes, Capitalist Crisis and New Social Subjects (1967–1983)*, London: Red Notes, 1988, p.209.

⑤ Antonio Negri, "Twenty Theses on Marx: Interpretation of the Class Situation Today", in Saree Makdist, Cesare Casarino and Rebecca E. Karl (eds.), *Marxism Beyond Marxism*, New York and London: Routledge, 1996, p.156.

在此,资本主义的发展过程只是它对工人阶级斗争水平的被动回应,仅仅表现为"阶级斗争的历史和阶级构成形象的历史"①。显然,奈格里的阶级构成理论在本质上实为回归活劳动/工人阶级立场的"新的强力的阶级政治学"和"阶级对抗转型的分析"②。它重在讨论工人阶级如何以资本主义生产力的发展为自我组织化的现实基础,重新占有生产力,确立其自我管理和自我决定的全新组织形式。

在第二个阶段,奈格里借由与后结构主义的互动式对话,将帝国时代的革命主体从社会工人推进为诸众,以全面突破之前阶级构成框架缺乏足够建构性面向的困境。这主要由两个方面共同促成:其一,他更加深入地分析了当代资本主义的后福特制转型所引发的一系列后现代社会状况,依然把目光锁定在劳动和无产阶级劳动力形式的最新变化;其二,他在政治领域全面激活后结构主义的内在性、差异性和生成性原则,力图赋予早期的阶级斗争话语以更充分的现实根源和积极意义。

首先,他基于当代资本主义生产方式的后福特制转型,进一步拓展之前围绕活劳动的本源性和工人阶级的自主性的阶级构成框架,将社会工人重新理解为一般智力和非物质劳动的生命政治体:作为后福特主义无产阶级/劳动力的诸众。奈格里指出,"阶级构成的分析始于劳动分工与剥削体系的问题,'诸众'的分析则始于大脑之间的合作所建构出的力量,以及支配、吸引、关联所建构出的表象"③。根据他的观点,在后福特主义的社会体系中,原本建基于劳动的技术和社会分工的工业资本主义模式走向深度危机,传统的工业劳动全面让位于指向生命政治生产和一般智力的非物质劳动霸权:沟通的、合作

---

① Matteo Mandarini, "Introduction: Organising Communism", in Felix Guattari and Antonio Negri, *New lines of Alliance*, *New Spaces of Liberty*, London and New York: Autonomedia, 2010, p.13.

② Antonio Negri, *Revolution Retrieved: Writings on Marx*, *Keynes*, *Capitalist Crisis and New Social Subjects* (*1967-1983*), London: Red Notes, 1988, pp.43-44.

③ 王晓明、蔡翔主编:《热风学术》(第一辑),广西师范大学出版社 2008 年版,第 258 页,译文有改动。

的和情感的劳动,"工作的女性化"赋予劳动以生命政治的性质,移民同本土社会和种族的混合又不断在资本主义内部引发全球范围内的激烈意识形态冲突。① 它们"将经济的重心从物质商品的生产转移到了社会关系的生产"②,劳动和生命、生产和再生产、工作和生活、社会生活和个人生活、经济和政治逐渐趋同。以在信息化、智能化的生产中充分发展的社会合作网络为根本特征的生产模式开始占据主导地位,劳动形式日益流动化、灵活化、多样化和自主化。同时,一般智力完全在活劳动中的再生以及非物质劳动的共通性(The Common)基础和共享性特征,使共通性的物质结构得以持续创造。在这些情形下,普遍化的知识沟通、智能联合和共同协作("大众智能"③:"沿社会横向拓展的集体智力和累积的智能力量"④)成为界划无产阶级和无产阶级劳动力的关键因素。合作的创造已经内在于劳动之中,且超出了资本的控制。这种生产性的"剩余使构造资本不能全部吸纳的自我价值稳定空间成为可能"⑤,直接造就了自主的无产阶级生产力和"劳动的自主政治组织"⑥。

总之,对奈格里而言,诸众实为后福特主义体系下无产阶级劳动力的全新构成:非物质劳动者或智能化、网络化的无产阶级,只能在"欲望、情感力量与大脑间的身—脑复合体的共同合作网络"⑦中存在。其充足的解放和生产潜能来自一般智力、非物质劳动和情感经济之生命政治生产中的自由变革行动。

---

① [美]哈特、[意]奈格里:《大同世界》,王行坤译,中国人民大学出版社 2015 年版,第105—108 页。

② [美]哈特、[意]奈格里:《大同世界》,王行坤译,中国人民大学出版社 2015 年版,第108 页。

③ Antonio Negri,"Constituent Republic", in Paolo Virno and Michael Hardt (eds.), *Radical Thought in Italy:a Potential Politics*,Minneapolis:University of Minnnesota Press,1996,p.216.

④ Paolo Virno and Michael Hardt (eds.),*Radical Thought in Italy:A Potential Politics*,Minnesota:University of Minnesota Press,1996,p.262.

⑤ Antonio Negri,*The Porcelain Workshop*,Los Angeles:Semiotext,2008,p.43.

⑥ [美]哈特、[意]奈格里:《帝国》,杨建国、范一亭译,江苏人民出版社 2005 年版,第341 页。

⑦ 王晓明、蔡翔主编:《热风学术》(第一辑),广西师范大学出版社 2008 年版,第 258 页。

它不是被动的物质材料或抽象的自我意识,而是一种完全主动的政治、社会、心理和生命的创制力量。它不同于传统的工人阶级,其反抗对象除了剥削和压迫,还应包括权力和控制的任何形式,其主要运行模式是社会化的沟通和合作,"借由爱与友谊进行蜕变:联盟与关联更是必要",不再局限在斗争或对抗。①

　　其次,他沿着福柯和德勒兹的政治哲学所指示的社会聚合模式和政治组织原则,为诸众确立了多重本体论面向。奈格里认为,福柯"关于我们自身的"历史本体论勾勒出政治对生命的强力干预、生命在人性中的解放和"转型实践的实验"。这不仅"为我们提供了一个介入本体论创构过程的无限可能性"②,而且在上帝死亡之后再次让我们看到了人性的再生。"这个贯穿在生命、生命政治和生命权力中的创构过程"表现为一系列"(在生命本身及其再生产的目的之内)释放绝对解放能力的抵抗",它拥有完全摆脱任何外在于"解放行动和生命聚集"之规定的"绝对运动"③。德勒兹则通过"追踪在个殊主体的游牧运动、去辖域化的欲望流动和内在性的连贯平面中的政治聚合过程",创建了以本体性的自在差异、绝对的内在性视野、力量的自由汇聚和虚拟的游牧事件为基石的后现代主义政治模式,并为主体设置了一种游牧化的存在方式和自主的组织形式。④ 二者通过一个"内在性本体论"⑤,共同批判现代政治以同一性、中心化、固定性和总体性为形式的调解机制。

　　遵循上述思想,奈格里将斯宾诺莎通过诸众使存在—政治—主体融合起

　　① 王晓明、蔡翔主编:《热风学术》(第一辑),广西师范大学出版社 2008 年版,第 258—259 页。

　　② Antonio Negri, *Empire and Beyond*, Cambridge:Polity Press,2008,p.232.

　　③ 参见 Antonio Negri, *Insurgencies:Constituent Power and the Modern State*, Minneapolis and London:University of Minnesota Press,1999,p.27;[美]哈特、[意]奈格里:《大同世界》,王行坤译,中国人民大学出版社 2015 年版,第 109 页。

　　④ Antonio Negri, *Labor of Dionysus:A Critique of the State-Form*, Minneapolis and London:University of Minnesota Press,1999,pp.289—290.

　　⑤ [意]奈格里:《福柯之后的马克思主义》,http://news. 163. com/14/1207/13/ACS7NR5400014SEH.html,2018-07-15.

来的问题框架,视为重建集体主体性模式的关键环节。在他看来,斯宾诺莎的诸众首先是一个由不同力量的接合和分离所创造的客观性和多样性视域,仅仅展现力量之间相互交织的复杂性水平。这是基于绝对充足的创构力量以及肯定性和扩展性的存在概念,对现实构造过程的未经调解的表现:它直接组织自身,永远处在纯粹生成状态,拥有一个多元、平滑和虚拟的物质躯体。其内在性视野同民主秩序完全同一:民主是"被组织在生产中的'诸众'政治"①,自由则是诸众的"身体扩展性"——力量的自我保存和不断拓展。简言之,斯宾诺莎的诸众以建基于纯粹内在性、差异一元论和无限创构机制的唯物主义和集体主义为原则,将主体性理解为个殊性力量的自由聚合和集体实践。

由此出发,奈格里以后结构主义和后福特主义为背景,从本体论层面表达了诸众的人类学构想。他认为,一方面,作为内在性的称谓和个殊性(Singularity)的聚合体,它拥有绝对差异化的根基,完全不同于建立在同一性和超越性之上的人民概念。代表着国家、主权和人民三位一体的现代政治将多样性和确保个殊因素相互沟通的共通性,化约为公共性和共同性之物。它把国家理解成由不同个体组成的整体,进而在其同质性空间中,将个体差异纳入普遍化和统一化层面,最终使它们抽象化为指向共同意志和主权行动的人民。相反,诸众政治则是一种彻底逃离超越主义传统的全新人类学尝试。它"由一系列的个殊性构成,通过个殊性我们意指一个社会主体,它的差异不能被化约为同一,或保持差异的差异性。人民的组成部分在其同一性中是无差别的;它们通过否定或搁置其差异而变成同一性。诸众多元的个殊性因而对立于人民无区分的同一性。"②具体而言,个殊性在本质上是一个去中心、非特指、前个体化和非表象化的纯粹能量,总是指向异质序列自身及其之间持续差异化的

① Antonio Negri, *The Savage Anomaly: The Power of Spinoza's Metaphysics and Politics*, Minneapolis and Oxford: University of Minnesta Press, 1991, p.xvii.

② Michael Hardt and Antonio Negri, *Multitude: War and Democracy in the Age of Empire*, New York: The Penguin Press, 2004, p.99.

纯粹生成状态。因而,诸众绝非个体的累积或简化,它连贯地"拒绝权威和控制,表现个殊性不可化约的差异,追求无数反抗和革命中的自由"①。它超出主体—客体、个体—集体、私有—公共的传统区分,只处理无法被表象的个殊性及其不断聚合和分化的生成运动。显然,诸众建基于差异得以不断差异化的绝对内在性和自在差异的多价一元论。它绝不受制于同一—差异的二元对立模式和无差别的同一性机制,而是完全奠基在个殊性的游牧分配及其共享的共通性之上,是"形成于这个个殊性和共通性的动力的主体性"②,既意味着"个殊生命形式的多样性,又分享着共通的全球存在"③。在它之中,个殊性既能保持自身的差异,又能以其共通条件得以相互连接,共通性不仅确保个殊性在维持自身差异的基础上实施集体行动,而且从未将它们囚禁在任何固定的共同体和封闭的权力秩序之中。另一方面,作为创构性本体力量和虚拟性事件的代名词,它是唯一能够彻底颠覆资本统治并通向绝对民主的解放潜能。"从构成它的个殊性观点来看,诸众的力量能够揭示自身充足、一致性和自由的动力"④,制宪力构成其唯一的组织形式。它完全依赖于在自身内部"进行决断的内在性"⑤,是帝国主权根本无法彻底化约的剩余物,超越权力异化的绝对民主正建基于其内在性的完整实现。因此,诸众的肉身必然指向一个实在的、创构的和变革的虚拟性。它源自科学、知识、语言、情感、沟通和合作中的生命政治生产及其流动、游牧、混合和逃离行动。它不仅作为颠覆性和解构性的武器,处在度量之外,而且作为既个殊又共通的集体创造行动,彻底超越度量自身。它通过个殊性连续创造共通性以及共通性不断得以个殊化的完整

---

① Michael Hardt and Antonio Negri, *Multitude: War and Democracy in the Age of Empire*, New York: The Penguin Press, 2004, p.221.

② Michael Hardt and Antonio Negri, *Multitude: War and Democracy in the Age of Empire*, New York: The Penguin Press, 2004, p.198.

③ Michael Hardt and Antonio Negri, *Multitude: War and Democracy in the Age of Empire*, New York: The Penguin Press, 2004, p.127.

④ Antonio Negri, *Reflections on Empire*, Cambridge: Polity Press, 2008, p.118.

⑤ Michael Hardt and Antonio Negri, *Commonwealth*, Cambridge: Belknap Press, 2009, p.xiii.

过程,不但使帝国机器变成完全被动的寄生物,而且积极构造替代性全球民主的客观条件,直接通向逃离帝国统治的绝对去辖域化过程。

总之,对奈格里而言,诸众"不能化约为人群却能够得到自主的、独立的和智能化的发展的多样性"①只能表现为"不可逾越的社会欲望的自主创造,即任何等级制和控制的本质都无法包容或适应的存在的创制张力"②。作为"一个由欲望、语言、斗争实践以及理论等构成的实际主体"③,它的典型形象集中表现为拥有差异性、混合性和游牧性特征的移民、穷人、流亡者、无国籍的族群和共通者(The Commoner)。它拥有完全不同于代表政治、法人主体和传统阶级以同一性、中心性和等级性为基本原则的组织形式,从而与债务人、被调解之人、被监控之人和被代表之人有着根本不同。它的现实躯体绝对不能被囚禁在"政治肉身的等级器官"④中,只能借助德勒兹去中心、反实现的无器官身体和块茎概念,才能得到充分理解。由此看来,德勒兹排除层级化、规范化和超越性的欲望躯体类型和游牧主体形式实为奈格里政治主体理论的逻辑原型。奈格里的诸众政治不过是他基于当代资本主义的后福特制转型,对德勒兹差异哲学、建构主义动力论和政治直接性模式的应用和改写。

较之于奈格里同德勒兹的亲密关系,拉克劳对革命主体性模式的重新构想则主要追随了拉康主体理论的核心原则,他专注于一切客观性的话语可能性条件和"话语的同一性"问题,以渗透在话语实践中的多样性、偶然性、不确定性和不可能性维度,展开对传统主体观的批判和取代工作。其基本观点在于,主体的边界是模糊的和流动的,"只能作为(总已是)政治行动的结果而存

---

① Antonio Negri, *Reflections on Empire*, Cambridge: Polity Press, 2008, p.101.

② Roberto del Valle Alcalá, "A Multitude of Hopes: Humanism and Subjectivity in E. P. Thompson and Antonio Neigri", *Culture, Theory and Critique*, Vol.54, No.1, 2013, p.86.

③ 奈格里、张君荣:《访安东尼奥·奈格里:"我的思想还在马克思的传统里"》,《中国社会科学报》2015 年 3 月 2 日。

④ Michael Hardt and Antonio Negri, *Multitude: War and Democracy in the Age of Empire*, New York: The Penguin Press, 2004, p.192.

在",即"被层级化地组织成一个政治的霸权斗争的结果"。① 总的来说,他的政治主体理论同样经历了两个阶段。其一,在早期著作中,拉克劳把战略联盟视为革命政治的核心,并在葛兰西和阿尔都塞的共同影响下,提出了一个与围绕人民的民粹主义话语紧密关联但又不完全排斥阶级概念的主体理论。其二,自《霸权与社会主义战略》之后,他试图从阶级模式中完全退出,更加激进地批判了马克思主义内部的本质主义和还原主义倾向,并以拉康的创构性的缺失和不可能性观念为基础,将拥有超越性机制的人民视为当前唯一的集体主体形式。

在第一个阶段,拉克劳主要从葛兰西的霸权理论和阿尔都塞的多元决定论出发,力图全面清除民粹主义话语中的阶级还原论倾向,强调政治和意识形态领域的根本地位和多样化基础。在他看来,如果革命运动不能建立更加广泛的连接纽带,并在其话语中表现人民,反而总是诉诸葛兰西所谓的经济集团利益,那么它们决不会确立自身的霸权。在面对法西斯主义和民粹主义问题时,他转借阿尔都塞的意识形态质询理论和多元决定论,强调集体的政治认同需要在许多层面得到质询,而非局限在单一的阶级上,它们在性质上各不相同的形式远比阶级的质询复杂。② 个体已经构成众多矛盾(不只是阶级矛盾)累积的交汇点和承载者,完全超越了它们对其阶级地位的单纯符合,社会阶级在政治和意识形态中并不拥有必然的存在形式。在此,拉克劳没有忽视阶级斗争的战略重要性,而是将它从直接的生产过程移向政治和意识形态领域,定位在"一个既作为工人又是广泛意义上'人民'的一部分的个体认同层面"③,专注于对更加复杂的"民众民主斗争"现象的分析。他把长期遭受阶级还原论

---

① Dani-Gurion and Uri Ram,"Marxism after Postmodernism:Rethinking the Emancipatory Political Subject",*Current Sociology*,Vol.62,No.3,2014,p.304.

② Ernesto Laclau,*Politcs and Ideology in Marxist Theory*,London:Verso,1977,pp.104–105

③ Oliver Harrison,*Revolutionary Subjectivity in Post-Marxist Thought:Laclau,Negri,Badiou*,Surrey and Burlington:Ashgate,2014,p.43.

压制的民粹主义话语当成合理表述集体政治认同的理论工具,避免对政治认同的构造过程进行阶级还原论的化约,以确保更广泛政治认同的多元社会基础。在这种情况下,人民表现为一个高度多样化和极具可塑性的社会主体,"总是拥有一个超出阶级话语可以或不可以与之相连的同一性",而且政治和意识形态斗争的特异性也显得更加突出,它们发生在"被非阶级的质询和矛盾构造的领域"。①

在第二个阶段,他将目光从葛兰西和阿尔都塞移向拉康,以普遍性和特殊性之间的不可分离模式,发展了之前的民粹主义话语和人民思想,系统阐发了一个既具备差异性和偶然性本质又引入普遍性和同一性形式的革命主体性构成。

他通过置身拉康主体理论的话语分析,将创构性的缺失和不可能性观念确认为界划政治和主体的基石。在他看来,绝对的否定性、偶然性、外在性和不可能性维度,既是任何社会—政治认同得到部分实现的必要条件,又是导致其完整构造终将失败的根本参照。任何客体的统一性或客观性都由话语的接合实践所创建,仅仅具备偶然性和不完备性的本质。一切社会的身份都没有先验的中心和本质,不过是暂时的享有特权的结点。所有话语对象的连贯性或稳固性总是不断受到逃避接合实践之物的威胁,注定以一个无法象征化、中心化或结构化的不可化约的剩余物或缺失为标志。② 由此可见,政治和主体领域的根本问题不在于同一性,而是指向同一化及其必然失败。普遍性—特殊性、(政治本身的)"定序"(Ordering)—(政治现实的)实际秩序(Actual Order)之间不可弥合的间距始终处在它们的根基之处。总之,为了给普遍性和同一性原则留出一定的运行空间,拉克劳势必会在作为意指系列之关系整体

---

① Oliver Harrison, *Revolutionary Subjectivity in Post-Marxist Thought: Laclau, Negri, Badiou*, Surrey and Burlington: Ashgate, 2014, p.166, p.195.

② Ernesto Laclau and Chantal Mouffe, *Hegemony and Socialist Strategy: Towards a Radical Democratic Politics*, London and New York: Verso, 1985, pp.105-111.

的话语中引入终极限度问题，因而拉康意义上实在—现实、同一性/主体—同一化/主体化的本体论裂缝及其包含的缺失、空位和剩余物等核心观念均在其中发挥着关键作用。

在拉克劳的话语理论中，霸权和对抗—错位分别处理统一和断裂问题。对他而言，霸权不过是不同主体位置以占据特权的方式暂时实现的总是遭遇瓦解威胁的局部稳定化，即"努力填充那个政治的'不可填充的'位置的政治运作"①。相应地，特殊因素与这个普遍性空位的同一化正是主体化的环节，但它又包含着一个去主体化的因素，卷入斗争的各种群体在需求和统一方面日益分裂，他们必然会求助于一个更加广泛的力量联盟，以努力表现他们力求占据的普遍性位置。换言之，作为一个形式上的空位，普遍性是一个空洞的能指，它不能被填充，只能自我表现，但正因如此才产生了在众多特殊政治认同中不断填充、构建或表现它的欲望。通过对抗和错位概念，拉克劳又向我们展示了以下两点。首先，任何客观性都被一个作为阻断其完全缝合的"外在"障碍的根本性对抗经验所渗透，它展示了结构的不完备性和特定同一性的限度，因而发挥着一种威胁其完整存在的"揭露性功能"②。其次，先于对抗的错位概念则将主体定位在错位结构的裂缝中。在它的视域下，任何完整构造的结构和主体均不再可能，总是被绝对的偶然性贯穿其中，它们既非完全被决定，又非彻底自我决定。并且，主体"并非结构的一个要素，而是如此构成结构的不可能性的结果"③，只能在"共同体之（不可能的）完备性与表现地点的特殊性之间的非均衡性"中出现，因而总是一个"缺失的主体"。④

---

① Saul Newman, *Unstable Universalities*：*Poststructuralism and Radical Politics*, Manchester and New York：Manchester University Press, 2007, p.95.

② Andrew Norris, "Against Antagonism：On Ernesto Laclau's Political Thought", *Constellations*, Vol.9, No.4, 2002, p.554.

③ ［英］拉克劳：《我们时代革命的新反思》，孔明安、刘振怡译，黑龙江人民出版社 2006 年版，第 51 页。

④ Ernesto Laclau, "Why Constructing a People is the Main Task of Radical Politics", *Critical Inquiry*, Vol.32, No.4, 2006, p.655.

延续上述逻辑,他在《论民粹主义理性》直接把人民视为取代阶级、从事霸权斗争的革命主体形式:政治的和集体的当事人。依照拉克劳的观点,当未被满足的需求不能以彼此独立的方式来满足时,它们便可能连接在一起,结成暂时的统一,等价链条由此得到创建。正是借由等价的符号形式所实现的民众需求的统一化,才确立了革命主体性产生的基础。换言之,当众多特殊需求的接合以其中一个特殊需求把自己视为"唯一合法的总体"或对普遍性的再现为形式发生时,人民才被建构成一个集体的政治主体,它不过是霸权斗争(或等价链条构建)的结果。① 而在民粹主义观念中,人民恰恰源于一个封闭的、连贯的和统一的秩序的不可能,它并不指现存共同体的总体,而是一个努力把缺失嵌入其中的追溯性的能指或名称,只能产生在对共同体之无法完全实现的无限寻找中。正是这个以根本性的界限而非基础为形式对总体性的渴求,才推动了主体连续的同一化行动。虽然它可以出现在等价要求的特殊性之中,但它既是构建等价关系的基础,又是阻断等价链条实现自我完备性之物。由此,拉克劳将这个激进的"外在性"称为"社会的异质性"——"系统的局外人"②,即"抵御象征化整合的'人民'的实在(Real)"③。概言之,拉克劳的人民具备"双重表现":一个被理解成创建内部边界和构造等价链条的回溯性的空洞能指,另一个则是担负了更加根本角色的"命名政治主体的决断"——"政治主体得以从它开始的赌注(Wager)"④。显然,尽管被祛除社会历史规定的人民,没有变成一个作为"超验因素"的"领导者形象",但拉克劳同拉康和德里达一样,重在揭示"在不是虚无的虚无中对结构的超越",即一

---

① Ernesto Laclau, *On Populist Reason*, London: Verso, 2005, p.81.

② Ernesto Laclau, *On Populist Reason*, London: Verso, 2005, p.140, p.50.

③ Ernesto Laclau, *On Populist Reason*, London: Verso, 2005, p.152.

④ Oliver Marchart, "In the Name of the People: Populist Reason and the Subject of the Political", *Diacritics*, Vol.35, No.3, 2005, p.11.

个扎根于"空无的超越性"且"拥有超越自身之物的结构"。① 因此,他的人民绝非一个自主实体,相反,"为获取一个共同的身份和意志,它必须确认外在之物:立法性的局外人",必须借助于一个以完全的自我决定为名的他治性关系,以"他治性和自主性的永久协商"为形式,来确保自身的本体性。②

综上所述,拉克劳论证了一个由异质性、偶然性和缺失全面支配的主体构造,既不把它当作具有普遍意志的统一实体,又不主张其内部完全充斥着自我增值的差异性。从根本上看,这个后结构主义的主体模式"不是对在逻辑上是可决定性之过程的真实颠倒",而是通过一个准先验模式的引入("实在界的入侵"或由异质性对同质性实施的瓦解和阻断),以霸权构造取代了作为"真正自制式的总体"的生产方式概念。③ 显然,它没有全部放弃普遍主义原则而走向纯粹的特殊主义立场,而是通过一个普遍性和特殊性、内在性—外在性的相互介入模式(被特殊化的普遍性和以普遍性为可能性条件的特殊性),对它们的关系作出了全新表述。④

纵观奈格里和拉克劳的革命主体性理论,我们不难发现,虽然它们都拥有反先验论和本质论的多样化、分散化、流动性、偶然性和混合性属性,都拒绝以黑格尔式的辩证法以及同一——差异的二元论来界划主体,但二者却存在着在完全相反的本体论根基。前者基于绝对的内在性、多样性、肯定性和充足性原则,创建了一个作为唯一本源性生产和解放力量的集体主体性模式:完全自主和自我充盈的诸众或后福特主义的无产阶级。后者则基于后基础主义的超越性传统,借由普遍性和特殊性的相互玷污关系,将总是携带否定性面向的人民

① Gloria Perelló and Paula Biglieri, "On the Debate around Immanence and Transcendence: Multitude or The People", *Cultural Studies*, Vol.26, Nos.2-3, 2012, p.326.

② Kevin Inston, "Representing the Unrepresentable: Rousseau's Legislator and the Impossible Object of the People", *Contemporary Political Theory*, Vol.9, No.4, 2010, p.396.

③ Ernesto Laclau, "Why Constructing a People is the Main Task of Radical Politics", *Critical Inquiry*, Vol.32, No.4, 2006, p.672.

④ [英]尚塔尔·墨菲:《政治的回归》,王恒、臧佩洪译,江苏人民出版社2008年版,第15页。

之"自主"条件诉诸一个准先验的他治性机制:运行在不可抵达的实在界的激进的异质性、不可能性、外在性和偶然性。前者拒绝任何普遍性和同一性形式,构想了一个由个殊性因素聚合而成且具备丰富历史和伦理规定的革命主体性的实体框架,并对阶级理论有着实质性的保留。后者则遵循对同一性—差异性、普遍性—特殊性的调和路径,通过本体—实体层面之间的本体论裂缝和可能性—不可能性的辩证法,对政治主体采取了一种去实体化的形式化理解,完全摈弃了它的社会伦理内容。虽然他为政治领域的普遍性原则预留了运行空间,却走上了完全背离阶级政治的道路。

其一,虽然他们都力图清除带有决定论、本质论、目的论和先验论色彩的社会、政治和主体理论,但二者拥有不尽一致的批判对象和解决方案。奈格里主要针对正统马克思主义以经济基础—上层建筑、生产力—生产关系的结构矛盾为中心的客观主义范式,将揭示革命主体的理论重任交付于以绝对内在性和纯粹差异性原则为本质的政治直接性模式。拉克劳则致力于解除马克思主义从生产方式分析出发的经济决定论—阶级还原论立场和内在的对抗—矛盾观,创建了一个基于激进的外在性和创构性的缺失观念的政治调解性框架。由此出发,前者通过揭示阶级政治的本质主义和还原主义基础,而完全抛弃它,至多把阶级斗争看作围绕政治认同的众多斗争之一;后者则仍然建基于一个得到实质性改造的阶级概念和阶级斗争框架。尽管他们都将资本主义看成重要的历史中介,但拉克劳将政治从其生产关系领域中分离,把对抗的基础拉向不可化约的偶然性,奈格里则把生产力从资本结构的需要中摆脱,主张对抗内在于资本自身,因而是直接的和未经调解的。

其二,虽然他们都不再单纯拘泥于行动者和结构、自由意志和客观决定之间的二元对立关系,但二者对这两个基本维度的处理有着相反的路径和结论。奈格里坚持从当代资本主义的结构转型中来寻找新的解放潜能,认为革命主体只能源自资本主义内部的基本矛盾,其自我制度化的一元空间及其充足的创构力量构造了社会历史本身。拉克劳则强调资本主义的错位是多元因素交互决定的结果,实施接合实践的政治主体恰恰位于这个错位结构之外。他拒绝把结构当成主体的要素,认为主体本身只能产生于一切结构形式无法消除的原初分裂状态,"作为潜能的可能性,其效力总是从一个新社会结构或象征秩序内部被追溯性地认识—现实化"①。在这个意义上,奈格里一定会把拉克劳具备否定性根基的政治主体视为资本主义的同路人,而拉克劳则必然会将奈格里绝对肯定的主体性判定为唯意志论的代言人和先验主体模式的变种。

其三,虽然他们都强调一个基于多样性、偶然性和流动性的后现代主体形象,且不同程度地存在无法有效建立政治沟通和政治合作机制的缺陷,但二者在关键环节有着实质分歧。奈格里提供了一个拒绝辩证否定观的"个殊性政治"②。在他看来,个殊性主要包括三个维度:就其不能单独存在而言它是关系性的,每个个殊性都指向外在于自身的多样性,并被它界定;一切多样性必然是内部分化的,这个分化不但没有破坏它,反而构造了其多样化存在本身;由于个殊性在内部和外部都是个殊化的,所以它们始终处在持续的流动和差异化状态。③ 由此出发,他主张诸众只能根据个殊性的构成来理解,因而它是一个自我决定的充足实体,具备不断流动和混合的物质性肉身,"是一个由欲望、语言、斗争实践以及理论等构成的实际主体"④。拉克劳则确立了一种分裂或缺失的革命主体性模式以及通向多样性和偶然性的"同一性政治":一种规避了本质主义且总是被偶然性和多样性所渗透的身份政治和"姿态政治"⑤。

---

① Yong Wang,"Agency:The Internal Split of Structure", *Sociological Forum*,Vol.23,No.3,2008,p.481.

② Michael Hardt and Antonio Negri, *Commonwealth*,Cambridge and Massachusetts:The Belknap Press of Harvard University Press,2009,p.340.

③ Michael Hardt and Antonio Negri, *Commonwealth*,Cambridge and Massachusetts:The Belknap Press of Harvard University Press,2009,p.338.

④ 奈格里、张君荣:《访安东尼奥·奈格里:"我的思想还在马克思的传统里"》,《中国社会科学报》2015 年 3 月 2 日。

⑤ Antony Cutler,Barry Hindess,Paul Q.Hirst and Atlar Hussian, *Marx's "Capital",and Capitalism Today*,Vol.Ⅱ,London,Henley and Boston:Routlege and Kegan Paul,1977–1978,p.316.

他将主体限制在立场、位置或身份之上,重在强调它完全成为自身的不可能性。他立足于缺席和错位的主体构造,把行动者之间的协同斗争理解为霸权接合实践所结成的暂时的和松散的"人民阵线""人民同盟"①。对奈格里而言,拉克劳对同一性和普遍性的保留只能冻结多样性和偶然性,他的霸权思想和民粹主义逻辑也是完全不切实际。因为非物质劳动和一般智力根植在不断构建共通性的集体性知识和"生产性的相互"之中,所以由霸权驱动的政治规划只会破坏生命政治生产自身及其绝对内在性的需要。② 但在拉克劳看来,因对普遍性和规范性的完全剔除,奈格里的内在主义和特殊主义框架缺乏对于揭示政治逻辑而言至关重要的水平化的政治连接环节,③终将沦入一个由纯粹差异所导致的绝对的同一性或封闭的总体性之中。事实上,拉克劳同样无法充分回答与内部边界相关的规范性悖论:过于急切强调社会的开放性和偶然性,使他无法为政治提供任何有效的规范基础,直接造成其著作伦理—政治维度的难以捉摸。④ 这与他坚持应用"政治的形式化和几近结构主义式的说明"关系密切。⑤

需要指出的是,尽管他们都批判霍布斯的人民概念,但二者却对人民有着完全不同的理解。拉克劳最终诉诸一个以完全的自我决定为名的他治性,即为达成某种统一的意志和行动立法的绝对的外在性。他强调人民源于客观秩

---

① [英]拉克劳:《我们时代革命的新反思》,孔明安、刘振怡译,黑龙江人民出版社 2006 年版,第 260 页。

② Michael Hardt and Antonio Negri, *Commonwealth*, Cambridge and Massachusetts:The Belknap Press of Harvard University Press,2009,p.305.

③ Ernesto Laclau,"Can Immanence Explain Social Struggle?",in P.A.Passavant and Jodi Dean (eds.),*Empire's New Clothes:Reading Hardt and Negri*,London:Routledge,2004,p.28.

④ 参见 Norman Geras,"Post Marxism?",*New Left Review*,No.163,1987,p.69,pp.76-77;Michael Rustin,"Absolute Voluntarism:Critique of a Post-Marxist Concept of Hegemony",*New German Critique*,No.43,1988,p.173;Mark Anthony Wenman,"Laclau or Mouffe? Splitting the Difference",*Philosophy & Social Criticism*,Vol.29,No.5,2003,p.582.

⑤ Christian Lundberg,"On Being Bound to Equivalential Chains",*Cultural Studies*,Vol.26,Nos. 2-3,2012,p.304.

序之不可能性或结构错位，绝对无法形成完全的内在性和完备的总体性。相反，奈格里则认为"人民"意指"一个与主权的过时形式、愈发多余的代表模式和（私人的）所有制的压迫形式相连的统一性"[1]，只会展示试图吞没差异性的绝对同一性原则，因而"诸众之多元的个殊性同人民之无差别的统一性完全相反"[2]。

概言之，因建基于拉康的缺失和德里达的外在性观念，拉克劳始终都将代表/表象/再现（Representation）当成政治不可或缺的部分。相反，因诉诸德勒兹的内在性平面思想，奈格里则固守一个绝对没有外部的未分化的平滑空间和去代表性/表象性/再现性的政治。在拉克劳看来，就诸众的自主性只能通过资本主义剥削的发展才能确立而言，奈格里仍然固守一个经济主义的目的论和必然性逻辑，而他将共产主义视为诸众内在性的完全实现则等于默认了政治本身的总体闭合性结构。但对奈格里而言，任何普遍化、中心化和统一化的原则和行动都是对差异和自由的限制，拉克劳那种通过话语分析设想的类似链条纽结的同一性实为摧毁制宪力的本源性、重新引入外部调解机制的宪制权。相反，内在性的诸众本身就是一个排除了一切必然性和超越性的"恰当的政治组织概念"："一个没有指挥家依然保持节奏的乐团"[3]。从这个角度看，拉克劳必然认为，水平的政治连接的缺失使奈格里无法充分解释反抗的产生，更不能提出一个行之有效的连贯的集体主体性模式。而奈格里又势必主张，拉克劳的霸权接合实践则在本质上指向等级性和中心化的权力配置，旨在全面遏制和化解诸众的创构力量和解放潜能。

---

[1] Oliver Harrison, *Revolutionary Subjectivity in Post-Marxist Thought: Laclau, Negri, Badiou*, Surrey and Burlington: Ashgate, 2014, p.82.

[2] Michael Hardt and Antonio Negri, *Multitude: War and Democracy in the Age of Empire*, New York: The Penguin Press, 2004, p.99.

[3] Michael Hardt and Antonio Negri, *Commonwealth*, London: Harvard University Press, 2009, p. 350, pp.165-166, p.173.

二、平滑政治和霸权政治：后结构主义激进民主的两个对立版本

柏林墙的倒塌没有迎来历史的终结和新和平繁荣时期的到来，全球资本主义时代文化和经济的全球化反而使世界范围内的民主状况日趋恶化。在这个背景下，当代西方左派普遍把替代性的激进民主视为能够拯救社会批判传统和创建人类理想共同体的最佳方式。从根源上看，激进民主的基本理念可以追溯到激进传统的自由化和自由主义传统的民主化，[①]且与马克思主义和社会主义民主政治、自由主义民主观与列宁主义的革命民主集中制截然不同。它是二战之后"社会民主共识崩溃的产物"，也是取代西方"现存"民主形式和苏维埃模式的方案。它既反对"新右派及其自由市场、民族主义文化的保守主义和敌视'少数'伦理和性别族群及其全球抱负的教条"，又强调社会主义民主在自由主义民主框架中的实质性重构。[②] 同时，它与后结构主义的汇合以"拓展和深化二百年前发起的民主革命"[③]为主要目标，试图把民主政治的理论和实践置于同后结构主义、马克思主义、社会主义和自由主义的复杂关联之中。

整体而言，后结构主义的激进民主阵营共享了一个极其关键的逻辑线索：以马克思主义的危机以及基础主义和本质主义范式的衰落为背景，立足于差异性、偶然性和开放性原则，使民主政治从目的论、必然论和本质论（包括自

---

① Aletta Norval, "Radical Democracy", in J. Foweraker and B. Clarke (eds.), *Dictionary of Democratic Thought*, London：Routledge, 2001.

② Jon Simons, "The Radical Democratic Possibilities of Popular Culture", in Lars Tønder and Lasse Thomassen (eds.), *Radical Democracy：Politics between Abundance and Lack*, Manchester and New York：Manchester University Press, 2005, pp.149-150.

③ Chantal Mouffe, "Democratic Politics Today", in Chantal Mouffe (ed.), *Dimensions of Radical Democracy：Pluralism, Citizenship, Community*, London and New York：Verso, 1992, p.1.

由主义的工具政治观和马克思主义内部"反政治的化约论")①中彻底摆脱。其核心主张如下:反对包含在正统马克思主义中以历史必然和科学规律为基本原则的客观主义和还原主义倾向;确认社会同一性基础的坍塌,回归政治的优先性,不把政治构造过程理解为"利益和同一性的单纯聚集",突出其创构性和连接性维度;拒绝将民主话语建基于由理性话语或历史目的所预先建构的普遍性原则之上,强调其多元开放的视野,从不试图揭示它的"规范性前提和基础"。② 从根本上看,它主要包含两条对立的本体论路径:"'垂直的'霸权组织"—"'水平化'的差异连接"、"创构性的缺失"—"存在的充足"③。前者主要追随拉康。拉康认为,任何同一性都被"一个创构性的缺失"所渗透,它无法被完全缝合,注定带有原初创伤内核,只能得到局部和暂时的填充和再现。相应地,立足于它的政治分析旨在在所有认同的核心揭露其分裂存在,以此强调民主体制根本不可能拥有绝对的总体性,而是霸权接合的暂时结果。后者则基本延续德勒兹的思路。德勒兹主张,"不是缺失而是内在和虚拟的存在领域的无限盈余,才确保了永远变化的可能性"④。拉康主义者始终都被一个结构主义幽灵所俘获,他们无法领会"社会生活的复杂性和深度",最终将纯粹的差异经验归结为单纯的结构化失败问题。相反,只有基于包容性分裂的自在差异和展现"物质性网络、能量流动、生成过程和肯定性体验模式"的充足本体论,才通向不可抑制的"自由的多元主义"。立足于此的政治理论

---

① Aletta Norval, "Democratic Decisions and the Question of University: Rethinking Recent Approaches", in Simon Crichley and Oliver Marchart (eds.), *Laclau: A Critical Reader*, London and New York: Routledge, 2004, p.151.

② Aletta Norval, "Democratic Decisions and the Question of University: Rethinking Recent Approaches", in Simon Crichley and Oliver Marchart (eds.), *Laclau: A Critical Reader*, London and New York: Routledge, 2004, p.151.

③ Alexandros Kioupkiolis, "Radicalizing Democracy", *Constellations*, Vol.17, No.1, 2010, p.137.

④ Paul Patton, "Deleuze and Democratic Politics", in Lars Tønder and Lasse Thomassen (eds.), *Radical Democracy: Politics between Abundance and Lack*, Manchester and New York: Manchester University Press, 2005, p.65.

家努力将民主政治同绝对内在性相连,根据"陶醉的感受力"和"欢愉的伦理学",来"实施以平等和集体主义为基础的经济变革"。总之,一个借由激进的外在性凸显政治的霸权本质,另一个则透过纯粹的内在性构想根植于多样性和虚拟性的平滑政治。①

值得注意的是,二者在面对 2011 年"阿拉伯之春"、西班牙"愤怒者"和"占领华尔街"等由社会身份和意识形态都完全异质的普通公民组成且可以直接民主参与的自组织的全球抵抗运动时,同样结成了两个同盟。一个坦承它们"盲目、天真、分散,缺乏强大的长期组织"②,只是"表达了一个真实的愤怒,无法转变成对社会—政治的改变而言哪怕是最小的积极规划"③。另一个则认为它们"已经提供了一系列构造一个创制过程之基础的制宪原则……是我们为了获取不可剥夺权利而必须采纳的基本原则"④。拉克劳、墨菲基本认同前者的核心思路和观点。他们将冲突、对抗和争辩视为民主过程的中心要素,强调"对抗、权力关系和霸权在社会构成中的不可消除性"。奈格里、哈特则是后者的主要代表。他们主张"自主决定的关系、理念、情感和规划":内在主义(Immanentism)和平滑主义(Horizontalism)或"自主的、参与的和非代表的"政治模式,将"自我活动之非霸权的平等主义形式",视为"真正民主实践的主要创新"。⑤ 从本质上看,一个立足于德勒兹的内在性唯物主义哲学,遵

---

① Lars Tønder and Lasse Thomassen, "Introduction: Rethinking Radical Democracy between Abundance and Lack", in Lars Tønder and Lasse Thomassen (eds.), *Radical Democracy: Politics between Abundance and Lack*, Manchester and New York: Manchester University Press, 2005, pp.5-7.

② Alain Badiou, *The Rebirth of History: Times of Riots and Uprisings*, Londonand New York: Verso, 2012, p.5.

③ Slavoj Žižek, *The Year of Dreaming Dangerously*, London and New York: Verso, 2012, p.78.

④ Michael Hardt and Antonio Negri, *Declaration*, New York: Argo Navis Author Services, 2012, p.7.

⑤ Alexandros Kioupkiolis and GiorgosKatsambekis, "Radical Democracy and Collective Movements Today: Responding to the Challenges of *Kairos*", in Alexandros Kioupkiolis and GiorgosKatsambekis (eds.), *Radical Democracy and Collective Movements Today: The Biopolitics of the Multitude Versus the Hegemony of the People*, Farnham and Burlington: Ashgate, 2014, pp.3-5.

循并强化了马克思对资本主义的内在性批判思路，另一个则基于拉康的后基础主义传统和葛兰西的文化霸权理论，谋求"从生产政治到民主和市民社会政治的转变"①。

奈格里的激进民主理论既在很大程度上遵循德勒兹的充足本体论路径，又与他对斯宾诺莎政治学说的引入关系密切。从表面上看，德勒兹对民主体制持拒斥态度，指认了当代民主的多数派本质（共识和舆论的统治）②。然而，这并不意味着他否定民主政治本身，而是借用虚拟的或即将到来的民主之名来规避民主在制度层面上的实现。与德勒兹的模糊态度不同，奈格里直接将激进民主的构建视为新政治语法的一个核心组成。

首先，他反思和批判了自由主义和社会主义的政治传统。在他看来，自由主义政治包含了双重特性。一方面，它与自己主张的创构性本体论在逻辑取向上具备一致性，都从不确定性、差异性和开放性的立场出发，拒斥历史目的论和决定论以及建立在封闭性和等级性原则之上的超越机制。他指出，"或许自由主义政治理论的最重要的单一原则表现为：社会的目的是不确定的，因而社会的运动对其创构性成员的意志保持开放"，因此"积极的创构性方法论和自由主义都表现为开放的理论：向替代性的发展和目的开放"。③ 不同的是，前者对本体论进行了后结构主义的重构，后者则完全抛弃了它。另一方面，它实为企图全面压制和吸收制宪主体和解放力量的现代性的理性图式。他认为，现代性意指"呈现人类的集体创造性以把其嵌入全球资本主义生产方式的工具理性之中的总体化思想"④，其政治面向由霍布斯、卢梭和黑格尔的绝对主义进一步发展，自由主义和无政府主义代表了它的最完美形态。它

① Nicholas Thoburn, *Deleuze, Marx and Politics*, London: Routledge, 2003, p.11.

② Philippe Mengue, *Deleuze et la Question de la Démocratie*, Paris: L'Harmattan, 2003, p.102.

③ Micheal Hardt and Antonio Negri, *Labor of Dionysus: A Critique of the State-Form*, Minneapolis and London: University of Minnesota Press, 1994, p.286.

④ Antonio Negri, *Insurgencies: Constituent Power and the Modern State*, Minneapolis and London: University of Minnesota Press, 1999, p.324.

们均可以归结为以国家—主权—人民为基石的立宪主义框架和借助压制性的调解机制来摧毁制宪力的资本主义命令体系,旨在将政治作为超验领域,以"一"取代"多"、以"超验的个体化"取代"个体的集体化"、以"规范化的秩序"取代"创造性的主体"。

在对待社会主义的问题上,奈格里立足于无产阶级自我价值稳定过程的自主空间,全面否定传统社会主义者关于共产主义的两阶段论和其他相应核心政治观念。依照他的理解,一方面,传统社会主义者把对资本主义的批判集中在生产关系(财产关系和生产资料)的私人占有制和生产力发展的基本矛盾之上,认为资本主义的财产关系一定会成为生产力发展的桎梏,资本主义需要经过一个从量到质的辩证积累过程,才能保证共产主义的实现,即共产主义只能产生于资本主义生产力的充分发展。另一方面,他们认为在资本主义被推翻之后存在社会主义和共产主义两个阶段,社会主义构成资本主义向共产主义过渡的中间环节,共产主义则发生在资本主义的灾变之后,是对它的超越。对奈格里而言,他们对资本主义的态度过于保守,仍然为社会主义和共产主义保留了工业生产的基本形式和资本主义不完整的生产方式。于是,社会主义默认了"竞争的神秘化和资本的社会霸权……是对等价物和(建基于价值规律的)社会关系的公平赞歌"[1],最终使共产主义变成禁忌。换言之,社会主义变成资本主义的连续发展,而共产主义则被抽象为一个高度发展了的资本主义阶段。[2] 事实上,共产主义的过渡只与无产阶级的自主筹划或活劳动的一元论相关,它拥有一个绝对充足的主体性根基和自我决定的组织原则:"它具备自身沟通的充足性、自由的生产能力和生命形式。这个通向新社会主体斗争的支配形式变成了一个征服和管理自身

---

[1] Antonio Negri, *Marx Beyond Marx*:*Lessons on the Grundrisse*, Massachusetts:Bergin & Garvey Publishers,1984,p.83.

[2] Felix Guattari and Toni Negri, *Communists Like Us*, New York:Semiotext(e),1990, pp. 165-167.

'空间'的筹划"①。

其次,奈格里充分回归斯宾诺莎的民主政治,将激进民主直接定位在诸众的绝对内在性视野。在回答斯宾诺莎民主思想的当代遗产时,他指出,"当我谈论民主的时候,实际上是对民主概念进行一种斯宾诺莎式的解释"②。在他看来,斯宾诺莎旨在实现诸众的内在性与民主秩序的同一。在其"内在主义和政治学的特性中,民主是被组织在生产中的'诸众'政治"③,"当政治由力量和美德来引导时,当政治体制以这些因素决定的在形而上学上的绝对性为基础得以解释时,民主便是政治社会化的最完美形式"。④ 在此,"民主之所以成为绝对,是因为它将所有的社会力量自上而下地、从自然条件的平等中运动起来"⑤。简言之,对奈格里而言,斯宾诺莎的伦理基础是存在和自由的"极度充足形式",其实证主义根基只能服从于绝对力量的创构行动(诸众的创制性激情)及其去组织化的绝对内在性原则。由它转变而来的绝对民主不仅拒绝在既定的主权秩序中实现,而且必然"以集体的自由反对任何类型的异化",抗拒"在社会生产的组织上设立合法和命令之外在性的所有企图",⑥清除司法实证主义和司法生产过程中法律价值的超验性得以可能的所有条件。

由此可见,奈格里通过引入一个创构性力量的本体论和将政治彻底社会

① Lucio Castellano,Giustino Cortiana,Luciano Ferrari Bravo,Antonio Negri,et al.,"Do You Remember Revolution?",in Paolo Virno and Michael Hardt (eds.),*Radical Thought in Italy:a Potential Politics*,Minneapolis:University of Minnnesota Press,1996,p.225.

② 汪行福、王金林:《劳动、政治与民主:访安东尼奥·奈格里教授》,《哲学动态》2009 年第 7 期。

③ Antonio Negri,*The Savage Anomaly:The Power of Spinoza's Metaphysics and Politics*,Minneapolis and Oxford:University of Minnesota Press,1991,pp.xvii–xix.

④ Antonio Negri,*Subversive:(un) Contemporary Variations*,Manchester and New York:Manchester University Press,2004,p.104.

⑤ Antonio Negri,*Subversive:(un) Contemporary Variations*,Manchester and New York:Manchester University Press,2004,p.3637.

⑥ Antonio Negri,*Subversive:(un) Contemporary Variations*,Manchester and New York:Manchester University Press,2004,p.97.

化的历史构造机制,致力于确立激进民主的多样性、肯定性和开放性本质,完全排斥现代民主建基于其上的司法主义传统和主权逻辑。在他看来,只有彻底摧毁主权结构的本源性的创制力量(制宪力),而非通向权力合法性的宪制权,才能揭示它的真正意义。"在历史唯物主义的框架中,民主的对立面……是主权的概念,民主概念……是一个趋于摧毁宪制权的'可治理性形式',即释放制宪力的转变过程,或提供'任何宪法之谜解答'的理性化过程。"①制宪力实为一种能够拒绝权力和民主异化以及创造新司法安排和调节司法关系的实在力量,"是民主的沟通,在它之中,社会再生产的制度被持续地形成和再形成。"②它之所以能够与民主相容,是因为它既可以生产任何法律体系的宪政准则,拒绝宪政化,又作为这个生产过程的主体来直接调节民主秩序。它排除了民主总体被预先构造的先验目的论,"把政治的生产置入社会的创造之中",直接表达了一个完美的激进民主形式:"权力和占有的真正民主、财富的平等分配以及生产的平等参与"。③ 换言之,它始终"与作为绝对力量的民主概念相连。因而,作为一个暴烈的和扩张的力量……这个行动性和想象性维度与立宪主义形成鲜明的、强烈的和持久的冲突"④。通过制宪力展现出的绝对民主代表了绝对政府的理论,它排除任何的权力让渡,拒绝超验的基础、目的和限制人类个殊性实现合作行动的自然法形式,倡导合作的个殊性的创造性自由。而立宪主义和现代民主则不过是有限政府的理论或限制民主的实践,它们致力于"重新探究现代权力之'空位'如何通过'确定性标志的消解'

---

① Antonio Negri, *Insurgencies: Constituent Power and the Modern State*, Minneapolis and London: University of Minnesota Press, 1999, pp.29-30.

② Micheal Hardt and Antonio Negri, *Labor of Dionysus: A Critique of the State-Form*, Minneapolis and London: University of Minnesota Press, 1994, p.312.

③ Antonio Negri, *Insurgencies: Constituent Power and the Modern State*, Minneapolis and London: University of Minnesota Press, 1999, pp.304-307.

④ Antonio Negri, *Insurgencies: Constituent Power and the Modern State*, Minneapolis and London: University of Minnesota Press, 1999, p.11.

得到创建",①只会实施"去自然化"和"力量剥夺"的过程。②

　　进而,一方面,奈格里聚焦于"民主公众的多元而对抗的外形",强调"诸众"的唯物主义政治相对于"人民"之神秘化抽象的优先,③深入批判了作为现代民主根基的人民—主权—国家观念。在他看来,主流的现代民主建基于以民族国家为疆界、以国家主权为核心的政治代议制模式,假定了人民、主权和国家的三位一体。在其视域中,人民不过是一个将人口理解为统一体的代表形式,是只能表现为同一性的法人主体。事实上,它"不是一个自然或经验的实体……不是一个直接的和永恒的同一性,而是独属于具体社会形态和历史时期的复杂过程的直接结果"④。人民从一开始就是一个具有内在限制的概念,它需要以民族国家的有限空间为基础,还要接受政治代议制的外在度量和塑造,以使其历史性和内部差异,透过某种中心化的权力机制化约为一。总之,它以只有"一"才拥有统治的权力为前提,体现出典型的主权运作逻辑。主权的身体只有一个中心化的头脑,来调节身体内部的不同激情,四肢和其他器官都必须遵从其指令。它往往需要借助理想化的社会契约和超验的人民概念,"将多样性理解为统一性,将差异性理解为同质的总体性,将人口中所有个殊生命的财富理解为一些人的贫穷和其他人的权力"⑤。而且,无论是君主制、贵族制,还是民主制,都倾向于将它当作"在起源和目的、实体和命令方面恒久不变的本体论基础"⑥,当作政治决断和经济变革的根本力量。

---

　　① Jason Frank,"The Abyss of Democracy:Antonio Negri's Democratic Theory",http://muse-jhu-edu.ezproxy.library wisc.edu/article/32574,2017-01-03,p.2.

　　② Antonio Negri,*Insurgencies:Constituent Power and the Modern State*,Minneapolis:University of Minnesota Press,1999,p.13,p.4.

　　③ Jason Frank,"The Abyss of Democracy:Antonio Negri's Democratic Theory",http://muse-jhu-edu.ezproxy.library wisc.edu/article/32574,2017-01-03,p.2.

　　④ Antonio Negri, *Reflections on* Empire,Cambridge:Polity Press,2008,p.82.

　　⑤ Antonio Negri, *Reflections on* Empire,Cambridge:Polity Press,2008,p.86.

　　⑥ Michael Hardt and Antonio Negri,*Multitude:War and Democracy in the Age of Empire*,New York:The Penguin Press,2004,p.329.

　　另一方面,他还将分析视角延伸到帝国时代的革命图景,具体构想了一种基于内在性诸众的绝对民主框架。在他看来,在后福特主义体系下,诸众预示着替代性民主的到来:其"自主性及其经济、政治和社会的自我管理能力已经取代了主权的位置。……当诸众最终能够自我统治时,民主就变得可能"①。诸众民主源自非物质劳动、情感经济和生命政治生产中以个殊性和共通性为基础的生产合作和沟通网络的高度发展。在此,共通性意指"一个使'我们'(共同体成员)暴露于他者和差异之中的共享的生成经验",它从不涉及"关于共同体某些成员分享的伦理或宗教约束的先验之物",而是旨在"展示一个禁止关闭绝对差异自身的禁令"。② 在这个意义上,"民主的网络是完全水平的和去辖域化的模式。……这个民主模式是德勒兹和瓜塔里所谓的块茎,即非等级、非中心的网络结构"③。它只拥有"一种对劳动再占有的政治形式,一种能超越异化的政治形式,一种对'共同体'进行直接管理的政治形式"④。在它之中,众多连接得以水平展开,并不拥有任何中心和确定边界,所有节点之间直接沟通,新节点能够无限参与它们的互动。这既维持了所有个殊性本身的差异,又使它们在动态合作中分享了共通的条件:"强有力的诸众民主既是平等个人又是通向合作、沟通和创造平等的力量民主。"⑤总之,对奈格里而言,作为个殊性和共通性的人类学,诸众的生活即是民主本身,即"平等的民主,或建基于它的主体的生产能力的绝对性、权利和义务的绝对平等以及权利

---

　　① Michael Hardt and Antonio Negri, *Multitude*: *War and Democracy in the Age of Empire*, New York: The Penguin Press, 2004, p.340.

　　② Lars Tønder, "Inessential Commonality: Immanence, Transcendence, Abundance", in Lars Tønder and Lasse Thomassen (eds.), *Radical Democracy*: *Politics between Abundance and Lack*, Manchester and New York: Manchester University Press, 2005, p.204.

　　③ Michael Hardt and Antonio Negri, *Empire*, London: Harvard University Press, 2000, p.299.

　　④ 汪行福、王金林:《劳动、政治与民主:访安东尼奥·奈格里教授》,《哲学动态》2009 年第 7 期。

　　⑤ Antonio Negri, *Reflections on* Empire, Cambridge: Polity Press, 2008, p.95.

的有效性的民主"①。因此,它与内在性本体论之间存在一体两面的关系:"本
体论是一个民主的发展,民主是一个实施的线索,即本体论的实践"②。换言
之,他的本体论筹划直接孕育着一个破除命令或共识之超越性模式的民主实
践,相应地,激进民主正是诸众之内在性的完整实现。

再者,奈格里把激进民主的实现诉诸以"拒绝"(Refuse)、"离弃"(Deser-
tion)、"逃离"(Exodus)、"出离"(Exit)、"放逐"(Exile)为核心的后社会主义
解放规划。他认为,现代政治的二元辩证逻辑致力于综合不具任何同质性的
对抗因素之间的根本矛盾,其单纯的破坏维度消除了积极的建构性面向,必然
会陷入静态的被动回应性框架,沦为资本结构的同谋。后现代的诸众政治则
是一种兼具解构性和创造性的总体撤离行动,它从对立政治走向对抗政治,以
"潜在的财富和可能性的充足——总之以第三种可能性的原则"③为基础,不
仅实现同资本主义生产关系的彻底决裂,而且谋求替代性社会的创建。在其
视域中,只有无产阶级劳动力和诸众的自主性,才能通向"一个拒绝霸权秩
序、提出逃逸路线和构造替代性创建旅程的活动、抵抗、意志和欲望的视
域"④。与其相适应的解放策略均试图彻底摆脱传统政治以武装夺取国家政
权为目的的革命规划以及以压迫—反抗为中心的辩证模式。它们是完全主动
的整体颠覆和创造行动,"一个解放之旅,暗示了即将到来的非场所(Nonplace)
和伦理行动的可能性":"非场所是过剩的空间,游牧是转型的空间,混杂的空

① Micheal Hardt and Antonio Negri, *Labor of Dionysus:A Critique of the State-Form*, Minneapolis and London:University of Minnesota Press,1994,p.311.

② Micheal Hardt and Antonio Negri, *Labor of Dionysus:A Critique of the State-Form*, Minneapolis and London:University of Minnesota Press,1994,p.288.

③ Paolo Virno, "Virtuosity and Revolution:The Political Theory of Exodus", in Paolo Virno and Michael Hardt (eds.), *Radical Thought in Italy:a Potential Politics*, Minneapolis:University of Minnnesota Press,1996,p.199.

④ Michael Hardt and Antonio Negri, *Empire*, London:Harvard University Press,2000,p.47.

间。这个世界是创新的世界。"①由此出发,奈格里把一般智力、非物质劳动和生命政治生产看成逃离帝国主权的现实基础,将诸众民主视为人类学意义上的绝对创构行动和革命运动。他指出,"之所以说人类学的逃离重要,首先是因为,在这里,变异的主动性和建构性面向开始显现:正在进行之中的本体论变异,即非场所中的第一个新场所的具体创造。这一创造性演进不只占领了现存的处所,还创造了一个新场所;它是创造新身体的欲望;是打破所有现代性之自然主义谱系的变形。"②它揭示了一个以生成性和混杂性为本质特征的"后人类的身体"——新野蛮人,其中,人类和动物、人类和机器、男人和女人、自然的和人造的分界已被不断的变异和混杂取代,身体和机器的融合造就了半人半机器的新型无产阶级劳动力。它永远停留在"……之间"的纯粹生成状态,无法化为具体之物,实为执着于解除固定状态和等级秩序奴役的永恒革命性和逃离权力捕获的绝对去辖域化过程。

从本质上看,奈格里内在性—块茎式—游牧化的激进民主是一个建基于个殊性无限流动、游牧分布和任意连接的后社会主义平滑政治。它带有鲜明的神学救赎和乌托邦色彩,"通过将德勒兹和瓜塔里的游牧主义转变为奥古斯丁式的朝圣,哈特和奈格里将世界抹平为一面镜子"③。它只偏重于揭示当代资本主义变化对于民主事业的积极意义,极其迷恋具备无政府主义和过度乐观主义倾向的革命规划。它过分凸显民主的解构性和开放性面向,完全不理会权力如何在实际上被组织,严重低估了培育和构建替代性方案的困难。④

---

① Antonio Negri, "Exile: Interview with Toni Negri", *Rethinking Marxism*, Vol.18, No.3, 2006, pp.357-358.

② Michael Hardt and Antonio Negri, *Empire*, London: Harvard University Press, 2000, pp. 215-216.

③ Malcolm Bull, "Smooth Politics", in P. A. Passavant and Jodi Dean (eds.), *Empire's New Clothes: Reading Hardt and Negri*, London: Routledge, 2004, p.230.

④ 参见 Ernesto Laclau, *On Populist Reason*, London: Verso, 2005, pp. 239-244; Martin Saar, "Book Review. Multitude: War and Democracy in the Age of Empire", *Constellations*, Vol.13, No.3, 2006, pp.129-130。

总之,它过度简化了政治过程本身,只能抽象地"动摇在形式的空洞和无能的激进主义之间"①,难以承担人类解放的重任。

与奈格里不同,拉克劳的激进民主规划则主要遵循拉康哲学的超越性传统,也与后马克思主义视域以拉康为基础的符号学转向(列弗特、齐泽克、巴迪欧、卡斯托里亚迪斯等)关系密切。他们共同主张,符号的多元化意义不仅构成一个"'庞大'的基体,无所不在的意识形态网络",而且标示出"摇摆在某种在场和永处欠缺状态之间的表象形式"。这使它"向激进民主开启了重新定位批判理论、概念化符号具体化理念之力量以及同时将社会空间视为开放的和不可把握的可能性"。② 从这一点出发,拉克劳力图通过一个全新的普遍主义框架,超越后现代主义的认同政治和差异政治。在他看来,通向激进的否定性、偶然性和不可能性环节的对抗和错位,把一切客观秩序、意指过程和话语系统中不可消除的对抗性限度或排除性边界充分揭示出来。对抗的等值、特殊的普遍性、缺席的完备性和创构性的缺失/空位/分裂因而构成一切共同体的内核。基于此,他通过激活自由主义民主观念和社会主义民主政治在当下的进步因素,致力于构建一个可以将社会主义基本目标和自由主义政治意识形态结合起来的激进、多元的民主框架。

一方面,拉克劳确认了新时代激进民主形成的现实条件。依照他的观点,当代资本主义的后福特制转型以及新从属关系和新社会运动的涌现,挑战了马克思主义的阶级还原论、社会主义的政治语法和传统左派的革命纲领。同时,资本主义体制同新保守主义和宗教的结合及其对"自由"和"平等"理念的反动定义,又使民主事业随时面临被掏空的危险,民主政治的远景迫切需要在新形势下得到重建。

另一方面,他把产生于马克思主义内部的霸权理论看成构想"激进的自

---

① 许纪霖主编:《帝国、都市与现代性》,江苏人民出版社 2006 年版,第 85 页。

② Warren Breckman, *Adventures of the Symbolic*: *Post-Marxism and Radical Democracy*, New York: Columbia University Press, 2013, p.12.

由主义和多元民主的有用工具"①。总的来说,拉克劳同其民主规划相关的霸权模式大致可以分为三种类型。其一,在 20 世纪 70 年代的早期著作中,他主要援引葛兰西的霸权思想和阿尔都塞对历史唯物主义的结构主义反思,认为霸权实践由基本的社会阶级所引导。他从多元决定论出发,批判和修订了马克思主义的政治和意识形态理论以及正统马克思主义认为所有意识形态质询都必然拥有阶级归属的观点。他力求推进工人阶级的传统社会主义需求,承认阶级力量在最终固定民众斗争意义中的首要性,并突出民众民主与民粹主义话语结合的战略重要性。其二,在以《霸权与社会主义战略》为代表的 20世纪 80 年代,其理论工作的核心环节聚焦于后结构主义视域,特别是德里达的解构哲学和拉康的符号学,通过一个激进民主的规划重组了之前的政治观点。他借用后结构主义的语言和主体观,将社会关系的开放性、多元化和偶然性构造看成霸权接合和政治主体产生的前提,明确主张所有"意识形态"因素及其询唤的社会主体的同一性都是偶然的和不断变化的,一切霸权规划在本质上都是对一个特殊序列能指的部分固定或需求之同一性的特权化聚结。其三,在 20 世纪 90 年代,在面对左派政治学由各种新特殊主义倾向所造成的碎片化困境时,他将目光投向精神分析理论(特别是拉康和齐泽克),致力于构建偶然的普遍性和竞争的多元主义。通过借用德里达的"创构性的外在性"和拉康的"创构性的缺失"概念,他把结构理解为一个被话语的外在性所构造和威胁的不可判定的实体,还以内在于话语结构的主体位置和创建这些结构的政治主体之间的裂缝来处理主体性问题。在他看来,作为不能在现存话语秩序得到完整再现反而不断瓦解它们的"事件"或"危机",错位解释了象征秩序及其同一性的破裂,开启了创造性的政治主体为认同新话语而得以从中产

① 参见 Ernesto Laclau and Chantal Mouffe, *Hegemony and Socialist Strategy: Towards a Radical Democratic Politics*, London and New York: Verso, 1985, p.4; Judith Butler, Ernesto Laclau, and Slaboj Žižek, *Contingency, Hegemony, Universality: Contemporary Dialogues on the Left*, London: Verso, 2000, pp.294-295。

生的空间。全球资本主义所经历的错位经验的"加速节奏"①,使集体的革命主体性承担着更加重要的角色,政治主体的决断正是为了重新塑造这个分裂的秩序。进而,他还追随拉康的空洞能指思想来界划霸权逻辑。在他看来,空洞能指发挥着代表或再现整个共同体或社会秩序的普遍性功能,只有这样,不同的政治规划才能在努力获取统治地位中意图具体化这个理念。并且,只有特定历史情势中权力的不平等分布部分地决定了哪一个特殊能指或特殊差异能够担负空洞能指的角色,而那些可以部署空洞能指以推进自身规划的行为主体不过是被战略性地设置出来的。

　　从根本上看,拉克劳的霸权理论具有两个关键环节。其一,霸权建构意指努力构筑共同体的不同力量和规划把其特殊目的和需求视为普遍的共同利益或对它的代表。这不仅在实体和本体的关系层面展现了特殊性—普遍性、差异—等价之间既彼此介入又相互颠覆的悖论关系,而且显示出普遍性(作为特殊性的限度)、外在性(作为不可弥合的裂缝)以及调解机制(作为共同体之普遍价值在具体规划和特殊群体的肉身化)在政治构造中的根本地位。其二,在霸权接合实践中结成的一切集体或统一认同均具有一个不可根除的缺失内核以及暂时的、偶然的、部分的和不稳定的状态,差异性成为社会想象的枢纽,任何完整构造意义上的同一性都不再可能。

　　从上述原则出发,拉克劳首先分析了自由主义民主观、理性主义的协商民主模式和社会主义政治学说之于激进民主的局限性。他认为,"始于人人平等和个人自由自决"理念的自由主义民主"将个人定义为理性而自主的平等行为者,并试图在口头契约基础上建构起社会政治的义务"。因"与非阶级基础统治形式的永久化"的可能兼容,它最终"容忍甚至促进了高度不平等社会秩序的形成"。② 同时,其带有同质化和本质论根基的个人主义观以及认为

---

① David Howarth, *Discourse*, Buckingham:Open University Press, 2000, p.111.

② [美]安娜·玛丽·史密斯:《拉克劳与墨菲:激进民主想象》,付琼译,江苏人民出版社2011年版,第14—15页。

"普遍利益是私人利益自由运作的结果,并且通过自由讨论能产生一种普遍的理性一致"的自由观,清除了作为政治之根本环节的纯粹对抗经验,也切断了政治与伦理的联系。它们把政治化约为"一项工具性的活动","将民主仅仅限制为一套中立的程序,将公民变形为政治消费者","掏空了政治学的所有实质"。① 以由审慎的沟通达成的理性共识为基本目标的协商民主,虽然认识到共同体内部公民的积极对话和社群认同的重要性,并将道德和正义纳入政治领域,却因过分关注民主的规范性前提和共同体的同一性基础,弱化甚至消解了政治认同的多元化本质。相反,政治的对抗和差异本性则"排除了任何最终调和的可能性,也排除了任何类型的合理一致的意见和完全包容性的'我们'"②。而经典社会主义观的两大政治观点,即将社会主义看成由工人阶级统一领导旨在建立无阶级社会以及全新所有制形式和生产模式的政治运动,把革命视为同资本主义的完全决裂,尽管展现了真正的民主进步与资本主义体制无法兼容的事实,但无法充分说明新社会状况下新的从属和不平等关系。

其次,他明确提出一个基于不同民主力量之接合和竞争的多元混合方案的新社会主义战略。他承认自由—民主意识形态的重要作用,在强调民主扩展之必要性和可能性的基础上,主张社会主义应沿着激进、多元的民主政治的路线和方向,对它不断弘扬和深化。他指出,"我们的目的是将社会主义诸目标与政治自由主义制度结合成一个有机整体。……社会主义被理解为经济民主化的一个过程,是激进与多元的民主规划的一个必要成分"③。并且,"民主的实现不是打碎资本主义民主,而是资本主义民主的完成,是从资本主义关系

---

① [英]尚塔尔·墨菲:《政治的回归》,王恒、臧佩洪译,江苏人民出版社 2001 年版,第128—129 页。

② [英]拉克劳、墨菲:《领导权与社会主义的策略——走向激进民主政治》,尹树广、鉴传今译,黑龙江人民出版社 2003 年版,第 13 页。

③ [英]尚塔尔·墨菲:《政治的回归》,王恒、臧佩洪译,江苏人民出版社 2001 年版,第104 页。

的非民主的框架中解放出来"①。

在这个方案中,其一,激进民主的规划通过社会秩序本身和特殊内容之间"总是开放的和最终未定的"交织关系,展现出非必然性和去本质化的特征。② 它只能以接受"所有价值的彻底开放性特征"以及从中产生的多样性和偶然性为首要条件,必须由"给予社会在本质上的不完备特征的冲突和开放的环节"及其不可能性维度驱动。③ 由此出发,拉克劳将构造民主秩序的前提确认为两个始终存在紧张关系却又相互依赖的基本维度:"在某种程度上每个人是互相争执的,在某种程度上每个人又是互相恭维的","一方面,民主涉及断裂(Rupture)点的延伸,通过这些断裂点,被压迫者能够表达自己。这是横向的维度,它是由需求的横向扩张所赋予的:等价链条。另一方面,还有纵向的一极,它是围绕着某个中心能指的等价链条的统一"。④ 对他而言,真正的民主政治不仅要主张对抗—错位、分裂—差异的不可消除,而且还需承认总是被偶然性和多样性渗透的普遍性和共同性的存在。它是一个既充分尊重特殊性又在一定程度上承认共识性的竞争的多元主义民主,其最根本的特征在于,根据霸权接合策略达成的统一性确保了"联合不同运动的目标"与"容留其自主的目标"的彼此兼容。⑤ 这样既保证了政治互动和合作所必需的暂时固定的规范性,避免陷入绝对变动之中而滑向相对主义,又维护了民主政治的反本质主义取向和多元而开放的根基。其二,它将自由民主的意识形态与社会主义

---

① [加拿大]艾伦·伍德:《新社会主义》,尚庆飞译,江苏人民出版社 2002 年版,第133 页。

② Judith Butler, Ernesto Laclau and Slaboj Žižek, *Contingency, Hegemony, Universality: Contemporary Dialogues on the Left*, London: Verso, 2000, p.85.

③ Ernesto Laclau and Chantal Mouffe, *Hegemony and Socialist Strategy: Towards a Radical Democratic Politics*, London and New York: Verso, 1985, p.125, p.190, p.188.

④ [美]艾希莱·康皮:《霸权的构造:激进民主之路——厄内斯特·拉克劳访谈录》,王平译,《国外社会科学》2012 年第 1 期,译文有改动。

⑤ [美]安娜·玛丽·史密斯:《拉克劳与墨菲:激进民主想象》,付琼译,江苏人民出版社2011 年版,第 42—43 页。

的基本目标充分结合起来,力求把实现自由和平等的斗争拓展至更开阔的社会关系领域,将社会主义定位在更广泛的民主革命范围。拉克劳认为,社会主义是激进民主不可或缺的组成部分,或多或少也是"自由民主的自然延伸"。①它与民主革命的连接不是自明的,而是霸权建构的结果。霸权接合实践确保了对多元力量之间的矛盾和争斗的无限包容,使它们可以在形成话语认同的差异性和偶然性条件下取得平等的权利和地位,达成共识,避免了重新引入极权主义。在这个意义上,真正的民主成了消除社会主义和资本主义之间对立的关键环节,它"彻底铲除等级制和不平等现象,把由资产阶级所开创的民主革命推广到存在的所有方面"②。其三,它始终"对持续不断的社会变动和政治他者的可能包容保持开放"③,实为一个永远无法终结的空洞能指,试图既放弃启蒙的普遍主义及其总体性叙事、统一的主体概念和合理透明的社会观念,又避免后现代政治的虚无主义和相对主义困境。它的绝对性以一个"非场所"、完全实现之物的"不可能性的象征"或终极的界限为前提,④完全依赖于普遍性—特殊性、本体—实体之间不可弥合的距离和不可分离的关系。⑤在其视域中,民主的可能性在于普遍性绝不会在特殊性中找到自身必然的身体和内容,因而它"始终是'将至'的民主"⑥。这样一来,"具体的社会当事人

---

① 参见 Ernesto Laclau and Chantal Mouffe, *Hegemony and Socialist Strategy: Towards a Radical Democratic Politics*, London and New York: Verso, 1985, p.6; Ernesto Laclau, *New Reflections on the Revolution of Our Time*, London and New York: Verso, 1990, p.xv。

② [美]斯蒂文·贝斯特、[美]道格拉斯·凯尔纳:《后现代理论:批判性的质疑》,张志斌译,中央编译出版社 1991 年版,第 257 页。

③ [美]艾希莱·康皮:《霸权的构造:激进民主之路——厄内斯特·拉克劳访谈录》,王平译,《国外社会科学》2012 年第 1 期。

④ Ernesto Laclau and Chantal Mouffe, *Hegemony and Socialist Strategy: Towards a Radical Democratic Politics*, London and New York: Verso, 1985, p.191.

⑤ [英]尚塔尔·墨菲:《政治的回归》,王恒、臧佩洪译,江苏人民出版社 2001 年版,第 9 页; Ernesto Laclau, *Emancipation(s)*, London and New York: Verso, 1996, p.35。

⑥ [英]尚塔尔·墨菲:《政治的回归》,王恒、臧佩洪译,江苏人民出版社 2001 年版,第 9 页。

担负着不可能实现民主互动的重任"①，它自己也就成了一个规避"实质性规范内容或制度框架"②的空洞政治承诺。显然，拉克劳将激进民主与暂时性和竞争性融合起来，反对它在一切制度和规范性层面的闭合姿态，强调"民主斗争的扩大和激进化在完全自由社会的实现中并没有达到终点。……透明、同质的神话（这意味着政治的终结）必须要坚决地予以抛弃"③。这种处理方式是为了通过开放的纯粹生成运动，使激进民主变成一个始终能够引导价值多元主义、不断激发冲突—对抗和斗争—竞争的限度和理想。

　　总之，拉克劳的激进民主规划聚焦于三个相互作用的核心线索：第一，拥有制度规则的自由体制，它努力争取这些规则的普遍应用；第二，集体的政治行动者（人民联盟），它通过指明民主自身的不完备的普遍性，伸张权利，推动需求；第三，多元主义，它破除自由宪政主义的盲目一致性和民粹主义的集体主义动力。④ 对他而言，激进民主的构造遵循霸权政治的根本信条：建立在根本性的缺失和激进的偶然性之上的权力支配关系和政治代表机制是必不可少的，它破除了绝对自由、包容与和谐社会的幻想式断言。一方面，任何民主斗争或政治主体都携带着一个不可化约的创伤内核，只能以无休止的怀疑和更高程度的制度变动来维持它们之间的布局，所有的霸权力量仅是一个承担共同体建造功能的特殊差异。这个视角下的激进民主必然是竞争的和多元的，它清晰地认识到其完全实现的不可能性限度。另一方面，它始终秉持一个等级的、排除的和冲突的联合模式。尽管这是一个抵制完全被确立的松散联盟，但民主的霸权秩序却是普遍性的一个积极代表和组织者。只不过在这里，共同体由必然的排除和根本的对抗来界定，它的内部限制划定了解放政治的边

---

①　Ernesto Laclau, *Emancipation(s)*, London and New York: Verso, 1996, p.35.

②　Alexandros Kioupkiolis, "Radicalizing Democracy", *Constellations*, Vol.17, No.1, 2010, p.139.

③　［英］拉克劳：《我们时代革命的新反思》，孔明安、刘振怡译，黑龙江人民出版社 2006 年版，第 160 页。

④　Alexandros Kioupkiolis, "Radicalizing Democracy", *Constellations*, Vol.17, No.1, 2010, p.1.

界,激进民主则是这个普遍化体系的特殊实例。

从根本上看,拉克劳意图在修辞学(话语)、精神分析学(拉康)和政治学(霸权)的三位一体中谋求社会和政治的未来。① 首先,他"不合逻辑地假定它自身所偏好的'逻辑'话语具有必然性,假定它对这个世界的理解是'本体论'层面的,假定它所看到的东西是'实体性的'……最终,在自大地宣称自己的理论具有'完备性'的同时……在倾向上完全是反民主的、反解构主义的。它是对哲学这一偶然的制度的直接认同,后者被错误地理解为具有本质性和普遍性",却未对"自身的'实体性'或制度性的环境、其投射对象及其构成性的、倾向性的偏好进行解构"。② 其次,他力求"在任何假定的肯定性的核心,揭示出他者性、不可能性、谎言、缺失和不充分性",但这个以绝对的外在性和排除性的界限为形式的"他者性","不是从'外部'而来",而是"由(具有构成上的不可能性)此时此地生产出来的",其不可化约的本体性地位必然使拉克劳"无法建立和提出任何肯定性的替代方案"和"(形而上的、'客观的')政治"。③ 概言之,他过度偏重对本体性层面的分析,忽略了文化和政治领域实际存在布局方面的具体事务,必然导致民主框架在规范性上的严重不足。换句话说,他更倾向于将"理论介入定位在理论与哲学层面"④,轻视对于解构主义而言十分关键的制度性安排中的政治批判问题,从而否认了"本体性的政治定位和某种政治与伦理定位之间的纽带"⑤。在这种情况下,霸权分析"只是停留在姿态性的隐喻'层面'",却"实际上使'严密的'思考、知识、手段——

---

① Ernesto Laclau, "Glimpsing the Future", in Simon Crichley and Oliver Marchart (eds.), *Laclau: A Critical Reader*, London and New York: Routledge, 2004, p.326.

② [英]保罗·鲍曼:《后马克思主义与文化研究》,黄晓武译,江苏人民出版社 2010 年版,第 248—249 页。

③ [英]保罗·鲍曼:《后马克思主义与文化研究》,黄晓武译,江苏人民出版社 2010 年版,第 125 页。

④ Ernesto Laclau, "Glimpsing the Future", in Simon Crichley and Oliver Marchart (eds.), *Laclau: A Critical Reader*, London and New York: Routledge, 2004, p.321.

⑤ Mark Devenney, "Ethics and Politics in Discourse Theory", in Simon Crichley and Oliver Marchart (eds.), *Laclau: A Critical Reader*, London and New York: Routledge, 2004, p.134.

目的合理性或'实践智慧'都变得完全不可能了"。① 显然,拉克劳的霸权理论这些方面的不足定会招致一系列的连锁反应。他更加关注霸权建构的结果,过于强调具体层面的政治决断和普遍层面的霸权构造的可能性条件,未能深入分析这些决断如何可以在实际上成为民主决断。② 而且,如果霸权"仅仅是对事务之绝对现存状态的描述,那么将存在它与当代资本主义社会的逻辑相同构和合谋的危险",还又可能陷入"唯意志论的施米特式的决断主义"。③ 相应地,因预定了非对称性权力关系的不可避免,其承载了自由和民主双重承诺的民主联合不仅向平等主义的解放动力设置了一个障碍,而且还为保守主义留下可乘之机,破坏进一步民主化的前景。④

　　综上所述,奈格里和拉克劳的激进民主理论既有一定的相似性,又存在实质性的分歧。它们都立足于当代资本主义的后福特制转型,回应社会主义阵营的崩塌和新自由主义的兴起所引发的传统左派和马克思主义的危机,并把全球资本主义时代的网络、符码和数字当作"激进行动主义的领域"。⑤ 它们深受后结构主义的影响,共同主张从认同政治和对立政治走向差异政治和对抗政治,强调民主基于多样性、偶然性和开放性的激进本质。然而,二者代表了后结构主义谱系的两大对立阵营。奈格里基于德勒兹"在场的内在性充足"或"完全在场"的存在概念,通过多价一元论,构想了一个以制宪力为组织

① ［英］保罗・鲍曼：《后马克思主义与文化研究》,黄晓武译,江苏人民出版社 2010 年版,第 247 页。

② Aletta Norval, "Democratic Decisions and the Question of University：Rethinking Recent Approaches", in Simon Crichley and Oliver Marchart（eds.）, *Laclau：A Critical Reader*, London and New York：Routledge, 2004, p.141.

③ Simon Critchley, "Metaphysics in the Dark：A Response to Richard Rorty and Ernesto Laclau", *Political Theory*, Vol.26, No.6, 1998, p.809.

④ Andrew Robinson, "The Political Theory of Constitutive Lack：A Critique", *Theory & Event*, Vol.8, No.1, 2005.

⑤ Nick Dyer-Witheford, "Hegemony or Mulititude？Two Versions of Radical Democracy for the Net", in Lincoln Dahlberg and Eugenia Siapera（eds.）, *Radical Democracy and the Internet*, New York：Palgrave Macmillan, 2007, p.191.

形式和动力并通向永恒革命的绝对民主。① 拉克劳则根据创构性的缺失以及"对(完全的)大写他者之不可能性在本质上的政治反思",借由普遍和特殊、在场和缺席、实体和本体的相互介入关系,将民主规划视为"缺失的制度化以及统治和被统治之非同一性的制度化"②。

二者的不可通约集中体现在对差异和规范的不同理解上。在差异方面,拉克劳透过创构性的缺失,将差异构想成同一性的剩余物和对完全在场的永恒延搁,奈格里则专注于差异自身的差异化过程和力量强度的自我展开,排除一切限制其自主性的超越性和否定性机制。前者认为任何差异系统都拥有绝对的外在性本质,一切集体认同的创建都需借助某种他治性形式才有可能。后者则主张创造性的差异是自我充足的、自我决定的,根本不存在任何凌驾于它之上的调解性环节。在规范方面,拉克劳既突出普遍性和规范性维度在政治构造中的重要性,又从反本质主义立场出发,将它们看作接合实践的暂时结果,奈格里则把一切具有霸权本性的规范理解成超越性和同一性机制,力图将它们从政治领域中全面清除。相应地,前者通过普遍性—特殊性的相互玷污关系,提出一个既非绝对可能又非绝对不可能、既非纯粹多样化又非完全普遍化的折中方案。后者则以自在差异的一元论为基础,把个殊性无限聚合的纯粹内在性视野同绝对的民主秩序相等同。

概言之,奈格里和拉克劳提出了后结构主义网络式民主的不同版本:一个展现为个殊性之间自主的水平连接网络,另一个则通过引入具备超越本性的缝合机制和调解模式,确保各种特殊性的平等地位及其自由竞争的无限接合过程;一个不但反对把社会主义视为资本主义的连续发展,而且主张一个共同

---

① Oliver Marchart, "The Absence at the Heart of Presence", in Lars Tønder and Lasse Thomassen (eds.), *Radical Democracy: Politics between Abundance and Lack*, Manchester and New York: Manchester University Press, 2005, p.27.

② Jon Simons, "The Radical Democratic Possibilities of Popular Culture", in Lars Tønder and Lasse Thomassen (eds.), *Radical Democracy: Politics between Abundance and Lack*, Manchester and New York: Manchester University Press, 2005, p.155.

超越它们的后社会主义的解放规划,另一个则坚持鲜明的改良主义和调和主义立场,积极倡导一个有机融合自由主义民主政治和社会主义民主事业进步因素的新社会主义策略;一个把民主政治全面纳入能够生产新关系、新知识类型和新协作模式的革命主体性之中,试图从其本源性的创构力量中发掘替代性民主的可能,另一个则将激进民主直接锚定于在自由主义、民粹主义和多元主义之间充满冲突的交互作用中,使它变成对社会之非决定性和偶然性的揭露。在奈格里的视域中,块茎式的差异聚合模式将去本质化的人类共通经验和集体实践彻底置于个殊性因素之间的沟通和合作,根本不存在任何中心化的主导行动者,直接参与和集体决断已经完全取代了拉克劳那种总是得不到完全实现的代表机制。① 对他而言,拉克劳建基于特殊性权威和排除性限度的霸权政治和激进民主仍然服从将差异化为同一的总体性逻辑。但在拉克劳看来,奈格里这种由自行式动力引导的政治无法充分思考历史情势的复杂性,也不能全力应对棘手的组织问题。② 它在自主的生命形式中设置了自由和平等得到充分发展的绝对民主,误解了既有的民主斗争和共同体的真正形式和构成,肯定不会对它们包含的不可能性维度引起足够重视。它缺乏具体的规划和集中化的协作,完全忽视对抗、错位、代表和权力的非均衡性等根本环节的创构功能,刻意贬低政治联盟的重要意义。它不仅难使变革行动的积极成果稳定化,而且对打破现有的权力平衡格局没有任何助益。

---

① Michael Hardt and Antonio Negri, *Multitude: War and Democracy in the Age of Empire*, New York: The Penguin Press, 2004, pp.337-340, pp.225-226, pp.217-218, p.288.

② Ernesto Laclau, *On Populist Reason*, London: Verso, 2005, pp.239-240.

结　语

　　显然,奈格里和拉克劳的政治本体论分别代表着两个既相互关联又完全不可通约的后现代主义形而上学版本。它们都借由偶然性、多样性、变动性和不确定性维度,重新思考政治本身,避免将其局限在传统的司法和规范框架之中,力图破除"使道德和政治主体稳固化、建立共识、信守协定或公共共同体和同一性的司法、管理或规范的任务"①。它们对现代性和后现代性话语均持一定意义上的批判态度,但并未完全抛弃二者,而是在整体逻辑取向上一并摆在现代和后现代之间:既建基于后结构主义的解构干预和差异哲学,又保留现代性的某些核心原则。它们都将当代资本主义特定的社会状况视为政治存在的根本过程,主张抛弃正统马克思主义给予阶级主体的生产逻辑和先验主义的解放叙事。同时,它们皆可归入宽泛意义上当代政治理论的后基础主义本体论转向,彻底拒绝社会批判理论和政治理论中的辩证法、目的论、决定论、本质论和先验论图式以及马克思主义传统中的客观主义、本质主义、经济主义和还原主义模式。在社会根源方面,它们都对五月风暴以来资本主义的后福特主义转型及其一系列连锁性的政治和文化效应进行了密切相关的病理诊断,但一个恪守新马克思主义的调和主义缝合立场,即否认当代资本主义在根本

---

　　① Bonnie Honig, *Political Theory and the Displacement of Politics*, Ithaca: Cornell University Press, 1993, p.2.

性质上的改变,从后现代主义思潮中确认的某些合理性原则出发,全面拓展经典马克思主义的理论框架,重建一种适应于全新时代的马克思主义当代形态,另一个则遵循后马克思主义的解构主义批判路径,即突出当代资本主义社会的后现代基础,借由完全后现代主义化的逻辑根基,直接宣告马克思主义的灭亡,强调后现代主义政治语法同马克思主义传统革命话语的根本断裂;一个试图对传统的阶级理论进行实质性的重构,另一个则确认阶级斗争分析范式的完全失效;一个凸显新形式政治运动与工人阶级斗争的连续性,另一个则偏重去工人阶级化的新社会运动。在学术脉络方面,它们都可以归属在后结构主义的思想谱系之中,但一个主要追随法国新尼采主义的内在性线索(福柯和德勒兹),另一个则基本遵循反本质主义和后基础主义形而上学批判的超越性传统(德里达和拉康)。在逻辑构架方面,它们都通过回归政治领域,拓展传统政治边界,从对立政治走向对抗政治,共同创建了后基础主义的政治本体论和后结构主义的激进政治理论,但一个求助于自我充足的纯粹内在性视野,借由政治的社会化,将政治直接化为社会的基本维度,另一个则诉诸外部调解性的超越性机制,通过政治和社会的分离,确立了政治的自主性、根本化和优先性;一个完全建基于绝对的内在性、差异性和肯定性,另一个则始终立足于创构性的外在性、特殊的普遍性和激进的否定性;一个从差异政治出发,提出了作为个殊主体的后政治主体形象,另一个则基于认同政治,创建了作为话语主体的后现代革命主体性模式;一个构想了游牧政治的块茎式绝对民主,另一个则筹划了霸权政治的接合式激进民主。

从根本上看,其一,他们都以当代资本主义的后福特制转型和新社会运动的兴起为主要背景,但拉克劳力求摆脱正统马克思主义的经济本质主义,并根据政治偶然性和多样性的逻辑来定位社会斗争和对抗,奈格里则关注生产力以及劳动和劳动力形式的变化所包含的解放潜能,直接将革命的可能性条件置于劳动和生产过程的改变以及新行动者的出现所造成的一系列错位。由此出发,前者通过揭露传统工人阶级概念和阶级政治的本质主义和还原主义基础而完全抛弃它们,至多把劳动和资本的对抗看成围绕政治认同之众多斗争的其中之一。后者则仍然建基于一个得到实质性改造的阶级斗争框架,他将阶级视为生产的物质范畴的宽泛概念,不把革命主体局限在传统的工人阶级之上,而是将它与积极参加各种政治斗争的无数异质性的行为主体联系起来。其二,他们都将当代资本主义当成各自政治本体论得以创建的历史中介,但拉克劳立足话语—霸权实践将政治逻辑(社会冲突和对抗)从生产关系中分离,奈格里则根据诸众的本源创构力量把生产力从资本主义秩序的需要中摆脱。前者认为,因为所有的社会、客观性、同一性或意指系统都拥有一个绝对的外在性和缺失本质,所以应把对抗的基础从历史的必然性转向政治偶然性的不可化约性。在这个意义上,劳动和资本的对抗并不直接来自资本主义生产关系,而是依赖在它之外且能够调动起来反对它的因素。社会变化的最终动因只能是话语之间差异的无限嬉戏,而非资本主义生产方式自身的根本矛盾,它们反而都是特殊的霸权接合之产物。后者则主张,源于非物质劳动和生命政治生产的诸众彻底自主于日具寄生性的资本主义体制。作为本体性的制宪力之现实化身,它完全是自我组织的、自我决定的、自我制度化的和自我价值增值的,构成所有变革、自由和创造性的根源。在这里,与拉克劳不同,对抗不再被偶然性的话语接合或其他任何调解机制所界定,而是内在于被资本吸纳的社会生命之中,因而是直接的和未经调解的。① 概言之,因建基于后结构主义的创构性的外在性和缺失观念(德里达和拉康),拉克劳始终都将代表/表征/再现(Representation)当成政治不可避免和不可或缺的部分。相反,因诉诸后结构主义的内在性平面和平滑政治思想(德勒兹),奈格里则固守一个绝对没有外部的未分化的或一体的平顺空间以及排除了一切超越性、同一性和

---

① Paul Rekret,"Generalized Antagonism and Political Ontology in the Debate between Laclau and Negri",in Alexandros Kioupkiolis and Giorgos Katsambekis (eds.),*Radical Democracy and Collective Movements Today*:*The Biopolitics of the Multitude Versus the Hegemony of the People*,Farnham and Burlington:Ashgate,2014,pp.132−142.

等级性机制的非代表性/表征性/再现性的政治。① 在拉克劳看来,就诸众的自主性只能通过资本主义剥削的发展才能获得而言,奈格里仍然固守一个经济主义的目的论和必然性逻辑,他将革命构想成诸众自主性的完满实现等于默认了政治的总体性闭合。但对奈格里而言,任何集体同一的政治建构行动和调解性机制都是对诸众之绝对充足的限制,拉克劳那种通过话语框架设想的类似链条纽结的同一性的连接或霸权的接合实为压制其本源性的权力秩序(宪制权)。相反,它自身即是一个排除了任何必然性的"恰当的政治组织概念":"一个没有指挥家依然保持节奏的乐团"。② 从这个角度看,拉克劳必然认为,霸权的接合实践或水平的政治连接在奈格里视野中的缺失,不但使他无法充分解释社会反抗的产生,更不能提出一个行之有效的集体政治主体性模式,其诸众政治定会否认和消解话语差异游戏的偶然性维度。而奈格里又势必主张,拉克劳的话语理论以及处于其核心地位的接合、代表或表征概念则在本质上指向中心化的主权配置,它们必然压制和根除诸众摆脱和超越资本操控的解放潜能和创构力量。

需要指出的是,尽管二者的政治本体论存在根本差异,他们都因后现代主义的形而上学规划、抽象而空洞的政治纲领以及审美化和乌托邦式的解放叙事,既无法真正理解历史进程的运行机制,又基本抽空政治主体和人类解放的现实基础,一并背离了马克思主义,重回自卢卡奇以来马克思主义和激进政治理论发展的不归路。

奈格里的政治本体论是一个以差异、主体和事件为构架的后结构主义政治理论,是一个以内在性和创构性、偶然性和差异性为根基的事件哲学,是一

---

① Andy Knott,"Representation and Political Space in Laclau and Hardt and Negri",in Alexandros Kioupkiolis and Giorgos Katsambekis (eds.),*Radical Democracy and Collective Movements Today*: *The Biopolitics of the Multitude Versus the Hegemony of the People*,Farnham and Burlington:Ashgate, 2014,pp.191–204.

② Michael Hardt and Antonio Negri,*Commonwealth*,London:Harvard University Press,2009, p.350,pp.165–166,p.173.

个以开放性、非连续性、不确定性和不可预见性为特征的激进政治模式,是一个以活劳动—力量—欲望—制宪力—诸众—绝对民主为核心的政治主体理论,是一个以唯物主义批判、平滑政治和共产主义为本质的革命传统。它力求全面清算客观主义(特别是经济主义、历史目的论—决定论—本体论)和超越主义传统,致力于从当代资本主义劳动和劳动力形式的转变中发掘解放潜能,重新界划阶级政治和革命主体性模式,重新构想替代性的人类共同体和新人性。简言之,它在本质上实为一种基于主体性话语的后现代主义革命政治学,在它之中,超越一切调解性机制的纯粹差异、生产性力量和创构性的集体实践构成其专属称谓,直接性或事件则构成这个集体主体性的基本属性。①

其一,它在根本的逻辑路径上倾向于摇摆在唯物主义和唯意志论之间的"政治的马克思主义"传统,但因对主体性向度的过分偏重,又不可避免地带有鲜明的唯意志论色彩。在马克思主义的思想发展史中,古德纳(Alvin Gouldner)辨识出两种不同的马克思主义范式,即"科学的马克思主义"和"批判的马克思主义"②:"一方面,马克思认为社会主义的产生取决于某些'客观'条件的成熟,特别是先进工业化结构的形成,这些条件由资本主义通过其盲目的、不以人的意志为转移的必然规律的作用产生出来。这样,资本主义就是注定要产生出另一种更高级社会(社会主义社会)的社会发展中的一个阶段。另一方面,马克思又认为他的理论不只是一种社会科学。它还是一种暴力革命的学说。马克思主义不是只要了解社会;它不是仅仅预言革命的无产阶级将起来推翻资本主义,而是积极地动员人们去这样做,它插手去改变世界。"③前者强调马克思主义揭示历史发展之本质规律的科学价值和认识功

---

① Mahmut Mutman, "Difference, Event, Subject: Antonio Negri's Political Theory as Postmodern Metaphysics", in Timothy S. Murphy and Abdul-Karim Mustapha (eds.), *The Philosophy of Antonio Negri: Revolution in Theory*, London and Ann Arbor: Pluto Press, 2007, p.147.

② Alvin Gouldner, *The Two Marxisms: Contradictions and Anomalies in the Development of Theory*, New York: Seabury Press, 1980.

③ 《马列主义研究资料》1982 年第 3 辑,人民出版社 1982 年版,第第 216—217 页。

能,但往往具有客观主义和某种决定论的倾向;后者则立足阶级斗争的革命政治学,专注于分析马克思主义的意识形态批判功能和共产主义的革命前景,却不可避免地带有唯意志论的主观主义色彩。古德纳认为,二者的划分"实际上是一种原来没有区别的马克思主义的结构上的变异,是为了要减少原来马克思主义中真正存在的矛盾而产生出来的"①,但同时又会造成在客体向度和主体向度揭示历史进程的对立:"如果资本主义的确是由注定它要被一种新的社会主义社会替代的规律所支配,那么为什么还要强调'问题是要改变它'呢？如果资本主义的灭亡是由科学保证了的,为什么还要费那么大的气力去为它安排葬礼呢？既然看来人们无论如何会受必然规律的约束,为什么又必须动员和劝告人们遵照这些规律行事呢?"②佩里·安德森和柯林尼克斯也有相似观点。前者在马克思之后的历史理论中区分出两种模式——客观进化式的和唯意志论的,历史唯物主义一直摇摆在这两种传统之间。后者则从创建历史的社会理论中确认出两条线索:一条将历史的创建归结为社会结构的自我演进,它与在个人视角和目的中抽取出来的客观关系相关;另一条则强调历史源于相互冲突的各色人群之动机和利益的重构。③ 从本质上来看,三者的讨论集中表现为历史理论中结构和主体/行动者层面的区分和对立:一个强调结构自身和结构之间的自我生成、客观演进和现实转化的过程,却十分忽略各种社会形式的主体能动性维度,限制甚至取消它在历史发展中的重要地位;另一个则突出主体在形塑历史方面的巨大力量,反对纯客观主义的分析范式和所有形式的先验目的论逻辑,但较为弱化历史条件和结构形式对它的根本制约。

批判的马克思主义、唯意志论的历史理论又同"政治的马克思主义"表现出极大的相似性。后者以罗伯特·布伦纳与艾伦·伍德为代表,他们普遍将

---

① 《马列主义研究资料》1982 年第 3 辑,人民出版社 1982 年版,第 219 页。
② 《马列主义研究资料》1982 年第 3 辑,人民出版社 1982 年版,第 217 页。
③ Alex Callinicos, *Making History:Agency Structure and Change*, Leiden and Boston:Brill, 2004, p.ix.

"阶级斗争"看作是历史运动的根本动力和历史运行的基本原则,认为生产力转型的动力不是原因,而是生产关系和阶级关系转型的直接结果。[①] 这使阶级斗争脱离了客观历史情势的限制,力图走出基于生产力—生产关系、经济基础—上层建筑之矛盾运动的客观主义历史分析构架,以阶级斗争为核心来揭示历史发展过程。客观地看,他们在一定程度上仍然承认不同阶级斗争的发生机制、可能性后果、内在规律和具体特征都由历史条件来决定,并不会导致纯粹随机化和不确定的社会历史观,因而与极端夸大主体意志维度的唯心主义思潮有着本质区别。

马克思的历史辩证法将生产力—生产关系的矛盾运动和阶级斗争统一起来,分别把它们当成历史发展的本质规律和直接动力,充分融合了把人视为"行动发起者"的主体范畴和确认社会结构拥有"因果力量"的观念。他认为,历史的决定性因素在于直接生活的生产和再生产,一定的生产方式构成全部人类社会生活的本质,历史的真实起点只能是一定历史条件下从事一定物质生产的现实的个人。在其理论视域中,科学分析和意识形态批判、理性解释和物质实践、对世界的陈述和改变世界的行动是内在一体的,历史的主体向度和客体向度(合规律性和合目的性)也是相互统一的。因此,对他而言,"主体自身本来就被社会关系所限制,只能在社会关系中找到自己"[②],一切社会结构和主体观念都是有限的和暂时的历史产物;历史绝不表现为一个自主运转的纯客观过程,同样不能归结成人之主体性的抽象展开;片面谈论历史发展的基本规律对人类社会的根本制约和完全忽略社会形式的主体能动性维度都一样愚蠢。

---

① 参见 Ellen Meiksins Wood, "Marxism and the Course of History", *New Left Review*, No.147, 1985, p.105; Guy Bois, "Against Neo-Malthusian Orthodoxy", in Aston, Trevor Henry and C. H. E. Philpin (eds.), *The Brenner Debate: Agarian Class Structure and Economic Development in Pre-Industrial Europe*, Cambridge: Cambridge University Press, 1985, p.115。

② Alex Callinicos, *Making History: Agency Structure and Change*, Leiden and Boston: Brill, 2004, p.xxv.

　　显然,奈格里的政治本体论更接近"政治的马克思主义"的基本视域。他力图通过重建以阶级构成的政治性—主体性构架为核心的历史唯物主义中心结构,塑造一个拥有绝对肯定革命主体性话语的政治的马克思形象,使后结构主义的革命主体性模式和阶级斗争的革命政治学重返经济生活和历史过程的中心。由此出发,他全面清除传统马克思主义内部的一切客观主义和革命乌托邦残余,彻底排斥任何基于先验目的论、机械决定论和抽象本体论的社会—历史理论和政治—哲学模式。在他看来,生产力—生产关系的必然性框架带有鲜明的客观主义和经济决定论色彩,它首先把阶级关系依附于生产关系,然后再把生产关系归结为生产力。这种论证逻辑直接造成以劳动对资本的从属为前提从而证实资本统治的合法性。因此,我们应使阶级关系和革命主体摆脱客观主义的束缚,确立以资产阶级—无产阶级的斗争为原型的后现代主体政治学在当代政治领域中的根本地位。"价值形式转型的过程和资本主义从一时期向另一时期的发展,都依据资本主义社会关系的动力,并由对抗的剥削关系所决定。这些过程以一个基本的和有效的辩证法得以发展:通过剥削劳动力,资本在强制地吸纳它们的结构中,雇佣它们;但是这些结构相应地被社会的生产力量所打破或重塑。真实的过程是这些特殊冲突的剩余物;发展没有逻辑,它只是集体意志冲突的沉淀物。……没有目的论赋予这个发展。每一个结果都是后验的;没有任何东西被预先构想……事实上,资本主义的创新总是产品、妥协或回应,简单而言,它是来自工人对抗的一个约束。"①在此,奈格里明确指出,资本主义的发展不过是被动回应工人阶级斗争的产物,根本不存在任何的先验目的和抽象本质,而是表现为两大敌对阶级集体意志之间的压迫和反抗、斗争和回应。同时,他批评后现代主义只解释资本的社会化潜能而否认阶级对抗存在的倾向,认为阶级斗争在当今社会不但没有消失,反而渗

---

① Antonio Negri, "Twenty Theses on Marx: Interpretation of the Class Situation Today", in Saree Makdist, Cesare Casarino and Rebecca E. Karl (eds.), *Marxism Beyond Marxism*, New York and London: Routledge, 1996, p.158.

透至日常生活的各个层面,阶级对抗的程度不但没有被弱化,反而不断地加剧。"实质吸纳的运作非但未消除对抗,反而将它推广至社会层面。阶级斗争没有消失;它被转化进日常生活的所有时刻。一个无产者的日常生活被假定为反对资本统治的一个整体。实质吸纳不仅没有消除对抗,反而极大地使其充实。"①显然,奈格里将阶级斗争从作为资本主义生产力发展的副产品摆脱出来,把资本主义历史运转的中心环节置于资产阶级和无产阶级的对抗之上。他以全球化资本主义时代的一系列结构转型为基础,把这个根本的社会关系改造成基于绝对内在性和平滑政治学的后社会主义解放规划,最终揭示了以后福特主义无产阶级或诸众为唯一真正革命主体和本源力量的政治图景。

严格来说,奈格里并不是一个绝对的唯意志论者,而是始终摇摆在唯物主义和唯意志论之间。他重建围绕阶级斗争话语的中心地位,只是为了反对立足于纯粹的客观结构层面对历史进行的客观主义和先验目的论的描述,从未取消社会历史状况对政治主体及其集体意志建构的根本制约作用。并且,他始终基于全球化资本主义时代的生产过程和权力配置,来揭示革命主体性和政治抵抗模式的历史转变,发掘新的解放潜能和共产主义成熟的基本条件。然而,对他而言,历史结构最重要的意义恰恰在于创造了通往全新主体性和人类共同体之自主空间的现实基础,换言之,结构不过是通向主体的中间环节。柯林尼克斯指出,"历史唯物主义把社会转型解释为两种机制的结果:首先是生产力和主要生产关系的发展之间出现的结构矛盾,其次是只能在这些矛盾所产生的社会—经济危机中出现的阶级斗争"。"政治的马克思主义"强化阶级斗争,清除历史理论中生产力—生产关系的客观线索,不仅会陷入"恶性循环",而且还把历史唯物主义简化为一个"唯意志论的社会理论",将社会转型的动力归结为"敌对的阶级意志之间的冲突"。这使它不再是唯物主义的历

① Antonio Negri,*Marx Beyond Marx:Lessons on the Grundrisse*,Massachusetts:Bergin & Garvey publishers,1984,p.xvi.

史理论,而是一种赋予阶级剥削关系以首要性的唯物主义的"控制社会学"。①
客观上讲,奈格里在很大程度上把历史发展过程化约为集体主体意志及其创
造活动的产物,过于突出主体性的创构实践在塑造人类世界中的唯一本源地
位。他严重忽略了从根本上决定了主体性本身之生产和转型以及阶级对抗之
产生、性质和结果的一系列物质动因和经济根源的重要作用,过度简化了历史
转型的复杂动力机制,确实存在着较大的唯意志论嫌疑和相对主义风险。

　　其二,它在核心的逻辑构成上主要表现为晚期马克思主义与后结构主义
视域的混合物。奈格里对当代资本主义社会转型的揭示以及对待传统马克思
主义、后现代主义和后马克思主义的主要态度,与晚期马克思主义的视角存在
一定的相似性,但因他对后结构主义形而上学构架的深度迷恋,二者的关联又
往往流于表面,甚至趋于对立。晚期马克思主义强调一种开放而差异的非教
条化的马克思主义立场,坚持资本主义生产方式的分析范式,在剖析当代资本
主义一系列后现代状况的前提下,既充分肯定马克思主义核心框架和方法原
则的现实有效性,又实质性地保留它在全新历史条件下得到更新的可能空间,
既与后现代主义理论和政治往往具备的虚无主义、相对主义、寂静无为主义和
悲观主义的极端倾向和政治盲目性划清了界限,又积极尝试将从中辨识出的
合理原则全面纳入马克思主义的传统构架。詹姆逊借用曼德尔和阿瑞吉的相
关分析,把晚期马克思主义对应于晚期资本主义体制或曼德尔所谓"信息资
本主义或跨国资本主义的第三阶段"的马克思主义。② 他描述的当代资本主
义发展趋势与德里克的全球资本主义、哈维的弹性生产时代和伊格尔顿的后
资本主义语境基本一致。他们共同认为,晚期资本主义实为资本主义发展的
最新阶段,而各种后现代主义思潮则代表着它的文化形态和逻辑。新科技革

---

　　① Alex Callinicos, "The Limits of Political Marxism", *New Left Review*, No. 184, 1990, pp. 112-114.

　　② [美]詹姆逊:《论现实存在的马克思主义》,见俞可平主编:《全球化时代的"马克思主义"》,中央编译出版社 1998 年版,第 82 页。

命和后福特主义转型虽然在一定程度上缓解了它的周期性危机,但从未使其摆脱内部的固有限制,反而不断加剧了它的"体系性"困境,其社会性质、基本矛盾和历史命运并没有发生根本改变。这便意味着,"资本主义生产方式的基本规律继续在历史—地理的发展中作为不变的塑造力量在起作用"①。因而,作为"关于资本主义内在矛盾的科学",马克思主义不可能被超越,它仍然构成理解资本主义当代发展和谋求对资本主义彻底改造的关键资源。"只要资本主义的生产方式存在,马克思主义就还有意义"②,"庆贺'马克思主义的死亡',宣告资本主义和市场体系决定性胜利的做法是不合逻辑的"③。同时,马克思主义只有根据新的时代状况不断地改造、修正、更新和拓展自身的框架和边界,正视后现代主义社会批判和政治实践在揭示资本主义演变和塑造新政治语法方面存在的富有成效的因素,才能全面激活它的当代生命力。④ 毫无疑问,奈格里从根本上认同晚期马克思主义对当代资本主义最新变化的判定以及由此实施的协调马克思主义和后现代主义的立场。他在明确宣称仍然隶属于马克思主义阵营的前提下,始终立足于当代资本主义生产方式和主权调节体制的结构转型,把后现代主义指认为全球资本的运行逻辑和资产阶级意识形态,并在共同批判正统马克思主义和后现代主义的基础上,致力于寻求马克思主义和后现代主义之间的实质连续性。

然而,他的政治本体论与以福柯和德勒兹为代表的后结构主义更具亲缘

---

① [美]戴维·哈维:《后现代的状况》,阎嘉译,商务印书馆2003年版,第159页。

② [美]德里克:《马克思主义向何处去》,见俞可平主编:《全球化时代的"马克思主义"》,中央编译出版社1998年版,第216页。

③ [美]詹姆逊:《论现实存在的马克思主义》,见俞可平主编:《全球化时代的"马克思主义"》,中央编译出版社1998年版,第73页。

④ 参见[美]凯尔纳:《正统马克思主义的终结》,见俞可平主编:《全球化时代的"马克思主义"》,中央编译出版社1998年版,第27页;[英]特雷·伊格尔顿:《后现代主义的幻想》,华明译,商务印书馆2000年版,第150—152页;[美]斯蒂文·贝斯特、[美]道格拉斯·凯尔纳:《后现代理论:批判性的质疑》,张志斌译,中央编译出版社1999年版,第225—226页;Douglas Kellner, "The Obsolescence of Marxism?", in Bernd Magnus and Stephen Cullenberg (eds.), *Wither Marxism? Global Crises in International Perspective*, New York and London:Routledge, 1995, p.26。

性。他基本追随福柯颂扬多样性—非连续性—偶然性—不确定性的主体系谱学以及德勒兹差异/事件哲学、欲望/游牧政治之内在主义线索所确立的问题框架和逻辑路径，十分迷恋其内在性本体论和平滑政治学，并将其具体推进为一个以块茎式的内在性平面、自由流动的游牧政治和内在性的诸众为根基的激进民主规划。在这种情形下，他对资本主义社会转型的历史分析和对马克思主义的重构式干预，只是为了确立后现代主义政治模式的纯粹差异性和绝对内在性基础，全面清除在社会和政治生活中建立超越性、普遍性、总体性和同一性的一切可能。这显然与晚期马克思主义既尊重多样性和偶然性逻辑又保留总体性和普遍性叙事的折中态度有着本质区别。同时，尽管他也在一定程度上从资本主义生产方式出发剖析当代资本主义和工人阶级构成的主要变化，却通过将阶级对抗的革命政治学和替代性的革命主体性模式独立于资本主义生产关系和政治体制之外，来规划共产主义的革命前景。这明显区别于晚期马克思主义立足于生产方式来判定当代资本主义之运行、性质和发展的基本态度。

总的来说，奈格里的政治本体论在本质上实为晚期马克思主义和后结构主义的混合物。为了避免对马克思主义传统的完全偏离，弱化后结构主义的过度解构性面向，它一方面在表面上借用了晚期马克思主义的核心问题框架，另一方面又在此基础上确立了彻底后结构主义化的思想根基。

其三，它在最终的逻辑取向上又完全背离了马克思主义的基本立场。整体来看，奈格里的政治本体论拥有与马克思主义密切相关的多重面向。首先，他以阿尔都塞对历史主义和人道主义的批判、认识论断裂以及偶然相遇的唯物主义思想为背景，意图在马基雅维利—斯宾诺莎—马克思、尼采—福柯—德勒兹的历史和逻辑连续性中，辨识出一个能够完美协调目的性和开放性、理性秩序和偶然性的创构性本体论。作为一个去本体化的后解构主义本体论，它拒绝一切形式的同一性、总体性、调解性、固定性和封闭性形式，立足于现实世界的直接性和差异性，强调建基于无限开放性、非连续性和不确定性的历史创构机制和政治创造原则。其次,他秉承工人主义和自主主义的理论传统,以阶级斗争的革命政治学为中心构架,抛弃围绕生产力—生产关系、经济基础—上层建筑之矛盾运动的客观主义范式。他对马克思展开激进政治的阅读,重建马克思经济学语境的革命主体性话语,从《资本论》回归《政治经济学批判大纲》,从资本的有机构成走向无产阶级的阶级构成,从纯粹客观结构的转型分析走向对新政治主体性模式的创建。再者,他以后结构主义的内在主义线索和欲望—游牧政治为前提,力求有效整合马克思主义和后现代主义的合理性,破除西方马克思主义和后现代主义在革命政治上的悲观基调。他将传统的无产阶级概念拓展为渗透在社会各个层面从事生产的一切劳动者,将集体的政治主体从工人阶级设定成更富创构张力的内在性诸众。他从后结构主义的差异哲学—政治学出发,将马克思的政治经济学批判改造成福柯式的权力—主体的生命政治学以及德勒兹式的欲望—权力/精神分裂学—资本主义的游牧政治学,构想了一个基于内在性、个殊性和共通性的激进民主规划和共产主义诸众的自主空间。

在第一个方面,他旨在实现马克思主义的本体论转向,但从本质上看,主体性的阶级对抗逻辑和绝对开放的历史创构机制根本不能等同于历史唯物主义的历史本质论和历史发生学。它们力图借由一个去本质论—目的论—决定论的社会历史观和无限充足的革命主体性话语,全面驱除历史发展过程的基本矛盾、本质规律和连续性—确定性的"幻象",恢复其偶然性和随机性本质,最终将社会历史的客观发展仅仅归结为一种开放而不确定的趋势。与之相反,马克思哲学真正的变革意义则主要在于:首先,它将对象性的活动和现实的社会关系提升到根本原则的高度,并使它们真正建立在人的现实存在和现实的生活过程之上,彻底击穿了近代哲学—形而上学的纯粹理论取向和意识形态本性;其次,它立足于感性的世界、实际的生活过程或客观的历史进程,从物质生产和生产方式入手来把握社会现实的运行和发展,将在一定生产方式之上产生的交往形式视为历史的基础和揭示各种意识形式的出发点,将现实

历史同人的社会存在方式充分结合起来,构建了围绕"'内部存在'于历史诸
关系中的人们"①和"深入到历史的本质性的一度中"②的科学历史观。因此,
马克思以历史发生学和历史生成论的方法论视野,揭示了社会生活内在矛盾
的自我涌动过程和资本主义的暂时性根源,最终通过对资本主义的"人体"解
剖,找到了理解人类社会发展的钥匙和人类解放的科学途径。他的内在性只
能根植在社会生活之中,"跟现实的、世俗的……那些关系和力量内在关联在
一起,并随着历史的前进而逐步摆脱羁绊获得更大程度的实现",而人的具体
性和现实性也只能导源于"社会群体生活中相互结合起来的社会关系"。③ 并
且,他完全不同于理性的本质主义和经验的历史主义,绝不试图从某种先验的
逻辑图式推导出人类世界的内在本质,或仅仅立足于经验现象层面将其简单
理解成一个自然的历史过程,而是始终以历史辩证法主体向度和客体向度的
有机整体为基础,把历史发展视为实际生活过程的内在矛盾之自我运动的必
然结果。这些方面"决定了它是反对一切形而上学本体论的。它永远立足于
现实历史发展的客观进程和人类赖以生产的自然和社会条件,通过不断地批
判和改造现存的社会制度和秩序,为实现无产阶级和人类的彻底解放而进行
不懈的努力"④。

　　因过度依赖阶级对抗的逻辑以及社会基本矛盾和历史普遍规律维度的缺
失,奈格里根本无法充分说明实现共产主义革命的社会根源。虽然他结合当
代资本主义从形式吸纳到实质吸纳的转型和工人阶级构成从大众工人到社会
工人和后福特主义无产阶级的转变,讨论了新革命主体性形成的现实基
础——一般智力、非物质劳动和生命政治,却把它们完全定位在资本主义的
控制体系之外,严重低估和轻视资本在它们的组织中所发挥的调解作用,⑤同

① ［日］广松涉:《唯物史观的原像》,邓习议译,南京大学出版社 2009 年版,第 36 页。
② 孙周兴选编:《海德格尔选集》上卷,上海三联书店 1996 年版,第 383 页。
③ 刘森林:《物与无:物化逻辑与虚无主义》,江苏人民出版社 2013 年版,第 145、172 页。
④ 孙伯鍨、刘怀玉:《"存在论转向"与方法论革命》,《中国社会科学》2002 年第 5 期。
⑤ Slavoj Žižek, *First as Tragedy, Then as Farce*, London: Verso, 2009, pp.139-148.

时又过于强调以它们为基础的沟通网络和社会合作所具备的生产性和共通性特征,很大程度上去除了它们反抗资本主义体制时潜在指向的对抗性分离维度。① 这不但不能深入揭示资本主义生产方式的固有限制和结构性危机同无产阶级革命之间的必然关系,反而因为忽略了资本积累形式和剩余价值占有的不均衡性和多样化,将实质吸纳误认成一个单一的普遍过程。② 从根本上看,奈格里始终通过在阶级构成的解构和资本主义国家形式的重构、制宪力和宪制权、生命政治和生命权力、诸众和帝国之间"绝对垂直的非均衡性"③关系,来确保诸众的自主性,但从未尝试回答如何从生命的生产和再生产中分离出"一个不被无数的生命政治控制配置击穿、鼓动和限制的集体的共产主义主体"④这个关键问题,也没有为自主的个殊性提供实质性的具体准则。⑤ 在这个意义上,立足于无产阶级和差异一元论的自由解放图景严重受制于一个脱离社会历史条件的自恋式想象和无政府主义的政治神话:对人类欲望—激情—爱和活劳动的充足创构力量及其自发性集体实践和自由行动的预先承诺。⑥ 这实为一个根除了自然前提的"社会建构主义"⑦。它把新革命力量充

① Jodi Dean, "The Networked Empire: Communicative Capitalism and the Hope for Politics", in P.A.Passavant and Jodi Dean (eds.), *Empire's New Clothes: Reading Hardt and Negri*, London: Routledge, 2004, pp.267-290.

② 参见 David Campfield, "The Multitude and the Kangaroo: A Critique of Hardt and Negri's Theory of Immaterial Labour", *Historical Materialism*, Vol.15, No.2, 2007, pp.21-52。

③ Paul Rekret, "Generalized Antagonism and Political Ontology in the Debate between Laclau and Negri", in Alexandros Kioupiolis and Giorgos Katsambekis (eds.), *Radical Democracy and Collective Movements Today: The Biopolitics of the Multitude Versus the Hegemony of the People*, Farnham and Burlington: Ashgate, 2014, p.143.

④ Albert Toscano, "Always Already Only Now: Negri and the Biopolitical", in Timothy S.Murphy and Abdul-Karim Mustapha (eds.), *The Philosophy of Antonio Negri: Revolution in Theory*, London and Ann Arbor: Pluto Press, 2007, p.113.

⑤ Albert Toscano, "The Sensuous Religion of the Multitude: Art and Abstraction in Negri", *Third Text*, Vol.23, No.4, 2009, pp.380-381.

⑥ Kam Shapiro, "The Myth of the Multitude", in P.A.Passavant and Jodi Dean (eds.), *Empire's New Clothes: Reading Hardt and Negri*, London: Routledge, 2004, pp.291-317.

⑦ David Sherman, "The Ontological Need: Positing Subjectivity and Resistance in Hardt and Negri's Empire", *Telos*, Vol.128, 2004, pp.167-168.

足奠基在一个缺乏历史性、必然性和确定性的自发机制之上，将社会冲突的产生、阶级对抗的激化、对压迫的抵抗和自由平等的实现诉诸一个没有任何外部动因制约的自动生成模式。因此，奈格里仅仅对历史进行了充满幻想的经验描述，他将历史发展彻底主体化为基于集体意志及其创造力量展开的无限开放的内在趋势，彻底退回带有强烈乌托邦和相对主义色彩的历史运作论。

在第二个方面，虽然奈格里在一定意义上给予马克思的活劳动、劳动力、阶级和生产力理论以鲜活的生命力，但仍然在相当程度上偏离了历史唯物主义。他建基于阶级构成—阶级对抗、活劳动—无产阶级—诸众的政治性—主体性的历史分析模式，没有充分揭示历史条件对阶级斗争和对抗意志之产生、性质、结果和特征的根本制约，过度简化历史过程的复杂建构方式，无法真正认识历史辩证法之主客体向度相互统一的内在机制。对他而言，历史只是呈现主体性力量及其创构激情相互交织的场所，即制宪主体不断创造人类世界的无限生产过程以及偶然性和多样性事件的持续累积。然而，无产阶级的自我价值稳定过程或诸众的自主性如何实现对剩余价值和生产力的重新占有？作为制宪主体的诸众何以获得超越宪制权或主权配置的本源性并真正拥有绝对充足的解放潜能？活劳动如何能够保持对资本—权力内在化的清醒认识而不丧失抵抗的主动性？显然，奈格里过分沉迷于一个纯粹"内在的正当性"，即源于自我决定和自我制度化的生产过程和全球性沟通合作网络的自主性和平滑性空间，但又偏离了马克思和德勒兹关于"生产性力量控制系统的内在性"理解和揭露资本主义及其生产方式的内在性思路，[①]根本无法对这些问题给出任何实质性的答案。虽然他始终强调无产阶级或共产主义诸众同资本主

①　参见 Nicholas Thoburn, "Autonomous Production? On Negri's 'New Systhesis'", *Theory, Culture & Society*, Vol.18, No.5, 2001, pp.75-98; Jodi Dean, "The Networked Empire: Communicative Capitalism and the Hope for Politics", in P.A.Passavant and Jodi Dean (eds.), *Empire's New Clothes: Reading Hardt and Negri*, London: Routledge, 2004, pp.267-290; Malcolm Bull, "Smooth Politics", in P.A.Passavant and Jodi Dean (eds.), *Empire's New Clothes: Reading Hardt and Negri*, London: Routledge, 2004, pp.220-233。

义的彻底决裂,并作出内生性的一元论解答,却因偏执于这个极度武断和乐观的解放神话,未能充分审视资本主义控制体系对之可能实施的霸权建构,从而把革命的实现锚定在某个抽象的政治时刻。在这个意义上,劳动和资本力量关系的彻底颠倒和实质性的历史变革只能是形式上的,仅仅拥有虚假的空洞姿态。正如波罗格纳所言,历史的发展趋势没有像奈格里断言的那样进行,分裂不但没有在工厂和社会之间发生,反而"改良主义的霸权"重新在工厂内部确立。① 因此,在奈格里的视域中,人类解放的真正道路仍然是一个未解之谜。

在第三个方面,奈格里虽然在一定程度上坚持马克思政治经济学批判的现实有效性,却以后结构主义化的根本取向打破了它的科学根基。他只为从马克思的"一般智力"、"劳动对资本的实际上的从属"和"社会个人"等思想观念中,引出根植于活劳动、非物质劳动和生命政治生产的后现代主义革命主体性模式和激进民主规划。无论是权力—主体的生命政治学、权力—欲望的游牧政治学以及作为个殊性聚集体的诸众,还是多元化、随机化和混杂性的游牧革命以及徒有解构性和开放性面向的绝对民主,都是他过分迷恋内在主义形而上学和平滑政治学的直接后果。其核心政治设想最终都通向超越度量的纯粹生成过程,这必将使建基于其上的解放叙事丧失了反思性的本质。而将无产阶级革命同资本主义生产方式之结构危机和内在矛盾相分离,则甚至使它在某种程度上退回前马克思主义的逻辑之中。② 简言之,他致力于寻找马克思主义和后现代主义的连续性,却最终确立彻底后结构主义化的理论基础。他建基于唯物主义批判和对政治乌托邦的激烈反对,却趋向唯意志论而必然携带乌托邦品格。他否定后现代主义政治的悲观论调和纯解构面向,却迷恋

---

① Steve Wright, *Storming Heaven: Class Composition and Struggle in Italian Autonomist Marxism*, London: Pluto Press, 2002, p.170.

② Slavoj Žižek, "Have Michael Hardt and Antonio Negri Rewritten the Communist Manifesto for the Twenty-First Century?", *Rethinking Marxism*, Vol.13, 2001, pp.190-198.

过度乐观的后结构主义游牧革命。正是这种对待马克思主义和后现代主义的暧昧态度导致他无法找到正确处理二者关系的关键所在。而企图调和二者的唯一结果便是在缺乏有效政治互动和沟通机制的无政府主义的政治乐观主义图景中,重新确立了浓重的悲剧基调,后结构主义的政治模式和解放叙事是其必然归宿。这是他尽管拥有比拉克劳更为激进的本体论基础却无法得出更具建设性政治规划的主要原因。总之,奈格里的政治本体论游走在马克思主义、晚期马克思主义、后现代主义和后结构主义之间,企图从中找到能够协调解构性和建构性、革命性和保守性、肯定性和否定性的纽带,却仍然在革命政治学内部悄然设置了去革命性的机制,始终无法真正实现对人类历史之谜和历史本质的解答,最终重回自卢卡奇以降政治审美化的不归之路。

与奈格里不同,拉克劳的政治本体论则在基本取向上表现为以本质主义模式(特别是经济决定论、还原主义、实证主义和内在主义)批判为起点的后基础主义和准先验性的意识形态分析。尽管他集中反思和批判了马克思主义意识形态理论的本质主义和还原主义传统,但从未放弃从后结构主义出发对意识形态及其批判实践之合理性的发掘和激活。纵观其围绕话语—霸权所创建的激进政治理论和形而上学规划,他始终都将以话语运作为根本形式的"批判的修辞学"置于政治、文化和社会过程的核心,明确把修辞学看作能够再现对抗关系颠覆同一性这个"地形学运动"的特权领域[1]和霸权政治的逻辑模式。在一定意义上,虽然他对修辞学在政治领域中的使用主要被力图为左派政治开启"一个新的后基础主义和后意识形态路径"这个具体的政治兴趣和筹划所驱使,但他以霸权斗争和话语实践为核心的政治理论确实接近成为一个修辞学理论。[2]"话语转向拓展了修辞学的可能性和重要性",

---

[1]　Ernesto Laclau, "Ideology and Post-Marxism", *Journal of Political Ideologies*, Vol.11, No.2, 2006, p.106.

[2]　Michael Kaplan, "The Rhetoric of Hegemony: Laclau, Radical Democracy, and the Rule of Tropes", *Philosophy and Rhetoric*, Vol.43, No.3, 2010, p.254.

因为在话语框架中,它"不再是一个服务于现实的工具,而是变成对世界意义的构造"。① 拉克劳依据话语/修辞学/语言学/文化的本体论转向的社会—政治分析,在本质上提供了"被'意识形态'最终内在于意指本身这一洞见所激活的政治性介入的修辞学批判模式"②。它显然仍旧隶属于意识形态批判的范围,只不过把处在认识论领域的传统意识形态概念直接重构成一个后基础主义的本体论筹划而已。总之,拉克劳将意识形态当成潜在具备重大价值的富有成效的政治范畴,他借助在意识形态问题上从认识论到本体论的转变,试图正面回答在当代规范政治理论特别是后结构主义政治理论中占据中心地位的关键问题:当偶然性给予道德和政治之"普遍性和客观性规律"诉求的合理性以沉重打击时,是否仍然可能切实有效地谈论意识形态批判。③

追随维特根斯坦的语言游戏、海德格尔的后现象学解释学、德里达的解构哲学、拉康的精神分析学等发起的后基础主义语言学转向,拉克劳反对依据误认或虚假意识和真实客观的知识这个传统二元论来理解意识形态,而是凸显语言/符号/话语的创构性本质和意识形态作为理论范畴拥有的极其重要的生产性意义。依照他的理解,意识形态理论不应仅仅停留在描述某个意识形态和特殊的社会—历史传统的具体内容和偶发建构上,而是必须要在明确各种社会—历史传统及其意义系统之特定性和偶然性的基础上,深入说明意识形态的内在运行机制:它如何支配和固定它的主体、如何实施对我们操控以及如何在复杂而多元的政治斗争中将它的各种要素统一或连接起来。显然,拉克劳意识形态理论的霸权路径实为对意识形态分析和批判领域进行的一个拉康式干预。他把意识形态、权力和意义系统联系起来,并根据意义的模式进行意

① Kevin Deluca, "Articulation Theory: A Discursive Grounding for Rhetorical Practice", *Philosophy and Rhetoric*, Vol.32, No.4, 1999, p.342.

② Michael Kaplan, "The Rhetoric of Hegemony: Laclau, Radical Democracy, and the Rule of Tropes", *Philosophy and Rhetoric*, Vol.43, No.3, 2010, p.253.

③ Jason Glynos, "The Grip of Ideology: A Lacanian Approach to the Theory of Ideology", *Journal of Political Ideologies*, Vol.6, No.2, 2001, p.191.

识形态的权力分析。他以后结构主义的方式改造了意识形态及其误认、虚假和歪曲观念，并把不可化约的偶然性和异质性当成话语构造过程的创构性因素和社会—政治话语的动力。他认为，意义的自然化和社会的本质化有效地掩盖了形成决断和作为社会创建之本体论条件的政治本身环节。正是对这个根本性维度的遮蔽才导致了意识形态的误认，因而意识形态批判过程的基础只能建立在社会—政治生活的偶然性和对抗性本质之上。由此，拉克劳将意识形态的讨论从认识论拉回本体论层面，即从"我们如何确认社会以实证方式界定的实体性'真理'"到"非实体性的'象征性大写他者之缺失'借以隐藏的闭合机制"。① 这是一个根本区分于现实对立、辩证矛盾和实证性逻辑的本体论领域，它建基于一个以异质性（与实证的差异完全不同）为核心的绝对限度和对抗观念。在它之中，"表征性（……逃避了直接表征的在对抗中存在的冲突环节）固有的失败自身变成可表征的，即便仅仅通过在可表征之物中的非表征性的踪迹（正如在康德的物自体中那样：一个对象只有通过其充足表征的不可能才能显示自身）"。因此，这个以"非关系性的关系"为特征的本体论界域必然将"可表征性之最终的、内在的不可能性"以及围绕客观性限度而创建的实际存在物之间的非中心和去等级化关系视为最根本之物，试图彻底避免社会—政治分析中所有的实证主义和本质主义残余。② 在这里，他求助于拉康对象征同一化过程的分析（小对象 a、缺失、原乐、剩余快感等），强调社会—政治领域或象征秩序之激进的否定性/缺失性/偶然性本质：不固定的、分裂的和错位的。在他看来，可理解的和透明的社会总体以及中心化和同一性的社会主体都是不可能的，它们的存在只能表现为创建一个不可能性对象（绝对的总体性和完全的自我同一性）的徒劳努力。换言之，它们只能在社会

① Jason Glynos, "The Grip of Ideology: A Lacanian Approach to the Theory of Ideology", *Journal of Political Ideologies*, Vol.6, No.2, 2001, p.198.

② Ernesto Laclau, "Ideology and Post-Marxism", *Journal of Political Ideologies*, Vol.11, No.2, 2006, pp.105-106.

主体透过空洞能指来假定其实存本身的意义上才作为总体性存在,其真正的实体本质绝对无法通过科学的或实证的考察直接获得。然而,正因为社会的象征性表征/再现在构成上的这个不可根除的缺失,政治的霸权斗争才有可能。在这个意义上,意识形态霸权的功能恰恰在于将这些差异性因素暂时缝合成一个部分实现了的统一整体或同一性。

从上述方面出发,拉克劳在马克思主义内部重新改造了以往的意识形态理论。他指出,传统的马克思主义意识形态分析主要包括两个密切相连的基本方法路径和概念框架。一个将意识形态归结为社会总体的上层建筑领域,不可避免地具备经济主义和还原主义的根源;另一个则把意识形态理解为虚假意识,内在地为人类社会的行为主体预设了一个先验的同一基础。前者的有效性依赖于一个作为可理解的总体性或封闭的结构秩序的社会概念,后者的可能性条件则以认为主体具有最终意义上的本质同一性,对它的误认构成意识形态源泉为前提。① 从根本上看,它们的整体配置都以不同阶级主体之间界限分明的斗争和支配社会总体之历史演变的客观规律为根据,必然包含着一种实证主义、客观主义、本质主义、还原主义和表象主义式的社会历史观和政治教条。并且,拉克劳还试图从在新本体论层面得到改造的意识形态误认和歪曲观念中再次引申出对它们的批判。对他而言,误认、歪曲观念和虚假意识恰恰构成废除一切元语言运作的基石。它们在一定意义上均承认原初"实在的"或"不被扭曲的"事物的存在,从而预示着不可能的对象与其具体表现形式之间可能实现完美同一的想象关系和超话语的闭合/终结机制:某种特殊的社会—政治安排完全占据了人类共同体的普遍化角色和位置。这集中展示了政治逻辑构造的根本环节:本体—实体层面的裂缝、普遍性—特殊性的相

---

① Ernesto Laclau, *New Reflections on the Revolution of Our Time*, London and New York: Verso, 1990, pp.89-90.

互颠覆关系以及可能性—不可能性的辩证法。① 对它们的明晰可以使我们确认任何社会行动者的绝对同一性为何纯粹是一种幻想。② 然而,对它们的排除又会因只承认不可通约的各种话语,使我们重新陷入另一种完全的实证主义观念:从一个超话语的基础走向话语领域的纯粹多样性。由此可见,对意识形态误认的批判既不是对隐藏在虚假实体之下的真正实体的揭露,又不意味着对它的逐渐逼近,而是力求揭示一个标示了所有实体的非实体。简言之,除了不完备的创构性缺失,没有任何真实的肯定或实证之物能够言说社会的真理。

　　延续葛兰西霸权理论以及阿尔都塞的多元决定论和意识形态质询思想的某些核心原则,拉克劳拒绝以本质主义和还原主义的路径来理解意识形态,避免将它限制在经济决定论和阶级政治的分析范式之中,而是沿着基于外在性、缺失性和否定性的准先验的超越性路径及其指示的偶然性、多元性和流动性方向重新加以诠释。整体来看,他关于意识形态问题的主要观点包括两个基本方面。其一,揭示了意识形态的话语本性。"意识形态并不由带有实证本质的误认构成,恰恰相反,它由任何实证性之不稳定特征和任何最终缝合的不可能性的不承认(Non-Recognition)构成。它由一个社会力图基于封闭、意义的固定和差异之无限游戏的不承认借以创建自我本身的那些话语形式构成。……就社会如果没有意义的固定和封闭的话语便是不可能的而言,它必须被看成是对社会的构造。"③在此,意识形态实为由不可化约的异质性、不可能性的终极限度和创构性的缺失创建而来的话语构造。作为一个破除总体性、完备性、固定性和封闭性神话且展现差异游戏的话语系统,它"是将闭合

　　① Ernesto Laclau,"The Death and Resurrection of the Theory of Ideology",*Journal of Political Ideologies*,Vol.1,No.3,1999,pp.201-220.

　　② Ernesto Laclau,*New Reflections on the Revolution of Our Time*,London and New York:Verso,1990,p.92.

　　③ Ernesto Laclau,*New Reflections on the Revolution of Our Time*,London and New York:Verso,1990,p.92.

强加给人类社会的一种徒劳的努力,该社会的本质特征是差异的无限嬉戏与人和最终意义之确定的不可能性"①。其二,强调了意识形态运行的霸权路径。"众多'漂浮的能指',众多原型意识形态因素,被结构成一个统一的领域;这是通过某一'纽结点'……的干预完成的,它将它们'缝合'在一起,阻止它们滑动,把它们的意义固定下来。意识形态空间是由非绑定、非捆死的因素构成的,是由'漂浮的能指'构成的,它们的同一性是'开放的',完全依赖于它们与其他因素之间的链接——即是说,它们的'字面'含义依赖于它们隐喻性的剩余蕴涵"②。从这个角度看,意识形态话语相对自主的政治空间及其霸权品格不过是众多要素或漂浮能指之间偶然的、暂时的和开放的接合实践所达成的去中心的统一化结果。它不过是一个短暂填补本体性裂缝(对抗和错位)的表象/代表空间:同一性的神话和集体性的社会想象。意识形态斗争的关键在于,哪个纽结点或缝合点及其不同系列的等价链条能够把这些漂浮因素连接起来从而即刻占据了普遍性的空位。概言之,拉克劳将同话语实践息息相关的霸权视为核心范畴,力图借由它来构想一个"基于修辞比喻得以结构化塑造的意识形态理论"③。在这个视域中,意识形态领域完全成了一个与社会历史状况脱节的漂浮能指之无限开放的聚合过程和斗争场所,即"将意义稳定在具体语境的表征性的、隐喻性的和不稳固的闭合"④。它总是被不可判定和无法表征的剩余物或原初分裂内核所刺穿,始终都被偶然性和不确定性因素全面渗透。

---

① [法]米开尔·白瑞特:《意识形态、政治、霸权:从葛兰西到拉克罗和穆夫》,见[斯洛文尼亚]斯拉沃热·齐泽克、[德]泰奥德·阿多尔诺等:《图绘意识形态》,方杰译,南京大学出版社2002年版,第341页。

② [斯洛文尼亚]斯拉沃热·齐泽克:《意识形态的崇高客体》,季广茂译,中央编译出版社2002年版,第121—122页。

③ Jason Glynos, "The Grip of Ideology: A Lacanian Approach to the Theory of Ideology", *Journal of Political Ideologies*, Vol.6, No.2, 2001, p.199.

④ Ernesto Laclau, "Ideology and Post-Marxism", *Journal of Political Ideologies*, Vol.11, No.2, 2006, p.103.

　　总的来说,拉克劳意在通过始终基于话语(修辞学)—实在(精神分析学)—霸权(政治学)之三位一体的意识形态分析过程,将作为一切客观性之限度且处在实在界或本体论层面的政治本身环节及其根本维度(对抗、错位)充分浮现出来。这样,他既创建了以创构性的外在性、不可能性和缺失为核心的后基础主义本体论,又以准先验性的模式确立了政治和意识形态领域的首要性和优先性。客观地看,拉克劳的政治本体论在一定程度上确实对当代资本主义社会转型在社会政治领域引发的一系列后现代状况(特别是新保守主义、福利国家、大众文化、新社会运动和新从属关系等)作出了极富洞察力的分析,并与后现代主义政治哲学中普遍存在的虚无主义、相对主义、反政治主义和无政府主义倾向划清了界限。他不仅凸显了后结构主义的差异逻辑和后基础主义本体论的开放立场在社会—政治领域中的重要性,而且还基于当代复杂而多元的社会斗争和政治运动对未来的政治图景和解放叙事进行了独到而深刻的构想。

　　然而,我们可以明显地发现其逻辑构架中存在许多无法克服的矛盾和局限。其一,他企图从必然性领域的经济和围绕偶然性的政治之严格划分入手,彻底颠覆社会批判理论中的本质主义和经济主义倾向,但这种解构式的干预最终重新引入了一个新的必然性和本质性逻辑:政治的优先或过度的政治化。① 对他而言,"意识形态对社会构造是必不可少的,不仅作为一个功能性的社会黏合剂,而且还充当着政治和经济之可能性条件有效地将政治和经济化约为意识形态的社会主体性的基本模式"②。他把关注焦点从传统的经济生产领域投向政治和意识形态领域,并通过它们相对于其他所有社会基础的自主性,彻底剥离它们赖以存在的物质前提和经济根源,否认其阶级利益的客观归属。他以此为基础,还将语言视为"一切人类秩序的原则和模型",直接

<hr>

① Terry Eagleton, *Ideology: An Introduction*, London and New York: Verso, 1991, p.213.
② Geoff Boucher, *The Charmed Circle of Ideology: A Critique of Laclau and Mouffe, Butler and Zizek*, Melbourn: Re.Press, 2008, p.92.

导致现实世界完全脱离了因果关系的捆绑,变成一个充满不可化约的偶然性和不确定性的领域。虽然他并未陷入纯粹的特殊主义和非决定论立场,但因对社会—政治空间的可理解性、确定性和规范性维度的过分排斥以及对差异性、偶然性和开放性面向的过度偏重,不可避免地创建了一种相对主义和随机化的社会—历史—政治观。①

其二,他意在提供一个关于社会—政治本体论图景的纯粹形式化的理论诠释和哲学思考,但对制度性/实体性层面真实存在的社会、政治和文化安排毫无兴趣,只专注于对意识形态运作方式的揭示,却对其具体内容和历史建构过程漠不关心,从而表现出十分明显的形式主义、非历史性和非情境性倾向。在他看来,"如果历史是在人们的偶然决断之外被引发的过程之剧场——上帝意志、本质形式的固定世界和必然的历史规律——那么这将意味着民主不可能是激进的,正如社会不是被政治地创建而是其内在性逻辑的结果,它被叠加了所有的政治意志或通过它得到表达"②。唯有将社会的完备性、总体性、必然性和闭合性看成一个不可能的终极限度,才能将创建它的本体论界域(政治本身环节)揭露出来。在这个意义上,正是这个不可弥合和无法表征的裂缝、原始分裂或结构错位,才真正确立了社会关系和政治活动的可能性空间。换言之,"正是政治话语在根本上的形式化特征才使它成为一个引人注目的同一化场所","政治话语的内容几乎无关紧要,这是因为正是它的形式框架才能使它对'人民'极具吸引力。不同的政治能指或许看似运行方式各异,但它们都是'空洞的能指',即其组织形式——而非内容——获取幻象投

---

① 参见 Perry Anderson, *In the Tracks of Historical Materialism*, London: The University of Chicago Press, 1983, p.48; Ellen Meiksins Wood, *The Retreat from Class: A New "True" Socialism*, London: Verso, 1986, pp.76—77。

② Ernesto Laclau, "Building a New Left: An Interview with E. Laclau", *Strategies: Journal of Theory, Culture, and Politics*, Vol.1, 1998, p.24.

资的空白空间"。① 显然,拉克劳那种包容了所有社会现象的话语本体论必然排除任何超话语的物质实存和历史的、具体的经验分析。② 在这个理论框架中,"一般性的说明和例证性演示之间的不可通约性证实了他认同的颠覆语境同它们的结构无关"③。他通过把非话语条件化约为话语条件来消除二者的区分,将话语形态同物质性的实践和制度相融合,以此来统一唯心论和唯物论的对立,打破本质论的迷思,并从社会历史的多元性和开放性中直接推导出可行的新社会主义革命策略。"这种方法把语言的形式分析同它的文化和社会的语法以及语义学分离开来,并进一步暗示,有关语言的说法即是关于全部语言使用者的说法,并且它的特殊的社会和政治形式将只是关于语言自身的一种更为一般和非语境化真理的例证。"④然而,一旦话语解释取代了一切,却没有给结构—制度—历史的现实分析留下任何空间,就定会缺乏一个在意识形态话语之外能够有效说明当代资本主义新时代社会状况的工具和方法。同时,拉克劳坚持的调和立场又使他不得不诉诸一个由意指系统的接合实践来确保的命名过程,因而重新沦入围绕话语构造的另一种形式的封闭一元论或本质论只能是必然选择。⑤

其三,他太过迷恋社会—政治生活之不可化约的不可能性、缺失、否定性和开放性本质,确立了悲观、虚无和软弱的政治基调。虽然他始终凸显激进民

---

① Ann Marie Smith, *Laclau and Mouffe: The Radical Democratic Imaginary*, London: Routledge, 1998, p.76, pp.80-81.

② 参见 Norman Geras, *Discourse of Extremity*, London: Verso, 1990, pp. 127 - 168; Terry Eagleton, *The Ideology of the Aesthetic*, Oxford: Basil Blackell, 1990, p.203, p.209。

③ [美]朱迪斯·巴特勒:《重新筹划普遍:霸权以及形式主义的界限》,见[美]朱迪斯·巴特勒、[英]欧内斯特·拉克劳、[斯洛文尼亚]斯拉沃热·齐泽克:《偶然性、霸权和普遍性——关于左派的当代对话》,胡大平等译,江苏人民出版社 2004 年版,第 21 页。

④ [美]朱迪斯·巴特勒:《重新筹划普遍:霸权以及形式主义的界限》,见[美]朱迪斯·巴特勒、[英]欧内斯特·拉克劳、[斯洛文尼亚]斯拉沃热·齐泽克:《偶然性、霸权和普遍性——关于左派的当代对话》,胡大平等译,江苏人民出版社 2004 年版,第 27 页。

⑤ Michael Rustin, "Absolute Voluntarism: Critique of a Post-Marxist Concept of Hegemony", *New German Critique*, Vol.43, 1988, p.58.

主之解构性的革命维度,却强调外在于资本主义生产关系的对抗根源,无视资本主义体制为压制和阻断不同民主话语的自由增值和扩展所施加的各种限制和障碍,也未对作为新社会主义策略的激进民主政治同新社会运动、自由主义民主和社会主义的交叉关系作出具体说明,更是对社会主义民主和资产阶级民主的根本区分置若罔闻,甚至早已沦为资本主义体制和资产阶级意识形态的辩护者。在对马克思主义的批判和未来民主革命的规划上,他"完全依赖本质主义与偶然性的对立……把'进步'(如果这个术语仍然是可辩护的)构想为从本质主义到越来越激进的偶然性声称的逐步过渡",从而"默默接受了一系列前提:……从未怀疑资本主义市场经济和自由民主政治体制的基础前提……从未想象过一个完全不同的经济—政治体制的可能性……提议的所有变化都是在这种经济—政治体制内的变化"。① 于是,"无论他们如何反对自身与自由主义的'差异',他们对作为新文化接合的基础的'宽容'——或者'对抗的多元性'——的信奉,使他们具有了'秘密的'资本家的嫌疑。差异没有提供任何一种文化变革的议程,差异的形成仅是我们所陷入的文化停滞的另一个症候。后现代主义及其诸如后马克思主义这样的分支并没有指明未来,相反,它们描述了资本主义的这种形式与那种形式之间的过渡状态"②。从这个视角看,拉克劳将政治完全等同于话语接合,根本无法提供充分剖析和评估社会对抗的准则以及形成集体主体性和政治认同的现实机制,不能对压迫者—被压迫者以及各种特定的斗争、运动和群体作出实质区分,甚至还把所有的社会斗争和资本扩张都视为自由的拓展。③ 他唯一力求确证的原则在

---

① [斯洛文尼亚]齐泽克:《没有结束,从头开始》,见[美]朱迪斯·巴特勒、[英]欧内斯特·拉克劳、[斯洛文尼亚]斯拉沃热·齐泽克:《偶然性、霸权和普遍性——关于左派的当代对话》,胡大平等译,江苏人民出版社2004年版,第237页。

② [英]斯图亚特·西姆:《后马克思主义思想史》,吕增奎、陈红译,江苏人民出版社2011年版,第72—73页。

③ Geoff Boucher, *The Charmed Circle of Ideology: A Critique of Laclau and Mouffe, Butler and Zizek*, Melbourn: Re.Press, 2008, p.110.

于,这些政治力量在何种程度上能够明确地把自身的本体论地位确认为社会秩序中的偶然性和特殊性因素。换言之,在这个所谓的"激进民主主义"的发明中,"所有其他的斗争……都可以设想成民主纲领向新领域……逐步的激进化、延伸、应用。……发挥着霸权作用的特定斗争,因为没有强化对差异的暴力镇压,反而为特定斗争的相对自主性打开了空间"①。他透过话语—霸权路径的多元性、流动性和不确定性立场,强调它们在政治链条中作为单独环节而具备的相同境况和同等地位。这等于抹杀了它们在社会、文化和政治安排中的实质差别,②最终仅仅建立了一个缺乏真正"霸权者"的霸权论③。另外,既然不同的政治力量具备各自的斗争策略和话语认同,那么它们之间如何能够达成一致、彼此接合,便成了一个始终都被搁置的未决悬案。概言之,尽管这种建立在话语政治之随机决定的方式有助于松散政治联盟的建立,避免了激进民主在任何制度性层面上的终止或闭合,却无法有效揭示它们的构造方式、运作机制和表现形式,更不能制定切实可行的政治策略和革命纲领。这使拉克劳的政治构想只能表现为一个永远停留在纯粹形式化层面和缺乏现实效力的未竟规划,倾向于一个完全空洞的去革命化姿态。因此,"从'本质主义的'马克思主义向后现代偶然性政治学转变(在拉克劳那里)……不是一种简单的认识论进步而是在本质上是资本主义社会的全球变化的一个部分"④。

其四,他将第二国际和共产国际理论家误读和曲解的各种马克思主义版

---

① [斯洛文尼亚]齐泽克:《意识形态的崇高客体》,季光茂译,中央编译出版社 2002 年版,第 123 页。

② 参见 Norman Geras, "Ex-Marxism without Substance: Being a Real Reply to Laclau and Mouffe", *New Left Review*, No. 169, 1988, p.39; Dana Polan, "Translator's Introduction", in Gilles Deleuze and Felix Guattari, *Kafka*, Minneapolis: University of Minnesota Press, 1986, p.xxvi.

③ Peter Osborne, "Radicalism Without Limit? Discourse, Democracy and the Politics of Identity", in Peter Osborne (ed.), *Socialism and the Limits of Liberalism*, London and New York: Verso, 1991, p.218.

④ [斯洛文尼亚]齐泽克:《是阶级斗争还是后现代主义? 是的,请!》,见[美]朱迪斯·巴特勒、[英]欧内斯特·拉克劳、[斯洛文尼亚]斯拉沃热·齐泽克:《偶然性、霸权和普遍性——关于左派的当代对话》,胡大平等译,江苏人民出版社 2004 年版,第 107 页。

本同马克思本人的思想混同起来,在关键问题上重回早期西方马克思主义哲学批判它们的老路。他十分武断地把马克思装扮成一个技术—经济决定论和阶级还原论者,不但无视他的唯物史观、政治经济学批判、资本主义生产方式批判和阶级斗争理论同客观主义、经济主义、实证主义、自然主义、科学主义、生产主义、机械决定论和先验目的论的根本差异,而且没有看到马克思主义内部对这些理解模式和理论倾向的反思和清算。[①] 同时,他基于激进的外在性、偶然性、差异性和开放性的后现代主义原则,彻底放弃了主客体向度相统一的历史辩证法(社会基本矛盾论、历史本质论和历史规律论)、立足于生产关系和生产过程之内在矛盾的生产方式分析框架、政治意识形态领域的历史前提、社会斗争和政治抵抗的物质根源、活劳动和资本的对抗关系与劳动的社会历史本质、经济生产过程对主体意志的决定等方面,从而完全背离了马克思主义的基本立场。

---

① 参见[美]道格拉斯·凯尔纳、[美]斯蒂文·贝斯特:《后现代理论:批判性的质疑》,张志斌译,中央编译出版社 1999 年版,第 261—263 页;Norman Geras,"Post-Marxism?",*New Left Review*,No.163,1987,pp.40-82;Norman Geras,"Ex-Marxism without Substance:Being a Real Reply to Laclau and Mouffe",*New Left Review*,No.169,1988,pp.34-61。

主要参考文献

一、中文文献

（一）著作类

1.《马克思恩格斯选集》第1—4卷，人民出版社2012年版。

2.《马克思恩格斯文集》第1—10卷，人民出版社2009年版。

3.《马克思主义研究资料》第1—25卷，中央编译出版社2014年版。

4.《马克思主义研究资料》第26—34卷，中央编译出版社2015年版。

5.［美］哈特、［意］奈格里：《帝国——全球化的政治秩序》，杨建国、范一亭译，江苏人民出版社2005年版。

6.［意］奈格里：《〈大纲〉:超越马克思的马克思》，张悟、孟丹、王巍等译，北京师范大学出版社2011年版。

7.［美］哈特、［意］奈格里：《大同世界》，王行坤译，中国人民大学出版社2016年版。

8.［意］奈格里：《艺术与诸众:论艺术的九封信》，尉光吉译，重庆大学出版社2016年版。

9.［意］奈格里：《超越帝国》，李琨、陆汉臻译，北京大学出版社2016年版。

10.［英］拉克劳、［英］墨菲：《领导权与社会主义战略》，尹树广、鉴传今译，黑龙江人民出版社2003年版。

11.［英］拉克劳：《我们时代革命的新反思》，孔明安、刘振怡译，黑龙江人民出版社2006年版。

12.［美］巴特勒、［英］拉克劳、［斯洛文尼亚］齐泽克：《偶然性、霸权和普遍性——

关于左派的当代对话》,胡大平等译,江苏人民出版社2004年版。

13.[英]墨菲:《政治的回归》,王恒、臧佩洪译,江苏人民出版社2001年版。

14.[意]马基雅维利:《论李维》,冯克利译,上海人民出版社2005年版。

15.[意]马基雅维利:《君主论》,徐继业译,光明日报出版社2006年版。

16.[荷兰]斯宾诺莎:《神学政治论》,温锡增译,商务印书馆1963年版。

17.[荷兰]斯宾诺莎:《伦理学》,贺麟译,商务印书馆1983年版。

18.[荷兰]斯宾诺莎:《政治论》,冯炳坤译,商务印书馆1999年版。

19.[英]霍布斯:《利维坦》,黎思复、黎廷弼译,商务印书馆1985年版。

20.[英]霍布斯:《论公民》,应星等译,贵州人民出版社2003年版。

21.[法]福柯:《必须保卫社会》,钱瀚译,上海人民出版社1999年版。

22.[法]福柯:《规训与惩罚》,刘北成、杨远婴译,生活·读书·新知三联书店2003年版。

23.[法]福柯:《知识考古学》,谢强译,生活·读书·新知三联书店2003年版。

24.[法]福柯:《性经验史》,佘碧平译,上海人民出版社2005年版。

25.[法]福柯:《主体解释学》,佘碧平译,上海人民出版社2010年版。

26.[法]德勒兹:《哲学与权力的谈判》,刘汉全译,商务印书馆2000年版。

27.[法]德勒兹:《尼采与哲学》,周颖、刘玉宇译,社会科学文献出版社2001年版。

28.[法]德勒兹:《康德与柏格森解读》,张宇凌、关群德译,社会科学文献出版社2002年版。

29.[法]德勒兹:《斯宾诺莎的实践哲学》,冯炳坤译,商务印书馆2004年版。

30.[法]德勒兹:《德勒兹论福柯》,杨凯麟译,江苏教育出版社2006年版。

31.[法]阿尔都塞:《自我批判文集》,杜章智、沈起予编译,台北远流出版社事业股份有限公司1990年版。

32.[法]阿尔都塞:《列宁和哲学》,杜章智译,台湾远流出版社事业股份有限公司1990年版。

33.[法]阿尔都塞:《保卫马克思》,顾良译,商务印书馆2006年版。

34.[法]阿尔都塞、巴里巴尔等:《读〈资本论〉》,李其庆、冯文光译,中央编译出版社2001年版。

35.[法]阿尔都塞:《黑格尔的幽灵》,唐正东译,南京大学出版社2005年版。

36.[法]阿尔都塞:《哲学与政治:阿尔都塞读本》(上、下册),陈越译,吉林人民出版社2011年版。

37.[法]德里达:《一种疯狂守护着思想——德里达访谈录》,何佩群译,上海人民出版社 1997 年版。

38.［法］德里达:《马克思的幽灵:债务国家、哀悼活动和新国际》,何一译,中国人民大学出版社 1999 年版。

39.［法］德里达:《论文字学》,汪堂家译,上海译文出版社 1999 年版。

40.［法］德里达:《书写与差异》,张宁译,生活·读书·新知三联书店 2001 年版。

41.［法］德里达:《多重立场》,佘碧平译,生活·读书·新知三联书店 2006 年版。

42.［法］拉康:《拉康选集》,褚孝泉译,上海三联书店 2001 年版。

43.［德］海德格尔:《形式显现的现象学》,孙周兴译,同济大学出版社 2004 年版。

44.［德］海德格尔:《存在与时间》,陈嘉映、王庆节译,生活·读书·新知三联书店 2006 年版。

45.［法］巴利巴尔:《马克思的哲学》,王吉会译,中国人民大学出版社 2007 年版。

46.［奥］维特根斯坦:《哲学研究》,李步楼译,商务印书馆 2000 年版。

47.［奥］维特根斯坦:《逻辑哲学论》,王平复译,九州出版社 2007 年版。

49.［美］阿伦特:《论革命》,陈周旺译,译林出版社 2007 年版。

50.［美］阿伦特:《极权主义的起源》,林骧华译,生活·读书·新知三联书店 2008 年版。

51.［法］波德利亚:《消费社会》,刘成富、金志刚译,南京大学出版社 2006 年版。

52.［法］鲍德里亚:《物体系》,林志明译,上海人民出版社 2001 年版。

53.［法］鲍德里亚:《符号政治经济学批判》,夏莹译,南京大学 2008 年版。

54.［斯洛文尼亚］齐泽克:《意识形态的崇高客体》,季广茂译,中央编译出版社 2002 年版。

55.［斯洛文尼亚］齐泽克:《图绘意识形态》,方杰译,南京大学出版社 2002 年版。

56.［斯洛文尼亚］齐泽克:《实在界的面庞》,季广茂译,中央编译出版社 2004 年版。

57.［斯洛文尼亚］齐泽克:《快感大转移——妇女和因果性六论》,胡大平、余宁平等译,江苏人民出版社 2004 年版。

58.［斯洛文尼亚］齐泽克:《易碎的绝对——基督教遗产为何值得奋斗?》,蒋桂琴、胡大平译,江苏人民出版社 2004 年版。

59.［斯洛文尼亚］齐泽克:《有人说过集权主义吗?》,宋文伟、侯萍译,江苏人民出版社 2005 年版。

60.［斯洛文尼亚］齐泽克、［英］戴里:《与齐泽克对话》,孙晓坤译,江苏人民出版社 2005 年版。

61.［斯洛文尼亚］齐泽克:《幻想的瘟疫》,胡雨谭、叶肖译,江苏人民出版社 2006 年版。

62.［斯洛文尼亚］齐泽克:《敏感的主体:政治本体论的缺席中心》,应奇等译,江苏人民出版社 2006 年版。

63.［斯洛文尼亚］齐泽克:《因为他们并不知道他们所做的——政治因素的享乐》,郭英剑等译,江苏人民出版社 2007 年版。

64.［斯洛文尼亚］齐泽克:《不敢问希区柯克的,就问拉康吧》,穆青译,上海人民出版 2007 年版。

65.［斯洛文尼亚］齐泽克:《伊拉克:借来的壶》,涂剑峰译,生活·读书·新知三联书店 2011 年版。

66.［斯洛文尼亚］齐泽克:《斜目而视:透过通俗文化看拉康》,季广茂译,浙江大学出版社 2011 年版。

67.［斯洛文尼亚］齐泽克:《暴力:六个侧面的反思》,唐健、张嘉荣译,中国法制出版社 2012 年版。

68.［斯洛文尼亚］齐泽克:《享受你的症状——好莱坞内外的拉康》,尉光吉译,南京大学出版社 2014 年版。

69.［斯洛文尼亚］齐泽克:《欢迎来到实在界这个大荒漠》,季广茂译,译林出版社 2014 年版。

70.［斯洛文尼亚］齐泽克:《视差之见》,季广茂译,浙江大学出版社 2014 年版。

71.［美］巴特勒:《齐泽克宝典》,胡大平等译,江苏人民出版社 2007 年版。

72.［意］阿甘本:《例外状态》,薛熙平译,台北麦田出版城邦文化事业股份有限公司 2010 年版。

73.［意］阿甘本:《潜能》,王立秋、严和等译,漓江出版社 2014 年版。

74.［意］阿甘本:《无目的的手段:政治学笔记》,赵文译,河南大学出版社 2015 年版。

75.［意］阿甘本:《幼年与历史:经验的毁灭》,尹星译,河南大学出版社 2016 年版。

76.［意］阿甘本:《语言的圣礼:誓言考古学》,蓝江译,重庆大学出版社 2016 年版。

77.［意］阿甘本:《宁芙》,蓝江译,重庆大学出版社 2016 年版。

78.［意］阿甘本:《剩余的时间:解读〈罗马书〉》,钱立卿译,中央编译出版社 2016 年版。

79.［意］阿甘本:《神圣人:至高权力与赤裸生命》,吴冠军译,中央编译出版社 2016 年版。

80.［意］阿甘本:《裸体》,黄晓武译,北京大学出版社 2017 年版。

81.［意］阿甘本:《渎神》,王立秋译,北京大学出版社 2017 年版。

82.［意］阿甘本:《论友爱》,刘耀辉、尉光吉译,北京大学出版社 2017 年版。

83.［意］阿甘本、[法]巴迪欧、[法]本萨义德、[英]布朗、[法]让-吕克·南希、[法]朗西埃等:《好民主,坏民主》,王文菲、沈健文译,上海社会科学院出版社 2014 年版。

84.［法］让-吕克·南希、布朗肖、夏可君等:《变异的思想》,夏可君编译,吉林人民出版社 2001 年版。

85.［法］让-吕克·南希:《解构的共通体》,郭建玲等译,上海人民出版社 2007 年版。

86.［法］让-吕克·南希:《不可能的正义:关于正义与非正义》,简燕宽译,新星出版社 2013 年版。

87.［法］让-吕克·南希:《天与地——关于神》,简燕宽译,新星出版社 2013 年版。

88.［法］让-吕克·南希:《肖像画的凝视》,简燕宽译,漓江出版社 2015 年版。

89.［法］让-吕克·南希:《素描的愉悦》,尉光吉译,河南大学出版社 2016 年版。

90.［法］让-吕克·南希:《无用的共通体》,郭建玲等译,河南大学出版社 2016 年版。

91.［法］朗西埃:《图像的命运》,张新木、陆洵译,南京大学出版社 2014 年版。

92.［法］朗西埃:《文学的政治》,张新木译,南京大学出版社 2014 年版。

93.［法］朗西埃:《哲学家和他的穷人们》,蒋海燕译,南京大学出版社 2014 年版。

94.［法］朗西埃:《歧义:政治与哲学》,刘纪蕙、林淑芬译,西北大学出版社 2015 年版。

95.［法］朗西埃:《词语的肉身:书写的政治》,朱康译,西北大学出版社 2015 年版。

96.［法］朗西埃:《对民主之恨》,李磊译,中央编译出版社 2016 年版。

97.［法］朗西埃:《美感论:艺术审美体制的世纪场景》,赵子龙译,商务印书馆 2016 年版。

98.［法］朗西埃:《历史之名:论知识的诗学》,魏德骥译,华东师范大学出版社 2017 年版。

99.［法］巴迪欧:《世纪》,蓝江译,南京大学出版社 2011 年版。

100.［法］巴迪欧:《哲学宣言》,蓝江译,南京大学出版社 2014 年版。

101.［法］巴迪欧:《第二哲学宣言》,蓝江译,南京大学 2014 年版。

102.［法］巴迪欧:《元政治学概述》,蓝江译,复旦大学出版社2015年版。

103.［法］巴迪欧、米尔纳:《论争:关于当代政治与哲学的对话》,邓冰艳译,河南大学出版社2016年版。

104.［英］波兰尼:《大转型:我们时代的政治与经济起源》,冯钢、刘阳译,浙江人民出版社2007年版。

105.［美］卡弗:《政治性写作:后现代视野中的马克思形象》,张秀琴译,北京师范大学出版社2009年版。

106.［德］施米特:《政治的概念》,刘宗坤译,上海人民出版社2003年版。

107.［美］罗尔斯:《正义论》,何怀宏译,中国社会科学出版社1988年版。

108.［德］哈贝马斯:《交往行为理论》,曹卫东译,上海人民出版社2004年版。

109.［德］哈贝马斯:《现代性的哲学话语》,曹卫东等译,译林出版社2004年版。

110.［美］哈维:《后现代的状况——对文化变迁之缘起的探究》,阎嘉译,商务印书馆2003年版。

111.［美］哈维:《资本社会的17个矛盾》,许瑞宋译,中信出版社2016年版。

112.［英］瑟伯恩:《从马克思主义到后马克思主义?》,孟建华译,社会科学文献出版社2011年版。

113.［英］安德森:《思想的谱系:西方思潮的左与右》,袁银传、曹荣湘等译,社会科学文献出版社2012年版。

114.［英］沃尔夫:《当今为什么还要研读马克思》,段忠桥译,高等教育出版社2006年版。

115.［英］佩里·安德森、帕屈克·卡米勒主编:《西方左派图绘》,张亮、吴勇立译,江苏人民出版社2001年版。

116.［希腊］普兰查斯:《政治权力与社会阶级》,叶林等译,中国社会科学出版社1982年版。

117.［英］米利班德:《马克思主义与政治学》,黄子都译,商务印书馆1984年版。

118.［英］密里本德:《资本主义社会的国家》,沈汉译,商务印书馆1997年版。

119.［英］西姆:《后马克思主义思想史》,吕增奎、陈红译,江苏人民出版社2011年版。

120.［英］鲍曼:《后马克思主义与文化研究》,黄晓武译,江苏人民出版社2011年版。

121.［美］杰姆逊:《后现代主义与文化理论》,唐小兵译,北京大学出版社1997年版。

122. [美]詹姆逊:《后现代主义,或晚期资本主义的文化逻辑》,王逢振、陈永国译,生活·读书·新知三联书店 1997 年版。

123. [美]詹明信:《晚期资本主义的文化逻辑》,张旭东编,陈清侨等译,生活·读书·新知三联书店 1997 年版。

124. [美]詹姆逊:《文化转向》,胡亚敏等译,中国社会科学出版社 2000 年版。

125. [美]杰姆逊:《晚期马克思主义——阿多诺,或辩证法的韧性》,李永红译,南京大学出版社 2008 年版。

126. [美]伍德、福斯特主编:《保卫历史:马克思主义与后现代主义》,郝名玮译,社会科学文献出版社 2009 年版。

127. [美]德里克:《后革命氛围》,王宁等译,中国社会科学出版社 1999 年版。

128. [美]德里克:《全球现代性:全球资本主义时代的现代性》,胡大平、付清松译,南京大学出版社 2012 年版。

129. [美]德里克:《后革命时代的中国》,李冠南、董一格译,上海人民出版社 2015 年版。

130. [美]贝斯特、凯尔纳:《后现代理论:批判性的质疑》,张志斌译,中央编译出版社 1999 年版。

131. [美]贝斯特、凯尔纳:《后现代转向》,陈刚等译,南京大学出版社 2002 年版。

132. [英]伊格尔顿:《历史中的政治、哲学、爱欲》,马海良译,中国社会科学出版社 1999 年版。

133. [英]伊格尔顿:《后现代主义的幻象》,华明译,商务印书馆 2000 年版。

134. [英]伊格尔顿:《马克思为什么是对的》,李杨、任文科等译,新星出版社 2011 年版。

135. [英]莱姆克等:《马克思与福柯》,陈元等译,华东师范大学出版社 2007 年版。

136. [美]哈桑:《后现代转向:后现代理论与文化论文集》,刘象愚译,上海人民出版社 2015 年版。

137. [英]蒙克:《马克思在 21 世纪——晚期马克思主义的视角》,张英魁等译,江苏人民出版社 2011 年版。

138. [英]伊凡斯:《拉冈精神分析辞汇》,刘纪惠、廖朝阳等译,台湾巨流图书股份有限公司 2009 年版。

139. [日]福原泰平:《拉康:镜像阶段》,王小峰、李濯凡译,河北教育出版社 2001 年版。

140. [美]史密斯:《拉克劳与墨菲:激进民主想象》,付琼译,江苏人民出版社 2011

年版。

141.［英］鲍曼:《后马克思主义与文化研究》,黄晓武译,江苏人民出版社 2010 年版。

142.张一兵:《回到马克思——经济学语境中的哲学话语》,江苏人民出版社 1999 年版。

143.唐正东:《斯密到马克思——经济哲学方法的历史性诠释》,江苏人民出版社 2009 年版。

144.袁久红:《西方马克思主义的政治哲学》,东南大学出版社 2004 年版。

145.任平:《当代视野中的马克思》,江苏人民出版社 2003 年版。

146.宋伟:《批判与解构:从马克思到后现代的思想谱系》,人民出版社 2014 年版。

147.严泽胜:《拉康与后马克思主义思潮》,人民出版社 2013 年版。

148.孙民:《政治哲学视阈中的"意识形态领导权"》,人民出版社 2012 年版。

149.宝艳园:《后马克思主义之新霸权理论解读》,中国社会科学出版社 2014 年版。

150.宋晓杰:《政治主体性、绝对内在性和革命政治学:奈格里政治本体论研究》,人民出版社 2014 年版。

151.杜小真编选:《福柯集》,上海远东出版社 2003 年版。

152.汪民安:《福柯的界线》,南京大学出版社 2008 年版。

153.吴琼:《雅克·拉康:阅读你的症状》(上、下卷),中国人民大学出版社 2011 年版。

154.罗岗主编:《帝国、都市与现代性》,江苏人民出版社 2006 年版。

155.蔡中兴:《帝国主义理论发展史》,上海人民出版社 1987 年版。

156.汪民安:《身体、空间与后现代性》,江苏人民出版社 2006 年版。

157.汪民安主编:《生产》(第 1—10 辑),广西师范大学出版社、江苏人民出版社 2004—2015 年版。

158.陈永国、尹晶主编:《哲学的客体:德勒兹读本》,北京大学出版社 2010 年版。

159.汪民安主编:《福柯读本》,北京大学出版社 2010 年版。

160.周凡、李惠斌主编:《后马克思主义》,中央编译出版社 2007 年版。

161.周凡主编:《后马克思主义:批判与辩护》,中央编译出版社 2007 年版。

162.张永清、马元龙主编:《后马克思主义读本:理论批评》,人民出版社 2011 年版。

163.李义天主编:《共同体与政治团结》,社会科学文献出版社 2011 年版。

（二）论文类

1. 黄晓武编写:《帝国与大众——耐格里论全球化的新秩序》(上),《国外理论动态》2003 年第 12 期。

2. 黄晓武编写:《帝国与大众——耐格里论全球化的新秩序》(下),《国外理论动态》2004 年第 1 期。

3. [美]布朗、[美]泽曼:《什么是群众——迈克尔·哈特和安东尼·内格里访谈录》,王逢振译,《文艺研究》2005 年第 7 期。

4. [意]弗兰切斯卡·卡德尔:《放逐——内格里访谈》,张晶译,《国外理论动态》2007 年第 5 期。

5. [德]亨宁格、[意]内格里:《马克思主义的发展与社会转型》,肖辉译,《国外理论动态》2008 年第 12 期。

6. 汪行福、王金林:《劳动、政治与民主——访安东尼奥·奈格里教授》,《哲学动态》2009 年第 7 期。

7. [美]迈克尔·哈特:《非物质劳动与艺术生产》,陈越译,《国外理论动态》2006 年第 2 期。

8. [美]哈特、[土耳其]厄兹塞尔楚克:《〈帝国〉出版 15 周年访谈》,王行坤译,《马克思主义与现实》2017 年第 1 期。

9. [英]塞耶斯:《现代工业社会的劳动》,周嘉昕译,《南京大学学报》2007 年第 1 期。

10. [埃及]阿明:《帝国与大众》,段欣毅译,《国外理论动态》2007 年第 5 期。

11. [英]拉克劳:《为什么构建一个人民概念是激进政治的主要任务?》,闫培宇、李媛媛译,《山东社会科学》2017 年第 2 期。

12. [英]克拉尼奥斯卡斯:《拉克劳〈论民粹主义理性〉》,飞扬编写,《国外理论动态》2006 年第 8 期。

13. [美]诺里斯:《反对对抗:论欧内斯托·拉克劳的政治理论》,任国栋译,《马克思主义与现实》2008 年第 6 期。

14. [德]库克:《意识形态批判的合理性:对拉克劳意识形态的反思》,程晓萱译,《世界哲学》2009 年第 1 期。

15. [英]卡弗:《"意识形态批判"政治:新/后马克思主义时代的社会主义》,张秀琴、魏天舒译,《马克思主义与现实》2011 年第 4 期。

16. [英]鲍曼:《后马克思主义的话语理论》,黄晓武译,《国外理论动态》2011 年第

4 期。

17.［美］康皮:《霸权的构造:激进民主之路——厄内斯托·拉克劳访谈录》,王平译,《国外社会科学》2012 年第 1 期。

18.［美］哈维:《解释世界还是改造世界——评哈特、奈格里的〈大同世界〉》,王行坤译,《上海文化》2016 年第 2 期。

19. 刘怀玉、陈培永:《从非物质劳动到生命政治》,《马克思主义与现实》2009 年第 2 期。

20. 张梧、王巍:《重建主体:对〈经济学手稿(1857—1858 年)〉的政治解读》,《马克思主义与现实》2009 年第 5 期。

21. 汪行福:《〈帝国〉:后现代革命的宏大叙事》,《当代国外马克思主义评论》(5),人民出版社 2007 年版。

22. 王珊:《战争与民主——哈特与奈格里〈民众〉初论》,《外国文学》2009 年第 5 期。

23. 周穗明:《新帝国主义论及其批判述评》,《国外社会科学》2004 年第 3 期。

24. 彭利平、颜海平:《"帝国时代"——哈特与奈格里对〈帝国〉的后续阐释》,《国际观察》2004 年第 4 期。

25. 陈光兴:《〈帝国〉与去帝国化问题》,《读书》2002 年第 7 期。

26. 汪民安:《政治经济秩序的全球断裂——评迈克尔·哈特、安东尼奥·内格里〈帝国——全球化的政治秩序〉》,《文艺研究》2004 年第 3 期。

27. 石红梅:《自治主义的马克思主义叹息——从哈特、内格里到凯斯·韦克斯》,《马克思主义与现实》2017 年第 1 期。

28. 李春建:《对安东尼奥·内格里"非物质劳动"概念的学术考察》,《马克思主义与现实》2015 年第 1 期。

29. 李春建:《安东尼奥·内格里非物质劳动理论探析》,复旦大学博士学位论文,2011 年。

30. 李春建:《内格里"非物质劳动"的由来、研究现状及其意义》,《福建论坛》2011 年第 2 期。

31. 王平:《哈特和内格里后马克思主义正义思想的逻辑路径》,《马克思主义与现实》2015 年第 4 期。

32. 吴静:《从"弱势"到"多众"——德勒兹对哈特、内格里政治主体理论的影响》,《马克思主义与现实》2016 年第 2 期。

33. 黄晓武:《安东尼奥·内格里与意大利工人主义运动》,《当代世界与社会主义》2013 年第 6 期。

34. 孙乐强:《自治主义的大众哲学与伦理主义的主体政治学——对奈格里关于马克思"机器论片段"当代阐释的批判性反思》,《南京大学学报》2013 年第 3 期。

35. 唐正东:《非物质劳动与资本主义劳动范式的转型——基于对哈特、奈格里观点的解读》,《南京社会科学》2013 年第 5 期。

36. 唐正东:《非物质劳动条件下剥削及危机的新形式——基于马克思的立场对哈特和奈格里观点的解读》,《哲学研究》2013 年第 8 期。

37. 唐正东:《出离:生命政治生产中的抵抗形式——对哈特和奈格里的阶级斗争观的一种解读》,《山东社会科学》2014 年第 1 期。

38. 周洪军:《生命政治:以个体生命为对象的政治形态——哈特和奈格里对福柯生命政治理论的借鉴与超越》,《哲学研究》2014 年第 10 期。

39. 张早林:《从"诸众"到"共有者"——哈特与奈格里激进政治主体的逻辑转换及当代意义》,《南京社会科学》2015 年第 7 期。

40. 钱疏影:《马克思与斯宾诺莎的综合——奈格里的主体思想探析》,《马克思主义与现实》2014 年第 2 期。

41. 鲁绍臣:《资本主体批判:奈格里主体理论的路径与反思》,《国外理论动态》2016 年第 3 期。

42. 陈培永:《从规训社会到控制社会——内格里、哈特对福柯、德勒兹社会形态学说的马克思式重构》,《马克思主义与现实》2014 年第 6 期。

43. 陈培永:《马克思经济学方法论的奈格里式激进政治解读》,《哲学研究》2015 年第 10 期。

44. 陈培永:《后帝国主义时代的革命主体构建——哈特、奈格里的"大众"理论辨析》,《理论探讨》2011 年第 4 期。

45. 陈培永:《奈格里对斯宾诺莎"绝对民主"论的重构》,《哲学动态》2015 年第 3 期。

46. 陆青:《诸众:对马克思无产阶级理论的重构——哈特和奈格里"诸众"概念评析》,《浙江社会科学》2013 年第 8 期。

47. 丁瑞兆:《"外界":资本搏杀之域——哈特和奈格里的"外界"理论浅析》,《哲学研究》2012 年第 9 期。

48. 宋晓杰:《西方学界关于奈格里思想研究现状综述》,《国外社会科学》2011 年第 1 期。

49. 宋晓杰:《政治性—主体性的逻辑构架与阶级斗争的革命政治学——安东尼

奥·奈格里对历史唯物主义的重构》,《当代世界与社会主义》2012 年第 1 期。

50. 宋晓杰:《反思和重塑马克思劳动理论的三重路径——以奈格里为中心》,《江苏社会科学》2012 年第 5 期。

51. 宋晓杰:《诸众政治的逻辑脉络——以安东尼奥·奈格里为中心线索》,《江海学刊》2013 年第 2 期。

52. 宋晓杰:《拒绝黑格尔的马克思如何可能？——奈格里"创构性本体论"的方法论路径》,《山东社会科学》2014 年第 1 期。

53. 胡大平:《激进民主、对抗性与霸权——拉克劳和墨菲后马克思主义政治规划的批判性解读》,《求是学刊》2004 年第 1 期。

54. 胡大平:《走出"后马克思主义悖论"——新马克思主义的基本教训及其启示》,《吉林大学学报》2004 年第 3 期。

55. 汪行福:《意识形态和政治的可能性——从卢卡奇到拉克劳和穆菲》,《江西社会科学》2004 年第 3 期。

56. 付文忠、孔明安:《"后马克思主义"理论的批判解读——拉克劳与墨菲的"后马克思主义"评论》,《马克思主义研究》2004 年第 2 期。

57. 付文忠:《"政治先于社会":认同政治学的政治与社会概念——拉克劳与墨菲的后马克思主义政治观剖析》,《西南大学学报》2007 年第 5 期。

58. 付文忠:《后马克思主义的社会主义新策略——拉克劳、墨菲的多元激进民主理论思想研究》,《当代世界社会主义问题》2006 年第 2 期。

59. 付文忠、孔明安:《话语理论与后马克思主义的哲学取向——拉克劳与墨菲的后马克思主义方法论解读》,《哲学动态》2006 年第 6 期。

60. 付文忠:《拉克劳与墨菲的后马克思主义政治观剖析》,《当代世界社会主义问题》2008 年第 4 期。

61. 孔明安:《"后马克思主义"研究及其理论规定》,《哲学动态》2004 年第 2 期。

62. 孔明安:《论后马克思主义的解构基础——拉克劳与墨菲的"后马克思主义"理论特征剖析》,《哲学研究》2004 年第 7 期。

63. 孔明安:《"他者"的境界与"对抗"的世界——从拉康的"他者"到拉克劳和墨菲的"社会对抗"》,《哲学动态》2005 年第 1 期。

64. 孔明安:《"Articulation"与后马克思主义的偶然性逻辑——从拉克劳与墨菲"articulation"谈起》,《现代哲学》2006 年第 3 期。

65. 孔明安:《断裂·比较·反思——阿尔都塞与拉克劳思想体系之比较》,《哲学动态》2009 年第 11 期。

66. 孔明安:《普遍性问题与后现代政治学的困境——兼论齐泽克对拉克劳普遍性概念的批判》,《哲学研究》2012 年第 7 期。

67. 孔明安:《现代政治的霸权运作及其批判——从拉克劳的霸权逻辑到齐泽克的否定性基础上的批判》,《教学与研究》2013 年第 1 期。

68. 孔明安:《政治霸权的逻辑及其普遍性的困境——简析后马克思主义视域中的普遍性与本质主义之争》,《国外社会科学》2013 年第 1 期。

69. 周凡:《论拉克劳后马克思主义转向之前的接合概念》,《南京大学学报》2005 年第 4 期。

70. 周凡:《后马克思主义视域中的自发性概念——论拉克劳与莫菲对罗莎·卢森堡的解读》(上、下),《河北学刊》2006 年第 4、5 期。

71. 周凡:《从马克思主义到后马克思主义——拉克劳与莫菲思想演进的全景透视》(上、中、下),《学术月刊》2008 年第 5、6、7 期。

72. 周凡:《"后马克思主义":西方马克思主义的后现代转换》,《哲学研究》2008 年第 1 期。

73. 周凡:《卡斯托里亚迪斯:从批判理论到后马克思主义》,《马克思主义与现实》2010 年第 1 期。

74. 周凡:《后马克思主义的政治本体论——以穆芙的对抗概念为中心的学术史考察》(上、下),《学术月刊》2015 年第 4、5 期。

75. 夏莹:《"卢森堡困境"真的存在吗——论论拉克劳与莫菲对卢森堡理论的批判及其误读》,《学术月刊》2006 年第 8 期。

76. 夏莹:《论拉克劳、墨菲领导权理论的语言学基础》,《哲学研究》2007 年第 7 期。

77. 仰海峰:《拉克劳与墨菲的霸权理论》,《教学与研究》2008 年第 8 期。

78. 杨耕:《后马克思主义:历史语境与多重逻辑》,《哲学研究》2009 年第 9 期。

79. 李世涛:《后马克思主义:一种似是而非的马克思主义》,《马克思主义研究》2009 年第 10 期。

80. 莫雷:《后马克思主义的主体概念》,《学习与探索》2010 年第 2 期。

81. 莫雷:《从激进民主到阶级斗争——拉克劳、墨菲与齐泽克的政治策略的差异》,《山东社会科学》2010 年第 2 期。

82. 莫雷:《从"外在建构的普遍性"到"内在否定的普遍性"——后马克思主义意识形态的发展演变》,《理论视野》2013 年第 5 期。

83. 文兵:《后马克思主义"激进民主"的价值诉求与理论困境》,《哲学研究》2010

年第 4 期。

84. 高远:《后马克思主义:时代背景与理论策略》,《马克思主义与现实》2011 年第 4 期。

85. 董山民:《激进抑或保守——拉克劳、墨菲与理查德·罗蒂政治思想比较》,《学术月刊》2011 年第 5 期。

86. 余锦龙:《对西方激进民主理论的批判——以拉克劳、墨菲为例》,《中国特色社会主义研究》2011 年第 3 期。

87. 孙亮:《瓦解"经济主义的政治模式"与"偶然性逻辑"的确立——评拉克劳、墨菲对历史唯物主义方法论的"批判"》,《学习与探索》2011 年第 5 期。

88. 王晓升:《评拉克劳与墨菲对马克思社会结构理论的批判》,《马克思主义研究》2011 年第 11 期。

89. 王晓升:《多元激进民主究竟是怎样的"民主"——拉克劳和墨菲的民主理论及其启示》,《求是学刊》2012 年第 4 期。

90. 王晓升:《评拉克劳和墨菲对社会冲突的新理解》,《学术研究》2013 年第 12 期。

91. 王平:《拉克劳和墨菲后马克思主义激进民主政治的三重向度》,《中国人民大学学报》2012 年第 1 期。

92. 糜海波:《后马克思主义政治规划的理论转变与质性反思》,《理论探讨》2012 年第 2 期。

93. 严泽胜:《从"主体位置"到"欠缺的主体"——拉克劳、墨菲后马克思主义政治话语理论的"主体"问题》,《马克思主义与现实》2012 年第 3 期。

94. 严泽胜:《领导权与缝合的逻辑——拉克劳、墨菲对"领导权"概念的拉康式重构》,《马克思主义与现实》2014 年第 1 期。

95. 张剑:《异质性与民粹主义的后马克思主义探讨——兼论拉克劳与齐泽克的思想差异》,《马克思主义与现实》2012 年第 3 期。

96. 王伟:《拉克劳与墨菲:反本质主义的激进政治》,《福建论坛》2012 年第 4 期。

97. 高远:《后马克思主义"激进民主"理论的政治路径辨析》,《福建论坛》2012 年第 9 期。

98. 俞吾金:《左翼理论家们的阿基里斯之踵——以对拉克劳思想的剖析为例》,《探索与争鸣》2014 年第 1 期。

99. 李明:《后马克思主义意识形态理论的思想失误与实践迷失》,《理论视野》2014 年第 1 期。

100. 李西祥:《精神分析与后马克思主义的隐秘链接——以拉克劳为例》,《马克思主义与现实》2015 年第 4 期。

101. 李西祥:《实践与解放:从马克思到"后马克思主义"——马克思主义哲学视域中的"后马克思主义"批判》,《福建论坛》2016 年第 7 期。

102. 蓝江:《后马克思主义还是拉康化马克思主义?》,《福建论坛》2016 年第 7 期。

二、英文文献

(一)著作类

1. Antonio Negri, *Marx beyond Marx : Lessons on the Grundrisse*, Massachusetts : Bergin & Garvey Publishers, 1984.

2. Antonio Negri, *Revolution Retrieved : Selected Writings on Marx, Keynes, Capitalist Crisis and New Social Subjects* 1967−1983, London : Red Notes, 1988.

3. Antonio Negri, *The Politics of Subversion : A Manifesto for the Twenty-First Century*, Cambridge : Polity Press, 1989.

4. Félix Guattari and Antonio Negri, *Communist Like Us*, New York : Semiotex(e), 1990.

5. Michael Hardt and Antonio Negri, *Labor of Dionysus : a Critique of the State-form*, Minneapolis : University of Minnesota Press, 1994.

6. Antonio Negri, *Insurgencies : Consituent Power and Modern State*, Minneapolis : University of Minnesota Press, 1999.

7. Antonio Negri, *The Savage Anomaly : The Power of Spinoza's Metaphysics*, Minneapolis : Universtiy of Minnesota Press, 2000.

8. Michael Hardt and Antonio Negri, *Empire*, London : Harvard University Press, 2000.

9. Antonio Negri, *Time for Revolution*, New York : Continuum, 2003.

10. Antonio Negri, *Subversive Spinoza : (un) Contemporary Variations*, Manchester : Manchester University Press, 2004.

11. Michael Hardt and Antonio Negri, *Multitude : War and Democracy in the Age of Empire*, New York : The Penguin Press, 2004.

12. Antonio Negri, *Negri On Negri*, New York and London : Routledge, 2004.

13. Antonio Negri, *Books For Burning : Between Civil War and Democracy in 1970s Italy*, London and New York : Verso, 2005.

14. Antonio Negri, *Political Descartes : Reason, Ideology and the Bourgeois Project*, New

York：Verso，2007.

15. Antonio Negri，*Empire and Beyond*，Cambridge：Polity Press，2008.

16. Antonio Negri，*Reflection on Empire*，Cambridge：Polity Press，2008.

17. Antonio Negri and Raf Valvola Scelsi，*Goodbye Mr. Socialism：Antonio Negri in Conversation with Raf Valvola Scels*，New York：Seven Stories Press，2008.

18. Cesare Casarino and Antonio Negri，*In Praise of the Common：A Conversation on Philosophy and Politics*，Minneapolis：University of Minnesota Press，2008.

19. Antonio Negri，*The Porcelain Workshop：For a New Grammar of Politics*，Los Angeles：Semiotext(e)，2008.

20. Michael Hardt and Antonio Negri，*Commonwealth*，Cambridge and Massachusetts：The Belknap Press of Harvard University Press，2009.

21. Antonio Negri，Michael Hardt and Roland Boer，*The Labor of Job：the Biblical Text as a Parable of Human Labor*，Durham：Duke University Press，2009.

22. Félix Guattari and Antonio Negri，*New Lines of Alliance，New Spaces of Liberty*，London and New York：Minor Compositions，2010.

23. Antonio Negri，*Diary of an Escape*，Cambridge and Malden：Polity Press，2010.

24. Antonio Negri，*Art and Multitude：Nine Letters on Art*，Cambridge and Malden：Polity Press，2011.

25. Antonio Negri，*Trilogy of Resistance*，Minneapolis and London：University of Minnesota Press，2011.

26. Michael Hardt and Antonio Negri，*Declaration*，New York：Argo Navis Author Services，2012.

27. Antonio Negri，*The Winter is Over：Writings on Transformation Denied*，*1989-1995*，Los Angeles：Semiotext(e)，2013.

28. Antonio Negri，*Spinoza for our Time：Politics and Postmodernity*，New York：Columbia University Press，2013.

29. Antonio Negri，*Pipeline：Letters from Prison*，Cambridge：Polity Press，2014.

30. Ernesto Laclau，*Politics and Ideology in Marxist Theory：Capitalism-Fascism-Populism*，London：Verso，1977.

31. Ernesto Laclau and Chantal Mouffe，*Hegemony and Socialist Strategy：Towards a Radical Democratic Politics*，London and New York：Verso，1985.

32. Emesto Laclau，*New Reflections on the Revolution of Our Time*，London：Verso，1990.

33. Ernesto Laclau (ed.), *The Making of Political Identities*, London: Verso, 1994.

34. Ernesto Laclau, *Emancipations*, London: Verso, 1996.

35. Ernesto Laclau, *On Populist Reason*, London: Verso, 2005.

36. Ernesto Laclau, *Elusive Universality*, London: Routledge, 2005.

37. Ernesto Laclau, *The Rhetorical Foundations of Society*, London: Verso, 2014.

38. Chantal Mouffe, *The Return of the Political*, London and New York: Verso, 1993.

39. Chantal Mouffe, *The Democratic Paradox*, London and New York: Verso, 2000.

40. Chantal Mouffe, *Agonistics: Thinking The World Politically*, London: Verso, 2013.

41. Chantal Mouffe, *On the Political*, London and New York: Routledge, 2005.

42. David Howarth (ed.), *Ernesto Laclau: Post-Marxism, Populism and Critique*, London and New York: Routledge, 2015.

43. Judith Butler, Ernesto Laclau and Slaboj Žižek, *Contingency, Hegemony, Universality: Contemporary Dialogues on the Left*, London: Verso, 2000.

44. Chantal Mouffe (ed.), *Gramsci and Marxist Theory*, London, Boston and Henley: Routledge & Kegan Paul, 1979.

45. Chantal Mouffe (ed.), *Dimensions of Radical Democracy: Pluralism, Citizenship, Community*, London: Verso, 1995.

46. Chantal Mouffe (ed.), *Deconstruction and Pragmatism*, London and New York: Routledge, 1996.

47. James Martin (ed.), *Chantal Mouffe: Hegemony, Radical Democracy and the Political*, London and New York: Routledge, 2013.

48. Michael Hardt, *Gilles Deleuze: An Apprenticeship in Philosophy*, London: UCL Press, 1993.

49. Lorenzo Chiesa and Alberto Toscano (eds.), *The Italian Difference: Between Nihilism and Biopolitics*, Melbourne: Re.Press, 2009.

50. Saree Makdisi et al. (eds.), *Marxism Beyond Marxism*, New York: Routledge, 1996.

51. Timothy S. Murphy and Abdul-Karim Mustapha (eds.), *The Philosophy of Antonio Negri: Resistance in Practice*, London: Pluto Press, 2005.

52. Timothy S. Murphy and Abdul-Karim Mustapha (eds.), *The Philosophy of Antonio Negri: Revolution in Theory*, London: Pluto Press, 2007.

53. Pierre Lamarche, Max Rosenkrantz and David Sherman (eds.), *Reading Negri: Marxism in the Age of Empire*, Chicago and La Salle: Open Court, 2011.

54. Timothy S.Murphy, *Antonio Negri：Modernity and the Multitude*, Cambridge and Malden：Polity Press, 2012.

55. Paolo Virno and Michael Hardt (eds.), *Radical Thought in Italy：a Potential Politics*, Minneaapolis：University of Minnesota Press, 1996.

56. Atilio Boron, *Empire and Imperialism：A Critical Reading of Michael Hardt and Antonio Negri*, London and New York：Zed Books, 2005.

57. Paul A.Passavant and Jodi Dean (eds.), *Empire's New Clothes：Reading Hardt and Negri*, New York and London：Routledge, 2004.

58. Louis Althusser, *Philosophy of the Encounter：Later Writings(1978 – 1987)*, London and New York：Verso, 2006.

59. Louis Althusser, *Machiavelli and Us*, London and New York：Verso, 1999.

60. Giorgio Agamben, *Language and Death*, Minneapolis：University of Minnesota Press, 1991.

61. Giorgio Agamben, *Homo Sacer：Sovereign Power and Bare Life*, Minneapolis：University of Minnesota Press, 1998.

62. Giorgio Agamben, *Potentiality：Collected Essays in Philosophy*, Stanford California：Stanford University Press, 1999.

63. Giorgio Agamben, *The Use of Bodies*, Stanford：Stanford University Press, 2016.

64. Giorgio Agamben, *Means without End：Notes on Politics*, Minnesota and London：University of Minnesota Press, 2000.

65. Giorgio Agamben, *The Time That Remains：A Commentary on the Letter to the Romans*, Stanford, California：Stanford University Press, 2005.

66. Gilles Deleuze and Felim Guattari, *Anti-Edipus：Capitalism and Schizophrenia*, Minneapolis：University of Minnesota Press, 1983.

67. Gilles Deleuze and Felim Guattari, *A Thousand Plateaus：Capitalism and Schizophrenia*, Minneapolis：University of Minnesota Press, 2003.

68. Gilles Deleuze, *Expressionism in Philosophy：Spinoza*, New York：Zone Books, 1990.

69. Gilles Deleuze, *Difference and Repetition*, New York：Columbia University Press, 1994.

70. Gilles Deleuze, *Negotiations*, New York：Columbia University Press, 1995.

71. Michel Foucault, *Madness and Civilisation：A History of Insanity in the Age of Reason*, London：Tavistock, 1967.

72. Michel Foucault, *The Order of Things: An Archaeology of the Human Sciences*, London and New York: Tavistock, 1970.

73. Michel Foucault, *Remarks on Marx: Conversations with Duccio Trombadori*, Brooklyn: Semitext(e), 1991.

74. Michel Foucault, *Ethics: Subjectivity and Truth (Essential Works of Foucault 1954-1984*, Vol.1), New York: Penguin Books, 1997.

75. Michel Foucault, *The Birth of Biopolitics*, New York: Palgrave Macmilian, 2008.

76. Paolo Virno, *A Grammar of the Multitude: For an Analysis of Contemporary Forms of Life*, Los Angeles and New York: Semiotext, 2004.

77. Paolo Virno, *Multitude: Between Innovation and Negation*, Los Angeles: Semiotext (e), 2008.

78. Nick Dyer-Witheford, *Cyber-Marx: Cycles and Circuits of Struggle in High-Technology Capitalism*, Urbana and Chicago: University of Illinois Press, 1999.

79. Sylvere Lotringer and Christian Marazzi (eds.), *Autonomia: Post-Political Politics*, New York: Semiotext, 1980.

80. Steve Wright, *Storming Heaven: Class Compostion and Struggle in Italian Autonomist Marxism*, London: Pluto Press, 2002.

81. Cornelius Castoriadis, *Crossroads in the Labyrinth*, Brighton: Harvester, 1984.

82. Cornelius Castoriadis, *The Imaginary Institution of Society*, Cambridge: Polity Press, 1987.

83. Cornelius Castoriadis, *Philosophy, Politics, Autonomy: Essays in Political Philosophy*, New York and Oxford: Oxford University Press, 1991.

85. Catherine Mills, *The Philosophy of Agamben*, Monteal and Kingston: McGill-Queen's University Press, 2008.

86. Antonio Callari and David F.Ruccio (eds.), *Postmodern Materialism and the Future of Marxist Theory*, Hanover and London: University of New England, 1996.

87. Martin Heidegger, *Kant and the Problem of Metaphysics*, Bloomington: Indiana University Press, 1962.

88. Jacques Derrida, *On Writing*, Chicago: Chicago University Press, 1976.

89. Jacques Derrida, *Dissemination*, Chicago: The University of Chicago Press, 1981.

90. Jacques Derrida, *Margins of Philosophy*, Chicago: Chicago University Press, 1982.

91. Jacques Lacan, *The Seminar(Book II): The Ego in Freud's Theory and in the Techin-*

que of Psychoanalysis(1954-1955), Cambridge: Cambridge University Press, 1988.

92. Jacques Lacan, *The Seminar(Book VII): The Ethics of Psychoanalysis(1959-1960)*, London: Routledge, 1992.

93. Jacques Lacan, *Ecrits*, New York and London: W.W.Norton & Company, 2006.

94. Niklas Luhmann, *Social System*, Stanford and California: Stanford University Press, 1995.

95. Alain Lipietz, *The Enchanted World: Inflation, Credit and the World Crises*, London: Verso, 1985.

96. Michel Aglietta, *A Theory of Capitalist Regulation*, London: Verso, 1979.

97. Sebastian Budgen et al. (eds.), *Lenin Reloaded*, Durham and London: Duke University Press, 2007.

98. Warren Montag and Ted Stoze (eds.), *The New Spinoza*, Minneapolis: University of Minnesota Press, 1997.

99. Warren Montag, *Bodies, Masses, Power: Spinoza and his Contemporaries*, London and New York: Verso, 1999.

100. Slavoj Žižek, *Organs Without Bodies: Deleuze and Consequences*, New York and London: Routledge, 2004.

101. Slavoj Žižek, *In Defence of Lost Causes*, London and New York: Verso, 2008.

102. Slavoj Žižek, *First as Tragedy, Then as Farce*, London and New York: Verso, 2009.

103. Slavoj Žižek, *The Year of Dreaming Dangerously*, London and New York: Verso, 2012.

104. Slavoj Žižek, *The Ideal of Communism2: The New York Conference*, London and New York: Verso, 2013.

105. Félix Guattari, *Molecular Revolution: Psychiatry and Politics*, Harmondsworth: Penguin, 1984.

106. Alain Badiou, *Deleuze: The Clamor of Being*, Minneapolis: University of Minnesota Press, 2000.

107. Alain Badiou, *Metaphysics*, New York: Verso, 2005.

108. Alain Badiou, *Being and Events*, London and New York: Continuum, 2005.

109. Alain Badiou, *The Meaning of Sarkozy*, London: Verso, 2008.

110. Alain Badiou, *Theory of Subject*, London and New York: Continuum, 2009.

111. Matthew Calarco and Steven DeCaroli (eds.), *Giorgio Agamben: Sovereignty and*

Life, Stanford: Stanford University Press, 2007

112. Adrian Johnston, *Badiou, Zizek, and Political Transformations: The Cadence of Change*, Evanston, Illinois: Northwestern University Press, 2009.

113. Alvin Gouldner, *The Two Marxisms: Contradictions and Anomalies in the Development of Theory*, New York: Seabury Press, 1980.

114. Saul Newman, *From Bakunin to Lacan: Anti-Authoritarianism and the Dislocation of Power*, Oxford: Lexington Books, 2001.

115. Saul Newman, *Unstable Universalities: Poststructuralism and Radical Politics*, Manchester and New York: Manchester University Press, 2007.

116. Saul Newman, *The Politics of Postanarchism*, Edinburgh: Edinburgh University Press, 2010.

117. Oliver Harrison, *Revolutionary Subjectivity in Post-Marxist Thought: Laclau, Negri, Badiou*, Surrey and Burlington: Ashgate, 2014.

118. Jacob Torfing, *New Theories of Discourse: Laclau, Mouffe and Zizek*, Oxford: Blackwell Publisher, 1999.

119. Geoff Boucher, *The Charmed Circle of Ideology: A Critique of Laclau and Mouffe, Butler and Zizek*, Melbourne: Re.Press, 2008.

120. Oliver Marchart, *Post-Foundational Political Thought: Political Difference in Nancy, Lefort, Badiou and Laclau*, Edinburgh: Edinburgh University Press, 2007.

121. Phillipe Lacoue-Labarthe and Jean-Luc Nancy, *Retreating the Political*, London and New York: Routledge, 1997.

122. Simon Critchley and Oliver Marchart (eds.), *Laclau: A Critical Reader*, London and New York: Routledge, 2004.

123. Andrew Ross (ed.), *Universal Abandon? The Politics of Postmodernism*, Minneapolis: University of Minnesota Press, 1988.

124. Francisco Panizza (ed.), *Populism and the Mirror of Democracy*, London and New York: Verso, 2005.

125. Ash Amin (ed.), *Post-Fordism: A Reader*, Oxford: Blackwell Publishers, 1994.

126. Alain Lipietz, *Towards a New Economic Order: Postfordism, Ecology and Democracy*, New York: Oxford University Press.

127. Bob Jessop, Hans Kastendiek, Klaus Nielsen and Ove K. Pedersen (eds.), *The Politics of Flexibility: Restructuring State and Industry in Britain, Germany and Scandinavia*, Al-

dershot：Edward Elgar，1991.

128. Werner Bonefeld and John Holloway（eds.），*Post-Fordism and Social Form：A Marxist Debate on the Post-Fordist State*，London：Macmillan Academic and Professional Ltd.，1991.

129. Andre Gorz，*Reclaiming Work：Beyond the Wage-Based Society*，Cambridge：Polity Press，1999.

130. David Harris，*From Class Struggle to the Politics of Pleasure：The Effects of Gramscianism on Cultural Studies*，London and New York：Routledge，1996.

131. Antony Cutler，Barry Hindess，Paul Hirst and Athar Hussain，*Marx's Capital and Capitalism Today*，Vol.1，London，Henley and Boston：Routlege and Kegan Paul，1977–1978.

132. Barry Hindess and Paul Q. Hirst，*Pre-Capitalist Modes of Production*，London，Henley and Boston：Routledge and Kegan Paul，1975.

133. Barry Hindess，*Politics and Class Analysis*，Oxford：Blackwell，1987.

134. Steven M.Buechler，*Social Movements in Advanced Capitalism*，Oxford：Oxford University Press，1999.

135. Alain Touraine，*Return of the Actor：Social Theory in Postindustrial Society*，Minneapolis：University of Minnesota Press，1988.

136. Ronaldo Munck，*Marxism @ 2000：Late Marxist Pespective*，New York：ST.Martin's Press，2000.

137. Ronald Aronson，*After Marxism*，New York and London：The Guilford Press，1995.

138. Terry Eagleton，*The Illusions of Postmodernism*，Oxford：Blackwell，1996.

139. Bernd Magnus and Stephen Cullenberg（eds.），*Whither Marxism? Global Crises in International Perspective*，New York and London：Routledge，1995.

140. Arif Dirlik，*After the Revolution：Waking to Global Capitalism*，Hanover and London：Wesleyan University Press，1994.

141. David Howard，Aletta J.Norval and Yannis Stavrakakis（eds.），*Discourse Theory and Political Analysis：Identities，Hegemonies and Social Change*，Manchester：Manchester University Press，2000.

142. Michael A.Peters，*Poststructuralism，Marxism，and Neoliberalism：Between Theory and Politics*，Lanham，Boulder，New York and Oxford：Rowman & Littlefield Publishers Inc.，2001.

143. David R. Howarth，*Poststructualism and After：Structure，Subjectivity and Power*，New

York：Palgrave Macmillan，2013.

144. Ellen Meiksins Wood，*The Retreat from Class：A New 'True' Socialism*，London and NewYork：Verso，1998.

145. Paul Rabinow（ed.），*The Foucault Reader*，New York：Pantheon Books，1984.

146. Jon Simons，*Foucault & The Political*，London：Routledge，1995.

147. Todd May，*The Political Philosophy of Poststructuralist Anarchism*，Pennsylvaia：The Pennsylvania State University Press，1994.

148. Todd May，*Reconsidering Difference：Nancy，Derrida，Levinas，and Deleuze*，Pennsylvania：The Pennsylvania State University Press，1997.

149. Paul Patton，*Deleuze & the Political*，London and New York：Routledge，2000.

150. Timothy Campbell and Adam Sitze（eds.），*Biopolitcs：A Reader*，Durham and London：Duke University Press，2013.

151. Simon Choat，*Marx Through Post-Structuralism：Lyotard，Derrida，Foucault，Deleuze*，London and New York：Continuum，2010.

152. John Protevi，*Political Physics：Deleuze，Derrida and the Body Politic*，London and New York：The Athlone Press，2001.

153. Jason Read，*The Micro-Politics of Capital：Marx and the Prehistory of the Present*，Albany，N.Y.：State University of New York Press，2003.

154. Judith Butler，*Subjects of Desire：Hegelian Reflections in Twentieth Century France*，New York：Columbia University Press，1987.

155. Nicholas Thoburn，*Deleuze，Marx and Politics*，London and New York：Routledge，2003.

156. Nicholas Thoburn，*Minor Politics：Deleuze，Marx and the Refusal of Work*，London：University of London，2000.

157. Michael Ryan，*Marxism and Deconstruction：A Critical Articulation*，Baltiore and London：The Johns Hopkins University，1982.

158. Micheal Ryan，*Politics and Culture：Working Hypotheses for a Post-Revolutionary Society*，Baltimore：John Hopkins University Press，1989.

159. Gianni Vattimo，*Beyond Interpretation：The Meaning of Hermeneutics for Philosophy*，Stanford：Stanford University Press，1997.

160. Gianni Vattimo，*Nihilism and Emancipation：Ethics，Politics and Law*，New York：Columbia：University Press，1997.

161. Sami Amin, *Delinking: Towards a Polycentric World*, London: Zed Books, 1990.

162. Sami Amin, *Capitalism in the Age of Globalization*, London: Zed Books, 1990.

163. Fred Dallmayr, *Margins of Political Discourse*, Albany: State University of New York Press, 1989.

164. Niall Lucy, *A Derrida Dictionary*, Malden, Oxford and Carlton: Blackwell Publishing, 2004.

165. Richard Beardsworth, *Derrida & the Political*, London and New York: Routledge, 1996.

166. Bruce Fink, *The Lacanian Subject: Between Language and Jouissance*, Princeton: Princeton University Press, 1995.

167. Jean-Luc Nancy and Philippe Lacoue-Labarthe, *The Title of the Letter: A Reading of Lacan*, Albany: State University of New York, 1992.

168. Anika Lemaire, *Jacques Lacan*, London: Routledge & Kegan Paul Ltd., 1977.

169. Slavoj Žižek (ed.) , *Jacques Lacan: Critical Evalutions in Cultural Theory*, London and New York: Routledge, 2003.

170. Ellie Ragland and Dragan Milovanovic (eds.) , *Lacan: Topologically Speaking*, New York: Other Press, 2004.

171. Yannis Stavrakakis, *Lacan and the Political*, London and New York: Rouledge, 1999.

172. Yannis Stavrakakis, *The Lacanian Left: Psychoanalysis, Theory, Politics*, Edinburgh: Edinburgh University Press, 2007.

173. Paul Patton and John Protevi (eds.) , *Between Deleuze and Derrida*, London and New York: Continuum, 2003.

174. David Held (ed.) , *Political Theory Today*, Cambridge: Polity Press, 1991.

175. Janar Mihkelsaar, *Giorgio Agamben and Post-Foundational Political Ontology*, Tartu: University of Tartu, 2015.

176. Torben Bech Dyrberg, *The Circular Structure of Power: Politics, Identity, Community*, London and New York: Verso, 1997.

177. Claude Lefort, *Democracy and Political Theory*, Cambridge: Polity Press, 1988.

178. John Grant, *Dialectics and Contemporay Politics: Critique and Transformation from Hegel through Post-Marxism*, London and New York: Routledge, 2011.

179. Lynn Worsham and Gary A.Olson (eds.) , *Race, Rhetoric and the Postcolonial*, Al-

bany: State University of New York Press, 1999.

180. Johannes Angermuller, *Poststructuralist Discourse Analysis: Subjectivity in Enunciative Pragmatics*, London: Palgrave Macmillan, 2014.

181. Eduardo Cadava and Peter Connor (eds.), *Who Comes After the Subject?* New York and London: Routledge, 1991.

182. Katerina Kolozova, *Cut of the Real: Subjectivity in Poststructuralist Philosophy*, New York: Columbia University Press, 2014.

183. Robert E.Goodin and P. Pettit (eds.), *A Companion to Contemporary Political Philosophy*, Oxford: Basil Blackwell, 1993.

184. Alexandros Kioupkiolis and Giorgos Katsambekis (eds.), *Radical Democracy and Collective Movements Today: The Biopolitics of the Multitude Versus the Hegemony of the People*, Farnham and Burlington: Ashgate, 2014.

185. Lincoln Dahlberg and Eugenia Siapera (eds.), *Radical Democracy and the Internet*, New York: Palgrave Macmillan, 2007.

186. Bonnie Honig, *Political Theory and the Displacement of Politics*, Ithaca: Cornell University Press, 1993.

187. Simon Tormey and Jules Townshend, *Key Thinkers from Critical Theory to Post-Marxism*, London, Thousand Oaks and New Delhi: Sage Publications, 2006.

188. Niels Åkerstrøm Andersen, *Discursive Analytical Strategies: Understanding Foucault, Koselleck, Laclau, Luhmann*, Bristol: The Polity Press, 2003.

189. Philip Goldstein, *Post-Marxist Theory: An Introduction*, Albany: State University of New York Press, 2005.

190. Mark Devenney, *Ethics and Politics in Contemporary Theory: Between Critical Theory and Post-Marxism*, London and New York: Routledge, 2004.

191. Giorgio Agamben, Alain Badiou et al., *Democracy in What State*, New York: Columbia University Press, 2009.

192. Bradley J.Macdonald, *Performing Marx: Contemporary Negotiations of a Living Tradition*, Albany: State University of New York Press, 2006.

193. Francis Fukuyama, *The End of History and the Last Man*, New York: The Free Press, 1992.

194. Richard Harland, *Superstructualism: The Philosophy of Structuralism and Post-Structuralism*, London and New York: Methuen, 1987.

195. Thomas Docherty (ed.), *Postmodernism:A Reader*, New York:Columbia University Press,1993.

196. Robin Blackburn (ed.), *After the Fall:The Failure of Communism and the Future of Socialism*, London and New York:Verso,1991.

197. Cary Nelson and Lawrence Grossberg (eds.), *Marxism and the Interpretation of Culture*, Urbana:University of Illinois Press,1988.

198. Mark Poster, *Critical Theory and Poststructualism:In Search of a Context*, Ithaca and London:Cornell University Press,1990.

199. Alex Callinicos, *Against Postmodernism:A Marxist Perspective*, Cambridge:Polity Press,1989.

200. Alex Callinicos, *The Revenge of History:Marxism and the East European Revolutions*, Cambridge and Oxford:Polity Press and Blackwell,1991.

201. Alex Callinicos, *The Revolutionary Ideas of Karl Marx*, London:Bookmarks,1995.

202. Alex Callinicos, *An Anti-Capitalist Manifesto*, Cambridge:Polity Press,2003.

203. Alex Callinicos, *Making History:Agency*, *Structure and Change*, Leiden and Boston:Brill,2004.

204. Alex Callinicos, *Resources of Critique*, Cambridge:Polity Press,2006.

205. Alex Callinicos, *Social Theory:A Historical Introduction*, Cambridge:Polity Press, 2007.

206. Maurice Blanchot, *The Unavowable Community*, Barrytown:Station Hill Press,1988.

207. Terrell Carver, *The Postmodern Marx*, Manchester:Manchester University Press, 1998.

208. Stuart Hall, *The Hard Road to Renewal:Thatcherism and the Crisis of the Left*, London and New York:Verso,1988.

209. David Harvey, *Consciousness and Urban Experience*, Baltimore:Johns Hopkins University Press,1985.

210. David Harvey, *The Limits to Capital*, Oxford:Blackwell,1982.

211. Linda Nicholson and Seidman Steven (eds.), *Social Postmodernism:Beyond Identity Politics*, Cambridge:Cambridge University Press,1995.

212. Edward W. Soja, *Postmodern Geographies:The Reassertion of Space in Critical Social Theory*, London:Verso,1989.

213. Frank Cunningham, *Democratic Theory and Socialism*, Cambridge:Cambridge Uni-

versity Press,1987.

214. Seyla Benhabib (ed.) , *Democracy and Difference : Contesting the Boundaries of the Political* ,Princeton,NJ : Princeton University Press,1996.

215. David Trend (ed.) , *Radical Democracy : Identity , Citizenship and the State* , New York : Routledge,1996.

216. William E. Connolly, *The Terms of Political Discourse* ,Lexington : D.C.Heath,1974.

217. Simon Critchley, *The Ethics of Deconstruction : Derrida and Levinas* , Oxford : Blackwell ,1992.

218. Simon Critchley, *Infinitely Demanding : Ethics of Commitment* ,*Politics of Resistence* , London : Verso,2008.

219. Richard J. F. Day , *Gramsci is Dead : Anarchist Currents in the Newest Social Movements* ,London : Pluto,2005.

220. John Holloway, *Change the World Without Taking Power : The Meaning of Revolution Today* ,London : Pluto Press,2005.

221. John Holloway et al. (eds.) , *Negativity and Revolution : Adorno and Political Activism* ,London : Pluto Press,2009.

222. Jacques Rancière, *Disagreement : Politics and Philosophy* , Minneapolis and London : University of Minnesota Press,1999.

223. Jacques Rancière (ed.) , *Dissensus* ,London and New York : Continuum,2010.

224. Adrian Little and Moya Lloyd (eds.) , *The Politics of Radical Democracy* , Edinburgh : Edinburgh University Press,2009.

225. Gary Browning, *Global Theory from Kant to Hardt and Negri* ,Hampshire and New York : Palgrave Macmillan,2011.

226. Gary browning, *Lyotard and the End of the Grand Narratives* ,Cardiff : The University of Wales Press,2000.

(二) 论文类

1. Antonio Negri, "Between Infinity and Community : Notes on Materialism in Spinoza and Leopardi" , *Studia Spinozana : An International and Interdisciplinary Series* , Vol.5,1989, pp.151−176.

2. Antonio Negri, "Twenty Theses on Marx : Interpretation of the Class Situation Today" , *Polygraph : An International Journal of Cultural and Politics* ,Vol.15,1992,pp.136−170.

3. Antonio Negri, "On Gilles Deleuze and Félix Guattari, *A Thousand Plateaus*", *Graduate Faculty Philosophy Journal*, Vol.18, No.1, 1995, pp.93-109.

4. Antonio Negri, "Spinoza's Anti-Modernity", *Graduate Faculty Philosophy Journal*, Vol.18, No.2, 1995, pp.1-15.

5. Antonio Negri, "Notes on the Evolution of the Thought of the Later Althusser", in A. Callari and D.Ruccio (eds.), *Postmodern Materialism and the Future of Marxist Theory*, Hanover: Wesleyan University Press, 1996.

6. Michael Hardt and Antonio Negri, "Postmodern Law and the Withering of Civil Society", *Angelaki: Journal of Theoretical Humanities*, Vol.1, No.3, 1996, pp.52-72.

7. Antonio Negri, "What Can the State Still Do?", *Polygraph: An International Journal of Cultural and Politics*, Vol.10, 1998, pp.9-20.

8. Antonio Negri, "The Specter's Smile", in P.Dailey and C.Costantini (eds.), *Ghostly Demarcations: A Symposium on Jacques Derrida's Specters of Marx*, New York: Verso, 1999.

9. Antonio Negri and Michael Hardt, "Dossier: Scattered Speculations on Value: Value and Affect", *Boundary2*, Vol.26, No.2, 1999, pp.77-88.

10. Antonio Negri, "Value and Affect", *Boundary2*, Vol.26, No.2, 1999, p.77.

11. Michael Hardt and Antonio Negri, "The Rod of the Forest Warden: A Response to Timothy Brennan", *Critical Inquiry*, Vol.29, No.2, 2003, pp.368-373.

12. Eric Alliez and Antonio Negri, "Peace and War", *Theory, Culture & Society*, Vol.20, No.2, 2003, pp.109-118.

13. Antonio Negri, "Antonio Negri in Conversation with Carles Guerra", *Grey Room*, No.11, 2003, pp.86-109.

14. Cesare Casarino and Antonio Negri, "It's a Powerful Life: A Conversation on Contemporary Philosophy", *Cultural Critique*, Vol.57, 2004, pp.151-183.

15. Antonio Negri and Timothy S.Murphy, "Wittgenstein and Pain: Sociological Consequences", *Genre*, Vol.37, Nos.3-4, 2004, pp.354-367.

16. Antonio Negri, "Postmodern Global Governance and the Critical Legal Project", *Law and Critique*, Vol.16, No.1, 2005, pp.27-46.

17. Antonio Negri, "The Political Subject and Absolute Immanence", in C.Davis, J.Millbank and S.Zizek (eds.), *Theology and the Political: The New Debate*, Durham: Duke University Press, 2005.

18. Antonio Negri, "The Discreet Taste of the Dialectic", in M.Calarco and S.DeCaroli

(eds.), *Sovereignty and Life: Essays on Giorgio Agamben*, Stanford: Stanford University Press, 2006.

19. Antonio Negri and Max Henninger, "Art and Culture in the Age of Empire and the Time of the Multitudes", *Substance*, Vol.36, No.1, 2007, pp.47-55.

20. Antonio Negri, "On the Political", *Contemporary Political Theory*, Vol.6, No.3, 2007, pp.374-376.

21. Antonio Negri, "Metamorphoses", *Radical Philosophy*, No.149, 2008, pp.21-25.

22. Antonio Negri, "Sovereignty: That Divine Ministry of the Affairs of Earthly Life", *Journal for Cultural and Religious Theory*, Vol.9, No.3, 2008, pp.96-100.

23. Antonio Negri, "The Labor of the Multitude and the Fabric of Biopolitics", *Mediations*, Vol.23, No.2, 2008, pp.8-25.

24. Antonio Negri and Gabriele Fadini, "Materialism and Theology: A Conversation", *Rethinking Marxism*, Vol.20, No.4, 2008, pp.665-672.

25. Michael Hardt, Antonio Negri and David Harvey, "Commonwealth: An Exchange", *Artforum*, Vol.48, No.3, 2009, pp.210-220.

26. Michael Hardt and Antonio Negri, "The Becoming-Prince of the Multitude", *Artforum International*, Vol.48, No.2, 2009, pp.178-264.

27. Michael Hardt and Antonio Negri, "Of Love Possessed", *Artforum International*, Vol.48, No.2, 2009, pp.180-264.

28. Michael Hardt and Antonio Negri, "On the Commons", *Artforum International*, Vol.48, No.2, 2009, pp.171-173.

29. Antonio Negri and Bruno Bosteels, "An Italian Rupture: Production Against Development", *Diacritics*, Vol.39, No.3, 2009, pp.21-27.

30. Antonio Negri, "The Eclipse of Eschatology: Conversing with Taubes's Messianism and the Common Body", *Political Theology*, Vol.11, No.1, 2010, pp.35-41.

31. Fillippo Del Lucchese, Jason E.Smith and Antonio Negri, "'The Revolution Will Not Be an Explosion Down the Road': An Interview with Antonio Negri", *Grey Room*, No.41, 2010, pp.6-23.

32. Antonio Negri, "In the Search of Commonwealth", *Praktyka Theoretyczna*, Vol.4, No.0, 2011, pp.11-18.

33. Michael Hardt and Antonio Negri, "Response to David Harvey", *Praktyka Theoretyczna*, Vol.4, No.0, 2011, p.127.

34. Antonio Negri, "Is It Possible to Be Communist Without Marx?", *Critical Horizons : A Journal of Philosophy and Social Theory*, Vol.12, No.1, 2010, pp.5-14.

35. Antonio Negri, "From the end of National Lefts to Subversive Movements for Europe", *Radical Philosophy*, No.181, 2013, pp.26-32.

36. Antonio Negri, "Karl Marx's *Grundrisse : Foundations of the Critique of Critical Economy 150 Years Later*", *Rethinking Marxism*, Vol.26, No.3, 2014, pp.427-433.

37. Antonio Negri, "The Sacred Dilemma of Inoperosity: On Giorgio Agamben's *Opus Dei*", *Praktyka Teoretyczna*, Vol. 17, No. 3, 2015, http://www. uninomade. org/negri – on – agamben-opus-dei/.

38. Toni Negri, "Negri on Hegemony: Gramsci, Togliatti, Laclau", http://www. versobooks.com/blogs/2179-negri-on-hegemony-gramsci-togliatti-laclau.

39. Ernesto Laclau, "'Socialism', the 'People', 'Democracy': The Transformation of Hegmonic Logic", *Social Text*, No.7, 1983, pp.115-119.

40. Ernesto Laclau, "Feudalism and Capitalism in Latin America", *New Left Review*, No.62, 1971, pp.19-55.

41. Ernesto Laclau, "The Specificity of the Political: Around the Poulantzas/Miliband Debate", *Economy and Society*, Vol.5, No.1, 1975, pp.87-110.

42. Ernesto Laclau, "Populist Rupture and Discourse", *Screen Education*, No.34, 1980, pp.87-93.

43. Ernesto Laclau, "Democratic Antagonism and the Capitalist State", in M.Freeman and D. Robertson (eds.), *The Frontiers of Political Theroy*, Brighton: Palgrave Macmillan, 1980.

44. Ernesto Laclau, "Togliatti and Politics", *Politics and Power*, No.2, 1980.

45. Ernesto Laclau and Chantal Mouffe, "Socialist Strategy: What Next", *Marxism Today*, 1981, pp.17-22.

46. Ernesto Laclau, "Transformations of Advanced Industrial Societies and the Theory of the Subject", in S. Hänninen and L. Paldan (eds.), *Rethinking Ideology*, Berlin: Argument, 1983.

47. Ernesto Laclau, "The Controversy over Materialism", in S.Hänninen and L.Paldan (eds.), *Rethinking Ideology*, Berlin: Argument, 1984.

48. Ernesto Laclau, "New Social Movements and the Plurality of the Social", in Ch.Abel and C.Lewis (eds.), *New Social Movements and the State in Latin America*, Amsterdam: CED-

LA,1985.

49. Ernesto Laclau, "Psychoanalysis and Marxism", *Critical Inquiry*, Vol. 13, No. 2, 1986,pp.330-332.

50. Ernesto Laclau, "Class War and After", *Marxism Today*,1987,pp.20-33.

51. Ernesto Laclau and Chantal Mouffe, "Post Marxism without Apologies", *New Left Review*, No.166,1987,pp.79-106.

52. Ernesto Laclau, "Metaphor and Social Antagonisms", in C. Nelson and L. Grossberg (eds.), *Marxism and the Interpretation of Culture*, Urbana: University of Illinois Press,1988.

53. Ernesto Laclau, "Totalitarianism and Moral Indignation", *Diacritics*, Vol.20, No.3, 1990,pp.88-95.

54. Ernesto Laclau, "Community and its Paradoxes: Richard Rorty's ' Liberal Utopia' ", in Miami Theory Collective (ed.), *Community at Loose Ends*, Minneapolis: University of Minnesota Press,1991.

55. Ernesto Laclau, "The Signifiers of Democracy", in H. Carens (ed.), *Democracy and Possessive Individualism*, New York: State University of New York Press,1993.

56. Ernesto Laclau, "Power and Representation", in M. Poster (ed.), *Politics, Theory and Contemporary Culture*, New York: Columbia University Press,1993.

57. Ernesto Laclau, "Subject of Politics, Politics of the Subject", in N. Schor and E. Weed (eds.), *Difference: A Journal of Feminist Cultural Studies*, Vol. 7, No. 1, 1995, pp. 146-164.

58. Ernesto Laclau, "The Time of out of Joint", *Diacritics*, Vol. 25, No. 2, 1995, pp. 86-97.

59. Ernesto Laclau, "The Death and Resurrection of the Theory of Ideology", *Journal of Political Ideologies*, Vol.1, No.3,1996,pp.201-220.

60. Ernesto Laclau, "The Uses of Equality", *Diacritics*, Vol.27, No.1,1997,pp.3-12.

61. Ernesto Laclau, "Converging on an Open Quest", *Diacritics*, Vol.27, No.1,1997, pp. 17-19.

62. Ernesto Laclau, "The Politics of Rhetoric", in T. Cohen, J. H. Miller, A. Warminski and B. Cohen (eds.), *Material Events: Paul de Man and the Afterlife of Theory*, Minneapolis: University of Minnesota Press,2001.

63. Ernesto Laclau, "Democracy and the Question of Power", *Constellations*, Vol. 8, No.1,2001,pp.1-12.

64. Ernesto Laclau, "Democracy between Autonomy and Heteronomy", in O.Enwezor et al.(eds.), *Democracy Unrealized*, Ostfildern: Cantz, 2002.

65. Ernesto Laclau, "On 'Real' and 'Absolute' Enemies", *CR: The New Centennial Review*, Vol.5, No.5, 2005, pp.1−12.

66. Ernesto Laclau, "Bare Life or Social Indeterminacy", *Filozofski Vestnik*, Vol.27, No.1, 2006, pp.81−91.

67. Ernesto Laclau, "Why Constructing a People is the Main Task of Radical Politcs", *Critical Inquiry*, No.32, 2006, pp.646−680.

68. Ernesto Laclau, "Ideology and Post-Marxism", *Journal of Political Ideologies*, Vol.11, No.2, 2006, pp.103−114.

69. Ernesto Laclau, "Reply", *Cultural Studies*, Vol.26, Nos.2−3, 2012, pp.391−415.

70. Chantal Mouffe, "Hegemony and the Integral State in Gramsci: Towards a New Concept of Politics", in Bridges and Brunt (eds.), *Silver Linings: Some Strategies for the Eighties*, London: Lawrence & Wishart, 1981.

71. Chantal Mouffe, "Working Class Hegemony and the Struggle for Socialims", *Studies in Political Economy*, Vol.12, 1983, pp.7−26.

72. Chantal Mouffe, "Rawls: Political Philosophy without Politics, Philosophy and Social Criticism", *Social Criticism*, Vol.13, No.2, 1987, pp.105−123.

73. Chantal Mouffe, "The Civics Lesson", *New Statesman and Society*, No.7, 1988, pp.29−31.

74. Chantal Mouffe and Paul Holdengrber, "Radical Democracy: Modern or Postmodern", *Socialist Text*, No.21, 1989, pp.57−66.

75. Chantal Mouffe, "Pluralism and Modern Democracy: Around Carl Schmitt", *New Formations*, No.14, 1991, pp.1−16.

76. Chantal Mouffe, "Citizenship and Political Identity", *October*, No.61, 1992, pp.28−32.

77. Chantal Mouffe, "Political Liberalism, Neutrality and the Political", *Ratio Juris*, Vol.7, No.3, 1994, pp.314−324.

78. Chantal Mouffe, "For a Politics of Nomadic Identity", in Robertson et al.(eds.), *Travellers' Tales*, London: Routledge, 1994.

79. Chantal Mouffe, "The end of Politics and the Rise of the Radical Right", *Dissent*, No.4, 1995, pp.498−502.

80. Chantal Mouffe, "Democracy, Power and the 'Political'", in Benhabib (ed.), *Democracy Difference*, Princeton: Princeton University Press, 1996.

81. Chantal Mouffe, "Deliberative Democracy or Agonistic Pluralism?", *Social Research*, Vol.66, No.3, 1999, pp.745-758.

82. Chantal Mouffe, "Politics, Democratic Action and Solidarity", *Inquiry*, Nos. 1-2, 1995, pp.99-108.

86. Mark Cote, "The Italian Foucault: Subjectivity, Valorization, Autonomia", *Politics and Culture*, Vol. 3, 2003, http://aspen. conncoll. edu/politicsandculture/page. cfm? key = 259.

87. Timothy S.Murphy, "The Ontological Turn in the Marxism of Georg Lukacs and Antonio Negri", *Strategies*, Vol.16, No.2, 2003, pp.164-184.

88. Irina Boca, "A Note on Antonio Negri's Break with the Ontology of Time", *Time & Society*, Vol.17, No.1, 2008, pp.135-150.

89. Finn Bowring, "From the Mass Worker to the Multitude", *Capital & Class*, Vol.83, 2004, pp.101-132.

90. Paul Thompson, "Foundation and Empire: A critique of Hardt and Negri", *Capital & Class*, Vol.86, 2005, pp.73-98.

91. David Sherman, "The Ontological Need: Positing Subjectivity and Resistance in Hardt and Negri's Empire", *Telos*, Vol.128, 2004, pp.143-170.

92. Nicholas Thoburn, "Autonomous Production? On Negri's 'New Systhesis'", *Theory, Culture & Society*, Vol.18, No.5, 2001, pp.75-96.

93. Giuseppe Cocco and Maurizio Lazzarato, "Ruptures within Empire, the Power of Exodus: Interview with Toni Negri", *Theory, Culture & Society*, Vol.19, No.4, 2002, pp.187-194.

94. Alessia Ricciardi, "Immanent Miracles: From De Sica to Hardt and Negri", *MLN*, Vol.122, 2007, pp.1138-1165.

95. Jason Read, "The Antagonistic Ground of Constitutive Power: An Essay on the Thought of Antonio Negri", *Rethinking Marxism*, Vol.11, No.2, 1999, pp.1-17.

96. Slavoj Žižek, "Have Michael Hardt and Antonio Negri Rewritten *the Communist Manifesto* for the Twenty-First Century?", *Rethinking Marxism*, Vol.13, 2001, pp.190-198.

97. Nick Dyer-Witheford, "Empire, Immaterial Labor, the New Combinations, and the Global Worker", *Rethinking Marxism*, Vol.13, 2001 pp.70-80.

98. Francesca Cadel, "Exile: Interview with Toni Negri", *Rethinking Marxism*, Vol. 18,

No.3,2001,pp.353-366.

99. Marcella Bencivenni,"The New World Order and the Possibility of Change：A Critical Analysis of Hardt and Negri's Multitude",*Socialism and Democracy*,Vol.20,No.1,2006,pp.23-43.

100. Max Henninger,"From Sociological to Ontological Inquiry：An Interview with Antonio Negri",*Italian Culture*,Vol.23,2005,pp.153-166.

101. David Moore,"Hardt and Negri's Empire and Real Empire：The Terrors of 9-11 and After",*ACME：An International E-Journal for Critical Geographies*,Vol.2,No.2,2003,pp.112-131.

102. Warren Montag,"on Antonio Negri's Insurgencies",*Historical Materialism*,Vol.9,No.1,2001,pp.196-204.

103. Maria Turchetto,"The Empire Strikes Back：On Hardt and Negri",*Historical Materialism*,Vol.11,No.1,2003,pp.23-36.

104. Alberto Toscano,"From Pin Factories to Gold Farmer：Editorial Introduction to a Research Stream on Cognitive Capitalism,Immaterial Labour,and the General Intellect",*Historical Materialism*,Vol.15,No.1,2007,pp.3-11.

105. Carlo Vercellone,"From Formal Subsumption to General Intellect：Elements for a Marxist Reading of the Thesis of Cognitive Capitalism",*Historical Materialism*,Vol.15,No.1,2007,pp.13-36.

106. David Camfield,"The Mulititude and the Kangaroo：A Critique of Hardt and Negri's Theory of Immaterial Labour",*Historical Materialism*,Vol.15,No.2,2007,pp.21-52.

107. Paolo Virno,"General Intellect",*Historical Materialism*,Vol.15,No.3,2007,pp.3-8.

108. Marcia Landy,"'Gramsci beyond Gramsci'：The Writings of Toni Negri",*Boundary2*,Vol.21,No.2,1994,pp.63-97.

109. Michael Hardt,"Affective Labor",*Boundary2*,Vol.26,No.2,1999,pp.89-100.

110. Eugene W.Holland,"Optimism of the Intellect…",*Strategies*,Vol.16,No.2,2003,pp.121-131.

111. Sebastian Carassai,"The Noisy Majority：An Analysis of the Argentine Crisis of December 2001 From the Theretical Approach of Hardt & Negri,Laclau and Zizek",*Journal of Latin American Culture Studies*,Vol.16,No.1,2007,pp.45-62.

112. Matteo Mandarini,"Antagonism,contraciton,time：Conflict and organization in An-

tonio Negri", *Sociological Review*, Vol.53, 2005, pp.192-214.

113. Ronald E.Day, "Social Capital, Value, and Measure: Antonio Negri's Challenge to Capitalism", *Journal of the American Society for Information Science and Techeology*, Vol.53, No.12, 2002, pp.1074-1082.

114. Ross Abbinnett, "Untimely Agitations: Derrida, Klein and Hardt & Negri on the Idea of Anti-Capitalism", *Journal for Culture Research*, Vol.11, No.1, 2007, pp.41-56.

115. Samir Amin, "Empire and Multitude", *Monthly Review*, Vol.57, No.6, 2005, p.1.

116. Patrick Cuninghame, "The Future At Our Backs: Autonomia and Autonomous Social Movement in 1970s Italy", http://www.iol.ie/~mazzoldi/toolsforchange/archive/papaers/pap002.html.

117. Alex Callinicos, "The Limits of Political Marxism", *New Left Review*, No.184, 1990, pp.110-115.

118. Kari Palonen, "Politics or the Political? An Historical Perspective on a Contemporary Non-Debate", *European Political Science*, No.6, 2007, pp.69-78.

119. David Harvey, "Commonwealth-An Exchange between David Harvey and Hardt and Negri", *Artforum*, Vol.48, No.3, 2008, pp.210-221.

120. John Grant, "Marcuse Remade? Theory and Explanation in Hardt and Negri", *Science & Society*, Vol.74, No.1, 2010, pp.37-62.

121. George Ritzer and J. Daniel Schubert, "The Changing Nature of Neo-Marxist Theory: A Metatheoretical Analysis", *Sociological Perspectives*, Vol.34, No.3, 1991, pp.359-375.

122. Michael Kaplan, "The Rhetoric of Hegemony: Laclau, Radical Democracy, and the Rule of Tropes", *Philosophy and Rhetoric*, Vol.43, No.3, 2010, pp.253-283.

123. Kevin Deluca, "Articulation Theory: A Discursive Grounding for Rhetorical Practice", *Philosophy and Rhetoric*, Vol.32, No.4, 1999, pp.334-348.

124. Jason Glynos, "The Grip of Ideology: A Lacanian Approach to the Theory of Ideology", *Journal of Political Ideologies*, Vol.6, No.2, 2001, pp.191-214.

125. Paul Thompson, "Foundation and Empire: A critique of Hardt and Negri", *Capital & Class*, No.86, 2005, pp.99-135.

126. Mark Anthony Wenman, "Laclau or Mouffe? Splitting the Difference", *Philosophy & Social Criticism*, Vol.29, No.5, 2003, pp.581-606.

127. Dani-Gurion and Uri Ram, "Marxism after Postmodernism: Rethinking the Emanci-

patory Political Subject", *Current Sociology*, Vol.62, No.3, 2014, pp.295-313.

128. Andrew Norris, "Against Antagonism: On Ernesto Laclau's Political Thought", *Constellations*, Vol.9, No.4, 2002, pp.554-573.

129. Slavoj Žižek, "Against the Populist Temptation", *Critical Inquiry*, No.32, 2006, pp. 551-574.

130. Julie Graham, "Fordism/Post-Fordism, Marxism/Post-Marxism: The Second Cultural Divide?", *Rethinking Marxism: A Journal of Economics*, *Culture & Society*, Vol.4, No.1, 1991, pp.39-58.

131. Nelson A.Pichardo, "New Social Movements: A Critical Review", *Annu.Rev.Sociol*, Vol.23, 1997, pp.411-430.

132. Barry D.Adam, "Post-Marxism and the New Social Movements", *The Canadian Review of Sociology and Anthropology*, Vol.30, No.3, 1993, pp.316-336.

133. Steven M.Buechler, "New Social Movement Theories", *The Sociological Quarterly*, Vol.36, No.3, 1995, pp.441-464.

134. Bradley J.Macdonald, "Marx, Foucault, Genealogy", *Polity*, Vol.34, No.3, 2002, pp. 259-284.

135. Amanda Núñez García, "Gilles Deleuze.The Minor Ontology: From Politics to Aesthetics", *Revista de Estudios Sociales*, No.35, 2001, pp.41-52.

136. Andrew Robinson, "The Politics of Lack", *British Journal of Politics & International Relations*, Vol.6, 2004, pp.259-269.

137. Andrew Robinson, "The Political Theory of Constitutive Lack: A Critique", *Theory & Event*, Vol.8, No.1, 2005.

138. Benjamin Arditi, "Tracing the Political", *Angelaki*, Vol.1, No.3, 1994, pp.15-28.

139. Andrew Norris, "Against Antagonism: On Ernesto Laclau's Political Thought", *Constellations*, Vol.9, No.4, 2002, pp.554-573.

140. Janar Mihkelsaar, "Towards a Rethinking of Laclau and Mouffe's Conception of 'Social Antagonisms: Agamben's Critique of Relation", *Philosophy Today*, Vol. 59, No. 3, 2015, pp.409-427.

141. Nikolai Roskamm, "On the Other Side of 'Agonism': 'The Enemy', the 'Outside', and the role of Antagonism", *Planning Theory*, Vol.14, No.4, 2015, pp.384-403.

142. Mark Anthony Wenman, "Laclau or Mouffe? Splitting the Difference", *Philosophy & Social Criticism*, Vol.29, No.5, 2003, pp.581-606.

143. Beverley Best, "Strangers in the Night: The Unlikely Conjunction of Fredric Jameson and Ernesto Laclau", *Rethinking Marxism*, Vol.11, No.3, 1999, pp.1-19.

144. Allan Dreyer Hansen, "Laclau and Mouffe and the Ontology of Radical Negativity", *Distinktion: Scandinavian Journal of Social Theory*, Vol. 15, No. 3, 2014, pp. 283-295.

145. Dani-Gurion and Uri Ram, "Marxism after Postmodernism: Rethinking the Emancipatory Political Subject", *Current Sociology*, Vol.62, No.3, 2014, pp.295-313.

146. Andrew Norris, "Against Antagonism: On Ernesto Laclau's Political Thought", *Constellations*, Vol.9, No.4, 2002, pp.554-573.

147. Oliver Marchart, "In the Name of the People: Populist Reason and the Subject of the Political", *Diacritics*, Vol.35, No.3, 2005, pp.3-19.

148. Dilip Parameshwar Gaonkar, "The Primacy of the Political and the trope of the 'People' in Ernesto Laclau's *On Populist Reason*", *Cultural Studies*, Vol.26, Nos.2-3, 2012, pp.185-206.

149. Gloria Perelló and Paula Biglieri, "On the Debate around Immanence and Transcendence: Multitude or The People", *Cultural Studies*, Vol.26, Nos.2-3, 2012, pp.319-329.

150. Norman Geras, "Post Marxism?", *New Left Review*, No.163, 1987, pp.40-82.

151. Norman Geras, "Ex-Marxism without Substance: Being a Real Reply to Laclau and Mouffe", *New Left Review*, No.169, 1988, pp.34-61.

152. Norman Geras, *Discourse of Extremity*, London: Verso, 1990, pp.127-168.

153. Michael Rustin, "Absolute Voluntarism: Critique of a Post-Marxist Concept of Hegemony", *New German Critique*, No.43, 1988, pp.146-173.

154. Alexandros Kioupkiolis, "Radicalizing Democracy", *Constellations*, Vol.17, No.1, 2010, pp.137-154.

155. Michael Kaplan, "The Rhetoric of Hegemony: Laclau, Radical Democracy, and the Rule of Tropes", *Philosophy and Rhetoric*, Vol.43, No.3, 2010, pp.253-283.

156. Kevin Deluca, "Articulation Theory: A Discursive Grounding for Rhetorical Practice", *Philosophy and Rhetoric*, Vol.32, No.4, 1999, pp.334-348.

157. Jason Glynos, "The Grip of Ideology: A Lacanian Approach to the Theory of Ideology", *Journal of Political Ideologies*, Vol.6, No.2, 2001, pp.191-214.

158. Carsten Strathausen, "A Critique of Neo-Left Ontology", *Postmodern Culture*, Vol.16, No.3, 2006, pp.208-209.

159. Oliver Harrison, "Revolutionary Subjectivity in Post-Marxist Thought: The Case of Laclau and Badiou", *Global Discourse: An Interdisciplinary Journal of Current Affairs and Applied Contemporary Thought*, Vol.2, No.2, 2011, pp.1-13.

160. Peter Osborne, "Radicalism Without Limit? Discourse, Democracy and the Politics of Identity", in Peter Osborne (ed.), *Socialism and the Limits of Liberalism*, London and New York: Verso, 1991.

161. Steven P.Dandaneau, "An Immanent Critique of Post-Marxist", *Current Perspective in Social Theory*, No.12, 1992, pp.155-177.

162. Ralph Miliband, "The New Revisionism in Britain", *New Left Review*, No.150, 1985, pp.5-26.

163. Gregor Mclennan, "Post-Marxism and The 'Four Sins' of Modernist Theorizing", *New Left Review*, No.218, 1996, pp.53-74.

164. Teresa Brennan, "History After Lacan", *Economy and Society*, Vol.19, No.3, 1990, pp.277-313.

165. Alex Callinicos, "Postmodernism, Poststructuralism, Post-Marxism?", *Theory, Culture and Society*, Vol.2, No.3, 1985, pp.85-101.

166. Fred Dallmayr, "Hegemony and Democracy: A Review of Laclau and Mouffe", *Philosophy and Social Criticism*, Vol.13, No.3, 1987, pp.283-296.

167. Fred Dallmayr, "Postmetaphysics and Democracy", *Political Theory*, Vol.21, No.1, 1993, pp.101-127.

168. Glyn Daly, "Post-Metaphysical Culture and Politics: Richard Rorty and Laclau and Mouffe", *Economy and Society*, Vol.2, No.2, 1994, pp.173-200.

169. Julie Graham, "Post-modernism and Marxism", *Antipode*, Vol.20, No.1, 1988, pp.60-61.

170. David Kristjanson-Gural, "Postmodern Contributions to Marxian Economics: Theoretical Innovations and Their Implications for Class Politics", *Historical Materialism*, Vol.16, No.2, 2008, pp.85-115.

171. Jeremy Valentine, "The Hegemony of Hegemony", *History of the Human Sciences*, Vol.14, No.1, 2001, pp.88-104.

172. Clive Barnett, "Deconstructing Radical Democracy: Articulation, Representation, and Being-With-Others", *Political Geography*, No.23, 2004, pp.503-528.

173. Matthias Fritsch, "Antagonism and Democratic Citizenship(Schmitt, Mouffe, Derri-

da)", *Research in Phenomenology*, No.38, 2008, pp.174-197.

175. Mattew R.Calarco, "Derrida on Identity and Difference: A Radical Democratic Reading of The Other Heading", *Critical Horizons*, No.1, 2000, pp.51-69.

176. Aletta J.Norval, "Hegemony After Deconstruction: The Consequences of Undecidability", *Journal of Political Ideologies*, Vol.9, No.2, 2004, pp.139-154.

177. Simon Critchley, "Metaphysics in the Dark: A Response to Richard Rorty and Ernesto Laclau", *Political Theory*, Vol.26, No.6, 1998, pp.803-817.

后　记

本书是在国家社科基金项目"奈格里与拉克劳政治本体论比较研究"（项目号：12CZX004）结项报告的基础上压缩、修改而成的，并获得国家社科基金项目"当代西方左派的宗教转向与社会批判范式的内在转型研究"（项目号：18BZX031）、河南省高校科技创新人才支持计划（编号：2020-cx-016）和河南大学哲学社会科学创新团队培育计划（编号：2019CXTD001）的出版资助。

　　之所以选择在政治本体论层面对奈格里和拉克劳进行深入比较，是因为在后结构主义和马克思主义相互介入的开阔论域中，政治理论的本体论转向构成一条不可忽视的基本线索，其中，二者具有表面相似但实质不同的根源、路径和取向，他们之间的思想交锋对于界划后结构主义政治本体论的谱系意义重大。希望我的讨论能对学界同仁对该领域的关注和研究有所助益。

　　感谢多年来一直默默支持我的家人和师友。

　　感谢人民出版社编辑陈晓燕女士的辛苦付出。

宋晓杰

2021 年 12 月 15 日

责任编辑：陈晓燕
封面设计：石笑梦
版式设计：胡欣欣

图书在版编目（CIP）数据

奈格里与拉克劳政治本体论比较研究/宋晓杰 著. —北京：人民出版社，2023.5
ISBN 978－7－01－025551－4

Ⅰ.①奈…　Ⅱ.①宋…　Ⅲ.①奈格里-政治思想-研究②拉克劳-政治思想-研究　Ⅳ.①D095.466②D097.836

中国国家版本馆 CIP 数据核字（2023）第 060794 号

奈格里与拉克劳政治本体论比较研究

NAIGELI YU LAKELAO ZHENGZHI BENTILUN BIJIAO YANJIU

宋晓杰　著

人民出版社 出版发行
（100706　北京市东城区隆福寺街 99 号）

中煤（北京）印务有限公司印刷　新华书店经销

2023 年 5 月第 1 版　2023 年 5 月北京第 1 次印刷
开本：710 毫米×1000 毫米 1/16　印张：22.25
字数：365 千字

ISBN 978－7－01－025551－4　定价：69.00 元

邮购地址 100706　北京市东城区隆福寺街 99 号
人民东方图书销售中心　电话 （010）65250042　65289539